COFIANT

CLEDWYN HUGHES

Cyflwynedig i
Sian Arwel Davies ac Eurfryn Davies, Llandegfan, Môn,
am bob caredigrwydd ar hyd y blynyddoedd i'r awdur a'i briod

COFIANT

CLEDWYN HUGHES

UN O WŶR MAWR MÔN A CHYMRU

D. BEN REES

y Lolfa

Argraffiad cyntaf: 2017

© Hawlfraint D. Ben Rees a'r Lolfa Cyf., 2017

Dymuna'r cyhoeddwyr gydnabod cymorth ariannol
Cyngor Llyfrau Cymru

Cynllun y clawr: Y Lolfa
Llun y clawr: National Portrait Gallery

Rhif Llyfr Rhyngwladol:
978 1 78461 410 2 (clawr meddal)
978 1 78461 488 1 (clawr caled)

Cyhoeddwyd ac argraffwyd yng Nghymru gan
Y Lolfa Cyf., Talybont, Ceredigion SY24 5HE
gwefan www.ylolfa.com
e-bost ylolfa@ylolfa.com
ffôn 01970 832 304
ffacs 832 782

Cynnwys

Cyflwyniad

Enoch Powell, y mwyaf annhebyg i Cledwyn Hughes o bob gwleidydd, ddywedodd fod pob gyrfa wleidyddol yn diweddu mewn methiant. Ond er i Cledwyn dderbyn ei siâr o siomedigaethau, anhrugarog ac anraslon anghywir fyddai disgrifio ei yrfa ef fel methiant.

Ond i wleidydd mae un peth gwaeth na methiant. Y peth hwnnw yw mynd yn angof. Ac roedd peryg y byddai hynny'n digwydd i Cledwyn Hughes. Er mor adnabyddus ydi o i genhedlaeth brotestgar y chwedegau, ac er i Gymdeithas Cledwyn gael ei ffurfio gan Lafur i geisio rhoi hwb i'w hygrededd ymhlith Cymry Cymraeg, bellach cododd cenhedlaeth nad yw'n gwybod dim oll amdano.

Pennaf gymwynas y gyfrol hon fydd unioni'r cam hwnnw.

Roedd Cledwyn yn un o'r to o aelodau seneddol Llafur gwlatgar a gyflwynodd ddeiseb i'r llywodraeth yn Llundain ac arni 250,000 o enwau yn galw am Senedd i Gymru yn 1956. S O Davies, Goronwy Roberts, T W Jones a Tudor Watkins oedd y lleill. Ysywaeth, maen nhw i gyd yn llawer llai adnabyddus erbyn hyn na George Thomas, Leo Abse, Neil Kinnock a'r Llafurwyr a roddodd gaead ar biser datganoli yn refferendwm 1979. (Refferendwm lle bu codi bwganod, palu celwyddau a chreu casineb wedi ei seilio ar iaith – rhagflaenydd o fath i refferendwm Brexit yn haf 2016.)

Nid am ei fod ef ei hun yn weinidog yr efengyl mae D Ben Rees yn rhoi cymaint o bwyslais ar gychwyn y gyfrol hon ar y ffaith mai mab y mans oedd Cledwyn Hughes. Teg yw dweud bod plant gweinidogion hanner cyntaf y ganrif ddiwethaf, yn enwedig yn y Gymru Gymraeg, yn perthyn i ryw fath o bendefigaeth. Yn sicr nid pendefigaeth wedi ei seilio ar gyfoeth oedd honno – ar wahân i weinidogion fel John Williams, Brynsiencyn, a briododd gyfoeth aruthrol – eithr yn hytrach pendefigaeth statws, dysg ac awdurdod.

Mae D Ben Rees yn adrodd hanesyn dadlennol am ymlyniad tad Cledwyn, y Parch. H D Hughes, at dîm pêl-droed Caergybi. Hyd yn oed yng ngwres y brwydrau ffyrnicaf ar y cae ni fyddai byth yn anghofio mai fo oedd gweinidog Disgwylfa. Ac ni fyddai'n caniatáu i neb arall anghofio hynny chwaith. Pan fyddai'r Saeson a'r Gwyddelod yn y dyrfa yn colli arnynt eu hunain ac yn dechrau rhegi, byddai un edrychiad rhybuddiol gan y gweinidog yn ddigon i'w distewi. (Fyddai'r Cymry ddim wedi meiddio yn y lle cyntaf yngan yr un reg yn ei glyw!)

Digwyddodd un o wrthdrawiadau teuluol mwyaf dramatig y Gymru wleidyddol, siŵr o fod, rhwng y gweinidog tra dylanwadol hwnnw, Rhyddfrydwr i'r carn, a'i fab. Penderfyniad Cledwyn i sefyll dros Lafur yn erbyn Megan Lloyd George yn etholiad cyffredinol 1945 oedd asgwrn y gynnen. Go brin y gallwn heddiw lawn amgyffred y loes a'r cywilydd a achosodd hynny i'r tad. Nid yw brad, na hyd yn oed heresi, yn eiriau amhriodol. Wedi'r cyfan roedd tad Megan, y cyn Brif Weinidog, David Lloyd George, Dewin Dwyfor, Arwr y Werin, wedi bod yn ymwelydd cyson â thŷ'r gweinidog yng Nghaergybi, yn enwedig ers ethol Megan i'r Senedd dros Fôn yn 1929. Hi oedd y ferch gyntaf i gynrychioli etholaeth yng Nghymru.

Hawdd credu haeriad yr awdur mai dim ond yn ei stydi a'i gapel yr oedd H D Hughes i'w weld yn ystod yr ymgyrch etholiadol. Ciliodd mewn cywilydd. Erbyn i Cledwyn herio Megan yr eilwaith yn 1950 a'i threchu ar y trydydd cynnig yn 1951 roedd ei dad a'i fam wedi marw.

Ni ddylai'r ffaith fod y mab wedi troi ei gefn ar y Rhyddfrydwyr fod wedi synnu cymaint â hynny ar y tad. Roedd llosgi'r Ysgol Fomio ym Mhenyberth a'r modd y cafodd yr achos yn erbyn tri o arweinwyr Plaid Cymru ei symud o Gaernarfon i'r Old Bailey yn 1937 wedi dod â'r Cledwyn Hughes ifanc, myfyriwr y gyfraith yn Aberystwyth, yn agos iawn at Blaid Cymru. Yn y gyfrol hon y ceir yr ymdriniaeth orau eto o sut y bu bron i genedlaetholdeb digamsyniol Cledwyn Hughes gael ei sianelu drwy Blaid Cymru.

Ond ar y pryd, ac am yn agos i ddeng mlynedd ar hugain arall, doedd dim arwydd o fath yn y byd y byddai Pleidiwr yn cael ei ethol i'r Senedd byth bythoedd mewn unrhyw sedd. Yn ogystal â hynny fe wyddai Cledwyn hefyd bod oes aur Rhyddfrydiaeth ei dad wedi dod i ben ac mai pylu'n gyflym oedd ei dylanwad. Yn wir, yn bymtheg oed yn 1931 cydgerddai i'r capel un bore Sul efo cyn aelod seneddol Rhyddfrydol Môn, Syr R J Thomas. (Ei ymddeoliad ef o'r Senedd agorodd y drws i Megan Lloyd George ei olynu.) Mae'n rhaid bod yr hen farchog wedi sylweddoli bod gan fab ei weinidog uchelgais wleidyddol. Meddai wrtho yn Saesneg, gan mai'r iaith honno a siaradai cynifer o bwysigion Cymraeg y cyfnod y tu allan i furiau capel, "Cledwyn, the future belongs to Labour."

Nid fy mwriad wrth grybwyll sut y bu i'r Cledwyn hwnnw ymuno â Llafur yn hytrach na'r Rhyddfrydwyr neu Blaid Cymru yw ei bortreadu fel rhywun diegwyddor a welai docyn aelodaeth y blaid honno fel pasport i yrfa wleidyddol. I un ag awydd angerddol i wasanaethu ei gyd-Fonwysion a mynd i'r afael â'r tlodi gwirioneddol a welodd yng Nghaergybi'r tridegau – ac ar ôl hynny – roedd ymuno â Llafur yn gwneud synnwyr. Mae D Ben Rees yn llygad ei le'n tynnu sylw at ffaith nad ydym yn ei gwerthfawrogi'n llawn. Nid cymoedd y de'n unig a ddioddefodd yn y dirwasgiad. Soniwyd yn helaeth, gyda phob cyfiawnhad, am y sefyllfa drallodus ym Mrynmawr neu Ferthyr. Ond prin fu'r sôn am gyni dirdynnol Caergybi. Da yw gweld yr awdur yn tanlinellu hynny.

Dywedwyd droeon mai mewn Methodistiaeth nid Marcsiaeth y gwreiddiwyd sosialaeth gwledydd Prydain. Os bu gwleidydd erioed a ymgorfforai'r gred honno, Cledwyn Hughes oedd hwnnw. Bu'n Fethodist o argyhoeddiad ar hyd ei oes a phregethai'n gyson o bulpudau Môn. Ond ni fu erioed yn Farcsydd na dim byd tebyg i Farcsydd. (Clywais ef yn dweud yn aml mai pobl geidwadol oedd pobl Môn.) Drwy gydol ei oes, gwerthoedd ei dad oedd gwerthoedd Cledwyn. Deilliai'r gwerthoedd hynny o'r cyfnod pan oedd dyheadau Cymru'n cael mynegiant drwy'r glymblaid rymus ryfeddol a ffurfiwyd rhwng Rhyddfrydiaeth ac Anghydffurfiaeth – cyn i haul y naill fel y llall fachlud.

Yr elfen safadwy arall yng ngwneuthuriad Cledwyn Hughes oedd ei genedlaetholdeb. Ychydig fisoedd cyn cael ei ethol i'r Senedd am y tro cyntaf yn 1951 cafodd gymeradwyaeth frwd pan ddywedodd mewn cyfarfod Senedd i Gymru yng Nghaernarfon: "Petai chwe chant o angylion yn Westminster, angylion Seisnig a fyddent, ac ni allent ddeall teithi meddwl Cymru." Brawddeg fawr!

Eithr dal pen rheswm efo'r 'angylion' hynny fu ei waith, a hynny mewn gwrthblaid yn ystod ei dair blynedd ar ddeg cyntaf yn y Senedd. Treuliodd y blynyddoedd hynny yn dod i adnabod sut roedd y peiriant gwleidyddol yn gweithio a meithrin cysylltiadau gwerthfawr trawsbleidiol. (Mae'n chwith meddwl mai rhai o'i gyd-aelodau Cymreig megis y llysnafeddog George Thomas a Ness Edwards a fu fwyaf gelyniaethus tuag ato. Fe ddaru nhw fygwth diarddel Cledwyn a'r pedwar aelod Llafur arall a oedd yn weithgar yn y mudiad Senedd i Gymru.) Ond wnaeth hynny ddim drwg i yrfa Cledwyn. Pan gollodd y Ceidwadwyr eu gafael ar rym o'r diwedd, gwasanaethodd fel Gweinidog y Gymanwlad, Ysgrifennydd Gwladol Cymru a Gweinidog Amaeth yn llywodraethau Harold Wilson rhwng 1964 a 1970. Ond digiodd Wilson efo'r Cymro oherwydd cefnogaeth frwd aelod Môn i gynlluniau'r Prif Weinidog Torïaidd, Ted Heath, i sicrhau aelodaeth Prydain o'r Gymuned Ewropeaidd. (Byddai Brexit wedi bod yn dân ar groen Cledwyn a loes arbennig iddo fyddai gweld ei ynys yn pleidleisio dros adael.)

Dychwelodd Llafur i rym yn 1974 ond ni ddychwelodd Cledwyn i'r cabinet. Ef, fodd bynnag, fel Cadeirydd y Blaid Lafur Seneddol, drefnodd yr etholiad am arweinyddiaeth y blaid a enillwyd gan James Callaghan yn dilyn ymddiswyddiad annisgwyl Wilson yn 1976.

Ymddeolodd Cledwyn Hughes o'r Senedd yn 1979 ac fel yr Arglwydd Cledwyn o Benrhos ymunodd â Thŷ'r Arglwyddi. Yno, yn arweinydd yr arglwyddi Llafur, roedd trafodaethau pwyllog, rhesymegol y lle hwnnw yn fwy cydnaws â'i anian na drycsain Tŷ'r Cyffredin. Yn hynod gymeradwy gan bawb, llwyddodd, yn anterth Thatcheriaeth, i roi'r brêcs ar fesurau llywodraeth fileinig a dialgar ar dros gant o achlysuron. A phan oedd angen Tri Gŵr Doeth ar y llywodraeth i'w galluogi i ganiatáu Sianel Deledu Gymraeg, heb iddi gael ei gweld yn ildio i fygythiadau, un o'r tri – yn naturiol – oedd yr Arglwydd Cledwyn.

Vaughan Hughes

Rhagair

Hyfrydwch pur oedd y cyfnod a dreuliais yn ymchwilio i hanes y gwleidydd dylanwadol, yr Arglwydd Cledwyn o Benrhos. Mwynheais yn fawr lunio penodau'r cofiant ar ei gefndir cyfoethog fel mab y mans, ei ymroddiad i ennill y sedd oedd ym meddiant y Fonesig Megan Lloyd George, a'i gyfraniad i'w etholaeth rhwng 1951 ac 1979 fel Aelod Seneddol. Rhaid ychwanegu hefyd ei gyfraniad i genedl y Cymry yn San Steffan, ym Mhrifysgol Cymru, yn yr Eisteddfod Genedlaethol ac yn sefydliadau eraill Cymru, a'r dimensiwn rhyngwladol a berthynai iddo. Roedd ei bapurau yn y Llyfrgell Genedlaethol yn Aberystwyth yn agoriad llygad ac yn sail angenrheidiol i'r ymdriniaeth. Diolchaf hefyd am fy adnabyddiaeth o Cledwyn Hughes a'r cysylltu a fu rhyngom am ddeugain mlynedd. Byddwn wedi gobeithio cael aml sgwrs gyda'i gydymaith ffyddlon yn Nhŷ'r Arglwydd, yr Arglwydd Gwilym Prys Davies. Bu ef o gymorth amhrisiadwy pan euthum ati i lunio cofiant i James Griffiths ond oherwydd breuder ei iechyd y tro hwn, collais ei sylwadau gwerthfawr.

Llwyddais i baratoi a llunio'r cofiant yng nghanol prysurdeb galwadau bugail y gymuned Gymraeg yn ninas Lerpwl, o drefedigaeth Ainsdale ger Southport i Halewood ger Widnes. Manteisiais drwy gael sgyrsiau gyda rhai oedd yn adnabod Cledwyn yn dda, fel yr Arglwydd John Morris, Syr John Meurig Thomas, Caergrawnt a Mrs Menna Edwards, Blundellsands (cyfnither i'r Arglwyddes Jean Hughes), y Parchedigion Emlyn Richards, Trefor Lewis a Dafydd H Owen. Pleserus oedd clywed gan y ferch, Mrs Ann Wright a'r mab Harri Hughes, a chael ganddynt atgofion am y teulu. Elwais yn fawr o sylwadau adeiladol y rhai a ddarllenodd y deipysgrif, sef Vaughan Roderick, Golygydd Materion Cymreig y BBC, Vaughan Hughes, Golygydd *Barn*, a Dr Huw Edwards, BBC Llundain, drwy iddynt gynnig llu o welliannau, fel y gwnaeth Elin Angharad, Nefyn.

Roedd derbyn y newyddion fod y Lolfa'n barod i gyhoeddi'r cofiant yn galondid mawr gan iddynt wneud gwaith mor ardderchog ar gofiant Jim Griffiths ac ar fy hunangofiant, *Di-Ben-Draw*. Pleser arbennig eleni yw cael bod ymhlith awduron y wasg sy'n dathlu ei phen-blwydd yn 50 oed. Llongyfarchiadau didwyll iddynt am eu cyfraniad enfawr.

Diolchaf i mi gael y cyfle i ddarlithio ar Ganmlwyddiant geni Cledwyn yn Llangefni ac Aberystwyth yn 2016, ac yn Saesneg i Gynhadledd Flynyddol Cymdeithas Hanes Lloyd George yn Llandrindod. Hefyd i Gymdeithasau Cymraeg Dinbych a Lerpwl, lle mae gennyf gyfeillion a brisiaf yn fawr. Cefais wahodd gan y Wasg Gymraeg a'r cyfryngau i bwyso a mesur cyfraniad Cledwyn i wleidyddiaeth a diwylliant ein cenedl.

Derbyniais luniau gan y ferch a'r mab, gan Mrs Luned Gruffudd, Aberystwyth a'r Parchedig D H Owen. Derbyniais gymorth gyda'r teipio gan Iona Bailey ac Einir Wyn, a braf oedd gweld un o gyfoedion Cledwyn yn Adran y Gyfraith, Aberystwyth, wedi gwneud ymdrech arbennig i ddod i'r cyfarfod yno yn ei gadair olwyn ac yntau yn gant oed, sef y diweddar, erbyn hyn, Henry Evans, Machynlleth, y cyfreithiwr a'r blaenor.

Elwais gryn lawer ar arbenigrwydd y Lolfa, y golygydd craff Alun Jones, Paul Williams o'r un pentref â finnau, sydd yng ngofal yr argraffu, Lefi a Garmon Gruffydd a'r holl staff.

Cyflwynaf y gyfrol i ddau ffrind agos i Meinwen a minnau ers blynyddoedd lawer, sef Sian Arwel ac Eurfryn Davies, Llandegfan. Diolchwn iddynt am eu croeso wrth i ni ymweld â'r ynys. Ni a ddaeth â'r ddau i gysylltiad â'i gilydd a hynny ar nos Sul, wedi'r oedfa yn Methel, Heathfield Road, Lerpwl. Bu rhagluniaeth yn hynod o ddoeth y noson honno.

Mawr obeithiaf y caiff darllenwyr y gyfrol hon gymaint o ddiddanwch yng nghwmni Cledwyn a Jean ag a gefais i yn ystod y tair blynedd diwethaf.

D Ben Rees, 1 Mai 2017

Rhagymadrodd

Os oes unrhyw wleidydd yn haeddu cofiant cyflawn, Cledwyn Hughes yw hwnnw, ffigwr hynod o ddylanwadol ym Mhrydain yn ail hanner yr ugeinfed ganrif. Gwnaeth yr hanesydd Emyr Price gymwynas fawr â ni yn 1986 yn ei gyfres deledu o bedair rhaglen ar fywyd a gwaith yr Arglwydd Cledwyn o Benrhos. O ganlyniad i'r gyfres honno, cyhoeddodd yr ysgolhaig ddwy gyfrol, y naill yn Gymraeg a'r llall yn Saesneg, ar fywyd a chyfraniad yr Arglwydd Cledwyn. Astudiais lafur y diweddar Emyr Price gan ychwanegu at yr ymdriniaeth dreiddgar o'i eiddo. Daw'r cofiannau cyntaf i ben yn 1989 a chydnabyddaf fy nyled iddynt a'r canllawiau a roesant i mi.

Braint fu cael ymchwilio i'r papurau personol, seneddol ac etholaethol, a'r dyddiaduron sydd ar gael yn y Llyfrgell Genedlaethol yn ogystal â darllen cyfrolau ac erthyglau sy'n trafod ei gyfraniad pwysig i hanes ein cenedl. Nid ar chwarae bach mae unrhyw hanesydd yn llwyddo i ddarllen popeth a gadwodd Cledwyn Hughes yn ddiogel gan eu bod mor niferus. Diolchaf i mi gael yr egni i gwblhau'r dasg o gofnodi a gosod trefn ar fy nodiadau a minnau'n byw mor bell o Aberystwyth. Bu staff Ystafell y De yn y Llyfrgell Genedlaethol yn hynod o gydweithredol wrth baratoi'r deunydd a fyddai yno'n barod wrth i mi gyrraedd. Diolch i chwi oll.

Byddai personoliaeth gyfoethog a chyfeillgarwch Cledwyn o flaen fy llygaid yn barhaus yn Aberystwyth ac yn Lerpwl wrth ysgrifennu'r hanes. Rhyfedd oedd gweld rhai o'r llythyron a luniais fy hun iddo dros y blynyddoedd yn ei gasgliad, a'r cyntaf ohonynt ar 15 Mehefin 1962, yn ei wahodd i siarad yng nghyfarfod y cylchgrawn *Aneurin* a gynhaliwyd ar brynhawn Llun ym Mhabell y Cymdeithasau ar faes yr Eisteddfod Genedlaethol. Ynddo ychwanegais yn optimistaidd: 'Hyderaf y deillia grŵp Cymreig Llafur yn debyg i'r *Bow Group* o'r cyfarfod. Addawodd John Morris siarad a hoffwn yn fawr pe baech chwi'n barod i annerch y cyfarfod hefyd ar 'Gymru a'i Thynged'.' Teitl addas debygwn i ar gyfer Aelod Seneddol Môn, gan na fu neb yn fwy gweithgar yn sicrhau bod Cymru yn cael y cyfleon gorau. Iddo ef, ar ddiwedd ei oes brysur, profodd orfoledd o weld y gobeithion hynny a ysbrydolodd fudiad Cymru Fydd yn cael eu gwireddu yng Nghaerdydd yn y Cynulliad. Cafodd yntau ei gydnabod gan arweinwyr y brifddinas ar drothwy Nadolig 2000 drwy ei gyflwyno â Rhyddfraint Caerdydd.

Bu ymateb y beirniaid i gyfrol hardd James Griffiths o'm heiddo yn ysbrydoliaeth i mi. Gobeithiaf y caiff y gyfrol hon i'r anwylaf o'n gwleidyddion, Cledwyn Hughes, ei gwerthfawrogi gan gylch helaeth wrth i mi gyflwyno ei Anghydffurfiaeth radicalaidd a'i rwystredigaethau, yn arbennig wrth ymdrin â'r Eingl-Gymry. Ni ddangosent barch i'w safbwynt ac ni lwyddodd yntau i greu cyfaddawd â hwy, fel y gwnâi ym mhob achos arall bron, efallai am na fyddent yn barod i'w ystyried.

Bydd ambell ddarganfyddiad hollol newydd, yn arbennig ar fater yr Arwisgiad yn 1969. George Thomas, ei gyfaill mawr, yw'r gwleidydd mae haneswyr cyfoes yn credu oedd yn gyfrifol am y seremoni yn y Castell. Ond y gŵr â'r gwir gyfrifoldeb oedd Cledwyn Hughes a fe hefyd fynnodd fod y Tywysog Charles yn astudio am dymor yn Aberystwyth. Braf yw darllen llythyr Syr Wyn Roberts ato, mab y mans arall o Fôn, ar 19 Mehefin 1991: 'Mawr yw fy niolch am eich llythyr, yn arbennig am y cyfrin gyngor i beidio â llyfu llaw'r Frenhines yn ormodol.'

I'w gyfoeswyr yn y ddau dŷ yn San Steffan, ef oedd y gwleidydd oedd yn ymgorfforiad o Gymru a'r Cymry ar eu gorau. Pan fu'r Ceidwadwr, Robert Rhodes James, AS Caergrawnt, yn canfasio yn isetholiad Mynwy, daeth ar draws gŵr unllygeidiog na fyddai byth yn pleidleisio dros Lafur am fod y blaid honno'n cynrychioli Cymru a hynny ers canol y dauddegau. Pan ofynnodd Robert Rhodes James iddo pam, atebodd yn haerllug, 'Because I loathe the bloody Welsh!' Ond yna, cafwyd brawddeg anfarwol ganddo, 'Nonetheless, I think that us Celts should stick together!'

Deallai pawb, o adnabod Cledwyn Hughes, ei fod yn Gymro i'r carn, yn fab didwyll i'w dad ac wedi etifeddu ei Fethodistiaeth Galfinaidd, a'r traddodiad a luniwyd gan y diwygiad Methodistaidd. Bu'n ffyddlon i'w fagwraeth yn y mans ac nid anghofiai hyn ble bynnag y'i gwelid. Pan dderbyniodd gopi o Ddarlith Davies yn 1967 (prif Ddarlith Cymanfa Gyffredinol Eglwys Bresbyteraidd Cymru) drwy law ei ffrind, y Parchedig R Gwilym Hughes, Pwllheli, atebodd ef o Whitehall:

> Nid oes dim pwysicach na chael ailddiffiniad o swydd yr Eglwys a'r Weinidogaeth yn y gymdeithas gyfoes. Byddaf yn colli 'mhwyll wrth ddarllen ambell drafodaeth yn y Cyfarfod Misol, ac yna yn fy meio fy hunan am na allaf fod yno i gymryd rhan yn y drafodaeth.

Mewn ôl-nodiad, dengys y Gweinidog Amaeth ar y pryd ei ffydd gref:

> Yr wyf yn pregethu dipyn dros y gwyliau. Ym Mhenysarn nos Sul diwethaf ar Epaphroditus – 'postman yr Apostol Paul.'

Dyna pam y paratois bennod ar Cledwyn fel Pregethwr. Ni ellir ei ddeall heb gofio hynny, na chwaith heb gynnwys ei briod Jean Beatrice Hughes yn y cofiant, gan iddi fod yn gymaint o gefn iddo yn ei fywyd cyhoeddus. Roedd y ddau mor debyg i'w gilydd o ran cefndir, argyhoeddiadau crefyddol a gwleidyddol.

Dengys gwleidyddion pwysicaf ei gyfnod eu parch at Cledwyn fel y dywedodd Roy Jenkins yn 1976, 'He is one of the nicest men and the best friend I have encountered in politics.' Pan ymddiswyddodd yr Arglwydd Cledwyn o Benrhos fel Arweinydd yr Wrthblaid yn Nhŷ'r Arglwyddi, mynegodd yr Arglwydd Judd yn 1992 deimladau aelodau'r Wrthblaid:

> The New Shadow Cabinet will badly miss your perspective, insight and experience. The Lords will certainly not be the same without you at the helm.

Ac roedd hynny'n wir ym mhob cylch a wasanaethodd mor gydwybodol. Llwyddodd y bardd, Prydderch Williams, i grynhoi'r parch tuag ato pan gafodd Cledwyn Hughes AS Môn ei wahodd i fod yn Llywydd Coleg Prifysgol Cymru, Aberystwyth:

Cledwyn yw'r dyn, onide?
Canolwr, gŵr o'r gore.
'N barod ei gymod ar goedd,
Rhwng chwith a de a'u rhengoedd.
Gŵr o farn, gadarn a doeth,
Na una fyth â'r annoeth,
Yn drwch o degwch agos
A'i barch i'w gyd-ddyn, heb os.
Gŵr efô yn Gymro gwir,
Yn frwd am hynt ei frodir,
A ffiniau ei hoff ynys,
Oriel ŷnt, a chaer i'w lys,
Ei neges yw hanes hon.
Yn was i'w hoff Fonwyson.
Hoffus ŵr, o San Steffan,
Daeth sedd anrhydedd i'w ran
'N helaeth, rhoddwn weithion,
Olud mwy i aelod Môn.

Bore Oes yng Nghaergybi (1916-33)

Nid mab a fagwyd ar aelwyd gyffredin oedd Cledwyn Hughes, ond mab i weinidog a hwnnw'n un dylanwadol a phoblogaidd. Rhoddwyd iddo enw bedydd hanesyddol gan fod Cledwyn yn un o linach teulu Cunedda, y dywedir iddo ef a'i wyth mab ddod o gyffiniau Glasgoed yn Ystrad Glud gan ddisodli'r Gwyddelod yng Ngwynedd, a sefydlu teyrnasoedd iddynt hwy eu hunain. Gweinidog gyda'r Methodistiaid Calfinaidd yng Nghaergybi fu tad Cledwyn am gyfran helaeth o'i yrfa a daeth ei fab yn enwog yn y dref. Yn wir, yn yr erthygl ar y porthladd yn *Gwyddoniadur Cymru*, gelwir Cledwyn Hughes 'yr enwocaf o feibion y dref'.[1] Ni ellir anghytuno, er i'r bardd R S Thomas gael ei fagu yno hefyd.[2]

Ganwyd Cledwyn ar 14 Medi 1916, adeg y Rhyfel Byd Cyntaf, yn 13 Plas Hyfryd, i'r Parchedig Henry David Hughes ac Emily Hughes, y ddau'n wreiddiol o ardaloedd chwareli Llanberis a Dinorwig.[3] Yn wir ymffrostiai H D Hughes, y tad, mai chwarelwyr fu'r dynion yn ei deulu o leiaf er 1770, ac ymhyfrydai bob amser mai yn y chwareli y cychwynnodd yntau ei yrfa yn 12 mlwydd oed.[4] Gwnaeth teulu tad Cledwyn gyfraniad arloesol i fyd y chwarel a hefyd i achosion y Methodistiaid Calfinaidd. Cododd John Hughes, hen daid H D Hughes, gapel yn Dinorwig, sefydlu ysgol ddyddiol yno ac agor mynwent yn Neiniolen.[5] Symudodd teulu H D Hughes yn gynnar yn yr ugeinfed ganrif i Bontrhythallt lle bu dwy o'i chwiorydd yn byw, sef Anne yn cadw Eryri Stores a'r chwaer ieuengaf, Mennai, yn fam i ddau a ddaeth yn weinidogion yn y Cyfundeb, y Parchedigion G Tudor Owen a Dafydd Henry Owen.[6]

Yn 1907 gadawodd H D Hughes y chwarel er mwyn paratoi ar gyfer y Weinidogaeth. Perthynai i grŵp anffurfiol o fechgyn ieuainc a ystyriai'r Weinidogaeth fel llwybr bywyd sef 'Sanhedrin Pontrhythallt.'[7] Roedd ei daid wedi sefydlu achos ym Mhontrhythallt y flwyddyn honno ac ef oedd y bachgen cyntaf o'r ddiadell ifanc i wynebu'r alwedigaeth o fod yn Weinidog yr Efengyl. Aeth i Ysgol Clynnog, i Ysgol Ragbaratoawl y Bala, ac yna i'r Coleg Diwinyddol. Er mor flaengar oedd y myfyrwyr yno, nid oeddent mor flaengar â'r genhedlaeth a fu yno rhwng 1899 a 1903 gan iddynt hwy ymddiddori yng Nghymdeithas y Ffabiaid a gysylltid â George Bernard Shaw yn Lloegr a T Hudson Williams yng Nghymru.[8] Daliai H D Hughes i fod yn Rhyddfrydwr, fel ei deulu, er bod y Blaid Lafur Annibynnol yn Arfon, trwy ddylanwad sosialwyr Cymreig fel David Thomas a'r Parchedig Silyn Roberts, yn denu llawer.[9]

Ordeiniwyd y cyn-chwarelwr yn weinidog yn 1913 a derbyniodd alwad i ddau gapel yn ardal Conwy − y Tabernacl a'r Cyffin, ond byr fu ei hanes yno. Priododd â merch o'i gynefin, Emily Davies. Ganwyd Emily yn 1884 a phriododd John M Davies yng Nghapel y Rhos yn Awst 1906.[10] Ganwyd mab iddynt, Emlyn, yn Siop Eryri ar 22 Mai 1907. Byr fu eu bywyd priodasol, oherwydd flwyddyn yn ddiweddarach bu farw'r tad yn 27 oed gan adael gweddw ifanc 24 oed a mab bychan 12 mis oed i'w fagu.[11] Yn 1914 pan dderbyniodd alwad i gapel Disgwylfa, Caergybi, roedd H D Hughes wedi priodi Emily a symudodd y teulu i 13 Plas Hyfryd, Caergybi. Pan anwyd Cledwyn ar 14 Medi 1916 roedd ganddo hanner brawd a hwnnw'n naw mlwydd oed erbyn hynny.

Cafodd Cledwyn ei eni i gartref unigryw y Mans. Yn ei blentyndod, sonia ei fod yn cofio 12 gweinidog ordeiniedig llawn amser yn nhref Caergybi, ynghyd â dau berson plwyf a dau giwrat.[12] Roedd pum achos gan y Methodistiaid Calfinaidd yno, pedwar yn addoli yn Gymraeg ac un yn Saesneg a byddai gweinidogion grymus yn awyddus i dderbyn galwad i'r dref.

Mewn rhaglen deledu yng nghwmni Hywel Gwynfryn disgrifiodd y gwleidydd ei dad fel dyn byr, chwim ei feddwl, penderfynol ac yn bregethwr o'i gorun i'w sawdl. Gwraig dawel, addfwyn a thyner oedd ei fam ac ni fyddai prinder pobl i hebrwng y pram o'r tŷ yn ystod 1917 er mwyn lleihau ei phrysurdeb. Sonia M Hughes o Amlwch ei bod yn un o'r rhai gâi gyfle i wthio'r pram heb sylweddoli y byddai hi rhyw ddydd yn pleidleisio i'r plentyn oedd ynddo ym mhob etholiad. Cofiai amdano y tu allan i'r tŷ a rhywun yn gofyn iddo'n Saesneg, iaith digon dieithr iddo, 'Where is your father?' A'r bychan yn ateb, 'Oh you can't see him in the study – he is preparing to preach!'[13]

Diwrnod arall a gofiai'r gwleidydd yn glir oedd 1 Tachwedd 1921 pan ruthrodd ei dad i'r tŷ i ddweud wrth ei briod, 'Mae Dr John Williams Brynsiencyn wedi marw.' Pum mlwydd oed oedd Cledwyn ond roedd y newyddion yn syfrdanol gan fod Dr John Williams yn gyfuniad perffaith o'r gweinidog gwleidyddol, grymus a huawdl. Ni feiddiai neb anghytuno â John Williams yn Henaduriaeth Môn. Yn ôl tystiolaeth y Parchedig R Prys Owen, Llangefni, adeg y Rhyfel Byd Cyntaf:

Arweiniad y Dr John Williams, Brynsiencyn, a gymerwyd gan y Cyfundeb ym Môn. Credai a chyhoeddai ef nad oedd modd i Brydain Fawr wneud dim yn wahanol dan yr amgylchiadau a chytunai mwyafrif mawr o grefyddwyr y Sir o bob enwad ag ef.[14]

Nid oes unrhyw dystiolaeth fod H D Hughes wedi anghytuno ag ef yn ei flynyddoedd cynnar ym Môn. Wedi'r cyfan onid John Williams oedd yn gwisgo mantell Rhyddfrydiaeth ei arwr mawr Lloyd George lle bynnag yr elai? Roedd H D Hughes yn perthyn i genhedlaeth o weinidogion megis y Parchedig Thomas Charles Williams, Porthaethwy, a ymddiddorai yng ngwleidyddiaeth Ymneilltuaeth. Y prif faterion oedd datgysylltiad yr Eglwys Wladol yng Nghymru, addysg, dirwest ac argyhoeddiadau yn ymwneud â brawdgarwch Cristnogol. Ceid cydymdeimlad â rhai oedd yn dioddef gormes ond yn gyffredinol, gwleidyddiaeth gwrthryfel yn erbyn y sefydliad Seisnig ydoedd yn ei hanfod.

Y ddau ddylanwad pennaf felly ar fagwraeth Cledwyn oedd y cartref a'r capel ac yn ôl rhai, Fron Deg oedd y mans mwyaf nodedig ym Môn.[15] Roedd Capel Disgwylfa'n ddylanwadol iawn yn ardal London Road, ardal glòs Gymreig o weithwyr y rheilffyrdd, morwyr a physgotwyr, a datblygodd perthynas unigryw rhwng y gymuned hon a'i gweinidog.

Roedd drws y mans yn fythol agored. Un o'r rhai a alwai yn Fron Deg pan ddeuai i Gaergybi fyddai David Lloyd George, a galwai'n amlach wedi i'w ferch Megan ddod yn Aelod Seneddol y sir.[16] Gwleidydd ac aelod yn Nisgwylfa oedd Syr R J Thomas a galwai yntau heibio'n gyson. Ef oedd y gwleidydd a heuodd y syniad ym meddwl Cledwyn o gefnogi'r Blaid Lafur yn hytrach na phlaid ei rieni pan oedd yn 15 oed. Ei gyngor i Cledwyn pan gerddai'r ddau i oedfa'r bore yn Nisgwylfa oedd, 'Cledwyn, the future belongs to Labour'.[17]

Gwyddai R J Thomas yn dda fod Caergybi ar flaen y gad dros Lafur ac ym Medi 1913 sefydlwyd Cyngor Masnach a Llafur Caergybi i gynrychioli chwe undeb a 2,500 o weithwyr. Unwyd y docwyr, y morwyr, gwŷr rheilffordd London Road, dynion tân, gweithwyr Swyddfa'r Post, crefftwyr ym myd adeiladu, a llafurwyr cyffredin. Bonws oedd cael gŵr fel Cyril O Jones, cyn ysgrifennydd Cymdeithas Ryddfrydol Môn, i gefnogi'r Mudiad Llafur yng Nghaergybi.[18] Ysgrifennai rhai o weinidogion Môn, fel y Parchedig Keinion Thomas, Pentraeth, erthyglau i'r *Wyntyll* a goleddai ideoleg sosialaidd.[19]

Pwysai Arthur Henderson, Ysgrifennydd y Blaid Lafur Brydeinig, ar gyngor Masnach a Llafur Caergybi i ffurfio Plaid Lafur Sirol.[20] Sosialydd digyfaddawd ym Môn oedd W J Jones (Brynfab), perchennog siop ym Mrynsiencyn, a gyfrannai erthyglau cyson i'r papur wythnosol *Y Cloriannydd* ar sosialaeth. Roedd Brynfab o blaid gwladoli'r tir, diwydiannau a thrafnidiaeth gyhoeddus.[21] Ni fu'r pwyso'n ofer, a sefydlwyd cangen o'r Blaid Lafur ym Mrynsiencyn er mai Rhyddfrydwr digyfaddawd oedd John Williams, 'Brenin y Fro'.[22]

Bu daeargryn gwleidyddol yn etholiad 1918 pan gipiodd Syr Owen Thomas, brodor o Gemaes, y sedd i Lafur o drwch blewyn.[23] Cafodd fwyafrif o 140 dros Ellis Jones Ellis-Griffith, gŵr o Frynsiencyn, a ymgorfforai Ryddfrydiaeth Ymneilltuol. Cipiodd y milwr enwog, a ffrind mawr John Williams, Brynsiencyn, sedd a fu'n eiddo i'r Rhyddfrydwyr er Deddf Diwygiad Seneddol 1832. Siglwyd H D Hughes a'r drefn Ryddfrydol i'w gwreiddiau. Roedd hi'n amlwg mai pleidleisio i'r dyn yn hytrach na thros egwyddorion a wnaeth mwyafrif cefnogwyr Owen Thomas yn yr etholiad. Yn 1918, roedd Owen Thomas ymhlith 61 Aelod Seneddol Llafur yn San Steffan, ond ef oedd yr unig un heb wreiddiau dwfn yn y dosbarth gweithiol.[24]

Yn etholiad 1924, wedi dyddiau Owen Thomas, enillwyd Môn yn ôl i'r Blaid Ryddfrydol gan Syr Robert J Thomas, Carreglwyd.[25] Gŵr cyfoethog, a wnaeth ei ffortiwn yn y diwydiant llongau yn Lerpwl ydoedd. Yn wir, yn 1925, cynigiodd yr Aelod Seneddol rodd o dir yn Walthew Avenue i adeiladu mans i'w gyfaill, H D Hughes.[26] Ar ôl trafodaeth daethpwyd i'r casgliad nad oedd y safle'n ddigon cyfleus ac wedi i'r gwleidydd werthu'r tir am £100 trosglwyddodd yr arian i gyllid Disgwylfa. Felly sicrhawyd mans a ddisgrifiwyd fel 'plasty bychan hardd a chyfleus' o'r enw Fron Deg.[27] Dywed y cofnod: 'Cymerwyd prydles ar yr eiddo a gynhwysai, heblaw'r tŷ, tua thair acr o dir, am rent blynyddol o £60. Gosodir y tir ar delerau manteisiol. Diamau nad oes harddach tŷ gweinidog ym Môn'.[28]

Cafodd Cledwyn a'i deulu blasty bychan hardd i fyw ynddo pan oedd ar ddechrau yn yr ysgol uwchradd. Ni chafwyd ganddo unrhyw atgofion o'i ddyddiau ysgol, ond mae'n amlwg bod gan y capel ddylanwad mawr arno. Disgwylid ef yn blentyn i eistedd yn sedd y teulu i wrando ar ei dad ac eraill yn pregethu, bore a hwyr bob Sul cynta'r mis, a mynychu'r ysgol Sul yn y prynhawn. Yn ychwanegol at hyn, byddai cyfarfodydd y plant ar noson waith, ac yn y rhain byddai'n rhaid sefyll arholiadau ysgrifenedig. Rhoddwyd pwyslais ar barchu rhieni, osgoi torri'r gyfraith a pheidio ag yfed diod feddwol. Un amcan oedd i hyn oll, 'sef gwella'r plant mewn moes a chrefydd'.[29] Pan brotestiai mab y mans am y rhaglen drom hon dywedai ei dad wrtho 'Os nad ei di, sut fedra i ddisgwyl plant eraill fynd i'r cyfarfodydd?' Disgwylid iddo sefyll yr arholiadau ysgrythurol bob blwyddyn, a dysgu adnodau lu ar ei gof ar gyfer y Seiat. Ar hyd ei oes, cafodd hynny ddylanwad mawr arno. Gwyddai ei Feibl yn drwyadl yn y Gymraeg, ond nid yn y Saesneg.

Sefydliad arall capelyddol, sy'n dal i fod yn bwysig fel cynt, oedd y cylchwyliau. Ynddynt ceid arholiadau ar faes llafur yr ysgolion Sul a hefyd gyfle i adrodd a chanu mewn dau gyfarfod.[30] Golygai hyn lawer iawn o ymarfer gartref ar gyfer y gylchwyl, a byddai 'chwarae capel' yn un o chwaraeon y bychan yn y Mans. Disgrifiodd Ifan Gruffydd, y gwerinwr o Langristiolus, yr hwyl a geid o 'chwarae capel' yn un o'i gyfrolau difyr:

> Ar ben stôl ym mhen y bwrdd y byddai'r pwt pregethwr, a Beibl Mawr y teulu o'i flaen, ac wrth gwrs, roedd yn rhaid mynd i hwyl a rhoi bloedd yr un fath â Llewelyn Lloyd neu Philip Jones, Pontypridd, a chau yr Hen Lyfr, a'i ddal i fyny.[31]

Gwrandawsai Cledwyn ar bregethau Llewelyn Lloyd lawer gwaith ac ar dro Philip Jones o Bontypridd a hefyd ffrind mawr ei dad, y Parch Morgan Griffiths, gweinidog Capel Penmount, Pwllheli. Edrychai ymlaen felly at y Cyfarfodydd Pregethu gyda rhai, fel y cewri hyn, yn diddanu'r cynulleidfaoedd anferth mor ddramatig ag unrhyw actor proffesiynol, ond yn ddidwyll. Dywedodd lawer tro wrthyf y byddai'n barod i gerdded o leiaf o Gaergybi i Walchmai, er mwyn clywed pregethu tebyg i bregethu Philip Jones. Cofiai'r Parchedig D Hughes Jones, y Rhyl, destun a neges ganolog pregethau Llewelyn Lloyd a H D Hughes yn Llanelli pan oedd yn blentyn ysgol. Dywedodd wrth Cledwyn: 'Mae dros hanner canrif ers hynny ond dyna brawf o allu pregethwr i gyfathrebu!'[32]

O ddiwedd mis Medi i ddiwedd mis Tachwedd bob blwyddyn deuai pregethwyr y cyrddau mawr o bell i Gaergybi a galw yn y Fron Deg, pregethwyr o safon M P Morgan, Blaenannerch, Robert Beynon, Abercraf, Eliseus Howells, Llundain a Philip Jones, Porth-cawl. Hon oedd oes aur pregethu ym Môn ac roedd Cledwyn yn ddigon hen i gofio dyfodiad y Gymanfa Gyffredinol i Gaergybi yn 1924 a chael clywed un o farwniaid y pulpud, William Eliezer Prytherch. Disgrifiodd Robert Beynon ef fel hyn:

> Pregethwr y bobl ydoedd; heulog ei bersonoliaeth, gwerinol ei ymadrodd, nerthol ei ddawn a'i ddull agos a bywiog. Enillai ei gynulleidfa'n ddiymdroi, a'u dal â'i ddarluniau naturiol a'i apeliadau taer.[33]

Clywodd y bachgen wyth mlwydd oed yr heddychwr mawr John Puleston Jones, Pwllheli,[34] ac yn ei ddilyn roedd Philip Jones, un o ffefrynnau Methodistiaid Môn, 'a'r olaf o farwniaid pulpud y Methodistiaid yn y de'.[35]

Yn y dauddegau, pleser fyddai cael mynd ar wyliau haf i aros gyda'i daid a'i nain, David ac Anne Hughes ym Mhontrhythallt. Ymfalchïai fod ei nain, ar ochr ei dad, yn Gymraes uniaith Gymraeg.[36] Blynyddoedd tawel oedd y rhain, pan oedd bywyd yn troi o gwmpas y cartref, y capel a'r chwarel, ac yntau yn cael profi newid aelwyd a chael ei hunan ymysg chwarelwyr – pobl orau'r byd, yn ôl ei dad.

Soniodd am Lisi ac Arthur Evans, Awelfan. Roedd Lisi Evans yn chwaer i dad y Parchedig Huw Llewelyn Williams, y Fali. Cofia Cledwyn iddo dreulio gwyliau yn Awelfan gyda Huw a'i gefnder W E Thomas. Yno y trigai William Williams, taid Huw, yn ystod ei flynyddoedd olaf. 'O ran pryd a gwedd mae un o'i orwyrion, Dafydd Elis-Thomas, yn debyg iddo,' yn ôl Cledwyn.[37] Byddai dyfodiad y ddau gyn-bregethwr yn melysu bywyd mab y mans drwy'r mwynhad a'r hwyl a geid yn Awelfan. Dywedodd, 'Cofiaf y canu o amgylch y piano a Huw yn chwarae amrywiaeth o donau o'r llyfr emynau, a Fflat Huw Puw'.[38] Roedd Arthur a Lisi Evans yn siopwyr llwyddiannus, ond trawodd Cledwyn nodyn diddorol pan ddywedodd, 'Y tu ôl i'r hwyl iach ni ellid anghofio mai aelwyd grefyddol oedd yno ac ni châi gweinidog groeso cynhesach yn unman ym Môn nag yn Awelfan'.[39]

Roedd Tad Cledwyn, oherwydd ei bersonoliaeth radlon yn gryn ffefryn ar yr aelwydydd a gadwai bregethwyr am y Sul, oherwydd ei allu i gynnal sgwrs fywiog. Seiliodd yr hogyn ysgol ei fywyd ar ei dad a byddai'n mynd am dro gydag ef i ymweld â theuluoedd trallodus, ac yn arbennig i'r ysbytai i weld cleifion. Byddai'r tad yn ymweld â phob aelod o'i gapel bob tri mis. Dywed Emlyn Richards: 'Ymweliadau am sgwrs a chwmni hamddenol fyddai'r rhain, ac fel hen chwarelwr, roedd yn hen law ar gynnal sgwrs ac ymgom'.[40]

Ymddiddorai H D Hughes yn nhîm pêl-droed Caergybi ac ni chollai'r un gêm ar gae y dref, gan fynd â Cledwyn gydag ef i weld gemau cartref ac oddi cartref pan chwaraeid ym Mangor neu Gaernarfon. Roedd y rheiny yn gêmau arbennig. Pan fyddai rhai o Wyddelod neu Saeson Caergybi yn colli rheolaeth ar eu tafodau ac yn rhegi'n uchel, byddai gweinidog Disgwylfa yn troi atynt ac yn eu rhybuddio: 'Now; don't get carried away.' Ni fentrai'r Cymry. Gwrandewid arno gan fod cymaint o barch iddo ac yntau'n gymaint o gefnogwr i'r clwb. Mae cof amdano'n perswadio un o'i gyd-weinidogion yng Nghaergybi i newid amser oedfa prynhawn y Cyrddau Pregethu 'er mwyn sicrhau y gallai'r bobl fynd i weld y ffeinal ar ôl y bregeth.'[41]

Dyna'r fagwraeth bleserus, addysgiadol a dderbyniodd Cledwyn Hughes yn nhref Caergybi yn y dauddegau. I Cledwyn, blynyddoedd ardderchog oedd y rhain. Roedd Caergybi fel porthladd yn atyniadol i blentyn deallus a bywiog a byddai ar ben ei ddigon yn cael cyfle i fynd i weld llongau fel y *Cambria*, *Hibernia* a *Munster*. Edrychai ymlaen at eu gweld yn cyrraedd y porthladd ac wedi hynny, yn gadael am Ddulyn. Y bonws iddo ef oedd cael mynd ar fwrdd llong gyda'i dad. Dywed mewn ysgrif ddiddorol, 'Hometown':

> It was a treat to be taken to see them arriving and departing, with busy passengers
> bound for London and Dublin, and treat of treats, to be allowed on board with my

father for half an hour; officers with gold braid (they were deacons in dark suits in the big pew on Sundays); throb of engines, smell of sea and oil, and sea gulls mewling.[42]

Roedd tref Caergybi nid yn unig yn borthladd prysur yn y dauddegau ond roedd yno, i fachgen egnïol, ddigon o gyfle i rodio gyda'i ffrindiau, ac i nofio a thorheulo ar draethau braf Porth Dafarch, Trearddur, Penrhos a Rhoscolyn.

Digwyddiad pwysig arall ym mlynyddoedd ei blentyndod oedd y paratoi ar gyfer croesawu'r Eisteddfod Genedlaethol i Gaergybi yn haf 1927. Cofiai'r cyffro mawr a bod cystadlaethau'r corau meibion, y cwmnïau drama, y Cadeirio a'r Coroni yn agoriad llygad iddo. Llwyfannwyd drama enwog Ibsen, *The Pretenders*, yn Gymraeg a daeth un o gynhyrchwyr enwocaf Rwsia i roddi sglein ar yr actorion yn yr ymarferion. Er mai bachgen 11 oed ydoedd, cofiodd enw anghyfarwydd y cynhyrchydd am weddill ei oes, Komisarjevsky.

Erbyn diwedd y ddauddegau roedd Cledwyn yn ddigon aeddfed i ddeall sgyrsiau'r gweinidogion a alwai yn Fron Deg. Galwai rhai fel Thomas Williams, Cwyfan Hughes, Amlwch, Llewelyn Lloyd, Caradog Rowlands a Trefor Evans yno.[43] Edmygai Cledwyn waith y bardd bregethwr, y Parchedig J Owen Jones, Hyfreithon, a byddai yntau'n ymwelydd cyson.[44] Arferai Morgan Phillips, ysgrifennydd enwog y Blaid Lafur, ddweud fod gan ei blaid fwy o ddyled i Fethodistiaeth nag i Karl Marx. Roedd mwy nag un math o Fethodistiaeth. Methodistiaid Cyntefig oedd cefnogwyr pennaf y Blaid Lafur Annibynnol, tra bod y Methodistiaid Wesleaidd wedi magu llu o Sosialwyr pybyr. Nid oedd y Methodistiaid Calfinaidd yn bleidiol i Undebaeth Lafur nac i Sosialwyr oedd yn bygwth tanseilio cyfalafiaeth. Pwysleisio iachawdwriaeth bersonol wedi'i gwreiddio yn yr Ysgrythurau wnaent hwy. Gwaith unigolion oedd gwarchod eu henaid, meindio eu busnes a gofalu am eu teulu, rhoi blaenoriaeth i'w crefydd a dangos cefnogaeth i'r gwaith cenhadol yng ngogledd ddwyrain India. Crefydd y ffarmwr gofalus a'r siopwr llwyddiannus oedd y grefydd hon, gan roddi pwys eithriadol ar waith caled a gonest. Roedd arweinwyr crefyddol y Methodistiaid Calfinaidd wedi cael eu llwyr gyfareddu gan W E Gladstone, ac wedi hynny gan Tom Ellis a David Lloyd George. Fel y dywed Vaughan Hughes:

Mae'n anodd iawn i ni heddiw werthfawrogi yn llawn pa mor ddylanwadol oedd y Methodistiaid, yr Annibynwyr a'r Bedyddwyr – yr enwadau Anghydffurfiol – ganmlynedd yn ôl. Y nhw a'r Blaid Ryddfrydol oedd y sefydliadau Cymreig a Chymraeg.[45]

Gweinidogion yr Efengyl fel H D Hughes oedd y dosbarth llywodraethol ym mywyd Cymraeg Môn a phob sir arall. Ond ni fu'r ddauddegau cynnar yn garedig o gwbl o ran polisïau eu harwr mawr, Lloyd George, i'r gweinidogion hyn ym Môn. Credai llywodraeth Lloyd George ei bod hi'n bwysig i'r amaethwyr gynhyrchu ŷd ar gyfer cynhaliaeth y bobl adeg y Rhyfel a phasiwyd Deddf Gwarchod Ŷd. Diddymwyd y ddeddf yn 1921, a bu'n ergyd angheuol i amaethyddiaeth.[46] Trodd carfan uchel o ffermwyr i gynhyrchu llaeth, ac yn sgil hyn, nid oedd angen cymaint o weision na morwynion. Bu diweithdra yn eu plith ym Môn a gweithiodd rhai o aelodau'r Blaid Lafur o'u plaid.[47]

Er ei egwyddorion sosialaidd cadwodd H D Hughes ei ffydd yn y Blaid Ryddfrydol a daeth David Lloyd George i ofyn ffafr iddo pan ddatganodd ei ferch ieuengaf, Megan Arfon Lloyd George, ei dymuniad i ymgeisio i fod yn Aelod Seneddol Môn.[48] Fe'i hetholwyd yn Etholiad Cyffredinol 1929 a hithau ond yn 23 mlwydd oed.[49] Chwaraeodd H D Hughes ran flaenllaw yn ymgyrch etholiadol cyntaf Megan, fel y cofiai ei fab 13 oed. Enillodd y ferch ddawnus ei sedd gyda mwyafrif o 5,618, a chadeiriodd H D Hughes gyfarfod iddi yn Neuadd y Farchnad, Caergybi. Bu Cledwyn yn gwrando arni ond ni chafodd ysgwyd llaw â'r Gymraes gyntaf erioed i gynrychioli etholaeth Gymreig yn San Steffan. Yn ail iddi yn Etholiad 1929 roedd ffarmwr o Fôn, William Edwards, Halogwyn, a gwrandawodd Cledwyn arno yntau yng Nghaergybi.[50] Y rhyfeddod mawr yw mai'r ffermwr o Sosialydd oedd un o'r rhai a ddenodd fab y mans i rengoedd y Blaid Lafur maes o law. Er gwaethaf llwyddiant Megan Lloyd George, gwyddai H D Hughes am amgylchiadau economaidd anodd Caergybi. Mynegodd hynny yn adroddiad blynyddol Disgwylfa yn 1929:

Gweler bod rhai o'r casgliadau yn llai eleni. Nid ydym yn synnu rhyw lawer am hyn. Mae dirwasgiad masnachol wedi ymdaenu dros y wlad a'r byd yn dweud popeth. Mae yn ein tref gannoedd o ddynion da yn methu â chael diwrnod o waith. Ar y llaw arall, mae cyflogau y rhai sy'n gweithio wedi gostwng cymaint fel bod cael y ddau ben llinyn at ei gilydd yn gryn orchwyl. Yr ydym yn byw mewn dyddiau difri a chredwn y dylem fel eglwys droi at Dduw ac ymostwng ger ei fron. Ofnwn fod y broblem yn rhy fawr i neb dyn.[51]

Gwnaeth dadansoddiad y gweinidog a'i gonsýrn diwinyddol greu edmygedd. Roedd angen efengyl gymdeithasol, nad oedd yn nodweddiadol o weinidogion yr Efengyl a gefnogai'r Blaid Ryddfrydol fel y gwnâi H D Hughes.

Gwraig swil, wylaidd oedd ei fam a chanddi galon fawr. Meddai'r mab ieuengaf, David Lloyd Hughes, amdani: 'Nid elai neb o'r tŷ yn waglaw os oedd blodau neu gynnyrch yn yr ardd ar gael; ni siomwyd yr un cardotyn erioed wrth ei drws.'[52] Addas felly oedd englyn y Parchedig William Morris iddi:

> Mynych oedd ei chymwynas – a'i gwên bur,
> Gwên i bawb o'i chwmpas,
> Mwy ym medd mae mam addas
> A gwraig lon dan garreg las.

Creodd y ddau gartref caredig Cristnogol, safonau moesol a buchedd bendant i'w meibion, ond ni allasai'r naill fyw heb y llall. Taflodd y ddau Ryfel Byd eu cysgodion dros fywyd y teulu hwn fel tros bawb arall. Soniodd y mab am hyn saith deg mlynedd yn ddiweddarach:

> Cofiaf yn blentyn yn y dauddegau fy nain yn wylo ar ôl ei mab a laddwyd yn y Somme. Roeddent yn byw ym Mhontrhythallt. Rhaid gweddïo na ddaw y fath drychinebau eto.[53]

Yn 1946 a 1947 daeth y cyfnod anodd i ben pan fu farw y ddau riant, Emily a H D Hughes, a nain y bechgyn, Mrs Hughes, Llys Eryri, Pontrhythallt. Clywsai hi am farwolaeth ei mab talentog ar Sulgwyn 1947 ar ôl gwaeledd byr yn ei gartref, Fron Deg, ac yntau ond yn 61 mlwydd oed. Ysgrifennodd un o arweinwyr y capel, John Roberts, Church Terrace werthfawrogiad iddo yn yr *Holyhead and Anglesey Mail*. Soniodd am weinidog dynamig, diflino a ysbrydolodd genedlaethau o bobl ifanc Caergybi:

For his sons another road is open, they cherish the love he gave them, they take from his hand the torch he held so high. They are in possession of a great heritage.[54]'

Roedd byw heb ei gymar hoff wedi bod yn fwy nag y medrai H D Hughes ei ddioddef. Wrth olygu cyfrol ei dad, meddai'r mab ieuengaf: 'Pan fu farw fy mam torrodd fy nhad ei galon a chollodd bleser ym mhopeth. Bu farw chwe mis ar ei hôl.'[55]

Bu'r arwyl yn ddiwrnod mawr yng Nghaergybi. Tyrrodd trigolion y sir i lenwi Disgwylfa. Gwasanaethwyd gan ei gyfaill, y Parchedig Trevor Evans, a chyflwynwyd teyrngedau gan saith o arweinwyr, pum gweinidog a dau flaenor. Roedd dau ewythr iddo o ardaloedd y chwareli yn bresennol ond ni sonnir fod Megan Lloyd George wedi talu'r gymwynas olaf iddo. Medrai H D Hughes golli ei limpyn gyda Megan ar dro am ei bod hi'n medru bod yn ddiog. Gwnaeth hynny ynghanol y tridegau drwy anfon brysneges ati yn y senedd: 'The people of Holyhead have suffered years of terrible depression. Quota restrictions reduce Holyhead to border line paralysis.'[56]

Er mwyn dangos parch i arweinydd a frwydrodd mor ddygn dros ei thrigolion, nid yw'n rhyfedd felly i bob siop yng Nghaergybi gau ar ddydd ei angladd. Arwydd pellach o'r edmygedd mawr ato oedd bod 49 o weinidogion yr efengyl yn galaru gyda'r teulu ar ddydd yr arwyl. Ymhlith y plethdorchau roedd un gan Gyngor Dosbarth Caergybi ac un arall gan Blaid Lafur yr etholaeth, ond nid gan Ryddfrydwyr yr Ynys na'r Aelod Seneddol. Er hynny dangosodd deyrngarwch di-ildio i'r Blaid Ryddfrydol, gwrthododd newid ei bleidlais yn Etholiad Cyffredinol 1945 a phleidleisiodd i Megan yn hytrach nag i'w fab ei hun. Gellid dweud yn hawdd: I ba beth y bu'r golled hon?

Coleg Prifysgol Cymru Aberystwyth (1934-7)

D ewisodd Cledwyn Hughes Goleg Aberystwyth am fod yno Adran y
Gyfraith adnabyddus iawn o dan arweiniad yr Athro Thomas A Levi,
MA, BCL (Rhydychen), LL.B. (Llundain). Roedd Levi yn un o sêr y Blaid
Ryddfrydol a galw mawr amdano i annerch cyfarfodydd adeg etholiadau.
Roedd yn arweinydd yng nghapel Methodistiaid Calfinaidd y Tabernacl, lle
bu ei dad yn Weinidog am chwarter canrif.[1] Gwyddai'n dda am H D Hughes,
Caergybi, ac felly roedd croeso mawr i'w fab yn Adran y Gyfraith. Aeth
Cledwyn i'r coleg yng nghwmni ei ffrind, Peredur Hughes, mab y Parchedig
Robert Hughes, y Fali.[2]

Roedd modd dod i adnabod cyfartaledd da o fyfyrwyr Aberystwyth
yn 1934 gan mai oddeutu 600 o fyfyrwyr oedd yno. Er bod ambell un o'r
dosbarth gweithiol, plant dosbarth canol cymoedd Mynwy, Morgannwg a
dwyrain Sir Gaerfyrddin oedd mwyafrif y myfyrwyr, lle nad oedd modd dianc
rhag blinderau a phroblemau diweithdra. Nid argyfwng y de'n unig mohoni,
gan fod tref Caergybi yr un mor adfydus a byddai tad Cledwyn yn darparu
ar gyfer y rhai ar eu cythlwng. Trefnai rhai aelodau o staff y Coleg fel Percy
George a'r athronydd, yr Athro R I Aaron, gyda chymorth Charlotte Miles,
Glwb Cinio i'r myfyrwyr mewn tŷ yn Laura Place.[3] Roedd y cinio ar gael bob
dydd am y pris rhesymol o deirpunt y tymor.

Trwy rwydwaith y Methodistiaid, cafodd Cledwyn a Peredur lety yng
nghartref Mrs Davies, Wooden House, South Road, gweddw i weinidog
y Cyfundeb yn Llangadog. Roedd gwraig y tŷ'n ofalus a diwyd, a chanddi

fab a merch yn eu harddegau. Yn 1935 roedd ganddi saith o fyfyrwyr, tri'n astudio'r gyfraith a dau efrydydd yn Adran y Celfyddydau sef Merfyn Turner, a ddaeth yn enwog fel ffrind carcharorion, a Dyfnallt Morgan o Ddowlais, y llenor, bardd a chynhyrchydd gyda'r BBC. Roedd dau o fyfyrwyr Coleg Diwinyddol y Methodistiaid Calfinaidd yno hefyd.[4] Ni fu tŷ lojin mwy ymneilltuol yn unman, gan fod tri yn feibion y Mans, dau yn darparu ar gyfer y weinidogaeth Gristnogol, heb anghofio Dyfnallt Morgan, mab Osborne Morgan, un o selogion Capel yr Annibynwyr, Gwernllwyn, Dowlais.

Gallai Cledwyn amenio tystiolaeth Dyfnallt Morgan am gyfraniad pulpud y Gwernllwyn fel pulpud Disgwylfa:

Cefais oleuo fy meddwl a dyrchafu fy ysbryd mewn blynyddoedd anodd. Doeddwn i ddim yn dda mewn hanes yn yr ysgol, ond o bulpud y Gwernllwyn, yng nghwrs y blynyddoedd, cefais ryw amgyffred o hanes, nid o hanes Cymru, ond hanes y gwareiddiad Cristionogol Ewropeaidd. Roedd yn beth ffurfiannol yn fy mywyd personol i, ac un o drasiedïau Cymru heddiw yw ein methiant fel cenedl i gadw'r traddodiad pregethwrol uchel ei safon hwn.[5]

Deuent at ei gilydd wrth y bwrdd bwyd, gyda'r nos yn arbennig, a byddai'r siarad yn 'fyrlymus a bywiog' yn ôl Dyfnallt.[6] Roedd gwleidyddiaeth gwlad a byd, twf Ffasgaeth a Chomiwnyddiaeth yn Ewrop yn destunau cyson. Dywed Dyfnallt Morgan, 'Os bu hogi meddyliau erioed, cawsom ein gwala a'n gweddill ohono yn ystod y sesiynau hynny'.[7]

Cafwyd llawer o hwyl, ac yn ei gyfrol *Rhywbeth i'w Ddweud*, sonnir am y 'baked beans' a ymddangosai'n reit gyson ar y fwydlen gyda'r nos. Awgrymodd un o'r criw anfon gair i bencadlys Heinz i roddi gwybod 'ein bod yn gwsmeriaid mor dda':[8]

We, the undersigned, declare
That to you 'tis hardly fair
To give renown to Sir James Jeans
Till he discovers your Baked Beans.

Arwyddwyd y llythyr a'r pennill canmoliaethus gan y saith ohonynt. O fewn tair wythnos cyrhaeddodd parsel mawr yn cynnwys cyflenwad dwbl o '57 Varieties' a phennill yn ateb oddi wrth swyddog o swyddfa ganolog Heinz.[9] Roedd Mrs Davies ar ben ei digon!

Roedd Cledwyn yn benderfynol o hybu gwleidyddiaeth ei rieni yn Aber a siom fawr iddo oedd canfod fod y Blaid Ryddfrydol wedi chwythu'i phlwc ac mai'r Clwb Llafur oedd y gangen wleidyddol gryfaf yn y Coleg. Llwyddai'r Clwb Llafur i sicrhau enwau adnabyddus i annerch gan gynnwys Arthur Horner, y Comiwnydd; Ithel Davies a safodd fel ymgeisydd dros y Blaid Lafur yn etholaeth Prifysgol Cymru yn 1933; yr Athro T Gwynn Jones, bardd ac Athro yn yr Adran Gymraeg; Lionel Elvin, ymgeisydd Llafur dros Brifysgol Caergrawnt; James Griffiths, AS Llanelli; a Harold Laski.[10] Roedd darlithwyr arbennig yn y Brifysgol yn uniaethu eu hunain â'r Clwb Llafur, pobl fel yr Athro Treharne, Sidney Herbert ac E G Bowen. Syndod mawr yw na welir enw Cledwyn Hughes ymhlith y Sosialwyr. Cynrychiolodd y Sosialwyr mewn etholiad yn Ysgol Sir Caergybi ac fe gofia cyd-ddisgybl, Menna Cynan, iddo sefyll ar focs sebon ar y cae chwarae. Mae'n rhyfedd na uniaethodd ei hun gydag ysgrifennydd gweithgar y Clwb Llafur, sef Rhiannon Silyn Roberts, merch un o arloeswyr y Mudiad Llafur.[11]

Yn hytrach, atgyfododd Cledwyn y Clwb Rhyddfrydol gan nad oedd cangen wedi bodoli yno ers blynyddoedd.[12] Gofynnwyd i ddarlithydd yn Adran y Gyfraith, John Victor Evans, areithiwr huawdl, i annerch. Ef oedd yr ymgeisydd Rhyddfrydol dros Bontypridd yn etholiad 1929.[13] Safodd wedyn yn 1934, a dod yn ail i S O Davies.[14] Nododd Cledwyn, 'Mr Evans' inspiring address was the means of converting the Conservatives and Socialists present to Liberalism.'[15] Etholwyd Cledwyn yn ysgrifennydd y gangen a neb llai na'r Athro T A Levi yn llywydd y staff. Byddai ef yn ystyried Cledwyn yn un o'i 'gywion gorau' wedi iddo ailgodi'r gangen.[16] Ni cheir enwau sêr y Blaid Ryddfrydol yn annerch, na hyd yn oed enw'r Aelod Seneddol lleol, D O Evans.[17] Erbyn 1936 dyrchafwyd Cledwyn Hughes yn llywydd y gangen.[18]

Cymdeithas arall y bu Cledwyn yn weithgar ynddi oedd Cymdeithas y Gyfraith, cymdeithas gref gyda dros gant o aelodau yn ystod haf 1936.[19] Yn Nhachwedd 1936 cafwyd Noson Gymdeithasol i gyflwyno rhodd i Victor Evans ar ôl pum mlynedd fel darlithydd. Roedd ganddo argyhoeddiadau crefyddol cadarn a chydwybod gymdeithasol fel un o blant Cwmdâr yng Nghwm Cynon. Teimlai gyfrifoldeb i'w bobl ac awydd i liniaru cymaint ag y medrai ar ddioddefaint y di-waith. Derbyniodd swydd warden sefydliad addysgol Aberdâr, a elwid yn Coleg Gwerin Cynon yn 1936, dan nawdd y Cyngor Gwasanaeth Cymdeithasol. Yn Chwefror cynhaliwyd 'moat' ar bwynt dadleuol yn ymwneud â Chyfraith Gorffwylledd yng ngoleuni rheolau McNaughton. Y ddau aeth â hi oedd Edgar Rees a Cledwyn Hughes.[20] Mewn dawns ym Mawrth croesawyd Cledwyn fel llywydd newydd y Gymdeithas Ryddfrydol.

Daeth Cledwyn i adnabod ceffylau blaen y Blaid Genedlaethol, y bardd E Gwyndaf Evans, Gerallt Jones (tad Alun Ffred Jones), Alun Davies yr hanesydd, a Garfield Hughes, oedd yn Is-lywydd yn 1935.[21] Er na cheir tystiolaeth fod Cledwyn yn simsanu yn ei Ryddfrydiaeth, eto, roedd yn aelod selog o'r Gymdeithas Geltaidd a'r Gymdeithas Ddadlau. Daeth yn aelod o Bwyllgor Gwaith y Gymdeithas Ddadlau o 1933-6.[22] Deuai tyrfaoedd i'r dadleuon, ac yn Ionawr 1936,[23] testun y ddadl oedd 'That Liberty cannot exist under Socialism.' Cefnogwyd hyn gan Basil Jones a Cledwyn Hughes, dau Ryddfrydwr amlwg, ond colli wnaethon nhw mewn pleidlais agos.[24] O fewn pythefnos siaradodd yn y Ddadl Flynyddol rhwng y Gymdeithas Geltaidd a'r Adran Amaethyddiaeth ar y testun, 'Bydd y cydweithrediad sy'n bodoli yn y wlad yn barod yn well na'r hyn a gynigir iddi gan y diwygwyr'. Dros y Geltaidd, yn dadlau yn erbyn, gwelwyd Cledwyn Hughes ar ei orau a'i Gymraeg gloyw yn pefrio ger bron y gynulleidfa gref. Y Geltaidd aeth â hi.[25]

Cyn diwedd y flwyddyn, yn Hydref, bu dadl fawr gynhyrfus yn y Geltaidd ar y testun, 'bod cenedlaetholdeb yn beryglus i Gymru.' Roedd gan bob Cymro ei safbwynt gan mai chwe wythnos cyn hynny ar fore 8 Medi 1936, rhoddwyd safle'r Ysgol Fomio ym Mhenyberth, ger Pwllheli, ar dân, a derbyniwyd cyfrifoldeb am y weithred gan Lywydd Plaid Cymru, Saunders Lewis, y llenor D J Williams a Lewis Valentine, gweinidog Ymneilltuol. Yn y prawf yng Nghaernarfon ar 13 Hydref, cafwyd areithiau o'r safon uchaf gan Saunders a Valentine. Methodd y rheithgor â chytuno ar ddedfryd a throsglwyddwyd yr achos i'r Old Bailey yn Llundain lle na fu trugaredd. Fe'u carcharwyd am naw mis.

Yn y ddadl yn y Geltaidd siaradodd Basil Jones a Cledwyn Hughes o blaid, a dau a aeth i'r Weinidogaeth, Gerallt Jones a Dai Marcs yn erbyn.[26] Er i Cledwyn ennill y ddadl roedd saga Penyberth wedi'i gyffwrdd i'r byw. Fel y dywedodd John Davies am y croeso a roddwyd i'r tri ar 11 Medi 1937 ym mhafiliwn Caernarfon, 'Dengys y croeso gorfoleddus a roddwyd i'r 'Tri' – nid yn unig yng Nghaernarfon, ond hefyd mewn mannau fel Maesteg – fod eu gweithred wedi taro tant di-ofn yng Nghymru'.[27]

Bu'n drobwynt yn hanes amryw Gymro gwleidyddol ei anian. Roedd Cledwyn ar delerau da iawn gyda chenedlaetholwyr yn y coleg, gwyr fel Dai Marcs, y gwelir ei waith yn *Awen Aberystwyth*, Garfield Hughes, a ddaeth yn ddarlithydd yn yr Adran Gymraeg, a Dyfnallt Morgan. Ar ôl y ddadl, ac yn arbennig ar ôl gweithred symbolaidd Penyberth, denwyd Cledwyn i ystyried gadael y Rhyddfrydwyr am 'blaid Saunders.' Bu chwaer yng nghyfraith Saunders Lewis, Grace, yn athrawes arno yn yr Ysgol Uwchradd a deuai Saunders a'i briod yn eu tro i'w gweld yng Nghaergybi. Nid oedd yr athrylithgar Saunders Lewis yn enw dieithr iddo o gwbl. Roedd y ddau yn gwbl gytûn mai gweinidogion y Methodistaidd Calfinaidd fu'n athrawon diwylliant Cymraeg i'r ddau.

Gadawodd Cledwyn Hughes dref Aberystwyth yn haf 1937 gyda gradd LL.B. Chafodd neb Ddosbarth Cyntaf na'r Ail ddosbarth (Cyntaf). Yn y trydydd Dosbarth roedd Cledwyn Hughes. Bu Cledwyn felly'n hynod ffodus i ddechrau ei yrfa fel prentis twrnai ym mro ei febyd fis Hydref 1937. Erbyn hynny roedd ei ffrind, Peredur Hughes, yn Ysgrifennydd Cangen y Blaid Ryddfrydol yn y Coleg, a theimlai Cledwyn fod buddiannau'r gangen mewn dwylo diogel.

Ar ôl cyrraedd adref i Gaergybi roedd canlyniadau gweithred Penyberth yn dal i'w boeni a lluniodd lythyr at J E Jones, trefnydd y Blaid Genedlaethol yng Nghaernarfon, i ofyn a allai brynu tri bathodyn gyda'r addewid o dalu amdanynt gyda throad y post. I bwy roedd y tri bathodyn? A wisgodd Cledwyn y Triban? Anfonodd lythyr arall ar 23 Awst 1937 at J E Jones yn diolch am y tri Triban, a dymuniad am bedwar tocyn er mwyn cael mynd i'r cyfarfod yn y Pafiliwn yng Nghaernarfon ar 11 Medi, ac awgrymu'r priodoldeb o gychwyn cangen yng Nghaergybi. Dyma fyrdwn ei lythyr hynod bwysig:

> Hefyd, meddyliais lawer gwaith mai priodol ac amserol fuasai sefydlu cangen o'r Blaid yng Nghaergybi... credaf mai'r iachawdwriaeth i Gaergybi ac i'r Sir yn arbennig fuasai sefydlu cangen yn y dref a mwy o ganghennau yng nghorff y sir... wedi i'r sir yma dderbyn egwyddorion cenedlaethol, yn sicr fe rydd arweiniad i Gymru yn ei chais am ryddid.[28]

Ni weithredwyd yr awgrymiadau yn y llythyr am nifer o resymau. Roedd ei ddyhead am ddatganoli yn dderbyniol i rai arweinwyr yn y Blaid Ryddfrydol y bu ef yn aelod gweithgar ohoni yn nyddiau Aberystwyth. Yn ail, nid oedd gan y Blaid Genedlaethol unrhyw ddylanwad ar y werin bobl. Gŵr elitaidd iawn oedd Saunders Lewis ac yn y cyfnod hwnnw roedd yn gwbl wrth-sosialaidd. Gofidiai am agwedd myfyrwyr ym Mangor gan eu bod yn bygwth undeb y Blaid. Erbyn 1938, roedd Harri Gwynn Jones, myfyriwr ym Mangor bryd hynny, am wneud sosialaeth yn bolisi swyddogol y Blaid. Roedd Saunders yn anesmwyth ac yn flin tuag at Harri Gwynn Jones a'i griw. Llefarodd yn ddiflewyn ar dafod wrth J E Jones:

> Mae'n bryd dwrdio bechgyn y colegau yma sy'n ceisio llunio polisi yn amrwd anwybodus ac yn gwrthod gwaith prentis y gallant ei wneud, ac y dylent ei wneud, cyn codi eu lleisiau.[29]

Sylweddolai Saunders Lewis hefyd gystal â neb fod ei dröedigaeth i'r Eglwys Gatholig wedi'i gwneud hi'n anodd i bobl o gefndir Anghydffurfiol Capel Disgwylfa Caergybi ei ddilyn. Dywedodd yn glir, 'angen y Blaid ac angen Cymru yw arweinydd sy'n nes atynt ac yn haws ganddynt ei ddeall'.[30]

Byddai ymuno â Phlaid Cymru yn amddifadu Cledwyn Hughes o'r yrfa wleidyddol yn San Steffan y deisyfai ers ei lencyndod, ac roedd ei lwyddiant yn y Gymdeithas Ddadlau yn Aberystwyth yn awgrymu'n hyglyw y dylsai feddwl am yrfa wleidyddol. Yn ychwanegol at hynny, roedd sefyllfa economaidd Caergybi erbyn 1937-8 yn argyfyngus. Roedd y Rhyfel Fasnach rhwng Gweriniaeth Iwerddon a Phrydain yn peryglu'r dref. Wedi'r cyfan ceid diweithdra anhygoel yno gyda 50.9% o weithwyr yswiriedig yn ddi-waith – y ffigwr uchaf trwy Gymru gyfan.[31]

Fel gŵr ifanc, hirben, sylweddolai Cledwyn fod y dosbarth gweithiol yng Nghaergybi angen cefnogaeth, a daeth geiriau'r cyn-aelod Seneddol R J Thomas i'w aflonyddu, y 'Blaid Lafur yw plaid y dyfodol' gan y gwyddai ef, yn well na neb, fod y Blaid Ryddfrydol mewn argyfwng mawr. Gwyddai Cledwyn fod y sosialaeth a fynegid ym Môn ac yn y Gymru Gymraeg yn codi'n naturiol o argyhoeddiadau cyfarwydd iawn iddo fel gwrandäwr wythnosol ar bregethau ei dad ac eraill yn Disgwylfa. Brawdgarwch Cristnogol oedd ar ben rhestr y blaenoriaethau, a gwrthwynebiad eofn i ormes lle bynnag y'i gwelid:

gan y gwas fferm, pobl y rheilffyrdd, glowyr a'r gweithwyr dur. Mynegodd yr Undebwr Llafur, Huw T Edwards, hyn yn ei hunangofiant *Tros y Tresi*:

> Mae llawer o bethau yn dywyll i mi, ond nid yw fy Sosialaeth yn un o'r rheini. Cydgerddais â'm ffydd wleidyddol yn llawer rhy hir iddi hi a minnau fethu deall ein gilydd heddiw. Tra phery fy synnwyr mi gredaf yn Nhadolaeth Duw ac ym mrawdoliaeth dyn.[32]

Roedd Undebwyr Llafur yng Nghaergybi yn yr un traddodiad a'u llygaid arno o'r diwrnod yr aeth i'r Coleg fel un a allai fod yn ymgeisydd maes o law i'r Blaid Lafur. Un o'r rhai mwyaf brwdfrydig o'r rhain oedd Henry Jones, blaenor yng nghapel y Methodistiaid Calfinaidd, Armenia, cynghorydd sir ac Undebwr Llafur o Undeb T.ASS.[33] Ef a gynrychiolodd y Blaid Lafur yn Etholiad Cyffredinol 1935 yn erbyn Megan Lloyd George. Byddai Henry Jones yn ei fwydo â llyfrau R H Tawney, a llyfrau y *Left Book Club*, a gychwynnwyd gan y cyhoeddwr, Victor Gollancz.[34] Gofalai hefyd ei fod yn cael darllen y *Glasgow Forward*, wythnosolyn y bu gan ddau Gymro gyfraniad mawr iddo, Emrys Hughes, yn olygydd o Abercynon, a J Ll Williams yn golofnydd ac yn enedigol o ardal Corris a ddaeth yn 1945 yn Aelod Seneddol yn un o etholaethau Glasgow.

Roedd ym Môn hanner dwsin o Sosialwyr Cristnogol a fyddai'n barod iawn i swcro unrhyw ŵr ifanc fyddai am barhau eu gwaith arloesol. Cefnodd yn dwrnai ifanc ar y Blaid Ryddfrydol, a'r apêl dros dro a ddaeth iddo yn sgil Penyberth, gan droi ei gonsýrn at y bobl y magwyd ef yn eu plith, ym mhorthladd a thref Caergybi. Cyflwr tlawd Caergybi a gweithred orchestol ei dad, blaenoriaid Disgwylfa a chwiorydd yr achos fu'n trefnu Cangen Gawl yn y Festri oedd 'bwlch yr argyhoeddiad' wrth roddi 'ymborth i blant anghenus y cylch yn ystod dirwasgiad economaidd y tridegau'.[35] Os oedd am gyflawni diwrnod da o waith cyhoeddus, y Blaid Lafur oedd y blaid iddo ef. Wedi'r Rhyfel Byd Cyntaf newidiodd nifer a fagwyd yn y Blaid Ryddfrydol eu teyrngarwch a throi at blaid flaengar fyddai'n apelio at ddosbarth canol a gwerin Cymru. Edrychid ar y Blaid Lafur erbyn y tridegau fel plaid oedd wedi disodli'r Blaid Ryddfrydol fel yr wrthblaid ac yn cofleidio cynnydd fel egwyddor. Gosododd David Marquand hyn yn glir yn ei ysgrif ar Aneurin Bevan, un o arwyr y Cledwyn ifanc:

The Labour Party had become the major progressive party in the state largely because the virulent personal antagonism which divided the Liberal Party after 1916 and still more the squalid performance of the Lloyd George Government in Ireland and over the sale of honours, appeared to demonstrate the moral bankruptcy of orthodox Liberalism.[36]

Felly, trodd ei olygon at y Blaid Lafur a mentraf ddweud mai trwy lygaid Caergybi y tridegau y daeth Cledwyn Hughes i'r gorlan sosialaidd. Pan adawodd Adran y Gyfraith, gwelodd ddiwedd cyfnod. Un o'r cysuron yn y cyfnod hwnnw, ar ôl gadael y Coleg ger y Lli, fyddai cael dringo Mynydd Twr ger Caergybi ar Sadwrn braf a gweld oddi yno fynyddoedd Wicklow yr Ynys Werdd, Ynys Manaw a Swydd Cumberland i'r gogledd. Yna, pan edrychai i'r de gwelai Fam Cymru, Môn, chwedl Cledwyn, fel carped o flaen yr Wyddfa a'i chriw. Ar yr adegau hynny credai'n ddiffuant nad oedd unman yn debyg i Gaergybi a Môn. Er bod Caergybi y tridegau yn edrych yn afluniaidd a siabi, hon oedd tref ei febyd a'i lencyndod, y dref y byddai'n uniaethu â hi weddill ei ddyddiau. Yno roedd ei gefnogwyr pennaf. Gwerthfawrogai'r bobl a drigai ym mhob rhan ohoni, o London Road i Benrhos, o Waterside i Kingsland a Millbank gan gloi ei ysgrif arni, 'there is nowhere really quite like it'.[37]

Bwrw'i Brentisiaeth
(1938-51)

Dychwelodd Cledwyn Hughes i'w dref enedigol i ddilyn gyrfa fel cyfreithiwr. Roedd yn dal yn y gwersyll Rhyddfrydol, ond o sylwi ar yr amgylchedd a'r diweithdra ym Môn, daeth geiriau Syr Robert John Thomas i'w glustiau, mai'r unig obaith i ŵr ifanc oedd y Blaid Lafur. Gwrandawai ar areithiau y Blaid Lafur, yn arbennig rhethreg Aneurin Bevan, a phenderfynu yn 1938 ymuno â'r Blaid Lafur, er dirfawr lawenydd i arweinwyr fel Henry Jones, ymgeisydd Llafur Môn yn Etholiad Cyffredinol 1935.[1]

Chwalwyd cynlluniau pawb yn 1939 wrth i'r Ail Ryfel Byd gael ei gyhoeddi. Galwyd Cledwyn i'r rhengoedd yn 1940, a gwasanaethodd yn y Llu Awyr hyd derfyn y Rhyfel. Cwblhaodd dasgau gwirioneddol bwysig o fewn y byd cyfreithiol, gan ddringo trwy'r rhengoedd i fod yn Swyddog Hedfan er na allai hedfan o gwbl! Gwasanaethodd yn ne Cymru, yn Swydd Lincoln a bu'n swyddog cynorthwyol (*adjutant*) ym maes awyr Llandwrog ger Caernarfon am gyfnod. Yno, daeth i adnabod llu o fechgyn ac ar hyd y blynyddoedd, derbyniai lythyron oddi wrthynt i'w gyfarch ar ei lwyddiant seneddol. Un ohonynt oedd Eurwyn Williams, cyfoeswr yn Llandwrog rhwng 1943 a 1944. Sonia yn ei lythyr am y swyddogion oedd yng ngofal y gwersyll, gan gynnwys F/Lt Lennard o Ddyffryn Nantlle.[2] Yn Saesneg mae'r llythyr, a llofnododd ef oddi wrth 'Hen Gyfaill o Gaernarfon a gynt o RAF Llandwrog'.[3] Roedd hi'n amlwg fod llawer o'r bechgyn yn Llandwrog yn dod o Wynedd er nad yw Cledwyn yn cyfeirio yn unman at y cyfnod pwysig hwn yn ei hanes.

Roedd y ffaith iddo ymuno â'r Rhyfel, fel y gwnaeth mwyafrif ei gyfoeswyr, yn fonws iddo yn ei yrfa fel gwleidydd. Bu'r cyfnod hwn, yn ogystal â chael cyfle i wneud ffrindiau, yn gyfle i gael profiad o drin pobl ac i ystyried ei yrfa wedi'r rhyfela. Swyddog yn y Llu Awyr ydoedd yn Llandwrog pan gafodd ei wahodd i ystyried sefyll ym Môn yn Etholiad Cyffredinol 1945.[4] Daeth Cliff Prothero, Swyddog Cyngor y Blaid Lafur yng Nghymru, o Gaerdydd i'w gyfweld a chael ei blesio yn ymarweddiad a phersonoliaeth y gŵr ifanc o Gaergybi.

Nid oedd hi'n hawdd o gwbl i Cledwyn dderbyn y gwahoddiad, ac yn sicr pan gafodd ei ddewis yn ymgeisydd roedd hi'n anos fyth. Wedi'r cyfan roedd ei dad yn ymgorfforiad o'r Blaid Ryddfrydol ac Anghydffurfiaeth ac yn gwbl sicr na ddylai Cledwyn sefyll fel ymgeisydd. Gwrthwynebai am ei fod ef yn weinidog Capel Disgwylfa yng Nghaergybi ac ofnai y byddai ymgeisyddiaeth ei fab yn creu rhwyg yn ei gapel. Credai y byddai'n well o lawer i'w fab ganolbwyntio ar ei yrfa fel cyfreithiwr ym Môn yn hytrach na mentro i fywyd ansicr fel Aelod Seneddol dros etholaeth nad oedd yn nwylo Llafur. Pe bai'n digwydd ennill, ni fyddai ganddo'r sicrwydd o'i chadw. Aelod Seneddol Môn oedd Megan Lloyd George, merch a ddisgrifiodd Cledwyn fel un 'fywiog, hwyliog a phrydferth, a hi oedd y debycaf i'w thad'.[5] Soniodd am ei boen meddwl yn ei gyflwyniad i'r gyfrol ar Megan Lloyd George gan Emyr Price yn 1983: 'Ym 1944, yn groes i ddymuniad fy nhad, fe'm dewiswyd yn ymgeisydd Seneddol Llafur dros Fôn. Myfi oedd unig wrthwynebydd Megan yn Etholiad Cyffredinol 1945'.[6]

Brwydrai Cledwyn felly yn erbyn un oedd wedi ennill ei phlwy ym Môn ac un o wleidyddion mwyaf carismataidd Tŷ'r Cyffredin. Gan nad oedd Ymgeisydd Ceidwadol yn sefyll, gwyddai y byddai cefnogwyr y Blaid honno'n pleidleisio dros Megan. Bu'n hyrwyddo 'diwydiannau'r rhyfel' ym Môn ac roedd ganddi record dda, un werth ei nodi: ffatri glociau Webb, Caergybi; Ffatri Bwrdd Marchnata Llaeth, Llangefni; parhad ffatri Saunders Rowe ym Miwmares; ei chefnogaeth i'r maes awyr sifil yn y Fali.[7] Gyda Dingle Foot roedd Megan Lloyd George yn ddigon o rebel i wrthod bod yn rhan o'r aduniad â'r Rhyddfrydwyr Cenedlaethol gan ddadlau y dylid brwydro'r etholiad ar sail Adroddiad Beveridge. Ar y mater hwnnw roedd hi a'r ymgeisydd Llafur yn llwyr gytuno.

Yn wir nid oedd trwch blewyn rhwng y ddau ymgeisydd. Ar fater datganoli a'r iaith Gymraeg roedd Megan Lloyd George a Cledwyn Hughes yn genedlaetholwyr pybyr. Fel y dywed Emyr Price, 'Ymwrthododd Megan â pholisi swyddogol ei phlaid gan bledio achos hunanlywodraeth ffederal i Gymru'.[8] Roedd Cledwyn yr un mor fentrus. Wedi'r cyfan roedd yn etifedd delfrydiaeth wladgarol ei dad a mudiad Cymru Fydd. Fel y dywed un o'i ffrindiau pennaf, Gwilym Prys Davies, 'Roedd [Cymru Fydd] yn ei waed. Ni ddihangodd oddi wrth Cymru Fydd'.[9]

Cefnogodd bolisi *Llais Llafur*, papur a ymddangosai yng Ngwynedd, yn mynnu: Bwrdd Dŵr i Gymru; gwasanaeth radio cyflawn; Ysgrifennydd Gwladol i Gymru yn y Cabinet; Senedd Ffederal i Gymru (fel Megan). Polisïau cwbl answyddogol oedd y polisïau hyn a hyrwyddwyd gan ymgeiswyr Llafur yng Ngwynedd, sef Elwyn Jones (Bwrdeistrefi Caernarfon), Goronwy Roberts (Caernarfon), Huw Morris-Jones (Meirion) a Cledwyn Hughes.[10] Gofalodd Cledwyn osgoi rhoi gormod o sylw i'r polisïau Cymreig gan nad oedd bod yn aelod gwrthnysig yn ei gymeriad a gwyddai fod Cliff Prothero o'i go wrth ymgeiswyr Gwynedd. Roedd peiriant y Blaid Lafur yn wan o'i gymharu â'r Rhyddfrydwyr er i Cledwyn ysgrifennu llythyr ar ddiwedd yr ymgyrch i ddiolch i'w gyfoeswyr am fod yn gaffaeliad mawr i'r ymgyrch, yn arbennig pobl ifanc Caergybi a Môn a heidiodd i'w gynorthwyo. Roedd llawer o'r rhain fel yntau wedi bod yn y rhyfel ac wedi deall oblygiadau Ffasgiaeth a Natsïaeth. Dadleuai Cledwyn am yr anghenion, megis diffyg tai, pwnc a godwyd yn gyson yn ei gyfarfodydd cyhoeddus. Plediodd anghenion amaethwyr yr ynys, er mai ychydig ohonynt a drodd o'r Rhyddfrydwyr at Lafur fel William Edwards, Hologwyn.[11] Ond llyncodd Cledwyn bolisi amaethyddol y Blaid Lafur yn gyfan gwbl, gyda'i bwyslais ar gymorthdaliadau, prisiau gwarantedig ac ymyrraeth yn y farchnad i helpu'r tyddynwyr a'r ffermwyr bychain yn benodol. Siaradodd Cledwyn mewn chwe deg o gyfarfodydd cyhoeddus, pum deg pump ohonynt yn gyfan gwbl trwy gyfrwng y Gymraeg. Bu hi'n frwydr galed ac roedd y milwyr a'r morwyr ym Môn yn barod i roddi pleidlais i Lafur.[12] Ond daliodd Megan Lloyd George ei gafael ar ei hetholaeth ym mis Gorffennaf 1945:[13]

Y Fonesig Megan Lloyd George	Rh	12,610	52.2%
Cledwyn Hughes	Llaf	11,529	47.8%
Mwyafrif		1,081	4.4%

Roedd Megan wedi cadw'r sedd ym mlwyddyn colli'i thad, er bod ei mwyafrif wedi lleihau, a hynny'n gwbl ddisgwyliedig ym muddugoliaeth anghyffredin Clement Attlee pan drodd Cymru'n goch yn wleidyddol.[14] Teimlai miloedd o bobl yng Ngwynedd hiraeth serch hynny ym Mawrth 1945 pan fu farw David Lloyd George, arwr mawr y werin Gymraeg.[15]

Yn yr etholiad enillodd Llafur saith sedd o'r newydd yng Nghymru, ac enillwyd etholaeth Caernarfon gan Goronwy O Roberts – dewis cyntaf Llafurwyr Môn ar gyfer yr etholiad. Fel un o feibion tref Bethesda, safodd yn Arfon a disodli Syr Goronwy Owen o'r Blaid Ryddfrydol. Bu bron i'r Athro Huw Morris-Jones gipio Meirionydd, un o gadarnleoedd y Rhyddfrydwyr, drwy ddod o fewn 112 o bleidleisiau. Dim ond 168 o fwyafrif dros Lafur oedd gan frawd Megan, Gwilym Lloyd George ym Mhenfro. Roedd gan Megan fwyafrif o dros fil o etholwyr, ond ar derfyn yr ymgyrch, dywedodd Cledwyn ei fod yn hyderus y gwnâi gipio'r sedd y tro nesaf.

Ailafaelodd yn ei alwedigaeth a daeth yn enw amlwg yn y llysoedd gan ddangos digon o dân wrth erlyn ac amddiffyn. Manteisiodd ar gyfle i sefyll ar Gyngor Sirol Môn dros ei ardal enedigol yn ardal Kingsland Caergybi. Ef oedd y cynghorydd ieuengaf ar y Cyngor Sir a gwnaeth argraff dda ar gynghorwyr o bob plaid.

Yn 1946 a 1947 wynebodd ar brofedigaethau mawr bywyd. Collodd ei fam yn niwedd y flwyddyn 1946, ac yna o fewn chwe mis, ei dad H D Hughes hefyd.[16] Ni fu Etholiad 1945 yn gysur o gwbl i'w dad, nid ymunodd â'r ymgyrch gan benderfynu swatio yn ei gartref a'r capel yn ystod yr wythnosau diflas cyn yr etholiad. Dywedai ei fab amdano yn ystod yr ymgyrch ei fod fel 'llew mewn caets'. Teimlai ryddhad mawr fod Megan wedi cadw'r sedd gan obeithio na fyddai ei fab yn dal i 'fedlan â pholitics y chwith' fel y soniai capelwyr y Blaid Ryddfrydol. Ond dyna a wnaeth Cledwyn, er lles Môn a Chymru. Ym mis Awst bu farw ei nain, mam ei dad, yn ardal Llanrug, ond daeth haul ar fryn pan gyfarfu â merch hynod o annwyl a deniadol o'r enw Jean Beatrice Hughes mewn cyfarfod o gangen Cymdeithas Cymru Fydd, Caergybi yn ysgoldy Eglwys Bresbyteraidd Saesneg Newry Street. Blodeuodd y garwriaeth ac yn 1949 cafodd Cledwyn gymar delfrydol. Yn ôl Andrew Roth, 'by 1949, his position had improved enough for him to marry the lovely Jean Hughes, who had the same surname, the same religion and the same politics.'[17] Dyma ddechrau partneriaeth anghyffredin yng ngwleidyddiaeth Cymru. Roedd ei thad yn gapten llong ac roedd Jean Hughes yn aelod yng nghapel Armenia y Methodistiaid Calfinaidd yng Nghaergybi. Lluniodd 'Hyfreithon' sef y Parchedig J O Jones, bum englyn yn nhraddodiad priodasau 'pobl y pethe' a llefarwyd hwy yn y wledd briodasol:

> Clodwiw fu hanes Cledwyn – yn ei sêl
>   Dros hawliau ei gyd-ddyn:
>   Un a hoffai amddiffyn
>   Y ddi-gefn ar ddu a gwyn.
>
> Yr oedd Jean wedi blino – o eisiau
>   Cysur, a'i hanwylo;
>   Cledwyn a glybu'i chwyno –
>   Yn y fan ati â fo.
>
> O dan y ddeddf y denodd hi, – ei nawdd
>   A wnâi addaw iddi:
>   A'r amod oedd priodi –
>   Yn ddel iawn, iawn ddyliwn i.
>
> Clod i Jean a Cled yw joinio, yn hardd
>   Fel hyn, er cyd-drigo –
>   Mwy eu hwyl fydd preswylio
>   Ar rent un, dan yr un to.
>
> Dylifiad i'r 'blaid Lafur' – a'i ramant
>   A geisiant, yn gysur;
>   Na ddoed i'w serch ddiod sur
>   Na dialedd na dolur.[18]

Roedd Cledwyn yn ŵr prysur yng Nghaergybi, yn aelod blaenllaw o'r Gymdeithas Gymraeg, Cymdeithas Cymru Fydd, a hefyd y Clwb Rotari, lle gwahoddwyd ef i fod yn Llywydd yn 1949-50. Roedd yn Glerc rhan amser i'r Cyngor Trefol yng Nghaergybi, yn gynghorydd ifanc dros Kingsland, ac yng nghanol paratoadau'r Blaid Lafur. Roedd Etholiad Cyffredinol arall ar y gorwel yn nechrau 1950, ond nid oedd Megan Lloyd George mor hyderus â hynny wrth wynebu etholiad arall. Cymerai Cledwyn, mab un o'i chefnogwyr pennaf, yn gwbl o ddifrif.[19] Yn gyhoeddus roeddynt yn barchus o'i gilydd er bod Cledwyn yn ei chyfrif yn broblem iddo am ei bod fel 'sliwan' ac nid oedd hithau'n fodlon bod mab H D Hughes, o bawb, yn meiddio sefyll yn ei herbyn.[20] Ceisiodd ei argyhoeddi mai gwaith diflas, diddiolch oedd bod yn wleidydd proffesiynol. Ei geiriau bob amser wrtho oedd: 'Ydach chi am fynd i mewn i bolitics? Mae'n waith caled.'[21]

Ar gyfer Etholiad 1950 dewisodd y Ceidwadwyr ymgeisydd ym Môn, sef J O Jones, Tori o'r dosbarth gweithiol. Penderfynodd un o bapurau Caergybi, na fyddai'n cefnogi sosialaeth, yr *Holyhead and Anglesey Mail*, alw ar ei darllenwyr ym Môn i wrthod sosialaeth y Llywodraeth Lafur. Roedd hynny bellach yn heresi i lawer er eu bod wedi derbyn gofal y Gwasanaeth Iechyd am ddim, boed yn gyflogedig neu'n ddi-waith. Ar y pryd, pwysai Cledwyn gryn dipyn ar ei gyfeillgarwch â Huw T Edwards, un y bu'n cydweithio gydag ef ar Gyngor Llafur Gogledd Cymru.[22]

Mewn gwrthgyferbyniad â Cledwyn roedd gan Megan Lloyd George broffil Prydeinig. Cyhoeddwyd erthygl ym mhapur dydd Sul *The People* yn dweud mai hi oedd y ferch fwyaf abl yng ngwleidyddiaeth y Deyrnas Unedig.[23] Nid ar chwarae bach y byddai mab y mans yn ennill y sedd oddi wrthi fel y deallodd ar 24 Chwefror:

Y Fonesig Megan Lloyd George	Rh	13,688	46.7%
Cledwyn Hughes	Llaf	11,759	40.0%
J O Jones	C	3,919	13.3%
Mwyafrif		1,929	6.7%

Gwnaeth y Tori yn wantan a bu bron i J O Jones golli ei ernes, ond ychwanegodd Megan at ei mwyafrif.[24] O 129 pleidlais, collodd brawd Megan, Gwilym Lloyd George, ei sedd ym Mhenfro i ymgeisydd y Blaid Lafur, Desmond Donnelly, un a ddaeth yn ffrind da i Megan.

Roedd Cledwyn Hughes mewn cyfyng gyngor ynglŷn â sefyll unwaith eto, ond perswadiwyd ef gan Goronwy Roberts i fentro am y drydedd waith gan wireddu'r hen ddywediad, 'Tri Chynnig i Gymro.' Anfonodd Cledwyn Hughes lythyr yn haf 1950 at Goronwy Roberts: 'Da iawn gennyf ddeall dy fod yn ystyried mai doeth yw imi ymladd ym Môn eto. Bûm yn pendroni llawer ynglŷn â'r mater. Nid peth dymunol (rhyngom â'n gilydd) yw brwydro'n galed a cholli dro ar ôl tro. O safbwynt arall, bûm yn rhyw feddwl mai da i'r sir fyddai cael ymgeisydd arall.'[25]

Fel cynghorydd sir a chyfreithiwr, roedd ganddo ddigon o waith i'w gadw'n ddiddig a daeth yn adnabyddus yn achos Elisa Roberts, Talsarnau, a gyhuddwyd o roi arsenig yn uwd ei gŵr.[26] Fel cyfreithiwr roedd yn ffigwr adnabyddus yn llysoedd Môn a gwelid ef yn gyson yn llysoedd Caergybi, Amlwch, Biwmares a Llannerch-y-medd. Nid oedd y gwaith yn straen arno o gwbl, ac fel y dywedodd ef ei hun, 'Cofiwch pan oedd yr eglwysi a'r capeli'n llawn yn Ynys Môn mi roedd y llysoedd yn wag!'[27]

Ar 20 Mai 1950, daeth newydd da iddo ef a'i briod pan anwyd merch, Emily Ann Hughes, yn Ysbyty'r Sir, Bangor. Bedyddiwyd hi yng Nghapel Disgwylfa ar fore Sul, Gorffennaf 2, 1950 gan y gweinidog, y Parchedig R G Hughes, ffrind mawr i'r tad a'r fam.[28] Roedd Ann ychydig dros flwydd oed pan gafwyd etholiad arall yn Hydref 1951. Cafodd Clement Attlee ei hun mewn sefyllfa anodd, drwy'r ymraniadau oedd yn gysylltiedig â'r Gwasanaeth Iechyd. Y ffordd hawsaf i gadw'r sedd i Megan oedd dinoethi sosialaeth a sefyll fel amddiffynnydd yr unigolyn. Ond ni allai Megan Lloyd George fychanu sosialaeth. Dywedodd, 'Yr wyf yn radical. Cefais fy ngeni yn radical, a byddaf yn radical tra byddaf byw'.[29]

Gweithiodd yn ddygn, ond gwelai golli ei hasiant, John Bellis. Ef a drefnodd y pum etholiad cynt a diolchodd iddo yn Awst 1950:

> The success of a General depends upon the Chief of Staff. I say in all sincerity, from my heart: Thank God for my Chief of Staff, for his exceptional organising ability, his drawing power and energy, and because he's the easiest man in the world to work with.[30]

Ffactor arall i'w gofio oedd bod y Ceidwadwyr wedi dewis ymgeisydd llawer cryfach nag yn 1950, sef O Meurig Roberts, gweinyddwr Ysbyty Môn ac Arfon. Pwysai'n drwm ar ei gefnogwyr i beidio â phleidleisio'n dactegol dros Megan Lloyd George er mwyn gorchfygu Llafur.

Cyhoeddodd Cledwyn safbwynt cadarnhaol Llafur yn yr ymgyrch gan gyhuddo'r Ceidwadwyr o fod yn blaid ryfelgar. Nid oedd heddwch yn ddiogel o gwbl yn eu dwylo, ond eto, nid oedd yn disgwyl ennill: 'When I fought my third general election in 1951, I had very little hope of winning.

My opponent was a formidable lady of charm and experience, Megan Lloyd George, but I was elected against all the odds'.[31] Cafwyd canlyniad syfrdanol ar 25 Hydref 1951 gyda 81.4% o etholwyr Môn yn pleidleisio:

Cledwyn Hughes	Llaf	11,814	40.1%
Y Fonesig Megan Lloyd George	Rh	11,219	38.2%
O Meurig Roberts	C	6,366	21.7%
Mwyafrif		595	1.9%

Gwrandawodd nifer o bleidleiswyr arferol Torïaidd ar apêl Meurig Roberts.[32] Dedfryd yr *Holyhead and Anglesey Mail* oedd 'She fell because of her independence.'[33]

Teimlai'r papur wythnosol hwn bod y mewnddyfodiaid i'r ynys wedi cael eu cythruddo gan rai o sylwadau Megan Lloyd George ar yr etifeddiaeth Gymraeg, 'We venture to say that these newcomers to Anglesey tipped the scales against Lady Megan'.[34]

Gall fod peth gwir yn honiad y papur lleol, gan fod Cymry Lerpwl a Saeson Glannau Mersi wedi ymddeol yn gweld Môn fel paradwys. Roedd llawer o'r rhain yn Geidwadwyr a lleiafrif yn Llafurwyr.

Yn ei diflastod, teithiodd Megan Lloyd George am y tro olaf o amgylch yr etholaeth i ddiolch ac i gydnabod ei dyled am gefnogaeth am gyfnod o 22 mlynedd. Roedd y buddugwr yn llawn edmygedd ohoni ac wedi'i ryfeddu at y canlyniad. Teimlai'n naturiol ar ben ei ddigon, ond eto teimlai elfen fawr o dristwch wrth weld y ferch a gefnogwyd mor frwd gan ei dad yn gorfod ildio Môn i'w ddwylo ef.

Wedi cyrraedd Tŷ'r Cyffredin, cafodd ei atgoffa fod penaethiaid y Blaid Lafur yn gofidio yr un fath ag ef. Cyfarchodd Clement Attlee ef fel hyn: 'Very glad to see you here, but I had a high regard for Megan'.[35] Cyfarchodd Herbert Morrison ef yn garedig gan ei longyfarch cyn ychwanegu: 'Mind you, Megan is a great loss'.[36] Ond yr Aelod Seneddol a gythruddwyd fwyaf oedd yr un a fu'n cadw cwmni i Megan am flynyddoedd fel ei chariad, er ei fod yn ŵr priod, Philip Noel-Baker. Iddo ef ni ddylai Attlee na Morrison fod wedi caniatáu i Cledwyn Hughes sefyll yn ei herbyn yn Etholiad 1951. Dywedodd yn ei ddigofaint: 'Above all it makes me hate those miserable little men, C[lement] and H[erbert]'. I'w chariad nid oedd dewis arall iddi ond ymuno â'r Blaid Lafur, a dyna ddyhead James Callaghan yn ogystal. Dywedodd wrthi: 'I am genuinely sorry you are not in the House and I very much hope you will come back. We can not sacrifice grace, charm, wit, passion as easily as that. But you must come back as a Member of our Party'.[37]

Nid oedd Cledwyn yn nabod llawer o Aelodau Seneddol pan gyrhaeddodd Dŷ'r Cyffredin. Gall San Steffan fod yn lle unig dros ben, ond daeth ymwared ar y diwrnod cyntaf. Aeth i'r ystafell fwyta a sefyll yn y drws i weld a oedd yn adnabod rhywun wrth y byrddau. Ni welai wyneb cyfarwydd yn unman a theimlai'n anghysurus. Ddeugain mlynedd yn ddiweddarach, meddai:

> I was embarrassed. Then someone grasped my arm. A voice said 'You are coming to eat. Will you come and sit with me?' I was relieved. It was Aneurin Bevan, and I never forgot his kindness.[38]

Roedd Aneurin Bevan yn un o'i arwyr. Hudwyd yr Aelod Seneddol newydd i gefnogi Bevan yn ei wrthryfel yn erbyn arweinwyr y blaid. Cofiai Cledwyn yn dda gynhadledd y Blaid Lafur Brydeinig yn Blackpool yn 1945 pan gyfarfu am yr eildro â Bevan. Roedd Aelod Seneddol Glyn Ebwy yn mwynhau pryd o fwyd yng nghwmni Krisha Menon, y cenedlaetholwr sosialaidd o'r India ac ymgeisydd dros Lafur yn ei alltudiaeth yn Llundain. Croesawodd y ddau Cledwyn i'w bwrdd. Ond pan ddywedodd y Monwysyn ei bod hi'n hen bryd creu cynllun tebyg i'r India ar gyfer Cymru, collodd Bevan ei limpyn. Taranodd wrth yr ymgeisydd ifanc gan ddweud bod polisi o'r fath yn ddim ond 'chauvinism' gan ei gynghori i ganolbwyntio ar faterion mwy tyngedfennol, a hynny ym mhresenoldeb Krisha Menon.

Yn ystod y flwyddyn yr enillodd Cledwyn Hughes etholaeth Môn, cafodd ei anrhydeddu gan yr eglwys, lle bu ei dad yn weinidog cydwybodol, trwy ei ethol yn flaenor. Gwerthfawrogai ymddiriedaeth ei gyd-aelodau wrth iddynt ei ethol i swydd allweddol o fewn Capel Disgwylfa, Caergybi. Roedd yn un o ddau a gafodd eu dewis ac ni esgeulusodd ei gyfrifoldebau o fewn enwad yr Eglwys Bresbyteraidd gan iddo ymroi fel pregethwr lleyg yn y chwedegau, a bu galw mawr amdano.[39]

Senedd i Gymru yn y Pumdegau (1951-6)

Talwyd teyrnged hyfryd i Cledwyn Hughes, bron ar ddiwedd ei gyfnod fel Aelod Seneddol, gan un o Gymry pennaf Môn, John Lasarus Williams, Llanfairpwll: 'Mae Cymru a'r Gymraeg yn golygu llawer i Cledwyn Hughes'.[1]

Roedd ei gartref yn un o gadarnleoedd y Gymraeg yng Nghaergybi, a'i dad ac yntau wedi'u llwyr feddiannu gan 'ddelfrydiaeth wladgarol mudiad Cymru Fydd'.[2] Prin y byddai'r mab yn ysgrifennu dim heb droi yn ôl at y ddelfrydiaeth honno.[3] Ac yn ei ymgyrch etholiadol yn 1945 roedd ef o blaid sefydlu swydd Ysgrifennydd Gwladol i Gymru fel rhan o bolisi Llafur. Anodd oedd cael ymgeiswyr Llafur o'i galibr ef o ran Cymreictod ac argyhoeddiad fod Cymru yn genedl a haeddai fwy o ryddid o fewn y Deyrnas Unedig. Dyna un o'r rhesymau pennaf y pwyswyd arno i sefyll yn etholiad 1950 am ei fod yn iachach yn y ffydd ar faterion yn ymwneud â Chymru na bron neb arall yng ngogledd Cymru, ar wahân i Goronwy Roberts a T W Jones. Yr unig obaith i Lafur ennill Môn yr adeg honno oedd cael ymgeisydd yn iach yn y ffydd Gymreig.[4] Wedi'r cyfan bu Megan Lloyd George yn chwifio baner Cymru gydol y tridegau.

Bu dyfal donc o'i heiddo ar y mater yn llesol iawn.[5] Daeth ymateb yn etholiadau 1950 a 1951 er iddi hi ei hun orfod ildio'i lle yn Nhŷ'r Cyffredin[5]. Etholwyd chwech o Aelodau Seneddol oedd â dealltwriaeth fwy blaengar ar ddatganoli na'u rhagflaenwyr. O blith y Ceidwadwyr gellir enwi David Llewellyn (gogledd Caerdydd), Raymond Gower (Y Barri) a Peter Thomas

(Conwy). I rengoedd Llafur cafwyd tri arall, Eirene White (Dwyrain Fflint), T W Jones (Meirionnydd) a Cledwyn Hughes (Môn).

Ar ôl etholiad 1950 penderfynodd Undeb Cymru Fydd weithredu. Roedd ysgrifennydd y mudiad, T I Ellis wedi astudio'r *Scottish Covenant* yn yr Alban a sylwi ar yr ymateb calonogol am Senedd i'r wlad honno.[6] Gwnaed trefniadau i alw cyfarfod i lansio'r ymgyrch yn Llandrindod, lle'r etholwyd Megan Lloyd George yn Llywydd Mudiad Senedd i Gymru. Flwyddyn yn ddiweddarach rhannodd hi lwyfan yn Neuadd y Dref, Llangefni, gyda'i gwrthwynebydd, Cledwyn Hughes, a Llywydd Plaid Cymru, Gwynfor Evans.[7] Yn ôl *Y Cymro*, 15 Mehefin 1951, 'Roedd y tri'n unol o'r farn fod Cymru angen llywodraeth o'i heiddo ei hun.'

Yn wir roedd Cledwyn wedi llefaru brawddeg ddeifiol, gofiadwy mewn cyfarfod tebyg bron i dri mis ynghynt yng Nghaernarfon pan ddywedodd: 'Petai chwe chant o angylion yn Westminster, angylion Saesnig a fyddent, ac ni allent ddeall teithi meddwl Cymru'.[8]

Roedd araith forwynol Cledwyn Hughes yn Nhachwedd 1951 yn bwysig gan iddo danlinellu agwedd Gymreig anghyffredin iawn.[9] Roedd Winston Churchill wedi dangos cyfrwystra gwleidyddol trwy benodi David Maxwell-Fyfe, QC yn Weinidog Cartref gyda chyfrifoldeb arbennig am Gymru. Yn ei araith dywedodd Cledwyn Hughes fod cyfrifoldebau Maxwell-Fyfe fel gweinidog yn hen ddigon, ac na allai wasanaethu Cymru yn ogystal.[10] Yn ychwanegol, dadleuodd ei bod hi'n ffoliineb cael gweinidog nad oedd o gefndir Cymreig i gadw llygad ar Gymru. Y cyfan a ddeilliai o hyn i gyd oedd 'briwsion o fwrdd y dyn cyfoethog'.[11] Fel siaradwr Cymraeg roedd ganddo gonsýrn arall, sef sefyllfa fregus yr iaith a anwylai. Dadleuodd mai'r unig ffordd i'w hatgyfnerthu oedd ei gosod hi yn nwylo'r Cymry.

Roedd Cledwyn Hughes ar ddechrau ei yrfa wedi gosod ei flaenoriaethau'n glir ger bron y Senedd, sef Cymru a Môn, ond gwyddai nad oedd cefnogaeth i'w alwad am Senedd i Gymru ymhlith Aelodau Seneddol eraill o Gymru. Dim ond 6 o'r 36 Aelod Seneddol oedd o blaid, pump ohonynt, gan ei gynnwys ef, o'r Blaid Lafur, sef S O Davies, Goronwy Roberts, T W Jones, Tudor Watkins, a Clement Davies y Rhyddfrydwr. Gwrthwynebu hyn wnâi'r ddau Aelod Seneddol Rhyddfrydol arall, sef Roderick Bowen (Aberteifi) a Rhys Hopkin Morris (Caerfyrddin). Sylweddolai'r Aelodau

Seneddol fod yr ymgyrch wedi'i chynllunio'n aneffeithiol a bod llywydd y mudiad, Megan Lloyd George, wedi dianc i'r Unol Daleithiau am rai misoedd, er mwyn lleddfu'i gofid o golli'i sedd.[12] Roedd sosialwyr o fewn Plaid Cymru a'r Blaid Lafur yn llugoer, ond y gwir oedd nad oedd un blaid wleidyddol yn gwbl gyfforddus gyda mudiad Senedd i Gymru. Ychydig o bobl ar wahân i Dafydd Miles ac Elwyn Roberts oedd yn barod i ariannu'r ymgyrch yn hael.[13] Roedd arweinwyr siroedd y gogledd yn ofnus pe ceid Senedd yng Nghaerdydd mai'r 'hwntws' fyddai'n llywodraethu. Wedi'r cyfan roedd hi'n llawer haws i bobl Môn deithio i Lerpwl nag i Gaerdydd. Dyna'r ofn a fynegwyd gan ŵr a edmygid yn fawr gan Cledwyn Hughes, sef Shubert Jones, ar ran cefnogwyr yr ymgyrch ym Môn.[14] Mae'r ffaith nad oedd arwyr Cledwyn, Aneurin Bevan a James Griffiths yn y de, o blaid yn ergyd farwol i'r ymgyrch. Yn wir, dywedwyd hynny yn gyhoeddus gan y Rhyddfrydwr deallus, Dr Glyn Tegai Hughes, yn Llan Ffestiniog ar 29 Medi 1952.[15]

Roedd y Blaid Lafur yn ymddwyn yn fabïaidd, gyda Chyngor Rhanbarthol Llafur yn anfodlon i'r Aelodau Seneddol a gefnogai'r ymgyrch rannu llwyfan gydag arweinwyr y Blaid Genedlaethol.[16] Roedd Cledwyn Hughes yn gwbl grediniol fod Cliff Prothero, ysgrifennydd llawn amser y Blaid Lafur yng Nghymru, yn paratoi i'w gosbi ef a'r pedwar arall, ac yn wir, pob sosialydd a blediai am Senedd i Gymru.[17] Nid oedd Prothero heb ei gefnogwyr. Teimlai nifer o Lafurwyr y dylid eu ddiarddel, ond roedd un gwleidydd Cymreig amlwg yn gwbl amharod i hynny ddigwydd. Aneurin Bevan oedd hwnnw. Amddiffynnodd eu hawl i'w daliadau ar Senedd i Gymru, cri a glywodd o enau Cledwyn yng Nghynhadledd Blackpool yn 1945. Ond talu cymwynas yn ôl a wnâi gan fod pedwar ohonynt, S O Davies, Cledwyn Hughes, Goronwy Roberts a Tudor Watkins wedi'i gefnogi ef pan wrthododd ufuddhau i'w blaid ar fater yn ymwneud ag Amddiffyn yn 1952.[18]

Daeth mwy o fywyd i'r mudiad yn 1953 pan gafodd Elwyn Roberts, un o swyddogion Plaid Cymru, ei benodi'n ysgrifennydd llawn amser, ac ysbrydolwyd y mudiad gan Megan Lloyd George yn Eisteddfod Genedlaethol y Rhyl, wrth annog cefnogwyr i ymgyrchu gyda brwdfrydedd o Gaergybi i Gaerdydd. Erbyn Tachwedd 1953 penderfynodd Herbert Morrison, Dirprwy Arweinydd y Blaid Lafur, na ellid yn wyneb llythyron cyson Cliff Prothero a

Morgan Phillips ar y mater o Senedd i Gymru barhau heb roddi arweiniad ar bwnc pwysig i unoliaethwyr fel hwy. Ar 11 Tachwedd cyhoeddodd y Blaid Lafur Brydeinig, yn gyson â safbwynt Cyngor Rhanbarthol y Blaid Lafur yng Nghymru, nad oeddynt am gefnogi'r syniad o Senedd i Gymru.[19] O ganlyniad, roedd y pum Aelod Seneddol Llafur mewn trybini, ond ni chawsant eu cosbi.

Erbyn Mawrth 1954, bedwar mis ar ôl datganiad y Blaid Lafur Brydeinig, cyhoeddodd y Blaid Lafur yng Nghymru ei bod yn gwrthwynebu'r Ddeiseb, a chyhoeddwyd y ddogfen *Polisi Llafur i Gymru* yn tanlinellu ei safbwynt. Roedd Jim Griffiths wedi mynegi ei safbwynt i'w gyfaill, Iorwerth Cyfeiliog Peate, curadur Sain Ffagan,[20] y byddai'n ymlynu wrth bolisi swyddogol ei blaid. Roedd propaganda Llafur yn tarfu arno a mynegodd hynny'n ddiflewyn ar dafod.[21]

Yn ei golofn yn y *Liverpool Daily Post* ar 31 Mai 1954, mynegodd Cledwyn Hughes ei siomedigaeth fod gwleidyddiaeth plaid yn llesteirio'r cydweithredu a ddisgwylid. Ychwanegodd fod y feirniadaeth ar arweinwyr Llafur o galibr Jim Griffiths wedi tanseilio'r Ymgyrch Senedd i Gymru. Credai Cledwyn Hughes yn ddidwyll iawn fod ei sefyllfa ef ac eraill yn y Blaid Lafur wedi dioddef yn enbyd oherwydd na fabwysiadwyd idiom fwy cefnogol a diplomataidd gan Gwynfor Evans a Wynne Samuel o Blaid Cymru.[22] Cyfeiriodd at dristwch yr ymgyrch o du gwleidyddion eraill: 'deep resentment throughout the rank and file of the Labour movement in Wales at the persistent and abusive attacks made by certain elements in the Principality on some of the most highly respected Welsh Labour leaders'.[23]

Yr ymosodiadau hyn oedd yn bennaf gyfrifol fod glowyr de Cymru wedi pleidleisio yn erbyn Ymgyrch Senedd i Gymru ym Mai 1954. Pleidleisiodd 121 allan o 200 o gynrychiolwyr yn erbyn cynnig Cyfrinfa Morlais o blaid yr Ymgyrch.[24] Roedd hyn yn dipyn o syndod o gofio mor radicalaidd a Chymreig y medrai safbwynt y glowyr fod ar bynciau tebyg. Erbyn 1954 roedd hi'n amlwg fod anghytuno rhwng ymgyrchwyr Seneddol y Blaid Lafur, yn arbennig o fewn y grŵp oedd yn trafod y Mesur Preifat y byddai S O Davies yn ei gyflwyno. Cefnogid S O Davies gan Goronwy Roberts, Cledwyn Hughes, T W Jones, Tudor Watkins a Peter Freeman, Aelod Seneddol Casnewydd. Yr unig gyfreithiwr yn eu plith oedd Cledwyn, a llwyddodd ef i gael dau Gymro twymgalon arall i'w gynghori. Y cyntaf oedd Eryl Hall Williams, darlithydd yn y Gyfraith yn y London School of Economics (LSE), a'r ail oedd Dewi Watkin Powell, bargyfreithiwr a chenedlaetholwr. Sefydlwyd grŵp i baratoi'r mesur, sef S O Davies, Cledwyn Hughes, Goronwy Roberts a'r ddau arbenigwr cyfreithiol. Byddai'r grŵp yn cyfarfod yn wythnosol am fisoedd yn Nhŷ'r Cyffredin yn ystod 1954 er mwyn cyflwyno'r Mesur Preifat yn Rhagfyr 1954, ac ar gyfer yr ail ddarlleniad ym Mawrth 1955.

Penderfynwyd mabwysiadu cynllun syml ar linellau Deddf Llywodraeth Iwerddon 1914. Roedd Cledwyn a Goronwy Roberts yn awyddus i gael cynllun a fyddai'n cynnwys penodi Ysgrifennydd Gwladol i Gymru a chreu Cynulliad Cenedlaethol Etholedig. Credai Cledwyn Hughes, gan mai mesur preifat oedd hwn, mai cynllun syml oedd orau, gan y byddai'n ennill cefnogaeth yng Nghymru ac yn y Senedd, a gellid ei amddiffyn gerbron y gwrthwynebwyr. Iddo ef roedd hi'n rhy fuan anelu am Senedd i Gymru cyn sicrhau Ysgrifennydd cyflawn i Gymru gyda Swyddfa Gymreig yng Nghaerdydd a Llundain.[25] Roedd cynnig am Gyngor Etholedig yn hynod o bwysig gan y byddai popeth yn syrthio i'w le ar ôl ei sefydlu.[26] Y gwir oedd fod Cledwyn Hughes a Goronwy Roberts, ill dau, yn anghymeradwyo'r bwriad a'r dull o weithredu a ysgogai S O Davies. Nid oeddynt yn hapus gyda'r mesur am fod mesur preifat S O Davies yn mynd yn rhy bell, ac yn creu gwrthwynebiad ffyrnig o du arweinwyr y Blaid Lafur. Un cam ar y tro oedd agwedd Cledwyn Hughes, ond anghytunai S O Davies. Gŵr penderfynol a phengaled oedd S O, rebel naturiol oedd yn barod iawn i gicio yn erbyn y tresi. Gwrthodai wrando ar ei gefnogwyr ac ar eiriolaeth dau a roesai oriau lawer i'r Mesur o ymreolaeth. Nid oedd cymrodeddu yn natur S O Davies, ac mae ei lythyron at Cledwyn Hughes a Goronwy Roberts ar ddechrau'r flwyddyn 1955, yn tystio i hynny.[27]

Er bod Cledwyn Hughes a Goronwy Roberts yn gwbl anfodlon gyda'r Mesur fe roesant eu cefnogaeth iddo.[28] I'r ddau roedd Cymru a Chymry'n haeddu cyfle i drafod ei phroblemau, a'r pryd hynny ni ddigwyddai yn Senedd Prydain gan fod gormod o faterion eraill yn cael blaenoriaeth. Byddent yn llawenhau wrth weld gweithgarwch Cyngor Cymru a Mynwy o dan gadeiryddiaeth Huw T Edwards, a gyflwynodd ei adroddiad cyntaf i'r senedd ym mis Hydref 1950, trwy'r Prif Weinidog, Clement Attlee. Credent fod sefydlu Gweinidog dros Faterion Cymreig, a phenodi David Maxwell-Fyfe, yn gam ymlaen. Bu yntau'n sensitif. Pan oedd Goronwy Roberts a Cledwyn Hughes a Chyngor Sir Gaernarfon yn brwydro i gadw Pen Llŷn heb ei halogi gan y Swyddfa Ryfel, ymatebodd Maxwell-Fyfe o'u plaid a thrwy hynny arbed un o gadarnleoedd yr iaith rhag ei Seisnigeiddio.[29] I Cledwyn Hughes byddai mesur diffygiol S O Davies yn rhoddi i Gymru'r statws a haeddai fel cenedl a llawer mwy o lais dros ei buddiannau, gan y byddai ganddi reolaeth dros weithrediadau ym mhob agwedd o lywodraeth bron.

Gwelai ef gyfrifoldeb yn nifer y cyrff a fyddai'n cael eu trosglwyddo'n anorfod, fel Bwrdd Iechyd Cymru, Adran Gymreig ym myd Addysg, Amaethyddiaeth, Tai a Llywodraeth leol.[30] Roedd y mesur arfaethedig wedi'i sylfaenu ar fodel Stormont yng Ngogledd Iwerddon. Ei gyfrifoldeb pennaf fyddai atgyfnerthu democratiaeth, cryfhau'r gweinyddu ac amddiffyn y genedl Gymreig yn erbyn argyfyngau economaidd a gwleidyddol y dyfodol.

Roedd y Blaid Lafur yng Nghymru yn ddrwgdybus o'r mesur. Nid oedd S O Davies yn un o'r Aelodau Seneddol mwyaf cymeradwy yn eu golwg oherwydd ei syniadau gwrth-Americanaidd a'i duedd i gefnogi achosion amhoblogaidd mewn materion tramor. Gosodwyd y cyfrifoldeb ar James Griffiths, eilun y Blaid Lafur, i wrthwynebu'r mesur. Iddo ef roedd y Senedd arfaethedig yn mynd i beryglu undeb economaidd y Deyrnas Gyfunol a'r ddarpariaeth gymdeithasol a ddaeth i fodolaeth trwy'r Wladwriaeth Les. Canlyniad anorfod arall fyddai gwthio Aelodau Seneddol Cymru naill ochr ym mhrif lif gwleidyddol Prydain.[31] Croesawai ef ddatganoli gweinyddol a hoffai weld Gweinidog Gwladol dros Gymru fyddai â sedd yn y Cabinet.[32] I Aelod Seneddol Castell-nedd, D J Williams, roedd y Mesur Preifat yn llawer rhy gymhleth.[33] Yn wir roedd Cledwyn Hughes wedi nodi'r union bwynt hwnnw wrth S O Davies cyn iddo gyflwyno'r Mesur.

Dim ond 14 o Aelodau Seneddol a bleidleisiodd o blaid y Mesur a 48 yn erbyn, ac yn eu plith Herbert Morrison, Dirprwy Arweinydd y Blaid Lafur.[34] Ond nid oedd yr Ymgyrch yn gwbl ddi-fudd gan i 240,652 o bobl Cymru lofnodi'r ddeiseb o blaid Senedd i Gymru. Cyflwynodd Goronwy Roberts y ddeiseb i'r Senedd ar 24 Ebrill 1956.[35] I lawer o Aelodau Seneddol Llafur, fel George Thomas, roedd y mesur bron yn ymylu ar wallgofrwydd, a galwodd ar

Aelodau Seneddol Lloegr i'w wrthod ar bob cyfrif, er mwyn 'achub y Cymry rhagddyn nhw eu hunain'. Dadrithiwyd yr arloeswr David Thomas wedi'r ddadl seneddol.[36] Er bod yr ymgyrch ar ben am y tro, gwyddai Cledwyn Hughes, fel eraill, y byddai'r alwad yn dychwelyd yn fuan i ailystyried datganoli i Gymru.

Gwyddai hefyd fod y Blaid Lafur wedi ymwrthod â'r Ymgyrch Senedd i Gymru a'i bod hi felly am y tro yn blaid haearnaidd Seisnig, heb lawer o grebwyll na dychymyg gan nad oedd yn fodlon cefnogi pethau mor sylfaenol â Swyddfa Gymreig nac Ysgrifennydd Gwladol i Gymru. Ar y llaw arall, yn hanesyddol, perthynai ysbryd cenedlaetholgar i'r Blaid Lafur, yn deillio o'i harweinydd cyntaf, Keir Hardie.[37] Roedd y Blaid Lafur Annibynnol a'r Blaid Lafur yn ei phrifiant yn barod i ystyried ymreolaeth. Yn wir ym maniffesto 1929, ceir cyfeiriad at hynny.[38] Ond bu dylanwad y Coleg Llafur Canolog yn Llundain a'i bwyslais digymrodedd ar Farcsiaeth yn gwbl andwyol gan ddylanwadu'n drwm ar syniadaeth arweinwyr Llafur Cymreig fel Ness Edwards, Aneurin Bevan, Cliff Prothero, D J Williams, Morgan Phillips, W H Mainwaring a James Griffiths. Eto ni chiliodd yr awydd am weld hanfodion datganoli gan arweinwyr eraill yng Nghymru fel David Thomas, Cyril O Jones, Goronwy Roberts, Ronw Moelwyn Hughes, W Mars Jones, Arthur Pearson a Cledwyn Hughes.

Nid oes unrhyw amheuaeth bod pum gwleidydd dewr yn rhengoedd y Blaid Lafur yng Nghymru adeg yr Ymgyrch am Senedd i Gymru, eu bod wedi gorfodi'r Lefiathan i ailystyried y cyfan a bod Jim Griffiths wedi cael tröedigaeth a dod i'w cefnogi. Sefydlwyd pwyllgor pwysig i ystyried beth fyddai agwedd Llafur at ddatganoli wrth wynebu Etholiad Cyffredinol 1959. Dewiswyd pedwar cynrychiolydd o blith Aelodau Seneddol Llafur, pedwar o Bwyllgor Gwaith y Blaid Lafur Brydeinig (NEC) a phedwar i gynrychioli y Cyngor Llafur Cymreig. O'r diwedd, cafodd y bwriad o sefydlu Ysgrifennydd Gwladol i Gymru ei gynnwys yn y maniffesto Cymreig a Phrydeinig. Jim Griffiths a Cledwyn Hughes wnaeth y gwahaniaeth mwyaf. Bu'r ddau'n sgwrsio'n gydwybodol gydag arweinydd newydd Llafur, Hugh Gaitskell. Defnyddiodd Cledwyn Hughes ei ddawn gyfeillgar i berswadio Aneurin Bevan, a gwyddom iddo ef a Jim Callaghan newid eu hagwedd. Ond y prif reswm oedd i Jim Griffiths gymryd lle Herbert Morrison fel Dirprwy

Arweinydd y Blaid Lafur a Chadeirydd y Pwyllgor Materion Cartref. Fel y cyfeiriodd Alan Butt Philip:

> Griffiths had, with varying intensity, been an advocate of a Secretary of State for decades. He saw that there was now a new opportunity to push the proposal forward. The Labour Party was in need of a new policy. It was going into an election with a new leader for the first time in twenty years; and Griffiths was Chairman of the tripartite committee which was to settle the new policy.[39]

Araf oedd y rhod yn troi a chollodd Cledwyn un o'i gefnogwyr pennaf yr adeg honno, Rowland Jones, y cyfreithiwr o Langefni, sef y bardd, Rolant o Fôn. Mewn llythyr ym mis Hydref 1959 mynegodd iddo fod yn eiddgar dros y Mudiad Llafur, ond credai bellach ei 'bod hi'n hen bryd inni roddi gwlad o flaen gwleidyddiaeth'. Cawsai Rolant o Fôn ei siomi yn y Blaid Lafur ar fater datganoli fel Cledwyn ei hun. Meddai: 'Ni welaf fod y polisi presennol yn mynd i olygu llawer i Gymru, ac ni allaf ei dderbyn a'i gefnogi'.[40] Rhydd deyrnged i'w Aelod Seneddol:

> Gwn dy fod ti gystal Cymro â neb ohonom, a bod gennyt hyder yn y polisi o Ysgrifennydd i Gymru. Yn anffodus nid wyf fi, erbyn hyn, yn fodlon ar ddim llai na llywodraeth i Gymru oddi fewn i'r Gymanwlad.[41]

Roedd wedi cael ei ddadrithio gan drychineb Tryweryn, diboblogi cefn gwlad, diffyg gwaith mewn etholaeth fel Môn, ac annigonolrwydd y gwasanaeth radio a theledu ar gyfer y Cymry Cymraeg. Cydnabyddai Rolant o Fôn, 'Pe ceid Senedd felly, mae'n ddigon siŵr mai llywodraeth Lafur fyddai hi, a byddai hynny wrth fy modd i'.[42]

Roedd Cledwyn Hughes yn llwyr gytuno â Rolant o Fôn ar bopeth ac eithrio pa blaid fyddai'n medru llwyddo'n wleidyddol. Roedd Cledwyn Hughes mewn sefyllfa ddigon anodd. Ar un llaw roedd rhai o 'bobl y pethe' yn barod i droi eu cefnau arno, tra bod eraill o selogion y Blaid Lafur yng ngogledd Cymru yn amheus ohono, am fod 'gormod o wyrddni a dim digon o goch' yn ei rethreg. Dyna oedd barn Owen Edwards a fu'n chwifio baner y Blaid Lafur yn Sir Feirionnydd am genedlaethau, ond medrai Cledwyn ei drafod yntau yn rasol fel y gwnâi yn ddieithriad gyda'i gefnogwyr a'i wrthwynebwyr.[43] Mae digon o dystiolaeth nad oedd fawr o gydymdeimlad â daliadau Goronwy Roberts a Cledwyn Hughes ymysg Llafurwyr y de.[44] Y gwir oedd, fel y dywedodd Angharad Tomos, fod 'cecru cyson rhwng y Cenedlaetholwyr a'r Llafurwyr yng Nghymru' yng nghyfnod Ymgyrch Senedd i Gymru.[45]

Aelod Seneddol Môn
(1951-64)

Roedd Cledwyn Hughes wedi gwireddu ei uchelgais fawr o gael cynrychioli'i sir enedigol ar 26 Hydref 1951. Cyhoeddwyd fod y cyfreithiwr ifanc, 35 mlwydd oed, wedi cyflawni'r wyrth o ddisodli Megan Lloyd George fel cynrychiolydd yr Ynys. Cydnabu'r bardd a'r ysgolhaig Bobi Jones yn ei gyfrol *Crwydro Môn* (1951) fod tref enedigol yr Aelod Seneddol newydd yn felltigedig o ddiflas:

> Mae pob tref yn ddiflas, ond mae Caergybi yn ddiflas, ddiflas. Bob tro yr af iddi rwy'n gwybod ei bod am fy nhagu. Di-liw, difywyd, di-fflach. Ar ynys hudolus mi godwyd siopau a oedd yn debyg i drapiau llygod, strydoedd fel hir garchardy, ac awyrgylch mor ddiffrwyth ag awyrgylch llyfr rhent.[1]

Anghytunai Cledwyn yn naturiol gyda'r ymosodiad gan nad oedd tref debyg i Gaergybi yn ei farn ef. Gwyddai fod yna gefnogaeth gref i'r Blaid Lafur ymhlith gweithwyr y dref. Roedd Caergybi yn bwysig i'w strategaeth wleidyddol a chawsai brofiad da'n gweithio fel clerc rhan amser i Gyngor y Dref, ac yn gynghorydd sir dros Kingsland. Daliodd ei afael ar ei waith fel cynghorydd am ddwy flynedd ar ôl ennill yn 1951. Erbyn 1952 roedd ef a Jean yn byw yn New Park Road.

Roedd yr Aelod Seneddol newydd yn fawr ei barch nid yn unig yng Nghaergybi, ond fel mab ei dad, ar hyd a lled yr ynys. Cydnabu Bobi Jones ar ddiwedd ei gyfrol nad oedd ef wedi deall Môn: 'Naddo, ddeallais i fawr ohoni, ond fe grwydrais hi – o eglwys i eglwys, o dafarn i dafarn, a'i chael yn gyfandir ac yn gornel gul, yn wacter ac yn llawnder. Mae hi'n ynys hud yn wir, a theimlaf rywsut i mi ei dal hi mewn pryd, yn y dydd cyn i'r hud lwyr ddiflannu'.[2]

Ond fe ddeallodd Cledwyn y sir, ei phobl, ei hanes a'i thraddodiadau ac ni chollodd yr Ynys ei hud iddo ef tra bu'n gynrychiolydd iddi yn senedd San Steffan. Daeth pobl y sir o bob cefndir i'w anwylo yntau. Manteisiodd ar y cyfle i gyflwyno'i araith forwynol ychydig ddyddiau ar ôl cyrraedd y Senedd. Ynys Môn oedd ei gonsŷrn, a nododd yn glir fod sefyllfa'r tai yn enbydus yno. Doedd llawer o'r bythynnod bychain ddim yn dderbyniol bellach gan nad oedd dŵr glân ynddynt nac anghenion eraill angenrheidiol. Nododd bwysigrwydd amaethyddiaeth ar yr ynys a bod llywodraeth Lafur 1945-1951 wedi bod yn garedig i'r ffermwyr. Gwellodd byd y ffermwyr a'r gweision, dosbarth oedd yn lleihau o flwyddyn i flwyddyn. Iddo ef roedd angen cefnogi'r amaethwyr gan eu bod wedi'u hesgeuluso yn y gorffennol a bod adfywiad cefn gwlad Cymru yn dibynnu ar amaethyddiaeth.[3]

Synnwyd carfan o Aelodau Seneddol na ddilynodd Cledwyn gonfensiwn Seneddol, wrth ymateb i Araith y Brenin mewn ffordd mor feirniadol o'r llywodraeth Dorïaidd. Byddai wedi hoffi'n fawr weld cyfeiriad at berthynas y Deyrnas Gyfunol ag Iwerddon. Dibynnai Caergybi ar Iwerddon, cenedl a gyfrannodd yn helaeth at ei bywiogrwydd ac roedd y drafnidiaeth i'r Ynys Werdd yn sicrhau ffyniant y porthladd. Y ddinas fawr agosaf at Gaergybi oedd Dulyn, nid Caer na Lerpwl ac roedd gwir angen mwy o fasnach rhwng y ddwy wlad a'r ddau borthladd. Ofnai hefyd fod penodi Syr David Maxwell-Fyfe fel Gweinidog ar Faterion Cymreig yn annerbyniol. Eisoes câi Cymru ei hanwybyddu, ac nid oedd y gweinidog newydd yn Gymro o waed nac yn siarad yr iaith: 'Yr ydym ni yng Nghymru wedi blino ar dderbyn tameidiau. Nid oes arnom eisiau briwsion oddi ar fwrdd y goludog'.[4]

Rhoddodd sylw i'r iaith Gymraeg, iaith mwyafrif pobl ei etholaeth:

Arswydwn yng Nghymru rhag i'n hiaith, a brisiwn yn anad dim, ein traddodiadau a'n ffordd o fyw, ddiflannu'n llwyr oddi ar y ddaear. Er mwyn eu cadw, mae arnom angen mesur o gyfrifoldeb ar ein hysgwyddau'n hunain yng Nghymru.'

Cafwyd felly yn ei araith forwynol bedwar peth:

1. Cadwraeth cefn gwlad Môn, pwysigrwydd gwarchod Caergybi fel tref fwyaf y sir, a bod y porthladd a gorsaf y rheilffordd yn anhepgorol i economi'r ynys.
2. Pwysigrwydd moderneiddio amgylchfyd trigolion Môn o ran cyfleusterau yn y cartrefi a gwell tai i drigolion y pentrefi.
3. Gweithio o blaid Cymru yn nhraddodiad 'Cymru Fydd' a chreu Ysgrifennydd Gwladol i Gymru, Swyddfa Gymreig, Senedd â phwerau deddfwriaethol. Angen datganoli grym o'r canol i'r genedl.
4. Gwarchod yr iaith a'r diwylliant, y traddodiadau a'r ffordd o fyw a ddeilliodd o Anghydffurfiaeth Gymreig.

Dyma'r blaenoriaethau yn ystod y blynyddoedd heb rym o 1951 hyd 1964. Rhag gwneud cam ag ef dylid cofio iddo grybwyll yn ei araith forwynol hefyd heddwch y byd a thynnu sylw at y miliynau oedd yn gorfod byw mewn tlodi. Clywyd tinc efengyl gymdeithasol ei gapel a'i enwad yn torri trwodd yn ogystal â phwyslais rhyng-genedlaethol Aneurin Bevan, ei arwr gwleidyddol yr adeg honno. Ni allwn, meddai, gystadlu gyda'r Undeb Sofietaidd na'r Unol Daleithiau mewn adnoddau economaidd ond yn foesol gall y Deyrnas Unedig arwain y byd.

Cafodd gymeradwyaeth nifer o Aelodau Seneddol y chwith a'r dde, megis y bargyfreithiwr o Iddew o Lerpwl, Sydney Silverman, Hector Hughes, Aberdeen, Hugh Gaitskell ac un arall a ddaeth yn ffrind da iddo, James Griffiths. Llongyfarchwyd ef yn gynnes iawn gan un o ŵyr amlycaf y Blaid Geidwadol, Reginald Maudling, am araith o safon uchel, a theimlai'n eiddigeddus ei fod yn cael cynrychioli'i dref enedigol fel Aelod Seneddol. Ychydig a gâi'r fraint honno.[5]

Parhaodd Cledwyn Hughes i danlinellu problemau etholaeth Môn ac etholaethau tebyg ger bron ei gyd seneddwyr. Ym mis Chwefror 1952 gofidiai am ddiboblogi cefn gwlad a'i fod yn sugno nerth y genedl Gymreig. Soniodd Bobi Jones am yr ymfudo o Fôn yn y cyfnod hwn gan ddatgan, 'Pery'r ymfudo trychinebus hwn o fis i fis. Symuda'r hufen bob tro'.[6]

Dyna a sylweddolai Aelod Seneddol yr ynys a phe bai'n parhau am ddwy genhedlaeth arall dyna fyddai diwedd y ffordd Gymreig o fyw a'r iaith Gymraeg. Iddo ef cefn gwlad oedd asgwrn cefn y genedl. Roedd rhan helaeth o dai gogledd orllewin Cymru heb drydan i oleuo'r ystafelloedd, a byddai'n rhaid i breswylwyr y tai gario dŵr ar draws cae neu ddau i'r tŷ mewn rhai cymdogaethau. Noswyl Nadolig 1951 bu'n edrych ar stryd o dai ym mhentref Malltraeth a sylwi ar y gwlybaniaeth a dreiddiai i mewn trwy'r muriau. Câi'r pentrefi hyn eu hamddifadu o gyfleusterau a gymerid yn ganiataol yn y dinasoedd – cyflwr y tai a'r diffyg trafnidiaeth hefyd.[7] Tynnodd sylw at sefyllfa Aberffraw, a fu'n brifddinas gogledd Cymru yn yr hen ddyddiau. Un bws yn unig fyddai'n galw yn wythnosol, a llawer o'r trigolion heb gar modur. Nid oedd am fychanu'r Cymry di-Gymraeg, a'r foment honno torrwyd ar ei draws gan ei gydletywr yn Llundain, George Thomas, a waeddodd mai nhw 'sydd yn y mwyafrif'.[8] Byddai'r gŵr o Donypandy ac yntau'n dadlau ynglŷn â'r angen i hyrwyddo'r iaith a sicrhau mwy o hawliau i genedl y Cymry. Ni fu'r ymgyrch hon yn ofer, a llwyddodd, trwy Manweb, i weddnewid nifer o bentrefi Môn ac amaethdai'r ynys trwy sicrhau trydan iddynt. Pwysodd ar y Weinyddiaeth Dai a Llywodraeth 'i sianelu ardaloedd' i Gyngor Môn 'er mwyn gweddnewid strwythur Môn yn y cyfnod [hwn]'.[9]

Câi'r Gwasanaeth Iechyd sylw parhaus ganddo a bu'n pwyso ar y Weinyddiaeth Dai a Llywodraeth leol yn ystod y blynyddoedd 1952 a 1953 i adeiladu Ysbyty Newydd ym Mangor. Parhaodd i ohebu a chysylltu'n gyson, a phan ddaeth yr Ysbyty i Benrhosgarnedd roedd Cledwyn Hughes drwy ei ymgyrchu yn rhannol gyfrifol am ei bodolaeth.

Yn naturiol gan fod Caergybi'n borthladd pwysig mi weithiodd yn ddiflino ar yr angen i hyfforddi bechgyn yn y grefft o fod yn forwyr profiadol yn y Llynges. Ond gwelai'r Aelod Seneddol gwmwl ar y gorwel yn fuan iawn ar ôl cael ei ethol, sef yr awch gan Saeson dros Glawdd Offa am dai ym Môn yn anad unman arall. Yn ôl James A Saunders, arwerthwr o Fangor, roedd y 'galw'n arbennig o frwd am dyddynnod Môn, yn enwedig yn ardaloedd Porthaethwy a Niwbwrch, gan ychwanegu ei fod newydd werthu naw tyddyn ar yr ynys mewn wythnos'.[10] Caed digon o gwsmeriaid, o Birmingham yn bennaf, am ffermydd rhwng deg a hanner can erw, a byddai'n aml yn derbyn hyd at drigain o atebion i hysbyseb am fwthyn bychan. Roeddynt yn barod i'w brynu cyn ei weld â'u llygaid eu hunain.[11]

Gwyddai Cledwyn Hughes na ellid atal yr ymfudo i Fôn gan fod angen gwaith i gadw'r Cymry rhag gadael yr ynys a gweithiodd yn ddygn ar yr angen am ffatrïoedd amrywiol ar gyfer trefi'r sir. Daeth llawenydd mawr i'r aelwyd yng Nghaergybi pan anwyd mab i Jean ac yntau ar 16 Mawrth 1955 a rhoddwyd enw ei daid iddo, Harri. Roedd yr aelwyd bellach yn gyflawn ac etifeddodd y plant Ann a Harri lawer o rinweddau eu rhieni.

Yn y senedd roedd Cledwyn Hughes wedi profi ei fod yn arweinydd dawnus i adain Gymraeg y Blaid Lafur. Yn Ebrill 1955 penderfynodd Winston Churchill ymddeol gan drosglwyddo cyfrifoldebau'r Prif Weinidog i'w Ysgrifennydd Tramor, Anthony Eden, a ymgymerodd â'i ddyletswyddau'n ddiymdroi. Cyhoeddwyd y Gyllideb yn Ebrill a chymerwyd chwe cheiniog oddi ar y dreth incwm. Roedd hynny'n newydd i'w groesawu, yn arbennig ar drothwy Etholiad Cyffredinol.

Yn ei raglen etholiadol galwai'r Blaid Lafur am ailwladoli trafnidiaeth, cludiant, ffyrdd, haearn a dur, ac ailystyried gorfodi gwasanaeth milwrol. Ar 25 Mai roedd yr etholiad a gwyddai Cledwyn Hughes fod ganddo siawns dda i gadw'i sedd gan iddo weithio mor ddiwyd. Dychwelai bob penwythnos at ei deulu a'i etholwyr a chynhaliai sesiynau cyson gyda'r etholwyr gan ateb y llythyron a dderbyniai. Brwydrai'n ddygn dros yr unigolyn fel y gwnâi dros gymunedau a byddai ei briod yn gofalu am faterion a godai'n ddirybudd pan fyddai yn y senedd.

Cryfhaodd Cledwyn Hughes beirianwaith ei blaid rhwng 1951 a 1955 ym Môn. Byddai tri ymgeisydd arall yn sefyll, a'r peryclaf oedd John Williams Hughes o Farianglas, darlithydd eneiniedig, a safai dros y Rhyddfrydwyr. Daeth James Griffiths i annerch o blaid Cledwyn. Teimlai fod difaterwch mawr ymysg yr etholwyr, yn arbennig yn Lloegr, gan gydnabod bod apêl polisïau Llafur yn gyfyng i genhedlaeth oedd am anghofio caledi dyddiau'r Rhyfel.[12] Enillodd y Ceidwadwyr yr etholiad yn gysurus a chael cefnogaeth bron hanner yr etholwyr. Ym Môn, cadwodd Cledwyn ei sedd gyda mwyafrif sylweddol a phleidleisiodd 80.4% y cant o'r etholwyr:[13]

Cledwyn Hughes	Llaf	13,986	48.4%
J William Hughes	Rh	9,413	32.6%
Owen H Hughes	C	3,333	11.5%
J Rowland Jones	PC	2,183	7.5%
Mwyafrif		4,573	15.8%

Trodd mwyafrif bach 1951 o 595 yn 4,573 i'r gŵr a fu mor ofalus a gweithgar dros ei etholwyr. Talodd y moderneiddio ar ei ganfed, a sylweddolai'r ymgeisydd fod Caergybi yn anhepgorol i'w lwyddiant. Pobl y capel oedd llawer iawn o gefnogwyr y Blaid Ryddfrydol, ond roedd carfan dda ohonynt wedi rhoi benthyg eu pleidlais i fab y mans.[14] Llefarodd Madoc Jones, Ysgrifennydd y Blaid Ryddfrydol Gymreig, lawer o wir yn ei lythyr yn 1952 at Cledwyn gan ddweud ei fod bellach yn meddwl amdano fel yr Aelod Seneddol Rhyddfrydol dros 'sir fy maboed'.[15] Nid ef oedd yr unig Ryddfrydwr a deimlai felly wrth bleidleisio dros y gwleidydd yn hytrach na'r parti. Enillodd bleidleisiau drwy fod mor gyfeillgar a pharod ei gymwynas a'i gefnogaeth i bawb a ddeuai ar ei ofyn. Bu ar flaen y gad yn sicrhau gwaith i bobl leol.[16] Derbyniai ohebiaeth gyson oddi wrth Gyngor Môn, y Rheilffyrdd Prydeinig, ac adrannau'r llywodraeth. Sicrhaodd archebion i ffatri Saunders Row, Biwmares drwy bwyso'n llwyddiannus ar y Weinyddiaeth Gyflenwi am ragor o archebion oddi wrth adeiladwyr llongau achub i'r Llynges ac asiantaethau eraill y Llywodraeth.

Deallodd y Rheilffyrdd Prydeinig bwysigrwydd cynnig gwaith i weithwyr lleol yng Nghaergybi yn hytrach na gweithwyr o Lannau Mersi. Cefnogodd Gyngor Môn yn ei ymgais i ddenu rhagor o ddiwydiannau i'r ynys er ei fod yn ofnus o gael gormod o fewnfudwyr di-Gymraeg rhag amharu ar ddiwylliant cynhenid Gymraeg y cymunedau. Teimlai fod y diwylliant Cymraeg cysylltiedig â'r capeli a'r eisteddfodau'n gwbl unigryw. Byddai'n pregethu'n gyson mewn capeli yn perthyn i bob enwad yn y sir a chefnogai hyd eithaf ei allu weithgarwch Capel Disgwylfa. Yn 1958, bu'n rhan o ddathliadau hanner canmlwyddiant codi'r capel.[17] Collodd gyfaill da y flwyddyn ganlynol pan symudodd ei weinidog, y Parchedig R G Hughes, i Capel Mawr, Rhosllannerchrugog.[18] Bu'r ddau'n bennaf ffrindiau ac yn gohebu'n gyson â'i gilydd. Mynychai'r Aelod Seneddol Eisteddfod Môn yn y pumdegau a byddai'n annerch fel Llywydd y Dydd. Pan ddaeth yr Eisteddfod Genedlaethol i Langefni yn 1957, ef oedd y Llywydd ar y dydd Iau, y diwrnod a gysylltid gynt â Lloyd George. Gwnaeth gymwynas fawr â'r diwylliant eisteddfodol wrth alw am ddeddf seneddol a fyddai'n hwyluso'r ffordd i holl awdurdodau lleol Cymru gyfrannu'n flynyddol o'u trethi i gyllid yr Eisteddfod Genedlaethol. Cafodd ei awgrym lawer iawn o sylw a gofalodd y newyddiadurwr, Caradog Pritchard, fod y *Daily Telegraph* yn rhoddi cyhoeddusrwydd iddo, gan dynnu sylw arweinwyr y Blaid Dorïaidd.[19] Yn

1959 cafwyd Deddf Eisteddfodol Peter Thomas, AS y Torïaid yn etholaeth Conwy, a fu'n sylfaen anhepgorol i'r Eisteddfod Genedlaethol ar hyd y degawdau.[20] Anrhydeddai'r Eisteddfod Cledwyn Hughes drwy ei wahodd yn Llywydd y Dydd gan wybod y byddai'n pwyso a mesur yn ofalus yr hyn a ddywedai. Yn 1961, yn Eisteddfod Genedlaethol Rhosllannerchrugog, roedd pabell gennyf i ac Arfon Jones o'r pentref hwnnw i hyrwyddo'r cylchgrawn Sosialaidd *Aneurin*. Galwodd Cledwyn yn ein pabell a'n cyfarch yn ei ddull hynaws a charedig arferol.

Roedd yn barod i deithio er mwyn hybu Cymreictod, ac ef a draddododd anerchiad ar Ŵyl Ddewi i Gymdeithas Gymraeg Dewi Sant yn Glasgoed (Glasgow) yn 1957.[21] Yn ei anerchiad tynnodd sylw at y cysylltiad hanesyddol rhwng Cymru ag Ystrad Glud, gan gyfeirio at Cunedda, a'r beirdd cynnar Taliesin ac Aneirin. Yna dadansoddodd Gymru yn y pumdegau yn economaidd, ieithyddol, a diwylliannol gan gyfeirio'n gynnil at wleidyddiaeth. Cyn yr Ail Ryfel Byd, gadawsai hanner miliwn o Gymry'r wlad, am Loegr yn bennaf, ond bellach llwyddwyd i atal hyn trwy greu ffatrïoedd a diwydiannau ysgafn. Bu'n gefn mawr i gynllun Cyfarwyddwr Addysg Môn, E O Humphreys, i sefydlu Ysgolion Cyfun ym Mhorthaethwy, Amlwch a Chaergybi. Byrdwn ei anerchiad oedd y dylai Cymru fod yn debycach i'r Alban gan fod y genedl yn haeddu cael mwy o lais yn ei materion ei hunan. Bu'n lladmerydd dros hynny ar hyd ei oes.

Yn 1958 cafodd dasg wrth ei fodd o gynrychioli'r Blaid Lafur mewn ymgais i ddatrys problemau enbyd trigolion Ynys St Helena.[22] Anfonodd Charles Alexander Wells lythyr yn Ionawr 1958 i Dŷ'r Cyffredin at sylw Ysgrifennydd y Blaid Lafur, a daeth y llythyr i ddwylo James Callaghan. Dim ond dwy flynedd a hanner y bu Wells fyw ar yr ynys ond gwelsai'r anghyfiawnder dybryd a ddioddefai trigolion un o drefedigaethau lleiaf yr Ymerodraeth Brydeinig. Gofynnai Wells i Senedd Prydain wneud ymchwiliad i gyflwr byw y drefedigaeth.

Penderfynodd prif ddynion y Blaid Lafur ymateb, gan fod Charles Alexander Wells yn ddigon ariannog i dalu costau teithio a chynhaliaeth yr ymchwilydd. Cafodd Callaghan air gyda Hugh Gaitskell a James Griffiths ac awgrymwyd enw Anthony (Tony) Wedgwood Benn, ond gwrthododd.[23] Gan fod Callaghan a Griffiths yn hoff o bersonoliaeth Cledwyn Hughes dyma gynnig y cyfle iddo ef. 'Roedd yn ddewis ysbrydoledig,' meddai un hanesydd cyfoes.[24] Rhoddwyd cynnig i'w briod a'r mab bychan tair oed, Harri, fynd gydag ef, tra gallai'r ferch, Ann, aros yng nghartref Nain a Taid yng Nghaergybi. Anfonodd James Callaghan lythyr at Wells a Cledwyn Hughes i ddweud y byddai'r teulu bach yn cyrraedd ym Mehefin 1958.[25]

Llywodraethwr St Helena oedd Robert Alford ac estynnodd ef wahoddiad iddynt aros fel teulu am rai dyddiau yn ei dŷ, sef Plantation House. Ystyriai Alford fod Wells yn ŵr trafferthus yn y bôn, ond croesawodd y teulu ym Mehefin 1958 a chawsant lety am bedwar diwrnod ar yr aelwyd. Aeth Cledwyn Hughes i'r afael â'r dasg ar ei union gan drafod mewn dull cyfeillgar gyda'r Llywodraethwr a phenaethiaid Adran y Llywodraeth. Trefnodd gyfweliad gyda chyfarwyddwr un o'r cwmnïau mwyaf ar yr Ynys, darllenodd adroddiadau a mynychodd Gyngor Llywodraethol yr Ynys. Bu'n sgwrsio gydag Alexander Wells ac unigolion eraill ar yr ynys, fel George Constantine, a chlywed eu safbwyntiau hwy.[26] Trefnodd gyfarfodydd cyhoeddus gan roi hysbyseb yn y *St Helena News Review*. Ynddynt dangosodd y Cymro ei rinweddau amlwg, ei radlonrwydd, ei oddefgarwch, a'i agosatrwydd gwerinol. Mewn byr o dro daeth trigolion yr ynys bellennig, bedair mil o filltiroedd o Brydain, yn Ne'r Iwerydd, i'w anwylo fel y gwnâi trigolion Môn. Cyn gadael yr ynys orthrymedig derbyniodd ef a'r teulu lu o roddion, wedi'u cyflwyno gan un o'r ynyswyr, George Constantine. Pwysleisiodd ef fod Cledwyn Hughes wedi dod yn gyfaill pur iddynt.

Trefnodd Cledwyn, ar ôl cyrraedd adref, i gwmni W O Jones, Llangefni argraffu'r adroddiad a baratôdd yn ystod ei ymweliad. Roedd yn adroddiad cynhwysfawr, a beirniadol o reolaeth Prydain ar yr ynys, ac awgrymodd welliannau. Dadleuodd fod angen Cyngor Democrataidd newydd a chymorth ariannol i'r trigolion er mwyn gwella'u hamgylchedd. Credai fod angen estyn budd-daliadau lles a bod angen cefnogi'r gweithwyr a sicrhau gofal a chefnogaeth undebaeth iddynt.

Daeth yr adroddiad pwysig hwn ag ef i sylw'r wasg a'r gwleidyddion. Syfrdanwyd Tony Benn gan yr adroddiad. Mewn llythyr ato ym Medi 1958 dywedodd, 'I am sure the Administration will be shaking in their shoes at some of the direct comments that you have found it necessary to make'.[27] Talodd Julian Amery, Ceidwadwr a Gweinidog yn Swyddfa'r Trefedigaethau deyrnged i Cledwyn Hughes: '[Y]our report and speeches on St Helena did more than anything to stimulate my awareness of the immediate problems'.[28]

Daeth Cledwyn Hughes yn llefarydd huawdl dros anghenion, anawsterau, a buddiannau St Helena. Gelwid ef gan rai yn Aelod Seneddol Anrhydeddus St Helena. Gofynnodd bum deg pedwar cwestiwn ar lawr y Tŷ, rhwng 1959 ac 1964.[29] Soniodd am brisiau bwyd, cynhyrchu bwyd, costau byw ar yr ynys, diweithdra, lwfansiau, tai, iechyd, addysg, ymfudo, ac athrawon. Mewn chwe blynedd gofynnodd deg Aelod Seneddol rhyngddynt un ar ddeg cwestiwn arall. Ni chafodd Môn ei hun gymaint o gwestiynau â St Helena!

Gwelsai fod Prydain yn cam-drin un o'i threfedigaethau ac ni allai fod yn dawel. Daeth y wasg i sôn am ei gonsýrn, yn arbennig y *Daily Mirror,* y *Times* a'r *Daily Herald.* Nid oedd y Llywodraethwr, Alford, yn hapus â'i feirniadaeth, ond roedd unigolion ar yr ynys, fel Wells, yn ymfalchïo yn yr arweiniad medrus a roddodd y gŵr o Fôn. Daeth unigolyn arall i gysylltiad, sef Fred Ward, 42 oed, a fu yn forwr ond yn gweithio bellach yn Ne Affrig. Cyfarfu â Cledwyn ar 28 Mehefin er mwyn ffurfio Undeb Llafur. Dadleuai Cledwyn fod yn rhaid i gais felly ddeillio gan y gweithwyr. Erbyn iddo ddychwelyd roedd Wells yn barod i fod yn Llywydd, a Ward yn Ysgrifennydd yr Undeb arfaethedig. Cysylltodd Cledwyn Hughes â Chyngor yr Undebau Llafur Prydeinig yn Llundain a chael cytundeb i Ward ddod i Lundain am fis o hyfforddiant i fod yn arweinydd Undeb yn 1958.[30]

Er holl waith da Cledwyn Hughes, bu diffyg cydweithrediad dybryd. Ffraeodd Ward a Wells, a gadawodd Wells yr ynys ym mis Mai 1959 gan ei fod yn anghytuno â pholisi'r Undeb Llafur. Credai Cledwyn Hughes erbyn hynny fod angen diwygio cyfansoddiad St Helena a darparu etholiad. Cododd hynny yn y Tŷ Cyffredin ar 28 Ebrill 1959.[31] Yn y diwedd, cytunwyd ar Gyngor o 16 aelod, wyth i'w hethol, pedwar i'w henwi a phedwar o'r llywodraeth. Gadawodd Alford ym Mai 1962, ond nid oedd unrhyw gynllun wedi'i weithredu. Roedd gan Cledwyn Hughes ddylanwad ar Fred Ward, ac edmygid ef gan Syr John Field, y Llywodraethwr newydd. Roedd ef yn llawer mwy blaengar nag Alford a thalodd y deyrnged hon i Cledwyn Hughes: 'It was undoubtedly the quality and impact of his St Helena report and the tenacity with which he questioned ministers, which elevated his standing in the Commons and in the Labour Party'.[32]

O fewn y Blaid Lafur gwelodd Gaitskell ei rinweddau a'i ddycnwch a dyrchafwyd ef yn 1959 yn Llefarydd yr Wrthblaid ar Lywodraeth Leol a Thai. Ond nid anghofiodd St Helena ar hyd y blynyddoedd. Gofynnodd yn Nhŷ'r Arglwyddi ar ddiwedd ei yrfa, ym mis Tachwedd 1999, a oedd hi'n bosibl adeiladu maes awyr ar Ynys St Helena. Teimlai y gellid ac y dylid. Da oedd clywed gan ei fab yn 2016 iddo lwyddo gyda'r awgrym hwnnw hefyd. Pluen arall yn ei het.

Cafodd etholwyr Prydain gyfle arall i bleidleisio mewn Etholiad Cyffredinol yn Hydref 1959 ac fe wynebodd Cledwyn Hughes ym Môn dri ymgeisydd arall, O Meurig Roberts ar ran y Ceidwadwyr, Dr R Tudur Jones, Prifathro Coleg yr Annibynwyr, Bala Bangor yn cynrychioli Plaid Cymru a R Gerran Lloyd ar ran y Rhyddfrydwyr. Cafodd fuddugoliaeth ardderchog y tro hwn gyda 47% o'r etholwyr o'i blaid:[33]

Cledwyn Hughes	Llaf	13,249	47%
O Meurig Roberts	C	7,005	24.9%
Dr R Tudur Jones	PC	4,121	14.6%
R Gerran Lloyd	Rh	3,796	13.5%
Mwyafrif		6,244	22.1%

Roedd hi'n gwbl amlwg bellach fod cefnogwyr Rhyddfrydol y sir wedi dod yn gefnogwyr Cledwyn Hughes a'r Blaid Lafur. Y Ceidwadwr oedd yn ail, ac roedd llawer o'r rhain yn bobl a ymfudodd o Loegr i bentrefi glan y môr fel Benllech a Rhosneigr. Ond gyda mwyafrif o 6,244 mewn sedd led wledig roedd gweithgarwch dygn a chaled Cledwyn Hughes yn talu ar ei ganfed.

Bu'n gadarn ei gefnogaeth i'r datblygiad a gododd nyth cacwn, sef adeiladu gorsaf niwclear yn yr Wylfa ger pentref Cemaes. Ym Môn roedd aelodau'r Ymgyrch Diarfogi Niwclear (CND) yn chwyrn eu gwrthwynebiad i ddatblygiad mor ddadleuol â hwn. Rhaid edmygu Cledwyn Hughes fel gwleidydd, gan y gallasai'n hawdd osgoi mynegi barn, fel y gwnâi rhai gwleidyddion a fu'n ymgyrchu ym Môn. Nid oedd Dr R Tudur Jones na Phlaid Cymru yn gysurus o gwbl, ac roedd Anghydffurfwyr o fewn y llysoedd enwadol yn ei chael hi'n anodd cefnogi Cledwyn. Ond ni fu'r Aelod Seneddol yn ansicr yn ei arweiniad. Iddo ef roedd rhaid cadw'r Cymry ar yr ynys i warchod Cymreictod a'r iaith. Dyna a'i cymhellodd i weithio mor ddygn, llythyru'n ddi-baid gyda'r Bwrdd Trydan Canolog, annerch cyfarfodydd, pwyso ar weinidogion Ceidwadol, arwain dirprwyaeth a rhoddi tystiolaeth o blaid y symudiad yn yr Ymchwiliad Cyhoeddus. Daethpwyd i benderfyniad o blaid yr orsaf yn 1961, a gwelodd ei gyfle i ofalu bod cwmni lleol, fel Saunders-Rowe, Biwmares, yn cael cyfle i wneud gwaith peirianyddol ar gyfer gorsaf niwclear yr Wylfa.

Brodor o Ferthyr Tydfil, Aubrey Jones, oedd y Gweinidog Pŵer, ac ysgrifennodd Cledwyn ato, ac ymweld ag ef yn bersonol, er mwyn cael y maen i'r wal. Llwyddodd i berswadio amaethwyr Môn a Chymry Cemaes i dderbyn yr orsaf niwclear yn yr Wylfa, a hefyd y peilonau trydan a fyddai'n anharddu tirlun bendigedig yr ynys. Pwy arall, ond ef, a fyddai wedi llwyddo i wireddu ei ddyheadau? Er iddo fod yn ddigon didwyll yn credu mai Cymry fyddai mwyafrif y gweithwyr, rhaid cydnabod i fewnlifiad sylweddol o Saeson ddod i'r ynys, o Lerpwl a Lloegr, yn y chwedegau a'r saithdegau gan niweidio Cymreictod yr ynys.

Mewn eisteddfodau ym Môn yn y pumdegau a'r chwedegau disgrifiodd y ffordd Gymreig o fyw, ac fel roedd honno'n newid. Gofidiai yn Eisteddfod Amlwch fod y Parchedig Cwyfan Hughes, gweinidog Bethesda, Amlwch, yn yr Ysbyty. Ef oedd yr olaf o blith yr hen do o bregethwyr mawr a fagwyd ym Môn ac ef oedd Llywydd y Pwyllgor Gwaith.[34] Aeth ati i ddadansoddi'r newidiadau, gan feddwl am ddulliau newydd o amaethu, creu gwell ffyrdd a chynllun dŵr newydd drwy godi cronfeydd dŵr modern Cefni ac Alaw. Ei frawddeg gofiadwy oedd 'cymdeithas farw yw'r gymdeithas sy'n ofni newid'.[35] Ni all neb amau hyn, a bu'n rhaid iddo ef ddeall hynny hefyd, gan fod dos gref o geidwadaeth yn ei gyfansoddiad fel roedd ymhlith trigolion yr ynys yn gyffredinol.

Cafodd gyfle da ar hyd y blynyddoedd i fynegi ei syniadau. Cafodd fodd i fyw pan sefydlwyd Uwch-bwyllgor Cymru ar 5 Ebrill 1960. Syniad gwreiddiol un o'r rhai a'i drwgdybiai, sef Ness Edwards, Aelod Caerffili, oedd hwn. Fe gymerodd fisoedd lawer i R A Butler, ar ran y Llywodraeth, gytuno â'r awgrym. Meddai Cledwyn Hughes: 'Yn fy marn i roedd yn ddatblygiad gwerthfawr oherwydd rhoddodd gyfle i aelodau Cymru drafod pynciau o bwys i Gymru gyda gweinidogion yn bresennol i ateb'.[36]

Bu marwolaeth Aneurin Bevan ar 6 Gorffennaf 1960 yn ysgytwad mawr iddo. Wedi'r cyfan roedd yn un o gefnogwyr Bevan yn y pumdegau cynnar a chroesawodd ef i Fôn i annerch yn 1959. Cafodd wahoddiad i draddodi darlith ym Mangor ar ei arwr gan ei gymharu â Lloyd George. Roedd yn llawn edmygedd ohono, 'It was his language which was extravagant not his views'.[37] Medrai herio'r Sefydliad, creu cynnwrf a siglo'i seiliau. Credai Cledwyn fod Lloyd George ac Aneurin Bevan yn areithwyr huotlach na Winston Churchill. Dadleuodd nad oedd Aneurin Bevan yn eithafol i'r chwith, gan na chytunai â system haearnaidd Comiwnyddiaeth yn yr Undeb Sofietaidd.

Er ei edmygedd o Aneurin Bevan, ni chefais i lawer iawn o gefnogaeth ganddo pan gychwynnais gylchgrawn ar gyfer y sosialwyr cenedlatholgar a sosialwyr o fewn Plaid Cymru a rhoddi'r enw *Aneurin* arno. Daeth mwy o gefnogaeth o du'r Undebwyr fel Huw T Edwards a Tom Jones, Shotton, na chan wleidyddion fel James Griffiths a Cledwyn Hughes.

O ran ei syniadaeth, gŵr y llwybr canol oedd Cledwyn Hughes gyda pharch aruthrol at yr Undebau Llafur. Mynegodd ei gred mewn anerchiad pwysig mewn Gŵyl Lafur pan ddywedodd, 'Plentyn yr Undebau yw'r Blaid Lafur ac nid doeth yw iddi anghofio'r graig y naddwyd hi ohoni'.[38] Ni wnaeth ef, na'i dad chwaith, hynny o gwbl. Ychwanegodd: 'Y pwrpas yn fyr yw creu cymdeithas gyfiawn a sicrhau fod y gweithiwr yn derbyn cyfran deg o'r cyfoeth mae ef ei hun yn ei gynhyrchu'.[39]

I Cledwyn, prif bwrpas y Torïaid oedd cadw rheolaeth a grym llywodraeth yn eu dwylo ac ni fu neb yn fwy llwyddiannus na hwy. Teimlai, fel aelod o fainc flaen yr wrthblaid, fod y rhan fwyaf o lywodraeth ein gwlad yn digwydd yn ystafelloedd cyfarwyddwyr y cwmnïau mawr ac mewn clybiau preifat yn Llundain. Gofidiai'r gwleidydd o Fôn fod yr etholwyr ar hyd a lled Prydain yn 'bechadurus o ddidaro', nid ym Môn, ond mewn rhai etholaethau yn y dinasoedd mawr.[40] Gallasai Cledwyn Hughes hefyd fod wedi ychwanegu mai ychydig iawn fyddai rhai Aelodau Seneddol o bob plaid yn ei gyflawni i'w hetholwyr. Ni fyddai rhai Aelodau Seneddol yn trafferthu ymweld â'u hetholaethau ond rhyw unwaith mewn blwyddyn. Meddai Austin Mitchell, a fu'n Aelod Seneddol am flynyddoedd lawer:

A Labour newcomer in 1945 told of his first visit to the constituency after the election. A station master met him to ask whether he would be following the previous member in paying his annual visit at that time of the year. A. V. Alexander hardly ever visited his Sheffield constituency during or after the War… his successor George Darling, was elected on a radical promise of quarterly visits. When he was later Parliamentary Private Secretary to Arthur Bottomley, the constituency wrote to absolve him even from that promise 'in the light of heavy duties'.[41]

Yn wahanol i gyfran dda o'i gyd-aelodau roedd Cledwyn Hughes ar dân dros ei etholaeth. Yn Senedd 1959-64 dim ond gan un rhan o dair o'r Aelodau roedd cyfeiriadau yn eu hetholaethau. Roedd gan Aelod Seneddol Ceidwadol o Sir Gaerhirfryn dri chyfeiriad – un yn Llundain, y llall yn Swydd Efrog ac un yn Iraq! Ceid nifer o Aelodau Seneddol Llafur yn cynrychioli etholaethau gogledd Lloegr ond eu cyfeiriadau yn ymyl Llundain.[42]

Yn ôl pob tystiolaeth ychydig o lythyru fyddai rhwng Aelodau Seneddol a'u hetholwyr. Rhwng dwsin ac ugain llythyr mewn wythnos a gâi Cledwyn Hughes. I'r Aelodau hynny, fel Cledwyn, oedd yn awyddus i wasanaethu ei etholaeth, nid oedd treuliau ar gael i deithio nac i dalu am wasanaeth teipydd er mwyn cynorthwyo'r gwleidydd i gyfarfod neu ohebu â'r etholwyr. Yn y ddau ddegawd ar ôl yr Ail Ryfel Byd, fyddai'r etholwyr ddim yn disgwyl llawer gan eu Haelod Seneddol o ran gweithgarwch yn yr etholaeth. Mae tystiolaeth fod yr ohebiaeth a dderbyniai'r Aelodau Seneddol yn y pumdegau yn llawer mwy nag yn y blynyddoedd cyn y rhyfel. Go fychan oedd yr ohebiaeth yn nyddiau Megan Lloyd George.[43]

Newidiodd y sefyllfa ar ôl Etholiad 1966 pan groesawyd mwy a mwy o Aelodau Seneddol o'r un cefndir â Cledwyn Hughes – proffesiynol ac am wasanaethu'r bobl. Wrth i'r pwyslais ar yr etholaeth gryfhau, penderfynwyd yn 1969 rhoi lwfans bach o £500 ar gyfer gweinyddu ac yn y saithdegau cynyddodd cyflog yr Aelod Seneddol a threfnwyd swyddfa ar ei gyfer.[44] Daeth yr arferiad o gynnal syrjeri yn gyffredin, ac fe dderbyniai'r Aelod Seneddol lawer mwy o lythyron erbyn 1970.

Pwysleisiai Cledwyn werthoedd yr efengyl Gristnogol yn ei gyfarfodydd, fel y gwnaeth yn Llanegryn ym mis Hydref 1962. Iddo ef roedd hawliau dynol yn sylfaenol. Hyn wnaeth ei symbylu yn ei adroddiad ar Ynys St Helena. Pwysleisiai'r hawl i waith, i gyflog teg, i gartref, a chael byw mewn cymdeithas gyflawn, 'Nid yw'n gysur inni ym Meirionnydd a Môn wybod fod gwaith llawn a chyflogau uchel ar gael yn Llundain.[45] A oes gan ddyn hawl i waith? Oes meddai'r Torïaid, os aiff i Birmingham neu i Lundain! Does ganddo mo'r hawl yn Llanegryn?'[46]

Bu'n gydwybodol ar faterion yn ymwneud â Môn fel y refferendwm ar agor neu gau tafarnau yng Nghymru yn Nhachwedd 1961. Ymladdodd yn galed i gadw'r *status quo*. Oherwydd ei weithgareddau amrywiol, byddai ei fywyd yn hynod o brysur a chymhleth am fod cymaint ganddo i'w gyflawni. Llawenydd mawr iddo oedd gweld y Senedd yn pleidleisio i ddileu dienyddio fel y gosb eithaf. Roedd Cledwyn Hughes wedi cyflwyno'r pwnc i Glwb Rotari Caergybi yn 1957.[47] Gwelai Cledwyn Hughes yr ymgyrch yn un bwysig, gan ddadlau fod crogi yn milwrio yn erbyn egwyddorion Cristnogol. Nid oes gan y Wladwriaeth yr hawl i gymryd bywyd un o'i dinasyddion. Nid yw crogi yn ateb problem llofruddiaethau, ac mae'n anfoesol.

Yn 1958 cafodd Cledwyn Hughes wahoddiad gan olygydd y *Daily Post* i ysgrifennu colofn yn y papur o dan y pennawd *Wales at Westminster*. Bu'n gyfrifol am y golofn am chwe blynedd, a chafodd lwyfan i fynegi'i farn ar bynciau oedd o ddiddordeb iddo. Beirniadodd y cynlluniau i gau cymaint o reilffyrdd yng Nghymru. Ymddangosodd achos Tryweryn yn y golofn, er gadawodd i Goronwy Roberts gymryd yr awenau ar y mater o du Llafur. Awgrym ymarferol Cledwyn Hughes ar Dryweryn oedd galw am Fwrdd Dŵr i Gymru. Ond ni wrandawai penaethiaid y Blaid Lafur arno, a llwyddwyd i anwybyddu'r syniad pan baratôdd y Blaid Lafur ei maniffesto rhwng 1964-6. Ni allai gydymdeimlo â rhwystredigaeth y Cymry dewr a fu'n gyfrifol am ffrwydradau yn ymyl Cronfa Ddŵr Tryweryn. Beirniadodd hwy'n hallt fel y disgwylid gan arweinydd yn ei safle ef.

Soniai'n gyson am yr angen i ddiogelu'r iaith Gymraeg a chefnogodd alwad John Morris, AS Llafur, Aberafan, ar y llywodraeth i roddi mesur iaith ger bron y Senedd a rhoi statws dilysrwydd cyfartal i'r iaith Gymraeg.[48] Cyn i Bwyllgor Syr David Hughes Parry fodoli roedd John Morris a Cledwyn Hughes wedi cyfleu'r angen yn ddigon clir. Yn 1963 bu'n aelod o'r ddirprwyaeth aeth i weld Syr Keith Joseph, y gweinidog newydd dros Faterion Cymreig, a dadlau'n foneddigaidd am yr angen i sefydlu comisiwn i drafod Mesur Iaith newydd. Canlyniad hyn oedd newid sylfaenol pan gyflwynodd Ddeddf Iaith yn ystod ei gyfnod fel Gweinidog Gwladol i Gymru.

Er ei gariad aruthrol at Gymru, cofiwn hefyd am weledigaeth ryngwladol mab y Mans. Fel newyddiadurwr gwadd, ceid yn ei golofn gyfeiriadau cyson at helyntion y dydd ar gyfandir Affrig, yn y Dwyrain Canol, trafferthion Rhodesia ac argyfwng Y Rhyfel Oer. Paratôdd ei hun ar gyfer ei swydd fel Gweinidog y Gymanwlad. Bu marwolaeth Hugh Gaitskell yn 1963 yn siom iddo gan y teimlai ei fod yn arweinydd deallus a'i fod yn cefnogi'r frwydr dros fuddiannau Cymru. Talodd barch iddo yn ei golofn ar 25 Ionawr 1963.[49] Ni wyddom i bwy y pleidleisiodd yn y ras rhwng Harold Wilson a James Callaghan. Ni fu'n brin ei ganmoliaeth i Wilson yn ei golofn ar 22 Chwefror 1964, a gobeithiai'n ddistaw bach y byddai Wilson, pe enillai'r etholiad, yn rhoddi swydd iddo yn y Cabinet. Am ddeng mlynedd o leiaf roedd wedi gwireddu dyheadau pennaf y werin Gymraeg fel 'Aelod dros Gymru' ac yn haeddu dyrchafiad.

Gweinidog y Gymanwlad (1964-6)

Roedd Etholiad Cyffredinol 1964 yn brawf arall o allu Cledwyn Hughes i ennill sedd Môn gyda mwyafrif sylweddol. Roedd gan y Ceidwadwyr ymgeisydd delfrydol yn y bardd a'r newyddiadurwr, John Eilian. Un o Fôn ydoedd, yn wyneb cyfarwydd, ac yn Gymro yng nghanol y pethe, fel Cledwyn.[1] Roedd Plaid Cymru hefyd wedi dewis un o fawrion y blaid, y Parchedig Brifathro R Tudur Jones[2] am yr eilwaith.[3] Ni ellir ond canmol dewis y Rhyddfrydwyr, E Gwyn Jones, Is-Gadeirydd y Blaid ac un o drigolion Caergybi.[4] Roedd ef y flwyddyn cynt wedi herio Cledwyn drwy awgrymu cynnal cyfarfod yn cynnwys y pedwar ymgeisydd yn Neuadd y Dref, Llangefni.[5]

Blwyddyn yn ddiweddarach ar 15 Hydref pleidleisiodd 78.6% y cant o'r etholwyr ac nid oedd amheuaeth o gwbl pwy dderbyniodd y gefnogaeth:

Cledwyn Hughes	Llaf	13,553	48.1%
John Eilian Jones	C	7,016	25.0%
E Gwyn Jones	Rh	5,730	20.4%
Dr R Tudur Jones	PC	1,817	6.5%
Mwyafrif		6,537	23.1% [6]

Roedd erbyn hyn mor dderbyniol ag y bu y Fonesig Megan Lloyd George fel Aelod Seneddol. Un o'r cyntaf i'w longyfarch oedd R Elwyn Williams, bancer yng Nghaergybi, a gŵr o ddylanwad yn Henaduriaeth Môn.[7] Teimlai rhai Cymry, fel Eleanor Owen Parry, Llithfaen, y dylsai gwleidydd fel Cledwyn gael mwy o barch yn y brwydrau gwleidyddol.[8] 'Roedd y gwaedgwn wedi meddwl am eich gwaed – ond cawsant 'yfed o ddyfroedd Mara' – y 'Wermod yn lladd eu dymuniadau'.[9] Iddi hi roedd gan genedl y Cymry ddyled fawr iddo o gofio'i frwdfrydedd dros faterion Cymreig a'i ymdrechion clodwiw ynghyd â James Griffiths a Gwilym Prys Davies i greu Cyngor Etholedig i Gymru ers 1961/2.

Derbyniodd lythyr hyfryd gan Ymgeisydd Plaid Cymru, yr amryddawn Dr R Tudur Jones, yn ei longyfarch yn 'galonnog' ar y canlyniad. Ond ychwanegodd: 'Rhaid imi… ddiolch o galon i chwi am eich graslonrwydd dros yr ymgyrch etholiadol. Roedd yn hyfryd iawn cael cyfle i fwynhau eich cwmni chwi a Mrs Hughes, ac nid wyf heb anobeithio y gallwn drefnu cyfarfod rywbryd pan fo'n gyfleus i chwi. Go brin y'm gwelir mwyach yn ymyrryd yn y frwydr etholiadol ond ni hoffwn i hynny fod yn rheswm tros golli'r cysylltiad cyfeillgar â chwi'.[10]

Roedd cymaint o bobl yn dotio at ymddygiad ac anerchiadau Cledwyn ar hyd a lled y sir. I Myfanwy ac Idwal Roberts, Tŷ'r Ysgol, Llannerch-y-medd, roedd cyfarfod y Blaid Lafur yn y pentref yn cynhesu calonnau'r gynulleidfa: 'Patrwm o gyfarfod', meddent.[11]

Roedd ei ddull diymhongar yn ennill pleidleisiau.[12] Yn ôl Caroline Connor o Ysgol Thomas Ellis, Caergybi, roedd ei ymweliad â'r ysgol yn hynod o bwysig i'r plant ac yn ffordd o ennill pleidlais yr athrawon.[13] Cawsai etholwyr Môn lond bol ar lywodraethau Ceidwadol am dair blynedd ar ddeg. Meddai Peter Watson, Caergybi mewn llythyr: 'keep the Tories where they belong – in opposition'.[14]

Ond yr hyn a blesiai drigolion ei dref enedigol oedd fod Mab y Mans wedi cael y llaw drechaf unwaith yn rhagor. I'r Henadur Robert Roberts roedd 'gwaith caled' yr Aelod Seneddol yn 'dwyn ei wobr'.[15] I Mona Preston Thomas, Bryn Llwyd, Caergybi, 'You will bring honour to Anglesey, and your name will go down in history. Your disposition has not changed a bit since your schooldays'.[16]

Roedd arweinwyr yr enwad Presbyteraidd yng ngogledd Cymru ar ben eu digon wrth iddo ennill buddugoliaeth arall. Derbyniodd lythyron oddi wrth y Parchedig R G Hughes, Rhosllannerchrugog (Caergybi gynt), y Parchedig W J Thomas, Y Felinheli, G Wynne Griffiths, Llanfairpwllgwyngyll a'r Llafurwr Arthur Hughes, Rhewl.[17] 'Llawenychaf wrth feddwl am y fuddugoliaeth, er nad oes gobaith i Lafur yn y rhan yma o Sir Ddinbych'. Roedd y Parchedig Hywel Jones, Gellifor yr un mor danbaid fel Llafurwr: 'Daliwch ati. Gwych iawn i Wilson a'i ganlynwyr gael yr oruchafiaeth y tro hwn. Gobeithio y bydd rhagluniaeth o'i blaid ac y cawn lywodraeth Lafur am lawer blwyddyn eto'.

Roedd cysgod ei dad yn mynnu dod i'r amlwg yn y llythyron i'w longyfarch ar ei gamp yn cipio Môn am y bedwaredd gwaith. I Anne o Glasgow, roedd ei rieni yn mynnu sylw: 'Roeddem jyst yn dweyd piti fawr na fuasai eich Tad a'ch Mam wedi cael byw i weld chwi yn cael y fath glod. Geiriau fy Nhad pan aethoch i *Parliament* y tro cyntaf: – Mae'n siŵr o ddringo i dop y goeden'.[18] I Gymro alltud arall, Alun Jones, Hendre, Watford, yr un yw'r atgof, 'Oni fuasai eich annwyl dad yn falch ohonoch, a phwy a ŵyr nad yw yn gwybod'.[19] Gwyddai y byddai Cledwyn yn llawn 'egni a diffuantrwydd sydd mor nodweddiadol ohonoch'.[20]

Ond cael ei benodi fel Gweinidog y Gymanwlad a roddodd gymaint o fodlonrwydd i'w ffrindiau. Crisialir hyn mewn llythyr a anfonwyd gan E J Hughes, Biwmares, a'i deulu: 'When we saw you coming out of No. 10 Downing Street, we simply jumped out of our chairs. Wonderful. Hoping to see you in Capel y Drindod on November 8'.[21]

I lawer un y gobaith mawr oedd y câi Cledwyn ei apwyntio i'r Swyddfa Gymreig fel Ysgrifennydd Gwladol cyntaf Cymru. Mynegodd Beti a Dr Dugmore Hunter o Lundain hynny mewn llythyr difyr:

Hyfrydwch oedd darllen yn y 'MC' fod y PM wedi rhoi'r alwad i chwi, a'ch bod chwithau wedi ymateb.

Fy hunan buaswn wedi fy mhlesio fwy pe gwelai'r Gŵr Mawr yn ddoeth eich galw yn nes adref. I mi – Mônwr a Chymro ydych yn bennaf a phwy well i wylio'r hen braidd od rhyfedd yma? Dyna ni – mae'r ynysoedd tramor yn ffodus. Pob bendith ar eich hynt Cledwyn. Credaf y bydd yn argyfyngus ar adegau, ond 'gwyntoedd teg i rowndio'r Horn' fel y dywaid hen longwyr Môn.[22]

Yr un oedd byrdwn Monwysyn arall, y Parchedig Athro R H Evans, Warden y Coleg Diwinyddol yn Aberystwyth:

Gobeithio y cei hwyl a boddhad yn yr Adran arbennig a fydd o dan d'ofal di, er yr hoffem ni pe bait wedi dy benodi yn Ysgrifennydd cyntaf dros Gymru. Penodiad tra chymeradwy, er hynny, yw'r eiddo Jim Griffiths ar sail ei gymeriad a'i Gymreictod.[23]

I'r Eisteddfodwr pybyr, W H Roberts, Tŷ'r Ysgol, Niwbwrch, roedd ei apwyntiad yn hynod o bwysig. Ychwanega:

Yn y byd sydd ohoni, mi gredaf bod eich swydd chi ymysg y pwysicaf oll, ond mae gennych bopeth sy'n angenrheidiol ar ei chyfer, ac nid oes gennyf amheuaeth o gwbl na bydd y Gymanwlad drwyddi draw yn teimlo bod chwa newydd o awel gynnes agos atyn nhw wedi dod i chwythu arnynt. Duw yn rhwydd i chi.[24]

Teimlai'r Athro Idris Foster, Pennaeth Adran Gelteg Coleg Iesu, Rhydychen yr un fath â W H Roberts, 'Gwn y byddwch yn gaffaeliad gwerthfawr ac yn addurn bywiol iawn i'r Weinyddiaeth, y penodwyd chwi'n Weinidog ynddi'.[25]

I'r newyddiadurwr ar y *Liverpool Daily Post*, Charles Quant, Gwern y Mynydd, roedd ei gwpan yn llawn gyda'r penodiad:

It's wonderful news, better even that if you had been given a position under James Griffiths in the new Welsh Office, for which I was secretly cherishing a hope to see your name. This is the sort of a job that calls for a crusader, and I'm sure they've got one in you.[26]

Mae llythyr oddi wrth H D Healy, Prifathro Ysgol Uwchradd Glan Clwyd hefyd. Roedd y teulu'n gefnogwyr pybyr i Cledwyn, a bu ei lwyddiant yn yr etholiad yn '… llawenydd diderfyn. Bellach, fe'ch apwyntiwyd i un o brif swyddi'r Senedd newydd a dyma fi unwaith eto'n lleisio ein balchder a'n llawenydd yma'.[27] 'Dyma braw bod ein Prif Weinidog newydd yn cydnabod eich doniau amlwg a'ch cymwysterau arbennig i wynebu gofynion y gwaith hwn: gwyddom y bydd graen ar eich gwaith, ac y bydd yntau yn fodlon ar y dewis'.[28]

Nid dyna oedd dehongliad Jeremy Thorpe, un o sêr y Blaid Ryddfrydol yn y senedd, am yr apwyntiad:

What a shrewd move. The newly independent nations are always suspicious of Colonialism, what better than to place at the head of the CRO the representative of a down trodden people, denied independence and thereby subject to a colour prejudice which had they been black would have entitled them to a U-turn. Roll on Independence for St Helena and Wales.[29]

Llythyr a'i dafod yn ei foch oedd hwn ac eto'n taro'r hoelen ar ei phen, gan i Harold Wilson sylweddoli bod yna Gymro arall, digon tebyg i Cledwyn, wedi llwyddo'n rhyfeddol fel Gweinidog y Trefedigaethau, sef James Griffiths yn llywodraeth 1950-1.[30] Ond gobaith cyfeillion pennaf Cledwyn y tu fewn i'r Blaid Lafur yng ngogledd Cymru oedd ei weld yng ngofal Cymru ac nid y Gymanwlad, megis Frank Price Jones, Bangor:

> Buasai'n well o lawer gennyf dy weld yn Ysgrifennydd i Gymru, fel y gwyddost, a diau y caf weld hynny cyn bo hir. Ond pob hwyl iti yn y swydd bresennol. Mae pawb a welais i wrth eu bodd o glywed am y penodiad.[31]

Atgyfnerthir y bodlonrwydd hwn mewn telegram a anfonodd yr Henadur David Emrys Williams, Tregarth, aelod o Gyngor Sir Gaernarfon, [32] ac un o ŵyr amlycaf y Mudiad Llafur yng Ngwynedd.[33] Un arall a leisiodd ei lawenydd oedd Gwyn Ellis, Bethesda, Ysgrifennydd y Blaid Lafur yn etholaeth Conwy. 'Mae yn beth hynod o bleserus i weld Cymry glân gloyw yn cael eu hanrhydeddu fel hyn yn y Tŷ, ac yn fwy byth pan yn gyfeillion calon inni yng Nghonwy. Hir oes'.[34]

Daeth llythyron oddi wrth Wynne Williams ac Owen Edwards, Blaenau Ffestiniog ar ran y Blaid Lafur yn Sir Feirionnydd gan ddiolch iddo am roddi help iddynt gadw'r sedd yn wyneb helynt Tryweryn.[35] Clywsai ei gyd Aelod Seneddol Llafur, Llywelyn Williams, Aelod Seneddol Abertyleri, y newydd ar y radio, 'Mae eich ymroddiad cydwybodol i'r gwaith seneddol a'ch galluoedd disglair yn gyfryw fel yr ydych yn llwyr deilyngu'r dyrchafiad hwn'.[36]

Roedd arloesydd y Blaid Lafur ym Meirionnydd, yr Henadur Mrs Kate W Jones Roberts o Ffestiniog wrth ei bodd fod 'cyfeillion o Gymru mewn safleoedd anrhydeddus, a chymesur â'u gallu, yn y Llywodraeth Lafur newydd'.[37] Rhybuddiodd ef am y problemau fyddai'n ei wynebu, sef her y Gymanwlad newydd:

Mae problemau mawr yn eich aros yn Affrica o hyd, problemau economaidd, mae'n debyg, gan mwyaf – ond ambell un, megis De Rhodesia, fel coeden ddrain. Ond yn siŵr ni fu dim tebyg i'r Gymanwlad yn hanes y byd, a mawr obeithiaf y gall Llafur atgyfnerthu'r sylfeini a chryfhau'r dolennau a'n cydio y naill wrth y llall.

Roedd hi'n ffyddiog hefyd y byddai ef yn hapus yng nghwmni'r gwleidydd Arthur Bottomley.

Roedd y gwaith a wynebai Cledwyn yn gofyn am ŵr hynaws a hyblyg, ac fel y soniodd Harold Macmillan wrth senedd De Affrica yn 1960, roedd 'gwyntoedd newid yn chwythu trwy'r cyfandir hwn'.[38] Gan fod Arthur Bottomley yn gaeth i ofynion y Senedd a galwadau'r Cabinet, disgwylid i Cledwyn fod yn barod i deithio i bellafoedd y byd fel cynrychiolydd y Llywodraeth Lafur. Y cyfrifoldeb cyntaf a gafodd oedd cynrychioli'r Llywodraeth yn nathliadau annibyniaeth Cenia yn Rhagfyr 1964.[39] Daeth Cenia yn weriniaeth ar 12 Rhagfyr 1964, gyda Jomo Kenyatta, arweinydd y Mau Mau, yn Brif Weinidog. Bottomley gyflwynodd darlleniad cyntaf y Bil ynglŷn â Cenia yn Nhŷ'r Cyffredin, gyda Cledwyn a'r Twrnai Cyffredinol yn eilio. Cyfarfu Cledwyn â Jomo Kenyatta ac yn wahanol i James Griffiths, sefydlwyd perthynas dda rhwng y ddau. A bod yn deg â James Griffiths, yn 1951 roedd Kenyatta yn wrthryfelwr dygn, ond erbyn dathliadau Rhagfyr 1964 ef oedd wrth y llyw fel pennaeth di-ildio Cenia.[40] Yn y cyfarfod yn Nairobi, rhoddwyd cyfle i Cledwyn drafod cwestiwn dyfodol Rhodesia gyda dau o arweinyddion pwysig arall yr Affrica newydd, Kenneth Kaunda, arweinydd Zambia, a'r Sosialydd carismatig Julius Nyerere o Tanzania.[41] Gwyddent am ystyfnigrwydd a rhagfarnau'r Prif Weinidog, Ian Smith, ac am system bleidleisio annemocrataidd y wlad. Disgwylid i unigolyn fod yn berchen ar eiddo cyn y câi'r hawl i bleidleisio mewn etholiadau yn Rhodesia a bod ag incwm o £795 y flwyddyn, swm enfawr oedd yn gyfystyr â phymtheng mil yn 2015. O ganlyniad dim ond 89,000 o etholwyr o'r pedair miliwn oedd â'r hawl i bleidleisio a dim ond 5,000 ohonynt yn bobl dduon. Amddifadwyd bron i 3¾ miliwn o bobl groenddu rhag cael un o'r hawliau dynol mwyaf elfennol.[42]

Roedd Smith yn hapus gyda'r sefyllfa annheg, gan ei fod yn grediniol fod arweinwyr fel Robert Mugabe a Joshua Nkomo yn pledio Marcsiaeth ac wedi'u cyfareddu gan gomiwnyddiaeth ar draul cyfalafiaeth.[43] Mor bwysig felly oedd trafodaeth Cledwyn gyda Kaunda a Nyerere.

Yn Chwefror 1965 aeth Cledwyn Hughes ar daith arall, i ddathlu annibyniaeth Gambia a'i gwahodd i rengoedd y Gymanwlad. Dyma gyfle pellach iddo anwylo'i hun ymhlith arweinwyr oedd yn naturiol ddrwgdybus o wleidyddion Prydain. Doedd neb yn fwy ymwybodol o hynny na Cledwyn. Fel y dywedodd Esgob Bangor, y Parchedig Gwilym O Williams, wrtho mewn llythyr; 'Mae'r dyn iawn wedi'i alw – fel y dangosodd eich cenhadaeth yn Sant Helena'.[44] Gwnaeth ei hun yn dderbyniol dros ben a dangos i Harold Wilson y sgiliau diplomataidd naturiol oedd ganddo. I'r Parchedig Richard Thomas, Bodfari, roedd gweld Cledwyn yn y swydd o gadw'r ddysgl yn wastad o fewn y Gymanwlad yn 'gwireddu proffwydoliaeth Winston Churchill wedi i chwi siarad yn y Tŷ … y gwnaech yn dda yn y Senedd'.[45]

Bu'n rhaid iddo wynebu ambell gwestiwn agosach at adref. Penderfynodd Llywodraeth Gweriniaeth Iwerddon ofyn i Lywodraeth Prydain ddychwelyd corff y cenedlaetholwr pybyr, Roger Casement, i ddinas Dulyn. I Cledwyn Hughes nid oedd angen pendroni am eiliad, a chynghorodd y Prif Weinidog i gydsynio gan y byddai hynny'n creu gwell perthynas rhwng cymdogion. Sylweddolai Cledwyn fod Roger Casement yn eicon i drigolion yr Ynys Werdd.[46]

Gwlad arall a dderbyniodd annibyniaeth yn 1964 oedd Malta, a boenai am drafferthion economaidd llywodraeth Wilson ac mai mwyafrif bychan oedd ganddynt i lywodraethu. Beth oedd dyfodol dociau Malta ac economi'r ynys a ddibynnai gymaint ar Brydain? Penderfynodd Wilson anfon Cledwyn Hughes yno ar ddymuniad y Prif Weinidog, Dr Borg Oliver.[47] Daeth i gysylltiad â'r arweinydd Sosialaidd, Dom Mintoff, mewn ymgais i leihau ofnau'r ynyswyr. Gwnaeth Cledwyn Hughes gamp wrth ymlid amheuon a sicrhau'r Llywodraeth a'r Wrthblaid ei fod ef, a'i Lywodraeth yn San Steffan, yn sylweddoli'u cyfrifoldeb am ddyfodol Malta, gwlad a fu'n gwbl allweddol i Brydain, yn arbennig yn ystod yr Ail Ryfel Byd.

Yn 1965, nid oedd ar gyflog mawr fel Gweinidog y Goron am waith mor enbyd o bwysig gan gofio'r holl deithio oedd ynghlwm wrth y swydd – £337:15:0 y mis a gâi wedi talu treth incwm. Ond, nid arian na chyflog a'i poenai, ond bod o wasanaeth i bobl y Gymanwlad. Felly, croesawodd y cyfle, yng nghwmni'r Canghellor, James Callaghan, i fod yn bresennol yng Nghynhadledd Gweinidogion Cyllid y Gymanwlad yn Kingston, Jamaica. Buasai cyfeillgarwch rhwng y ddau ers blynyddoedd a llwyddwyd i dawelu meddyliau'r arweinwyr. Ofni roeddynt fod Llywodraeth Lafur yn mynd i gwtogi ar gymorth ariannol i'r gwledydd tlawd, tebyg i Jamaica.[48] Rhoddwyd iddo dasg gyffelyb yn ddiweddarach i arwain dirprwyaeth i Trinidad, a gawsai ganiatâd, ers degawd a mwy, i'w dinasyddion ymfudo i Brydain, gan fod gwaith mor brin ar yr ynys. Cynhaliwyd nifer o drafodaethau gyda Dr Eric Williams, Prif Weinidog Trinidad, a chydnabu Cledwyn Hughes nad oedd pawb, o bell ffordd, ym Mhrydain yn croesawu'r ymfudo, a bod y Llywodraeth Lafur yn ystyried cwtogi ychydig ar y mewnlifiad o'r Gymanwlad. Addawodd serch hynny y byddai Adran y Gymanwlad, ac Adran y Weinyddiaeth Datblygu Tramor, yng ngofal Barbara Castle, yn gwneud eu gorau i hybu twf economaidd Trinidad, fel na fyddai'n rhaid i'r brodorion ymfudo i Brydain.[49] Crisialodd Emyr Price ei gyfraniad o fewn y Gymanwlad mewn un frawddeg:

'Gwaith y diplomydd, y cyflafareddwr, y cyfrannwr (gwaith a weddai i fab y gweinidog wedi'i drwytho yn y grefft fugeiliol, ac yn y Genhadaeth Dramor) oedd rhan helaethaf ei ddyletswyddau yn Swyddfa'r Gymanwlad'.[50]

Roedd Smith yn uchel ei gloch yn 1965 gan iddo ef a'i blaid, y Ffrynt Genedlaethol, ennill holl seddau'r Gwynion yn Senedd leiafrifol Rhodesia, sef 50 sedd. Cythruddwyd aelodau amlwg y Blaid Lafur oherwydd hyn gan bwyso ar Wilson i ddangos ei anghymeradwyaeth, trwy rym pe na bai dim arall yn tycio. Pwysodd Cynhadledd Prif Weinidogion y Gymanwlad ar Brydain i fod yn fwy ymosodol. Ond gwyddai Wilson na fyddai milwyr Prydain yn barod i saethu milwyr Rhodesia, gan fod llawer ohonynt yn ddisgynyddion a ymfudodd o Brydain. Eto, roedd yn rhaid gweithredu, a Cledwyn a anfonwyd yng Ngorffennaf 1965 i Salisbury, i geisio perswadio'r Smith hyderus na ddylai ystyried galw am annibyniaeth lwyr oddi wrth Brydain ar y pryd gan y byddai hynny'n gwbl anghyfrifol ac anghyfreithlon.

Hedfanodd Cledwyn i Salisbury a chael pedwar cyfarfod gyda Smith a'i gefnogwyr. Ni fethod Cledwyn yn gyfan gwbl, o leiaf ni chaewyd y drws yn glep ar Brydain. Cafodd Wilson gyfle i gyfarfod gydag Ian Smith, ond dyn penstiff ydoedd. Ni lwyddodd Cledwyn i ddatrys problemau Rhodesia.

Teimlai Wilson nad oedd unrhyw symud wedi digwydd, ac roedd Smith yn flin am y gohirio.[51] Deufis wedi i Cledwyn ymweld â Rhodesia, anfonodd lythyr pigog at Bottomley.[52] Canlyniad hyn oedd i Smith deithio i Lundain. Daeth â'r Gweinidog Materion Mewnol a'r Gweinidog Cyfiawnder gydag ef – dau ŵr eithafol. Yn nhîm Wilson roedd yr Arglwydd Ganghellor, Bottomley a Cledwyn. Bu trafodaethau ymfflamychol gan fod Smith yn pwyso am annibyniaeth ar sail Cyfansoddiad 1961, cyfansoddiad nad oedd wedi'i dderbyn gan Lywodraeth Harold Macmillan. I Smith, meddwl am y gymuned Affricanaidd roedd Wilson a'i dîm ac nid am y gymuned Ewropeaidd yn Rhodesia. Am ddau ddiwrnod bu'r saith ohonynt yn dadlau'n chwyrn, yn anghytuno'n barhaus. Mynnai Wilson fod Smith yn derbyn egwyddorion sylfaenol, sef democratiaeth lawn i'r du a'r gwyn fel ei gilydd a phleidlais i bob un cyn cytuno ar annibyniaeth.

Ym mis Tachwedd 1965 daeth datganiad o Annibyniaeth Unochrog. Dyma'r UDI enwog fel macyn coch i darw yng ngolwg gwleidyddion fel Fenner Brockway a Michael Foot, ac roedd yn ddraenen yn ystlys llywodraethau Prydain am bron i bymtheng mlynedd arall. Yn hytrach nag anfon milwyr, dewisodd Wilson osod sancsiynau economaidd a chytunai Cledwyn, ond ofer fu hynny.[53] Gan ei bod hi'n amhosibl gwasgar nwyddau angenrheidiol i wledydd cyfagos heb fynd trwy Rhodesia, ni allai'r sancsiynau lwyddo. Ni lwyddodd y sancsiynau i danseilio morâl y dynion gwyn yn Rhodesia, a bu'n rhaid aros tan teyrnasiad Margaret Thatcher cyn i Ian Smith ildio'r awenau i bobl nad oedd ganddo barch o gwbl iddynt. Oedd Cledwyn wedi llwyr ddeall Ian Smith? Awgrymodd Andrew Missell:

> Fel Nigel Farage ar ei ôl, gwleidydd a apeliai at y rhai a gasâi wleidyddion oedd Ian Smith – oherwydd nad oedd ganddo ddim cefndir gwleidyddol. Camgymeriad mawr sawl gwleidydd o Brydain (gan gynnwys Cledwyn Hughes, o bosibl) oedd tybio bod Smith yr un fath â nhw – yn ddyn y gellid dod i gytundeb ag ef trwy ychydig o fargeinio.[54]

Ond drwy ymdrech deg Cledwyn Hughes dros gymod yn Rhodesia, gosodwyd ef ar y llwyfan rhyngwladol a derbyniodd ganmoliaeth gan bapurau fel y *Daily Telegraph*, a'r *Times*. Aeth cylchgrawn yr *Economist* mor bell â dweud yn Ebrill 1966, pan gafodd ei benodi'n Ysgrifennydd Gwladol i Gymru, fod Harold Wilson wedi pwyso mwy arno ef nag ar Arthur Bottomley, Ysgrifennydd Gwladol y Gymanwlad. Pan fu hi'n argyfyngus rhwng India a Phacistan, ef a gafodd ei anfon allan ym Mai 1965 yn hytrach na Bottomley, i ennill cymrodedd dros y ffin ddadleuol yn Rann Kutch. Bu Cledwyn yn llwyddiannus, er gorfoledd Wilson ac arweinwyr y pleidiau yn San Steffan. Fel un o weinidogion yr ail reng yng Ngweinyddiaeth gyntaf Wilson, heb amheuaeth gwnaeth Cledwyn ei farc, a haeddai ddyrchafiad i'r Cabinet. Disgwyliai Dr Gwilym Wyn Griffith y dyrchafiad, un o fechgyn Môn a weithiai gyda mudiad Iechyd Byd yn Washington, a hynny fel gwobr am 'yr amser caled a phoenus y buoch trwyddo efo Rhodesia'.[55]

Cafodd Cledwyn Hughes fedydd tân, nid yn unig ar gyfandir Affrig ond hefyd yn Asia, ac yn arbennig yn Ne-Ddwyrain y Cyfandir. Yn gynharach yn 1965 clywsai Cledwyn Hughes a'r Prif Weinidog fod Tunku Abdul Rahman, Prif Weinidog Malaysia, yn colli amynedd gyda'i gydweithiwr seneddol, Lee Kuan Yew (Harry Lee), arweinydd Singapôr. Deallent fod Lee mewn perygl o gael ei arestio a'i garcharu. Un o wledydd y Gymanwlad oedd Singapôr, ond ym Medi 1963 ffurfiodd Malaysia, Sarawak a Gogledd Borneo gynghrair o dan yr enw Malaysia. Penderfynodd Harry Lee roi ei gefnogaeth i'r Wrthblaid, ac anelu at arwain Gwrthblaid y Ffederasiwn a dod, maes o law, i lywodraethu'r holl diriogaeth. Ychydig wythnosau cyn Cynhadledd y Gymanwlad, clywsai Wilson ac Adran y Gymanwlad si fod argyfwng wrth law a bod posibilrwydd y byddai Harry Lee a'i gyfeillion yn cymryd yr awenau, yn wir yng ngeiriau Wilson 'a possible coup.'[56] Teimlai Harold Wilson y dylsai hysbysu Tunku pe bai ef yn caniatáu y fath weithred, y byddai'n gwbl amhosibl iddo fynychu Cynhadledd y Gymanwlad gan y byddai arweinwyr y gwahanol wledydd yn mynnu bod y fath ymddygiad yn gwbl wrthun yn eu golwg. Ni ddigwyddodd dim byd tebyg i'r hyn yr ofnai Wilson, ond ar y penwythnos 13 i 15 Awst 1965, cawsant y newydd fod y Ffederasiwn wedi chwythu'i blwc. Roedd Tunku a Lee wedi cweryla, a Lee a Singapôr wedi cael rhybudd i ymadael â'r Ffederasiwn. Roedd Harry Lee wedi'i ddolurio'n enbyd. Wrth wylo dagrau ar deledu creodd hynny gydymdeimlad mawr ymhlith ei ganlynwyr, ond i'w wrthwynebwyr synnent ei fod yn greadur mor wan a diymadferth. Yn gall, penderfynodd y dylsai ganolbwyntio ar ei gyfrifoldebau yn Singapôr.

Roedd gweision sifil Whitehall yn Llundain yn ofidus a phenderfynodd y Prif Weinidog a Cledwyn Hughes hedfan i Caldrase i drafod y sefyllfa gyda Swyddogion y Gymanwlad yn absenoldeb y Gweinidog Gwladol, Bottomley, a'r Ysgrifennydd Gwladol ar Amddiffyn. Penderfynodd Wilson a Hughes eu bod yn anfon negeseuon i'r ddau arweinydd i osgoi gweithrediadau a fyddai'n hyrwyddo gwrthdaro. Pan ddaeth Lee Kuan Yew i Brydain yn Ebrill 1966, talodd deyrnged fawr i gyfraniadau Harold Wilson a Cledwyn Hughes.[57]

Tystiai Aelodau Seneddol o bob plaid fod Cledwyn wedi llwyddo yn ei dymor fel Is-Weinidog drwy wasanaethu ei gyd Seneddwyr yn ogystal â'r Gymanwlad, fel y tystia John Tilney, Aelod Seneddol Ceidwadol Wavertree, Lerpwl, 'You have been so helpful to me when you were at the CRO, and, incidentally to the Commonwealth, that I am sure Wales is going to be lucky'.[58]

Teyrnged Roy Jenkins oedd 'well done'.[59] I Elinor Lake o Fae Treaddur, aelod amlwg o Geidwadwyr Môn, 'In Salisbury, Rhodesia you are known as an honest man and also more able than Bottomley'.[60] Byddai Edwin Leonard Sykes (1914-2005)[61] yn yr Adran yn mynd i'w golli'n fawr iawn, tra dywedodd George Cunningham, Swyddog y Gymanwlad ym mhencadlys y Blaid Lafur Brydeinig: 'Frankly, I think it's a disgrace that you should be wasted on Wales! Rhodesia needs you so much more. May I also thank you humbly and sincerely for all the help, here − CRO'.[62]

I Cunningham bu'n fendith ac yn bleser cael Cledwyn i'w gynorthwyo, a chyda'i dafod yn ei foch, dywedodd wrtho am roi 'annibyniaeth i Gymru.' Daeth cyfnod Cledwyn i ben pan ymladdodd Harold Wilson etholiad arall ar 31 Mawrth 1966. Ar ddydd olaf mis Mawrth 1966, yn nhref Llangefni, cafodd ganlyniad godidog arall:

Cledwyn Hughes	Llaf	14,874	55.0%
John Eilian Jones	C	9,576	35.4%
John Wynn Meredith	PC	2,596	9.6%
Mwyafrif		5,298	19.6%

Dyma ei ganlyniad gorau hyd yn hyn, yn profi nad oedd ei dymor fel Gweinidog wedi colli pleidleisiau iddo.[63] Cododd cyfartaledd pleidleiswyr Cymru i'r Blaid Lafur o 58% yn 1964 i 61% yn Etholiad Cyffredinol 1966, y ganran uchaf yn holl hanes y Blaid Lafur,[64] gan ennill 32 o'r 36 etholaeth

Gymreig, 27 ohonynt ar fwyafrifoedd sylweddol. Cipiodd Ednyfed Hudson-Davies, mab i weinidog, etholaeth Conwy, gan guro Peter Thomas y Ceidwadwr gyda mwyafrif o 581. Bu Cledwyn yn gefn mawr i ymgyrch Ednyfed yng Nghonwy.[65] Cipiodd edmygydd arall iddo, Elystan Morgan, sedd ei sir enedigol yntau, Ceredigion, oddi wrth Roderic Bowen gyda mwyafrif o 523 o bleidleisiau, a bu Jim Griffiths yn gwbl allweddol yn y fuddugoliaeth honno. Roedd y llanw gwleidyddol wedi llifo'n gryf o blaid Llafur. Mae'n sicr mai geiriau Syr Ifan ab Owen Edwards, sylfaenydd Urdd Gobaith Cymru oedd agosaf at y gwirionedd wrth longyfarch Cledwyn Hughes:

> Ymysg y gwersi eraill, dysgodd yr Etholiad diwethaf yma na all y Blaid Genedlaethol o dan amodau heddiw, byth lwyddo fel plaid wleidyddol ac mai'r Blaid Lafur bellach yw Plaid Genedlaethol Cymru.[66]

Credai gwerin gwlad Cymru fod y Blaid Lafur yn haeddu'u cefnogaeth. Cyfaddefodd Aneurin Evans o Gangen Undeb Cenedlaethol y Rheilffordd (NUR), Bangor, er ei gysylltiadau â'r Blaid Lafur, mai'r dyn sy'n cyfrif mewn etholiad, ac mai 'Cledwyn yw'r dyn'.[67] Disgwyliai William John Davies, Prifathro Ysgol Uwchradd Gymraeg Morgan Llwyd, Wrecsam i Cledwyn gael ei alw i 10 Downing Street ar sail 'eich llwyddiant eithriadol yn eich swydd flaenorol'.[68] Dyna a ddigwyddodd.

Ysgrifennydd Gwladol Cymru (1966-8)

Ymysg y llythyron a ddaeth i'w longyfarch ar ei apwyntiad yn olynydd i James Griffiths fel Ysgrifennydd Gwladol i Gymru roedd un oddi wrth y Parchedig R Gwilym Hughes, Pwllheli, a fu'n weinidog ar un o gapeli Presbyteraidd Caergybi, ffrind o'r un meddylfryd â'r gwleidydd. Lluniodd englyn iddo:

> Gŵr o Fôn, ein Sgrifennydd, a gododd
> I gadair James Griffiths,
> Nawdd i'r iaith o'i fodd a rydd
> Ac i Walia bwygilydd.[1]

Mynegwyd llawenydd fod Harold Wilson wedi dewis Cledwyn er nad oeddent mor hapus fod George Thomas o bawb yn ddirprwy iddo. 'Llwynog mewn dillad dafad' oedd ef. Daeth y dymuniadau da iddo o bob plaid. Ysgrifennodd James Callaghan o 11 Downing Street ar 5 Ebrill, 'Just a word of congratulations on a well deserved promotion and Privy Councillor too!'[2]

Cyferchid Cledwyn bellach gyda'r ymadrodd y Gwir Anrhydeddus, anrhydedd a gaiff arweinwyr pleidiau ac aelodau'r Cabinet yn eu tro. Meddai'r Athro Huw Morris Jones, y cymdeithasegydd a'r sosialydd: 'Melys iawn oedd clywed y newydd neithiwr'.[3] I'r Sosialydd Cristnogol, y Parchedig H Pierce Jones, ficer Pwllheli, ni ddylai ddisgwyl llwybr hawdd o gwbl fel Ysgrifennydd Gwladol, gan 'mai dim ond un blaid sydd i fod wneud daioni'.[4]

Ond roedd W R P George o Gricieth, nai Lloyd George a chefnogwr i Blaid Cymru, yn hyderus fod y 'gwynt yn chwythu i'r cyfeiriad iawn o'r diwedd' a hynny yn sgil yr Ysgrifennydd newydd ac ethol dau ŵr ifanc yn lliwiau'r Blaid Lafur sef William Edwards ym Meirionydd ac Elystan Morgan yn Sir Aberteifi i Senedd San Steffan.[5]

Teimlai'r newyddiadur Mathonwy Hughes ar staff *Y Faner* yn Ninbych yr un balchder gan fod Cledwyn yn ymgorfforiad o'r Blaid Lafur ar ei gorau.[6] Cledwyn Hughes oedd yr union berson i'r swydd bwysig hon. Ef oedd y pennaf o'r datganolwyr, yn etifedd teilwng i fudiad Cymru Fydd ac i Jim Griffiths. Yr Iaith Gymraeg oedd bennaf ar yr agenda.[7] Rhoddodd o'i orau i'r dasg o gael trefn ar Adroddiad Pwyllgor Syr David Hughes Parry, sef *Statws Cyfreithiol yr Iaith Gymraeg.* Adroddiad oedd yn amcanu pasio deddf yn ymwneud â'r iaith Gymraeg, a dileu deg o hen ddeddfau dianghenraid oddi ar y Llyfr Statud. Cefnogai'r adroddiad egwyddor bwysig, fod pob dim a wneid neu a ysgrifennwyd yng Nghymru yn yr iaith Gymraeg yn meddu ar yr un grym â phe bai wedi'i lunio yn Saesneg. Ym mis Tachwedd 1965 roedd Ysgrifennydd Gwladol Cymru yn barod i ddatgan fod y Llywodraeth Lafur yn derbyn yr egwyddor o ddilysrwydd cyfartal.

Nid oedd croeso i'r Adroddiad gan nifer o Aelodau Seneddol Llafur Gwent a Morgannwg, megis Ness Edwards a Leo Abse. Gwrthodent ar ei union argymhelliad pwysig yn yr adroddiad y dylai penaethiaid y gwasanaeth sifil yng Nghymru fedru'r Gymraeg.[8] I Leo Abse trasiedi fyddai hynny, gan ddadlau na fyddai'r swyddi cyfrifol hyn ar gael i fwyafrif trigolion Gwent.

Ceisiodd James Griffiths baratoi'r tir, yn ôl tystiolaeth Goronwy Daniel:

> From the beginning of June 1966 to the end of February 1967 Mr Cledwyn Hughes had given much time to securing enough agreement to the Hughes Parry recommendations as would be likely to satisfy moderate opinion in Wales and, like Mr James Griffiths, had encountered difficulties with the Lord Chancellor and some of the Welsh Labour MPs.[9]

Cymrodeddu oedd yr unig ddewis iddo, a dyna a ddigwyddodd o dan Bwyllgor Deddfu'r Cabinet. Cafwyd sêl bendith y Pwyllgor ar y Mesur Drafft, a thrafodwyd y cyfan gan Goronwy Daniel ar ran yr Ysgrifennydd Gwladol

a'r Swyddfa Gymreig a Syr George Coldstream ar ran Adran yr Arglwydd
Ganghellor. Daethpwyd i gytundeb ar 31 Mai 1966.[10]

Deddf yr Iaith Gymraeg oedd y statud gyntaf yn hanes y Cymry i 'seilio
statws cyfreithiol y Gymraeg ym mywyd cyhoeddus Cymru a'r llysoedd barn
ar egwyddor dilysrwydd cyfartal â'r Saesneg.'[11] Ond roedd gwendidau amlwg
yn y ddarpariaeth, ac ni lwyddodd Cledwyn na'i gymrodyr yn y Senedd i
gryfhau'r Mesur. Fel y dangosodd Gwilym Prys Davies yn ei ddadansoddiad
manwl nid oedd y Ddeddf newydd 'yn mynd i'r afael â'r broblem a wynebwyd
gan Eileen a Trefor Beasley yn eu brwydr o naw mlynedd rhwng 1952 ac
1961'.[12] Dyhead y ddau berson annwyl o Langennech oedd cael papur treth
yn Gymraeg gan Gyngor Dosbarth Gwledig Llanelli. Dywed Gwilym Prys
Davies:

> Dewisol fyddai'r Ddeddf newydd; dyna'i phrif fan gwan. Yr hyn a wnaeth oedd
> cydnabod egwyddor dilysrwydd cyfartal y Gymraeg a'r Saesneg, ond heb osod
> gorfodaeth ar yr un sefydliad cyhoeddus i'w mabwysiadu.[13]

Roedd gwendidau amlwg eraill y dylsai Cledwyn fod wedi'u crisialu
ond nid aflonyddwr mohono ond cymrodeddwr. Roedd Cyngor Cymru
o'r farn y dylid rhoddi statws iaith swyddogol i'r Gymraeg ac y dylid creu
sefydliad parhaol i ofalu am fuddiannau'r iaith, dau beth a lwyr anghofiwyd
gan garedigion yr iaith yn y senedd. Ni ddisgwyliai Syr David Hughes Parry, y
Cadeirydd, ond briwsion. Ei ddedfryd ef ar Ddeddf Iaith 1967 oedd 'Aed mor
bell ag y gellid disgwyl i gychwyn'.[14] Pitw iawn a dweud y gwir.

Ni roddai methiant yr Ysgrifennydd Gwladol a'r Cymry da yn y Senedd
gysur o gwbl i Gymdeithas yr Iaith Gymraeg. Yn Ebrill 1966 carcharwyd
Geraint Jones, Trefor, am wrthod talu treth modur. Mewn llythyr at Frank
Price Jones, Bangor, ar 14 Ebrill dangosodd Cledwyn fod y *Faner* yn bwysig
yn ei olwg yn ogystal ag achos Geraint Jones: 'Diolch yn fawr am y cyfeiriad at
achos Geraint Jones yn y *Faner*. Anodd yw cael pobl i ddeall na all Gweinidog
ymyrryd â chwrs y ddeddf!'[15]

Roedd yr ymgyrch am Ddisg Treth Modur wedi dechrau o ddifrif. Daeth
rhyddhad i'w galon gyda geiriau caredig R E Griffith, Trefnydd Urdd Gobaith
Cymru, ar ei ymweliad ag Eisteddfod Genedlaethol yr Urdd i Gaergybi.[16]
Roedd ef a'i briod wedi cefnogi'r Urdd i'r eithaf. Gofalodd Jean Hughes

am rai o blant y De a phenllanw'r croeso oedd cael te ar lawnt y cartref. Lluniodd Eleri Mears o Ysgol Gymraeg Bryntaf, Caerdydd, lythyr hyfryd i'r gwleidydd a'i briod ym mis Mehefin yn diolch am y croeso twymgalon.[17] Ond ni chafodd Cledwyn yr un hyfrydwch yn Eisteddfod Genedlaethol Aberafan yn Awst 1966. Cafwyd protestio digyfaddawd gan Gymdeithas yr Iaith Gymraeg a chafodd ei alw'n 'fradwr' yn ogystal â bygythiad i'w ladd. Cododd Aelod Seneddol Llafur Wrecsam, James Idwal Jones, y mater yn y Senedd gan ddweud:

> There is never a word of appreciation or support, on the contrary, actions such as the reception given to my right honourable Friend for Anglesey at the Aberavon National Eisteddfod are a disgrace to the Welsh people and most damaging to the Welsh language. I feel very aggrieved, because I am a Welsh speaking Welshman.[18]

Gwrandawai Cledwyn Hughes arno ac yn ei ddoethineb arferol ni ynganodd air o gondemniad ar y Cymry ifanc, er i'r brotest ddiflas hon fyw yng nghof pobl am ddegawdau. Un o'r rhai a deimlai gywilydd mawr oedd Alun R Edwards, un o garedigion pennaf yr iaith Gymraeg. Dywedodd flynyddoedd yn ddiweddarach:

> Rwy'n cael hi'n anodd iawn maddau i Gymdeithas yr Iaith am yr holl helynt a wnaed ganddynt yn Eisteddfod Aberafan ac effaith hwnnw ar bersonoliaeth mor addfwyn â chwi. Mae'n rhaid i mi, yn gam neu yn gymwys, i'w ystyried yn drasiedi mwyaf y chwedegau.[19]

Gwyddai ef am ddelfrydau Cledwyn Hughes a'i ymroddiad dros yr iaith. Onid ef a sefydlodd Bwyllgor Cyfieithu Dogfennau y Swyddfa Gymreig dan gadeiryddiaeth yr Athro Glanmor Williams, Cymro gweithgar arall a gefnogai'r Blaid Lafur. Cyhoeddwyd ffurflen gais am drwydded foduro yn Gymraeg. Er hynny ni arbedwyd Cledwyn rhag protestio ffyrnig. Ychwanegwyd at ei siom yn isetholiad Caerfyrddin pan gollodd y Blaid Lafur y sedd a fu ym meddiant Megan Lloyd George am naw mlynedd.[20] Cyfaill Cledwyn oedd yr ymgeisydd aflwyddiannus, Gwilym Prys Davies, a'r enillydd oedd Gwynfor Evans, Llywydd Plaid Cymru, un o feirniaid llymaf y Gweinidog Gwladol.[21] Deunaw mis yn ddiweddarach, meddai Gwilym Prys Davies mewn llythyr at Cledwyn, 'Mae'n ddrwg gennyf na fedrais fod yn well llysgennad yng Nghaerfyrddin'.[22]

Roedd cymaint o ffactorau eraill yn gyfrifol am y fuddugoliaeth syfrdanol ar 14 Gorffennaf 1966 y tu hwnt i allu ac ymroddiad ymgeisydd. Torrodd y llif Gymreig mewn modd dramatig a gellir cytuno â dedfryd yr hanesydd, John Davies: 'Bu'r hyder a ddaeth yn ei sgil yn elfen ganolog ym mywiogrwydd gweithgareddau Cymreig ail hanner y chwedegau ac ym meiddgarwch cynnal yr ymgyrchwyr dros y Gymraeg'.[23]

Un o freuddwydion pennaf James Griffiths oedd sefydlu tref yn y Canolbarth, o Gaersws i'r Drenewydd, yn clodfori y cof am Robert Owen, y sosialydd cynnar. Bathodd yr enw Treowen. Nid oedd Cledwyn yn gefnogol i'r fath syniad. Gwrthwynebodd y cynllun:

> Mewn dadl yn yr Uwch Bwyllgor gwnes ddatganiad nad oeddwn yn derbyn y cynllun o dref fawr o'r Drenewydd i Gaersws – *'linear new town'* – am fy mod yn credu y byddai'n waywffon i galon Cymru. Penderfynais ar gynllun i gryfhau'r Drenewydd a threfi eraill y cylch ac ar hwn y sefydlwyd y Gorfforaeth bresennol.[24]

Roedd y sefyllfa economaidd yn ei boeni'n fawr fel Swyddog Gwladol Cymru. Cynyddai'r diweithdra a gwelid pyllau glo'n cau a hynny o dan Lywodraeth Lafur.[25] Erbyn hyn dim ond 76,500 a gyflogid ym maes glo de Cymru.[26] Golygai hyn fod asgwrn cefn y Blaid Lafur yn gwegian, gan wanhau'r ysbryd cymunedol a'r ymdeimlad o berthyn i'r dosbarth gweithiol. Ciliai'r diwydiant trwm o'r maes glo o flwyddyn i flwyddyn.

Ym mis Awst 1966 mewn dadl Seneddol ar yr economi o fewn yr Uwch-bwyllgor Cymreig, beirniadwyd y Swyddfa Gymreig, gan gynnwys Cledwyn Hughes, George Thomas ac Eirene White yn hallt. Amddiffynnodd Cledwyn ei hun gymaint ag y medrai, trwy hysbysu ei feirniaid fod Cynllun Economaidd i Gymru ar y ffordd, a bod Cymru gyfan (ar wahân i ran fechan) wedi'i neilltuo yn Ardal Ddatblygu.[27] Gwyddai fod ffatrïoedd parod i'w lleoli yng Nghymru, a'i fod ef eisoes wedi perswadio'r Bwrdd Masnach i sefydlu Swyddfa Ranbarthol yng ngogledd Cymru. Roedd hi'n amddiffyniad gwerthfawr, ond ni ddarbwyllwyd y beirniaid oedd wrth eu bodd yn lladd ar ei stiwardiaeth.

Fel datganolwr o argyhoeddiad, credai Cledwyn y medrai wireddu dyhead Cynhadledd Flynyddol Plaid Lafur Cymru ym Mehefin 1966 o sefydlu Cyngor Etholedig i Gymru.[28] Er ei sgiliau diplomataidd ni lwyddodd i argyhoeddi Gweinidogion y Goron na'r Prif Weinidog o'i ddyhead. Bu'n bwnc trafod tra bu'n Ysgrifennydd Gwladol. Rhoddwyd ystyriaeth i'r Cyngor arfaethedig gan dri o bwyllgorau'r Cabinet (Materion Cartref, Tai, Cynllunio a'r Amgylchedd), a chan Bwyllgor y Gweinidogion ar Ddatganoli ond ni chafwyd cytundeb. Collodd Cledwyn Hughes y dydd, ond ni chollwyd y ddadl.[29] Daliodd honno i ddygyfor ymhlith carfan o Gymry da o fewn y Blaid Lafur, ac o fewn y pleidiau eraill.

Cododd Emlyn Hooson, Cymro twymgalon ymhlith y Rhyddfrydwyr, y mater o lywodraeth i Gymru mewn Mesur Aelod Preifat yn Ionawr 1968. Bu'r ddadl yn y Senedd yn Ionawr 1968, a saith mis yn ddiweddarach cyflwynodd yr Arglwydd Ogwr yr un math o senedd â Hooson yn Nhŷ'r Arglwyddi. Mynegwyd safbwynt y Llywodraeth gan y Farwnes Norah Phillips, gweddw Morgan Phillips, ond Cledwyn Hughes a Goronwy Daniel oedd cyd-awduron yr araith.[30] Tawedog fu'r Arglwyddi o blaid, a siaradodd yr Arglwydd Maelor (T W Jones y Ponciau) yn erbyn fel y gwnaeth yr Arglwydd Llewelyn Heycock.[31] Lleisiodd Cledwyn Hughes ei gonsýrn mewn llythyr at Gwilym Prys Davies pan fethodd â chario'r dydd:

> Nid wyf am wneud esgusion ond roedd fy nghyfnod i'n un pur anodd. Ar y naill law, roeddwn yn ceisio adeiladu'r swyddfa newydd a chael y maen i'r wal hefo datganoli… Roedd Crossman yn ffyrnig yn erbyn fy ymdrech i gynnwys Cyngor Etholedig yn y Papur Gwyn ac ef ar y pryd oedd cadeirydd Pwyllgor y Cabinet. Yr oedd Ross yntau'n filain. *'You will make my position in Scotland impossible.'* Ar ben hyn, roedd llawer o'm cyd-Gymry (os Cymry hefyd) yn elyniaethus. Cawsant wared â mi yn y diwedd! [32]

Noda Cledwyn Hughes mai yr un uchaf ei gloch oedd Richard Crossman, ffrind Wilson, ac er ei allu aruthrol medrai fod yn rhagfarnllyd a phiwis fel y gwelir yn ei ddyddiaduron helaeth. Cythruddodd y darn hwn Cledwyn:

> What made me furious was the discovery that the little Secretary of State for Wales wanted to publish his own White Paper on Local Government Reform and even to legislate on it for Wales in this Parliament before our Royal Commission in

England and Scotland had reported. That seemed to me absolute nonsense and I said so with considerable brutality.[33]

Mewn ymateb yn ei ddyddiadur ei hun ni fu Cledwyn yn garedig tuag at Crossman chwaith:

He was naïve and shrewd in his own interest; clever yet lacking in judgement: he could bully yet cave in under attack… In a way he is a sad figure, for he never achieved anything in spite of his considerable intellect.[34]

Gwrthwynebydd arall oedd Willie Ross, Ysgrifennydd Gwladol yr Alban a ddaeth yn adnabyddus yn ei ddydd fel un o feirniaid amlycaf y Teulu Brenhinol.[35] Nid oedd gobaith cael Cyngor Etholedig i Gymru pan oedd Willie Ross, gŵr dylanwadol ac uchel ei gloch yng Nghabinet Wilson, yn ei erbyn. Allai Wilson ddim mentro caniatáu Cyngor Etholedig i Gymru heb gynnig yr un trefniant i'r Albanwyr, a oedd yn meddu ar strwythurau mor wahanol i Gymru.

Pwy oedd y Cymry fyddai'n ei boenydio? Yr amlycaf ohonynt oedd Ness Edwards, Aelod Seneddol Caerffili. Ysgrifennodd ef at Richard Crossman yn haf 1967 yn tynnu sylw at berygl y cenedlaetholwyr swyddogol a'r cenedlaetholwyr oedd yn llechu yn y Blaid Lafur:

Every concession to the 'Nats' only increases their appetite. As you probably know, the majority of us in the Welsh Labour Group are against this tendency and certainly would be against the idea of a Welsh body outside of Parliament. So far, we have acquiesced in the silly steps that were initiated by Jim Griffiths now being followed by Cledwyn.[36]

Roedd Ness Edwards yn gandryll fod yr Uwch-Bwyllgor Cymreig a ddaeth i fodolaeth trwy ei ymdrechion ef wedi bod yn gymaint o fethiant: 'The Grand Committee has failed in this function, and is now more like a Sunday School Anniversary than a body to which the administration has to justify itself'.[37]

Nid oedd am i'r Torïaid na'r Cenedlaetholwyr eistedd mewn fforwm yn y Brifddinas. Dyna oedd dyhead pobl fel Cledwyn. Fe alwodd wleidyddion fel Cledwyn yn 'silly boys' am gefnogi 'separatism, that is behind the agitation of those who are nationalists first and socialists second'.[38] Ychwanegodd ar ddiwedd ei lythyr nad oedd y Swyddfa Gymreig wedi datblygu'n ddigon aeddfed i ddal beirniadaeth.

Ni chytunai pob Cymro â Ness Edwards. Ar ddechrau 1967 anfonodd Thomas Haydn Rees, Clerc Cyngor Sir y Fflint, at y Prif Weinidog yn gwerthfawrogi cyfraniad Cledwyn Hughes a'r Swyddfa Gymreig.[39] Dadleuai'r manteision iddynt hwy o fewn llywodraeth leol:

> With respect, I do not think that enough credit has been taken from the introduction of the Office or for its success in such a short period, and I feel that an unbiased view was worth writing.[40]

Diolchodd i Harold Wilson am ei ddewrder yn cyflwyno'r Swyddfa Gymreig, 'the least you should know' meddai 'is that it has been a huge success'. Pedwar diwrnod yn ddiweddarach derbyniodd lythyr oddi wrth y Prif Weinidog yn cydnabod y genadwri: 'Glad of the kind remarks about Mr Cledwyn Hughes and his colleagues'.[41]

Bu'n rhaid i Cledwyn wneud penderfyniadau anodd yn ystod ei fisoedd cyntaf yn y swydd. Un o'r gwledydd roedd ef yn awyddus i ymweld â hi oedd Iwerddon. Bwriadai gychwyn ym Melffast a galw gyda'r Capten Terence O'Neill, Prif Weinidog Ulster (1963-9) ar 24 Hydref, a'r diwrnod canlynol teithio i Ddulyn. Bwriadai aros yno am ddau neu dri diwrnod. Ond ar 21 Hydref dryswyd y cynlluniau gan drasiedi pentref Aberfan[42] pan ddatgelwyd bod 144 o bobl, gan gynnwys 116 o blant, wedi'u lladd yn Ysgol Gynradd Pant-glas ac yn y stryd gyferbyn. Dinistriwyd holl adeiladau'r ysgol gan filoedd o dunelli o wastraff glo gwlyb. Rhuthrodd cannoedd o ddynion yno i estyn llaw ac i gloddio â'u dwylo a'u rhofiau er mwyn dod o hyd i'r anwyliaid a gladdwyd yn fyw. Erbyn 11 o'r gloch y bore hwnnw rhyddhawyd yr olaf o'r lladdedigion o'r adfeilion creulon.

Yn ei etholaeth ym Môn roedd Cledwyn y bore hwnnw, ond ymatebodd i'r trasiedi trwy hedfan ar un o hofrenyddion y Fali o Amlwch i Gaerdydd. Cysylltodd y Prif Weinidog ag ef a byddai yntau yn Aberfan cyn diwedd y dydd. Am bedwar o'r gloch y prynhawn cyrhaeddodd Cledwyn Hughes i gydymdeimlo â'r teuluoedd galarus.[43] Ni ellid cael neb gwell nag ef yn yr

argyfwng, fel mab i Weinidog roedd ganddo'r sgiliau i geisio dwyn cysur
i'r bobl ynghanol 'storom fawr ei grym'. Cynghorodd y Prif Weinidog i
apwyntio un o feibion Aberpennar, mab i löwr, y Barnwr Edmund Davies
i weithredu fel Cadeirydd yr Ymchwiliad. Aeth y Barnwr ati'n ddiymdroi.
Cysylltais innau, ar ran y bobl leol, gyda'm cyfaill, Gwilym Prys Davies, a'i
wahodd ef a'i gwmni i gasglu'r wybodaeth fel y gallai gynrychioli'r teuluoedd
yn y Tribiwnlys.[44] Yn yr Adroddiad beirniadwyd y Bwrdd Glo am ei ddiffyg
empathi ac am esgeulustod dybryd. Yn sgil y drasiedi sefydlodd Cledwyn
Hughes Uned Tir Diffaith yn y Swyddfa Gymreig a rhoi arweiniad i adfer
tirlun diwydiannol ardaloedd glo de Cymru heb anghofio ardaloedd chwareli'r
gogledd oedd mor agos at ei galon.

Y darlun sydd gennyf o Cledwyn yn Aberfan oedd ei fod yn wleidydd
caredig, llawn cydymdeimlad â ni oll yn y cymoedd. Aberfan oedd ei awr
fawr. Ar 28 Tachwedd 1966 nododd y *Daily Post* mai ei waith clodwiw yn
Aberfan oedd yr unig dro iddo dderbyn gair caredig ers ymgymryd â'r swydd
yn y Swyddfa Gymreig: 'On one occasion only, have tributes to Cledwyn
Hughes sung around the House. That was after his report to the Commons
after his return from the grim scenes at Aberfan'.[45] Sonia'r *Daily Post* y gwelai
Cledwyn Hughes 1967 fel blwyddyn y câi polisïau y Swyddfa Gymreig well
derbyniad.[46]

O edrych yn wrthrychol ar 1967, ni wireddwyd ei obeithion, gan iddo
gael amryw o siomedigaethau. Ni fedrai Gwynfor Evans ei ganmol, ac ym
mis Chwefror cyhoeddodd ei *Lyfr Du Caerfyrddin*, cyfres o atebion seneddol
ar gyflwr y genedl. Roedd Gwynfor yn barod ei lach ar y Swyddfa Gymreig
bob cyfle a gâi. Llafurwr a drodd ei gôt a dod yn genedlaetholwr digyfaddawd
oedd y cyfreithiwr Robyn Lewis, Nefyn. Beirniadodd Cledwyn yn gignoeth
a throsglwyddodd Cledwyn y feirniadaeth i'w gwmni cyfreithiol T R Evans,
Caergybi, gan ofyn mewn llythyr Saesneg am ymddiheuriad.[47] Ar 3 Mawrth
1967 bodlonodd Robyn Lewis i lunio llythyr i'r *Western Mail* ar ôl cael cyngor
y bargyfreithiwr Dewi Watkin Powell:[48]

> In so far as my remarks were capable of being understood to do so, I withdraw
> them unreservedly and apologise to Cledwyn Hughes for any embarrassment and
> distress they may have caused him.[49]

Y mis hwnnw cafodd Cledwyn Hughes a holl Aelodau Seneddol y Blaid Lafur sioc etholiadol yn isetholiad Gorllewin y Rhondda a hynny ar 9 Mawrth pan gafodd ymgeisydd Plaid Cymru, Victor Davies, 40 y cant o'r bleidlais.[50] Gwnaeth Plaid Cymru yn rhagorol, yn well nag yng Nghaerfyrddin, ac roedd gwendid peirianwaith y Blaid Lafur a diffyg sêl Cynghorwyr Llafur yr etholaeth yn amlwg. Pe na bai'r Blaid Lafur wedi dewis ymgeisydd cryf, brodor o'r etholaeth, Alec Jones, gallasai fod yn fwy argyfyngus fyth. Derbyniodd Alec Jones 12,373 o bleidleisiau a Victor Davies 10,067. Roedd ymateb cefnogwyr Cledwyn Hughes yn hynod o ddadlennol. Dadleuai Gwilym Prys Davies yn ei lythyr ato, dyddiedig 10 Mawrth 1967, y byddai Cyngor i Gymru yn galw ar y pleidiau i roi eu talentau gorau ynddo a byddai'n gyfle i garthu'r corachod o lywodraeth leol.[51] Galwodd Ednyfed Hudson Davies AS Conwy, ac Elystan Morgan AS Ceredigion, ar lawr Tŷ'r Cyffredin am Gyngor Etholedig.[52] Roedden nhw yn y lleiafrif ymhlith yr Aelodau Seneddol Llafur. Ym mis Mai anfonodd 19 o Aelodau Seneddol Llafur Cymru lythyr cyfrinachol at Cledwyn Hughes a Harold Wilson[53] yn gwrthwynebu'n bendant rhoi Cyngor Etholedig i Gymru. Cawn gadarnhad o'r llythyr hwn yn nyddiadur maleisus Richard Crossman ym Mehefin:

> There are a number of Welsh MPs, headed by the present Secretary of State for Wales, who regard the threat of Welsh nationalism as very serious and would like to meet it by moving towards something very like Welsh self-government. They are of course opposed by most of the South Wales MPs, such as Ness Edwards, since the miners don't in the least want a Welsh Parliament and think any surrender to the nationalists is an act of cowardly appeasement.[54]

Er hyn i gyd bu Cledwyn yn fonheddig iawn tuag at y rhai fyddai'n ei feirniadu'n gyson, a daliai ati i gyflawni'i gyfrifoldebau.[55]

Roedd yr economi, fel y gwyddai'n dda, yn gofyn am gynlluniau positif. Cyflwynodd Gynllun Economaidd i Gymru o dan y teitl 'Cymru – Y Ffordd Ymlaen 1967,' a ymddangosodd yr wythnos wedi iddo gyflwyno Papur Gwyn ar Lywodraeth Leol a Chyngor i Gymru. Er gwaethaf yr holl anawsterau, fel dibrisio'r bunt, y cynnydd yn niweithdra Cymru a chau'r pyllau glo, llwyddodd Cledwyn i ddenu diwydiannau a swyddfeydd i dde Cymru. Nid oedd hi'n hawdd o gwbl symud y Bathdy Brenhinol i Lantrisant erbyn gwanwyn 1968.[56]

Roedd aelodau amlwg o'r Cabinet yn wrthwynebus, Willie Ross o'i go, a chlywyd lleisiau croch o ogledd-ddwyrain Lloegr. Cofier hefyd mai o dan ei oruchwyliaeth ef y daeth y Ganolfan Drwyddedu Moduron i Dreforys a bod agor ffordd osgoi Port Talbot fel rhan o'r M4 wedi cael gwared ar dagfeydd yn nhref Port Talbot. Gallai ymfalchïo hefyd pan agorodd y Frenhines Elisabeth Bont Hafren. Yn wir roedd Pont Hafren yn un 'o bontydd crog mwyaf uchelgeisiol y byd' yn ôl un sylwebydd Cymreig.[57] Arbedai hyn filltiroedd lawer i deithwyr o dde Cymru i dde-orllewin Lloegr. Etifeddu ymdrechion ei ragflaenydd, James Griffiths a wnaeth ym Margam a Phont Hafren. Gohebai Cledwyn yn ei dro gyda'r Llysgennad yn Syria, Trefor Evans, a soniodd ar 19 Ebrill 1967 am ei gonsýrn am brosiect mawr Rio Tinto a fyddai'n hwb i economi ei etholaeth.[58] Fel Gweinidog Cynllunio gofidiai nad oeddynt yn agos i drefnu ymchwiliad cyhoeddus gan nad oedd y Gorfforaeth wedi mynegi'i bwriadau.[59]

Gweithiai'n ddiwyd i ddenu cwmnïau a mentrau, a theithiodd gyda Goronwy Daniel ym mis Gorffennaf 1967 i Ogledd Iwerddon ac oddi yno i Iwerddon ei hun.[60] Bu yn Melffast ar y 3ydd ac yna yn Iwerddon am dridiau. Sgwrsiodd gyda'r arweinwyr, ymwelodd ag Ystad Ddiwydiannol Shannon ac oddi yno aeth i fro'r iaith Wyddeleg, y Gaeltacht. Roedd treulio amser gyda'r Gweinidog â chyfrifoldeb dros y Gaeltacht yn hynod o bwysig, felly hefyd y wybodaeth a gawsai gan Weinidogion eraill ar ddatblygiadau diwydiannol y weriniaeth. Roedd Iwerddon wedi llwyddo'n rhyfeddol i ddenu diwydiannau o'r Unol Daleithiau, Lloegr ac Ewrop.

Yr un symbyliad oedd ganddo wrth drefnu taith i'r Unol Daleithiau ym mis Tachwedd 1967. Aeth John Clement, gwas sifil o'r Swyddfa Gymreig, gydag ef y tro hwnnw. Y nod oedd denu diwydianwyr o'r Amerig i sefydlu cyfleon newydd yng Nghymru fel y gwnâi y Taoiseach, Jack Lynch.

Roedd gan Cledwyn lu o edmygwyr ymhlith Cymry'r Unol Daleithiau. Anfonodd C Mennen Williams, Detroit ato'n ei wahodd i aros yn ei gartref.[61] Cyfeiriodd mewn cerdyn i'w briod Jean o Westy Stirling, Wilkes-Barre, fod pawb yn groesawus iawn a chafodd dreulio noson hyfryd ar aelwyd un o bregethwyr dawnus Cymry'r UDA yn Efrog Newydd, y Parchedig Ddr Reginald Thomas.[62] Un o'r gwleidyddion amlycaf a gyfarfu oedd Hubert Humphreys, Dirprwy Arlywydd yr Unol Daleithiau a hynny yn ei swyddfa yn Washington. Geiriau y Dirprwy Arlywydd oedd, 'It was such a pleasure to see you when you were in Washington and to have the opportunity to sit down and discuss with you'.[63]

Wedi dychwelyd, cwblhawyd y gwaith o brynu 13,000 o erwau Stad y Faenol, yn Sir Gaernarfon, a hefyd prynu copa'r Wyddfa er budd y dringwyr a'r cerddwyr. Yr un mis, cyflwynwyd taliadau newydd i ddiwydianwyr ar ffurf y Premiwm Cyflogaeth Rhanbarthol, ffordd arall o ddenu byd busnes i leoli'u hunain yng Nghymru.

Nid oes amheuaeth fod Cledwyn Hughes yn haeddu gwrogaeth ar ddiwedd 1967 am ei ymroddiad ac am sicrhau fod ugain mil o dai cynaliadwy wedi'u codi yng Nghymru mewn cwta flwyddyn. Byddai ei arwr, Aneurin Bevan, wrth ei fodd gyda champ o'r fath. Bu'r cydweithio rhwng llywodraeth leol a'r Swyddfa Gymreig yn ffrwythlon. Manteisiwyd i'r eithaf ar gymorthdaliadau'r Swyddfa Gymreig ond tawedog iawn fu'r sylwebyddion am hyn.

Byddai'n rhaid i Cledwyn fyw o dan amodau digon anodd oherwydd y bygythiadau treisgar. Dychrynodd yn dilyn y ffrwydrad yn y Deml Heddwch yng Nghaerdydd yn Nhachwedd 1967, oriau cyn iddo gadeirio cyfarfod o Bwyllgor Arwisgo Tywysog Cymru.[64] Prin oedd y ganmoliaeth gyhoeddus, a chafodd ei siomi gan bapur *Y Cymro* o dan olygyddiaeth Llion Griffiths. Ysgrifennodd at berchennog y cwmni, Eric Thomas, cefnogwr Llafur a chyd-aelod o Eglwys Bresbyteraidd Cymru, gan gyfeirio at rifyn olaf 1967:

> There was also in last week's *Cymro* a diary of the year's events. I note that 37 of the entries were Welsh Nationalist in character and in spirit. To give an example, a resolution by the Welsh Nationalist Party to the effect that Mr Gwynfor Evans would visit America next year was given prominence. The first visit of a Secretary of State for Wales to the US where he was given an official welcome on the floor of the Senate and to Southern and Northern Ireland, which he visited at the invitation of both Governments, was excluded.[65]
>
> It is of course true that the *Cymro* does publish from time to time unbiased and constructive features but a great deal of it is written by Welsh Nationalists who are obsessed with their cause. I am not asking you to do nothing about this, nor do I caveat criticism, and I get plenty of it as you know, but I do object to unfair criticism.[66]

Yn rhifyn 5 Hydref 1967 o'r *Cymro*, cwynodd yr Henadur Robert

Roberts, Caergybi, sosialydd brwd, fod y cyfryngau, yn arbennig TWW a'r BBC, yn rhagfarnllyd dros Blaid Cymru ac yn elyniaethus at Cledwyn Hughes a'r Blaid Lafur.[67] Byddai Plaid Cymru yn blino Cledwyn yn feunyddiol bron yn y Swyddfa Gymreig. Mewn cyfarfod o Gyngor Llafur Cymru ym Mae Colwyn ym Medi 1967, galwodd hwy yn 'party of exaggerated claims and destructive criticism'.[68] Robyn Lewis oedd un o'r rhai a welai fel y bygythiad mawr er nad yr unig un. Ysgrifennodd y newyddiadurwr Charles Quant at Cledwyn gan ddweud: 'Robyn Lewis is on the war path'.[69]

Pan basiwyd y Ddeddf Iaith, yn y drafodaeth ar BBC Cymru, cythruddwyd y Gweinidog o weld mai dau aelod yn unig a alwyd i ddweud eu pwt, ac fel y dywedodd Cledwyn 'roedd y ddau ohonynt yn feirniadol iawn o'r mesur'.[70] Y bargyfreithiwr, Geraint Morgan, QC a adawodd y Ceidwadwyr am Blaid Cymru yn y pen draw oedd un, a'r llall, neb llai na Robyn Lewis.[71]

Roedd Cledwyn mor sensitif i feirniadaeth fel na allai ddioddef beirniadaeth anghywir y to iau. Pan ddarllenodd erthygl annheg amdano yn *Y Dyfodol* (papur myfyrwyr Coleg Prifysgol Gogledd Cymru) ym Mangor, cysylltodd â'i ffrind Dafydd Cwyfan Hughes yn swyddfa T R Evans.[72] Ar ôl derbyn llythyr cyfreithiwr derbyniwyd ymddiheuriad ar 12 Mawrth 1968 i Cledwyn Hughes gan olygydd y *Dyfodol*, sef D Cenwyn Edwards.[73] Roedd y myfyrwyr wedi awgrymu fod y gwleidydd yn anfodlon ateb llythyron, cyhuddiad anghyfrifol hollol. Nid oedd unrhyw wleidydd cystal â Cledwyn am ateb llythyron, un o'i gryfderau pennaf mewn bywyd cyhoeddus.

Poenai hefyd yn aml am hwyrfrydigrwydd ei gyd-weinidogion yn y Cabinet i ganiatáu i'r Swyddfa Gymreig dyfu ac aeddfedu. Roedd hi'n amlwg fod pobl fel T Haydn Rees yn gweld newid mawr ond ni wyddai ef am y frwydr y tu ôl i'r llenni. Sylweddolai Cledwyn fod James Griffiths, fel hen ŵr, wedi methu darbwyllo adrannau i drosglwyddo'u gofal dros Gymru i'r Swyddfa Gymreig. Yn ei lythyr at Harold Wilson (19 Ebrill 1966) eiliodd apêl a wnaeth Jim Griffiths o gael trosglwyddo Iechyd, Addysg ac Amaethyddiaeth o Lundain i Gaerdydd.[74] Ni weithredwyd ar hyn, ac yn 1967 felly anfonodd neges at Bwyllgor y Cabinet, ond gwrthodwyd ei gais. Lluniodd lythyr ar ei union at Harold Wilson (20 Rhagfyr 1967) yn pwysleisio'r angen i drosglwyddo Iechyd ac Amaeth i'r Swyddfa Gymreig.[75] Soniodd wrth Archie Lush, ar 11 Hydref 1967 y byddai ef, fel Cadeirydd Bwrdd Ysbytai Cymru, yn dod yn aelod o'i staff pan drosglwyddid cyfrifoldeb am iechyd i'r Swyddfa Gymreig.[76] Ond mater arall oedd a oedd Archie Lush yn awyddus i gael ei drosglwyddo.[77] Bu'n rhaid aros tan Ebrill 1969 cyn y câi'r cyfrifoldebau hyn eu trosglwyddo. Yn ôl ei gofiannydd, Emyr Price, 'fe ddaeth hynny ym 1969, diolch i'r pwysau a roddodd Cledwyn ar y Prif Weinidog cyn iddo ymadael â'r Swyddfa Gymreig'.[78]

Gorganmol yw hynny yn fy nhyb i. Credaf fod hyn yn dangos methiant Cledwyn Hughes i gael y maen i'r wal. Ymgodymodd James Griffiths â hyn yn ystod ei gyfnod ef a lluniodd lythyr at y Prif Weinidog yn dweud na allai barhau yn ei swydd os na throsglwyddid pwerau gweithredol i'r Swyddfa Gymreig. O fewn cyfnod byr roedd y Prif Weinidog wedi deall yn llwyr, a chyflwynodd ddatganiad yn Nhŷ'r Cyffredin yn diffinio pwerau'r Swyddfa Gymreig. Nid oedd gan Cledwyn yr un ysbryd ymosodol â Jim Griffiths tuag at y Prif Weinidog.[79]

Dwy flynedd yn unig a roddwyd i Cledwyn Hughes yn ei swydd. Wrth ad-drefnu ei Gabinet yn Ebrill 1968, symudodd Harold Wilson ef o'r Swyddfa Gymreig i'r Weinyddiaeth Amaeth. Roedd hi'n amlwg fod Wilson wedi gwrando ar lysnafedd Ness Edwards gan ei fod yn gryn ffefryn ganddo, fel y gwrth-ddatganolwr sebonllyd George Thomas, gŵr a fyddai'n barod iawn i gario clecs i Wilson am ei ffrindiau, Cledwyn Hughes a James Callaghan.

Gwyddai Wilson fod George Thomas yn meddu ar boblogrwydd ymhlith y Cymry di-Gymraeg a bod Cledwyn Hughes yn llawer rhy bleidiol i ddatganoli a materion hanfodol Gymreig. Yn nyddiadur Richard Crossman sonia fod Wilson yn dweud wrtho:

> Willie Ross was a tremendously good Secretary of State and we ought to have no appeasement of separatism. Hence Harold's readiness to sack Cledwyn Hughes and replace him with an avowed UK man.[80]

Fel y dywedodd y newyddiadurwr Andrew Roth, cyflwynodd y Prif Weinidog y swydd allweddol i ofal 'a chirpy South Wales sparrow in Mr Wilson's palm'.[81]

Mae'n hynod o ddadlennol astudio ymateb pobl amlwg a fu'n gohebu â Cledwyn. Un o'r rhai cyntaf i wneud hynny oedd Dr Glyn Tegai Hughes, ysgolhaig cydnabyddedig a Rhyddfrydwr amlwg:

A gaf fi hefyd fentro dweud cymaint yr wyf wedi edmygu eich gwaith yn y Swyddfa Gymreig. Cawsoch eich baeddu'n aml gan rai nad ydynt yn gwybod dim am yr ugeinfed ganrif, ond fe wnaed mwy dros Gymru yn eich cyfnod chwi nag mewn degau o flynyddoedd cyn hynny. Mae dyn, rhag arswyd seboni, yn syrthio i'r arfer o beidio â mynegi gwerthfawrogiad, ond mae'n sicr y bydd llu mawr, fel fi'n teimlo rheidrwydd i anfon gair.[82]

I'r cyfreithiwr adnabyddus ym Mangor, E Lloyd Jones, roedd ei swydd newydd fel Gweinidog Amaethyddiaeth, Pysgodfeydd a Bwyd gymaint yn haws o'i chymharu â'r Swyddfa Gymreig, 'er mor anhydrin y gall ffarmwrs fod byddant yn haws i chi eu trin na'r criw gwyllt sydd am fynnu codi helynt efo busnes y Prins'.[83]

Ysgrifennodd un arall o'i deulu, Gweinidog Capel Seilo, Aberystwyth, y Parchedig H Wynne Griffith, 'Cawsoch amser anodd yn y Swyddfa Gymreig ond llwyddasoch yn rhyfeddol, a mawr hyderwn y bydd Amaethyddiaeth yn gylch esmwythach'.[84] I Gwilym Prys Davies, Ton-teg:

Gwnaethoch ddydd caled o waith yn y Weinyddiaeth Gymraeg rhwng 1966-1968 ac rwy'n ymwybodol iawn na chawsoch air o ddiolch am hynny. Rwy'n sylweddoli, wrth gwrs, na chawsom y Cyngor Etholedig a chredaf fod hyn yn achos gofid i lawer. Ond nid eich bai chwi oedd hynny.[85]

Ddeugain mlynedd yn ddiweddarach a Cledwyn bellach yn ei fedd, awgrymodd Gwilym Prys Davies y dylsai Cledwyn fod wedi meddwl ymddiswyddo o'r Cabinet pan gollodd ei frwydr dros y Cyngor Etholedig. Wedi ystyried yr holl ffactorau, meddai:

Fe glywsom ddweud bod y dyn yr hyn ydyw – nid oes dim yn hanes Cledwyn i awgrymu ei fod wrth reddf ymhlith y mwyaf o rebeliaid. Dawn i weithio'n greadigol a di-stŵr oedd ei eiddo ef. Byddai ganddo reswm arall dros aros yn y llywodraeth. Heb ei bresenoldeb yn y Cabinet, pwy fyddai'n llais cryf i Gymru yno? Felly gwnaeth yr hyn a wnaeth. Arhosodd yn aelod o'r llywodraeth.[86]

Roedd wedi'i frifo ac yn hynod siomedig. Dyna gasgliad Gwilym Owen pan alwodd yn ei gartref wedi'r newyddion syfrdanol i lawer ohonom fod Cledwyn yn gadael y Swyddfa Gymreig:

Roedd o'n amlwg yn ddyn hynod o siomedig ac roedd o dan deimlad dwys cyn inni ddechrau'r cyfweliad. Wrth gwrs, ddywedodd o ddim beirniadol yn gyhoeddus – allai o ddim ac yntau wedi derbyn swydd arall – ond dros baned o de wedyn fe'i gwnaeth hi'n bur amlwg ei fod wedi'i frifo.[87]

Roedd y gweision sifil yn y Swyddfa Gymreig yn siomedig o'i golli ar sail ei garedigrwydd cynhenid a'i bersonoliaeth ddengar. Lleisiodd J L Palmer deimladau llu ohonynt pan ddywedodd, 'I am grateful for the consideration you have shown to me – as indeed you have shown so thoughtfully, if I may say so, to all your officials'.[88] Nid yn aml y ceir teyrnged felly gan was sifil.

Daeth nifer o deyrngedau iddo o blith y Ceidwadwyr. O'i gartref yn Newbury, lleisiodd Syr David Llewelyn, a fu'n AS Gogledd Caerdydd, air o ddiolch diffuant:

'As a son of the Aberdare Valley, I shall never cease to be thankful for the leadership and compassion which marked your part in relieving, as far as it could be relieved, the tragedy of Aberfan'.[89]

Mynegodd tiwtor y WEA yng Ngwent, Neil Kinnock, a ddaeth maes o law i ddibynnu cryn dipyn ar Cledwyn Hughes pan fyddai'n arweinydd y Blaid Lafur, air o siomedigaeth am benderfyniad Wilson:

I thought that you were doing wonderful work at the Welsh Office – in spite of the prevailing economic climate – and Glenys and many of our friends view your move with more than a little depression.[90]

Dywedodd yr Arglwydd Morris o Borth-y-Gest, un o farnwyr pennaf Prydain ym Mai 1968, fod Aelod Seneddol Môn wedi dangos sêl dros Gymru ac wedi amlygu hynny yn ei swydd gyfrifol.[91] Ar yr un trywydd meddai Syr Glanmor Williams, Abertawe:

Mae pawb a fu, fel finnau, â rhyw gysylltiad bach â'r Swyddfa yn gwybod mor ddygn y buoch yn brwydro dros Gymru a'i hawliau, a hynny heb gael fawr o ddiolch amdano gan lawer o bobl a ddylai wybod yn well.[92]

Mae'n debyg i Cledwyn Hughes ddweud y cyfan, pan fynegodd yn ystod ei dymor fel Gweinidog, ei fwriad i gynnal y radicaliaeth anghydffurfiol oedd yn colli ei hapêl erbyn diwedd y chwedegau:

> Mae'n angenrheidiol imi sefyll yn gadarn dros resymoldeb a Chymreictod fel yr wyf fi yn eu deall: fy nghefndir yw radicaliaeth anghydffurfiol – ac ni ellir newid hynny.[93]

Un arall o'r un traddodiad oedd Meurig Moelwyn Hughes, Yr Wyddgrug. Dywedodd yn ei lythyr i Gaergybi, 'Harold Wilson obviously thinks you are an expert in coping with difficult people – Ian Smith, then the Welsh, and now the farmers'[94]

Dywedodd y papur dyddiol, y *Daily Post* rhywbeth tebyg mewn erthygl ar y dudalen flaen:

> He has received little credit for his efforts to advance the Welsh cause and has been belaboured for his inability to produce instant changes towards self-government. Little credit has been given to the man who has suffered a bed of nails in the last two years.[95]

Gweinidog Amaeth (1968-70)

Un o'r llythyron cyntaf a dderbyniodd Cledwyn Hughes ar ôl ei apwyntiad gan Harold Wilson yn Weinidog Amaeth, Pysgodfeydd a Bwyd ar 5 Ebrill oedd oddi wrth un o ferched mwyaf didwyll y Blaid Lafur ym Mangor, K Elma Owen. Hi oedd Ysgrifennydd y Gangen ym Mangor a dymunai'n dda iddo gan ei sicrhau fod ei waith fel Ysgrifennydd Gwladol i Gymru wedi cael ei werthfawrogi, er gwaethaf y gwrthdaro a fu rhyngddo a charfan frwd o Gymry.[1]

Bu Cledwyn Hughes yn anffodus yn y ddwy flynedd a dreuliodd yn y Swyddfa Gymreig gan fod yr economi mewn trafferth, y Llywodraeth Lafur yn methu'n aml â chyflawni'r addewidion a bod twf Plaid Cymru yn peri anesmwythyd. Dim ond 4.8% a bleidleisiodd i Blaid Cymru yn Etholiad Cyffredinol 1966 ond o fewn dwy flynedd bu hi'n haf bach Mihangel yn ei hanes gan ddod o drwch blewyn i ennill seddau diogelaf y Blaid Lafur yng nghymoedd y de. Teimlai amryw fod Cledwyn Hughes yn falch o gael ei symud, er nad wyf mor sicr am hynny. Credai Wilson fod ei agwedd genedlatholgar a'r beirniadu a fu arno wedi'i orfodi ef i'w symud. Cynrychiolai sedd amaethyddol a phwy'n well i gynrychioli'r ffermwyr yn y Cabinet na Cledwyn Hughes? Croesawodd Cledwyn ei apwyntiad, er y gŵyr llawer y buasai'n well ganddo barhau am gyfnod pellach yn y Swyddfa Gymreig. Eto, ni allai ond llawenhau wrth dderbyn llythyron canmoliaethus gan nifer o wleidyddion yn ei longyfarch ar dderbyn swydd newydd yn y Llywodraeth Lafur.[2]

Pwysai Gwilym Prys Davies arno i roddi gofal am Amaethyddiaeth yng Nghymru i'r Swyddfa Gymreig. Er nad oedd hynny'n hawdd o gwbl, dyna oedd ei ddymuniad pan oedd yn y Swyddfa Gymreig. Ni lwyddodd, gan fod y Gweinidog Amaeth, Fred Peart, yn erbyn hyn a hefyd y prif swyddogion yn Llundain. Rhaid cofio bod y Swyddfa Amaeth yn swyddfa fawr, a bod ganddi ddeunaw mil o weision sifil. Ond llwyddodd erbyn 1969 i drosglwyddo'n rhannol y cyfrifoldeb am Amaethyddiaeth yng Nghymru o'r Swyddfa Amaeth i'r Swyddfa Gymreig.

Roedd carfan arall o'i edmygwyr wrth eu bodd mai ef oedd yn y swydd newydd. I'r Arglwydd Charles Hill o Luton, Ceidwadwr adnabyddus, roedd hi'n fater i lawenhau, a dymunodd yn dda iddo 'in the muddy fields of agriculture'.[3] Roedd T Haydn Rees, Yr Wyddgrug, cefnder Alwyn D Rees, yn grediniol y byddai Cledwyn yn gwneud yr un mor dda yn ei swydd newydd ag a wnaeth yn yr hen swydd.[4] I Syr Harry Verney roedd y symudiad yn un i'w groesawu: 'I can say something which you can't. I think the Welsh have not been nearly as appreciative as they ought to have been of all you have done for them'.[5]

Credai Harold Watkins, Woodford Green, Essex fod y swydd newydd yn gwbl addas iddo: 'I am sure you will be able to do even more for Wales in this position – farming is such a vital post of the Welsh economy'.[6] I Barry Jones a ddaeth yn Aelod Seneddol ar ôl i Eirene White ymddeol: 'Er bod y swydd yn un bwysig, nid pobl hawdd i'w trin yw'r ffermwyr'.[8] Rhybuddiodd Catherine o Gaergeiliog ef mewn brawddeg gofiadwy: 'Tacla ofnadwy yw'r hen ffarmwrs a byddant yn eich poeni yn ddibaid'.[8]

Yn wir roedd môr a mynydd o faterion i'w hwynebu. Roedd angen delio â Chlwy'r Traed a'r Genau oedd wedi llorio'r Weinyddiaeth a gorfodi Fred Peart i sefydlu Pwyllgor Dug Northumberland ar y Clwy. Cafodd yr adroddiad a gweithredodd ar ei union. Bu'r weithred honno'n bwysig gan na welwyd y clwy ym Mhrydain am flynyddoedd lawer wedyn. Pluen yn ei het ar ddechrau ei dymor fel Gweinidog Amaeth.[9]

Ef oedd yn gyfrifol am gyflwyno cod newydd ar gyfer anifeiliaid, a sefydlodd Bwyllgor Ronald Waterhouse ar achosion o'r gynddaredd. Gan i'r Gweinidog weithredu argymhellion y Pwyllgor, cafodd y llaw drechaf ar y gynddaredd a diflannodd yn llwyr.[10]

Gwyddai Cledwyn Hughes hanes y berthynas rhwng y Llywodraeth a'r diwydiant Amaethyddol. Esgeuluswyd yr amaethwr ar hyd y tridegau fel yr esgeuluswyd diwydiannau eraill pwysig yn economi Cymru. Yn wir y Llywodraeth gyntaf i roddi cefnogaeth deg i'r byd amaethyddol oedd Llywodraeth Llafur 1945-51. Yn 1947 cyflwynodd y Gweinidog Amaeth, Tom Williams, fesur cynhwysfawr a warantai farchnad a phrisiau sicr a theg i'r rhan fwyaf o gynnyrch ffermydd y Deyrnas Unedig. Fel y dywedodd John Davies:

> Deddf Amaeth 1947 oedd man cychwyn y cyfuniad o daliadau, diffygiant, grantiau, cymorthdaliadau a chynlluniau hybu gwelliannau a fyddai'n chwyldroi amaethyddiaeth Cymru yn y degawdau canlynol. Mwyach fe fyddai'r ffermwr bron mor ddibynnol ar benderfyniadau'r llywodraeth ag ydoedd gweithiwr mewn diwydiant gwladoledig; nid y tywydd, eithr Adolygiad Blynyddol y Prisiau, a fyddai'n pennu ei lwydd neu ei aflwydd.[11]

Roedd Cledwyn Hughes wedi canu clodydd y Llywodraeth Lafur yn ei ymgyrchoedd etholiadol ac fe'i hatgoffwyd gan arweinwyr undebau'r ffermwyr o waith clodwiw Tom Williams. Gwnaed hynny gan arweinydd penderfynol Undeb Amaethwyr Cymru. Trefnodd Cledwyn gyfarfodydd gyda Myrddin Evans a bwysleisiodd mai Tom Williams oedd y Gweinidog Amaeth cyntaf i barchu'r Undeb Cymreig y bu sosialwyr fel D J Davies, Llwyncelyn a John Morris AS Aberafan yn rhan bwysig ohoni. Mewn ysgrif i rifyn y gaeaf o gylchgrawn yr Undeb, *Tir*, ac mewn Neges Blwyddyn Newydd i'r Gweinidog pwysleisiodd Myrddin Evans hynny:

> Mae'r diwydiant amaeth yn edrych ar i'r llywodraeth anrhydeddu addewid sylfaenol Deddf Amaeth 1947, sef hyrwyddo a chadw diwydiant amaeth sefydlog ac effeithiol –cynhyrchu bwyd am bris yn gymesur ag enillion cymeradwy i ffermwyr a gweithwyr fferm, a sicrhau bod cyfalaf a fuddsoddwyd yn cael ei wobrwyo'n foddhaol.[12]

I Glyn o Taldrwst, Bodorgan, a ysgrifennai ar ran ffermydd bychain Môn, 'roedd Cledwyn yn bennaeth ar Weinyddiaeth bwysig dros ben a chanddo gyfle ardderchog i weithredu'.[13]

Cafodd wahoddiad gan J Emlyn Thomas o Undeb Amaethwyr Cymru i Gyfarfod Blynyddol yn y dref ar 24 Mai 1968.[14]

Anwybyddu sefyllfa'r Gweinidog wnaeth yr Undebau, gan y gwyddent fod

Roy Jenkins, Canghellor y Trysorlys, wedi cyflwyno polisïau i ddadchwyddo'r economi yn y Gyllideb. Gwyddai Myrddin Evans ac Emlyn Thomas mai gobaith prin rhyfeddol oedd gan Cledwyn o sicrhau arian sylweddol yn 1968/69. Roedd ei ragflaenydd, Fred Peart, wedi dweud yn ddigon clir yn Arolwg Prisiau 1968 mai dim ond £58 miliwn fyddai ar gael i'r diwydiant amaeth. Newyddion trist i ffermwyr a gawsai amseroedd anodd oherwydd Clwy'r Traed a'r Genau a haf hynod o wlyb.[15]

Wynebai Cledwyn felly frwydr enbyd wrth ddadlau achos y ffermwyr yn y Cabinet. Gwyddom fod ganddo elyn anghymodlon yn Richard Crossman, gwleidydd egotistaidd, hyderus iawn yn ei allu, yn wahanol i Cledwyn. Iddo ef, gwleidydd oedd Cledwyn na ddylai fod yn Weinidog o gwbl.

Pan ddaeth cwestiwn rhoi caniatâd i'r ieuenctid bleidleisio yn ddeunaw oed gerbron y Cabinet ym mis Mai 1968, cefnogodd Cledwyn Hughes y garfan oedd am gadw'r *status quo*,[15] oherwydd twf Plaid Cymru a'r SNP yn yr Alban.[16] Tueddai ieuenctid y ddwy wlad i gefnogi'r pleidiau cenedlaethol. I Crossman, roedd Cledwyn Hughes yn 'wrthwynebydd ffanatig'.[17] Yn ei Ddyddiadur, galwodd Cledwyn yn, 'henchman' Harold, 'little twister and turner' ac yn abwydyn.[18/19] Rhwygodd ymdrechion Cledwyn Hughes y Cabinet wrth geisio sicrhau rhagor o arian i'r Adolygiad Prisiau. Er hynny, mae'r cofnod ar 6 Mawrth 1969 yn dangos bod Crossman yn medru gweld dycnwch Cledwyn ac iddo'i gefnogi:

> Cledwyn Hughes had come back to say that he couldn't possibly settle for £30 million and wanted £40 million… I pointed out that it would be difficult to persuade any farmer that the £30 million we offered them should sustain the agricultural expansion programme and I wanted it upped to £35 million.[20]

Siaradodd Roy Jenkins yn eu herbyn a chanddo ef roedd y pwrs, ond o ganlyniad i'r holl ddadlau a checru, penderfynodd Harold Wilson gynnig £34 miliwn. Nid oedd y ffermwyr yn hapus o gwbl. Roedd y *Tir* a *Farmer's Weekly* yn cytuno bod y cynnig yn annigonol, ac na chawsant y fath siom ers y dauddegau.

Erbyn Adolygiad y Prisiau yn 1970 gwaethygu wnaeth y sefyllfa. Disgwyliai Undeb Cenedlaethol y Ffermwyr (NFU) gael £41 miliwn, ac roedd ganddynt ddadl gref yn wyneb y colledion a ddioddefodd y ffermwyr yn dilyn tywydd cyfnewidiol 1969 a 1970. Cipiwyd Llywyddiaeth yr NFU gan Henry Plumb a ddaeth yn ffrindiau mawr â Cledwyn.[21] Ond er mor bleidiol roedd Plumb, roedd yn gorfod delio â charfan filwriaethus yn yr Undeb, sef 'Mudiad Gweithredol y Ffermwyr.' Roedd agwedd y garfan hon tuag at y Gweinidog ar yr un donfedd â Chymdeithas yr Iaith. Penderfynwyd ei herio a'i erlid gymaint fyth ag y medrent, drwy ei heclo a'i fychanu. Yn nechrau Ionawr 1970, pan ymwelodd y Gweinidog â thref Caerwysg, wrth siarad â thorf o 600 o ffermwyr rhoddodd carfan ohonynt amser diflas iddo.[22] Nid oedd gan Cledwyn y bersonoliaeth i ddelio â'r fath ymosodiad, megis gwleidyddion fel Aneurin Bevan a George Brown. Pasiwyd pleidlais o ddiffyg hyder ynddo a bu'n rhaid i'r heddlu ddod i'r adwy a'i warchod. Penderfynodd Cyngor Undeb Amaethwyr Cymru yn Ionawr 1970 i roddi pob rhyddid i'w canghennau sirol drefnu protestiadau yn erbyn y Cymro cyntaf i fod yn Weinidog Amaeth.[23]

Mae'n bosibl fod Cledwyn Hughes yn cofio'r holl lythyron a gawsai ddeunaw mis ynghynt oddi wrth arweinwyr yr Undebau ym Môn. Yn ôl I Williams, Ysgrifennydd Cangen Môn o'r NFU, roedd ei ragflaenydd, Fred Peart, wedi llwyddo yn y swydd a gobeithiai y byddai Cledwyn yn cael yr un rhwyddineb. Yn Ebrill 1968, ychwanegodd Cledwyn yn Saesneg, 'I have always found the Anglesey branch extremely helpful'.[24] Anghytuno'n ddybryd â'r ffermwyr milwriaethus fyddai R J Williams, Ysgrifennydd Cangen Môn o Undeb Amaethwyr Cymru hefyd. Roedd yn edmygydd mawr o'i Aelod Seneddol ac yn edrych ymlaen bob amser i'w glywed yn y pulpud.[25]

Gweithiodd Cledwyn Hughes yn ddygn i sicrhau y byddai Adolygiad Prisiau 1970 yn plesio'r amaethwyr. Erbyn hyn roedd Roy Jenkins ac yntau'n bennaf cyfeillion, a lluniodd Cledwyn adroddiad manwl yn esbonio'r gwariant oedd yn angenrheidiol ar y diwydiant amaeth. O ganlyniad, gallai ymffrostio gerbron Tŷ'r Cyffredin ym Mawrth 1970 iddo gael £85 miliwn o gyllid gan y Trysorlys – hwb cadarnhaol er mwyn cynyddu prisiau cig eidion, cig moch, cig oen, llaeth, tatws, barlys a gwenith. Yn ychwanegol cafwyd grant o £5 miliwn i gael gwared â *brucellosis* a £20 miliwn arall i'w ddefnyddio ar gynlluniau datblygu i ffermwyr Prydain.[26]

Cawsai Richard Crossman, ei archelyn yn y Cabinet, ei synnu:

It is a very considerable success and I think the Farmers will find it rather difficult to make a row because everybody knows the government has treated them fairly. It's a great feather in the cap of Roy Jenkins and Cledwyn Hughes, but I doubt whether there are any votes in it, especially as much of the award is at the expense of the housewife.[27]

Nid oedd modd plesio'r holl ffermwyr a chafodd ei bardduo ar bob cyfle posibl gan garfan o ffermwyr. Wedi ymweld â gorllewin Cymru, yng nghwmni Gordon Parry, ymgeisydd Llafur yn etholaeth Penfro a mab i weinidog gyda'r Bedyddwyr, disgrifiodd hwnnw'r ymweliad:

He and I shared a mauling from Pembrokeshire farmers. As Minister of Agriculture, it had not become possible for him to meet the terms they had demanded. They were very angry... a line up of leaders held cards. Each letter was recited... They spelled the most hurtful word in the Bible. JUDAS.

'Do you know' Cledwyn said on the way back to Haverfordwest, 'I doubt that they knew how much that name hurts someone brought up as I was, and as you were.'[28]

Yn ei ffordd ddihafal ei hun roedd ei sylwadau am y ffermwyr yn hynod garedig, gan y gwyddent y byddai cael ei alw yn Jiwdas yn ei ddolurio yn fwy nag unrhyw enw arall.

Roedd Undeb Amaethwyr Cymru yn drybeilig o angharedig a hwythau'n gwybod mai cyfrifoldeb George Thomas fel Ysgrifennydd Gwladol Cymru oedd amaethyddiaeth bellach. Torchi ei lewys yn eu herbyn fyddai George wedi'i wneud. Ym Mawrth 1970 penderfynwyd peidio â gwahodd Cledwyn i annerch Cyfarfod Blynyddol yr Undeb a phasiwyd pleidlais o 'ddiffyg ymddiriedaeth lwyr' ynddo fel Gweinidog Amaeth. Llwyddodd hyd yn oed y ffermwyr Cymraeg eu hiaith, llawer ohonynt o fewn ei etholaeth, i ddolurio un a fu'n cadw rhan y ffermwyr ym Môn ar hyd y blynyddoedd.[28] Parhaodd eu dicter tan yr Etholiad Cyffredinol yn 1970.

Annheg oedd gofyn am ei ymddiswyddiad gan iddo gyflawni cryn lawer o welliannau. Llwyddodd i gynnwys yn Adolygiad Prisiau 1970 y cyfle gorau a gawsai'r ffermwyr er i'r system gael ei sefydlu yn 1947.[29] Deliodd â'r agweddau mwyaf digalon ar 'ffermio ffatri' yn sgil Adroddiad Brambell a rhoi boddhad mawr i fudiad hawliau anifeiliaid.[30] Derbyniodd lythyr o ganmoliaeth gan y diddanwr Spike Milligan. Cofiodd am hawliau'r tenantiaid a bu Deddf Amaeth 1970 yn gyfraniad pwysig i hwyluso'u bywydau. Bu'n ddiwyd fel Gweinidog Bwyd a Diod, a llwyddo i berswadio bragwyr Prydain i rewi prisiau cwrw am flwyddyn gron, o Hydref 1968 tan Hydref 1969. Perswadiodd gwmni mawr Unilever hefyd yn 1970 i rewi prisiau marjerîn ac olew coginio.[31]

Ei ofal dros bysgotwyr ar y môr oedd ei gamp fawr fel Gweinidog Pysgodfeydd, drwy gyflwyno Cynllun Pum Mlynedd yn 1968.[32] Cawsant gymorthdaliadau hael i ddadwneud y gystadleuaeth anodd ac annheg gan bysgotwyr o wledydd fel Ynys yr Iâ. Cymeradwywyd ei weithrediadau cadarnhaol gan dref Caergybi, cartref llu o bysgotwyr a edmygai'r Aelod Seneddol.

Er iddo gario cyfrifoldebau pwysig yn Llywodraeth Lafur 1966–70 gofalodd am fuddiannau ei etholwyr. Bu'n gatalydd ar gyfer dyfodiad Gwaith Alwminiwm RTZ i Gaergybi. Bu'n ddylanwad ar gwmnïau fel Midland Poultry Holdings Ltd ac ef oedd y prif siaradwr yn eu Cinio Blynyddol yn 1971.[33] Tynnodd sylw at briodoldeb sicrhau Awdurdod Dŵr i Gymru a chytunodd Cyngor Môn i alw am hynny.[34/35]

Medrai Cledwyn Hughes ganu ei glodydd ei hun drwy ei lwyddiant i sefydlu diwydiannau yn ei etholaeth. Cynyddodd poblogaeth y Sir o 46,900 yn 1946 i 57,800 yn 1968. Rhwng 1953 a 1968 crëwyd dwy fil o swyddi newydd ym Môn a gallai ddarogan yn 1969 y câi dwy fil o swyddi ychwanegol eu creu.[36] Trafodai anghenion Môn yn fanwl gyda Phrif Weithredwr Cyngor Môn, Idris Davies. Gwelwyd ef ar ei orau wrth gysylltu â Syr Leonard Owen, a hwnnw'n ei hysbysu fod rhagolygon reit obeithiol y byddai Cammel Laird yn dod i Biwmares. Teimlai y dylid meddwl am ragor o waith i Borthaethwy a Llanfairpwll.[37]

Eto rhydd rybudd i Idris Davies: 'We must, I think, be careful to avoid putting ourselves in the position of attracting industry when we have not got suitable labour to employ'.[38] Roedd hefyd am warchod atyniad Ynys Môn i'r ymwelwyr a dyrrai yno o lannau Merswy a Manceinion. Iddo ef twristiaeth ac amaethyddiaeth oedd asgwrn cefn economi'r ynys.

Roedd cael gwaith i bobl leol yn bwysig iddo ac roedd hynny ar agenda Plaid Lafur y sir. Derbyniodd lythyr ar ran yr *Amalgamated Society of Woodworkers*, a chytunai â hwy fod angen rhoddi'r flaenoriaeth i weithwyr lleol Môn wrth adeiladu ffatri fawr Alwminiwm Môn. Y gofid oedd fod y cwmni'n hysbysebu am grefftwyr ym mhapurau Dulyn a Llundain ac nid ym mhapurau Môn.[39] Gwadodd y prif gontractwr, John Howard, y cyhuddiad, gan nodi fod 80% yn weithwyr o'r ynys. Gweithwyr lleol oedd 19 o'r seiri coed, 10 lleol yn gosod y dur a 25 o'r 26 labrwr o Fôn.[40] Roedd strategaeth ac arweiniad Cledwyn Hughes o roddi'r cyfle cyntaf i weithlu'r ynys wedi'i wireddu. Gallai Huw Owen, Coed Mawr, Bangor, Undebwr Llafur ac Ysgrifennydd i Gyngor Bangor a'r *Biwmares and District Trades Council* lawenhau yn y newidiadau aruthrol a gafwyd mewn degawd ym Môn trwy ymdrechion Cledwyn Hughes a chefnogaeth Aelodau Seneddol gogledd Cymru.[41]

Un o'r trychinebau pennaf a wynebodd Cledwyn Hughes yn ystod ei dymor fel Gweinidog y Goron oedd y drychineb fawr ar 23 Mai 1970 pan losgwyd Pont Britannia dros Afon Menai i Fôn. Fel y dywed Emyr Price:

> Roedd hyn yn fygythiad nid yn unig i ddyfodol cynlluniau RTZ ym Môn, ond hefyd i barhad llewyrch y gwasanaeth llongau – i fôr deithwyr a nwyddau – o Gaergybi, lle yr oedd BR newydd fuddsoddi £7 miliwn i foderneiddio'r porthladd i Iwerddon.[42]

Ymdaflodd Cledwyn i'r frwydr, a rhoi'i holl bwysau ar George Thomas, Gweinidog Gwladol Cymru, i ddod i weld y difrod gan danlinellu fod dyfodol gweithwyr rheilffordd yng Nghaergybi yn y fantol.[43] Anfonodd lythyron at Fred Mulley, Barbara Castle a Tony Benn, i gael syniad pa mor hir y cymerai i ailadeiladu'r bont.[44] Cafodd arweinwyr lleol Môn eu bodloni'n fawr yn ei stiwardiaeth, ac anfonodd A Clwyd Williams, Cadeirydd ac Ysgrifennydd Cyngor Trefol Dosbarth Caergybi, air o ddiolch iddo am yr hyn a wnaeth wedi'r drychineb:

> Your speedy intervention and assurance that every effort will be made to reopen the bridge as soon as possible are greatly appreciated by the people of Holyhead, whereas you well know, great concern is felt at the possible effect on our economy of a prolonged closure of the Bridge.[45]

Ni allasai'r digwyddiad anffodus hwn ddim codi ar adeg anoddach, gan i'r Prif Weinidog alw Etholiad Cyffredinol ar gyfer 18 Mehefin. Daliai John

Eilian Jones i fod yn Ymgeisydd y Torïaid tra cynrychiolid Plaid Cymru gan un o wŷr anwylaf Llanfairpwll, John Lasarus Williams. Safodd y bargyfreithiwr Winston Roddick dros y Rhyddfrydwyr. Rhybuddiodd Cledwyn Hughes ei dri wrthwynebydd gwleidyddol rhag defnyddio anffawd y Bont fel cyfle i bardduo'r Llywodraeth nac Aelod Seneddol y Sir. Dyma'i wythfed Etholiad Cyffredinol a'r tro hwn roedd hi'n anoddach gan fod carfan yr amaethwyr am ei bardduo am fethiant y Llywodraeth Llafur i ychwanegu at y cymorthdaliadau. Dyma'r canlyniad:

Cledwyn Hughes	Llaf	13,966	43.2%
John Eilian Jones	C	9,220	28.5%
John Lasarus Williams	PC	7,140	22.1%
C Winston Roddick	Rh	2,013	6.2%
Mwyafrif		4,746	14.7%

Wedi cyhoeddi'r canlyniad yn Llangefni cafwyd ffiasco diflas.[46] Methodd yr ymgeisydd llwyddiannus, eilun llawer o'r etholwyr, gael cyfle i ddiolch am y fuddugoliaeth.[47] Taflwyd darnau o bridd, cerrig a darn o blwm ato ef a'i briod, a chawsai ei frawd D Lloyd Hughes a'i fab eu poenydio.[48] Cawsant gymorth yr heddlu, wrth i garfan o'r dyrfa ei alw'n 'fradwr'.

Yn ôl y wasg leol roedd rhai o'r ymosodwyr yn athrawon ym Môn a rhai wedi cymryd rhan yn y cyfrif yn Neuadd y Ddinas.[49] Cythruddwyd Glyn Thomas, asiant Cledwyn a chyd-flaenor yng Nghapel Disgwylfa gan yr ymosodiad ac ysgrifennodd lythyr at Brif Gwnstabl Gwynedd yn galw am well diogelwch ar gyfer ymgeiswyr seneddol yn yr Etholiad Cyffredinol nesaf. Dywedodd Glyn Thomas, yn ôl yr *Holyhead and Anglesey Mail*:

> They were behaving like animals, screaming obscenities in Welsh at Mr and Mrs Hughes. There was only a police inspector and a couple of policemen here. We don't expect behaviour like that in a civilized democracy, so naturally the police don't draft in a strong police force, so they were helpless.[50]

Parhaodd y ddadl am yr hyn a ddigwyddodd ar noson y cyfrif yn Llangefni am rai wythnosau. Teimlai'r nofelydd, J Cyril Hughes, Cadeirydd Pwyllgor Rhanbarth Plaid Cymru etholaeth Môn, a'r Ysgrifennydd, Dr J B Hughes, darlithydd ym Mhrifysgol Cymru, Bangor, yn flin am adroddiadau'r wasg. Yn ôl y ddau, ni chafodd Mrs Jean Hughes ddolur o gwbl, gan fod priod ymgeisydd Plaid Cymru wedi'i gweld ychydig eiliadau ar ôl y digwyddiad honedig. Dywedasant mai criw bach o ffermwyr ieuainc oedd yr hwliganiaid:

> The fact, as we have been able to establish, is that a few coins were thrown at the Ex Minister of Agriculture by some Young Farmers, as a symbolic gesture of disgust with the Price Review.[51]

Amhosib gwybod beth yn union ddigwyddodd y noson honno, ond mae'n deg nodi bod carfan o'r dorf wedi ymddwyn yn annheg, fel y gwnaeth pobl y tu allan i Ysgol Maesincla, Caernarfon wrth atal Goronwy Roberts, AS yr etholaeth rhag annerch.[52] Mae'n amlwg fod rhwystredigaeth fawr ymhlith carfan o'r etholwyr gwrth-Lafur mewn dwy etholaeth yn y gogledd. Roedd Plaid Cymru wedi gostwng mwyafrif Goronwy Roberts i 2,296 a Dafydd Wigley wedi dod yn ail i William Edwards yr AS Llafur ym Meirion.[53] Collodd Ednyfed Hudson Davies ei sedd yng Nghonwy i Wyn Roberts, ymgeisydd y Ceidwadwyr.[54] Ond er lleihau mwyafrif Cledwyn Hughes, ni lwyddodd y Toriaid i'w symud o Fôn, er i'w fwyafrif ddisgyn.[55] Disgynnodd mwyafrif Goronwy Roberts yng Nghaernarfon i 6.6%.[56]

Nid oedd Glyngwyn Roberts, Rhosgoch, Cadeirydd Cangen Môn o Undeb Amaethwyr Cymru, yn hapus o gwbl gydag adroddiadau'r wasg. Iddo ef roedd Cledwyn yn hen gyfarwydd â chael ei boenydio a'i erlid oherwydd ei fethiant fel Gweinidog Amaeth.[57] Dioddefodd yng Nghaerwysg, yn Sir Benfro, yn Aberaeron, lle y cariwyd arch i mewn i'r cyfarfod, ac yn awr yn Llangefni. Dyma'i ergyd:

> Therefore there is great similarity of feeling amongst the people of Devon, Pembs and Cardiganshire, when promises have not been honoured. Many persons had expected great things and have been greatly disappointed.[58]

Mentrodd un o'i etholwyr o Gaergybi, cefnogwr amlwg i John Eilian, ei feirniadu. Roedd Cledwyn Hughes wedi methu ar lawer o faterion yn ymwneud â Môn, yn arbennig am y medrai RTZ wenwyno amgylchedd Penrhos, gan fod teirgwaith yn fwy o lygredd yn cael ei ryddhau na'r hyn a amcanwyd.[59] Ni fu Cledwyn Hughes chwaith yn llwyddiannus yn ei ymwneud â Phont Britannia, gan na chafodd addewid pendant gan y Llywodraeth Lafur y byddid yn ei hailadeiladu.[60] Mae'n amlwg na wyddai ef gymaint roedd Cledwyn Hughes wedi'i wneud yn syth ar ôl y drychineb, gan gysylltu â'r Rheilffyrdd Prydeinig ac â'r Prif Weinidog, Harold Wilson, a galw arno i weithredu ar fyrder i ddelio â'r enbydrwydd. Ar 1 Gorffennaf derbyniodd Cledwyn Hughes eiriau i godi'i galon oddi wrth Brif Weithredwr Cyngor Môn, Idris Davies:

> I have to inform you that at a meeting of the County Council held on the 25th June,1970, it was resolved to record its appreciation of the decision of British Rail to restore the rail link with Anglesey and of the speed they have gone ahead on preparing their plans, and of the action taken by you.[61]

Ynghanol ei ymgyrch etholiadol, derbyniodd Cledwyn lythyr hollol anghyffredin, a hynny o law Dr Ken Ll Jones, Amlwch. Pryderu a wnâi'r cyfaill am achos dioddefydd clefyd y galon a drigai ym mhentref y Garreg-lefn. Derbyniodd gyngor arbenigwr yn Ysbyty Bangor, sef Owen E Owen, y dylai gymryd wisgi yn ddyddiol ar gyfer cylchrediad y gwaed o amgylch y galon. Dywed Dr Ken Jones wrth ei Aelod Seneddol:

> Whiskey is, in fact, prescribable on the NHS, but I very much doubt whether we would get it past the Ministry people in view of their Medical Officer's opinions. Maybe you can get them to bend the rules in this case as it is so pathetic?[62]

Roedd gan Dr Ken Jones ffydd y gallai mab i un o gefnogwyr y Mudiad Dirwest sicrhau llond llwy o wisgi i Fonwysyn yn y Garreg-lefn a ddioddefai o ddolur y galon. Pe bai wedi llwyddo byddai wedi cyflawni gwyrth arall, rhywbeth a wnaeth yn gyson ar hyd y ddegawd. Dychwelodd i San Steffan y tro hwn heb swydd yn y Cabinet gan i Lafur golli i Edward Heath a'r Ceidwadwyr. Cododd ar ei draed yn Nhŷ'r Cyffredin ar 24 Gorffennaf i bwysleisio, gydag angerdd, fod y Llywodraeth newydd yn cadw at yr addewid a wnaed cyn yr Etholiad gan y Rheilffyrdd Prydeinig i atgyweirio Pont Britannia. Yn yr araith llongyfarchodd Ysgrifennydd newydd Cymru, Peter Thomas a phwysodd yn drwm arno i weithredu'n ddiymdroi:

I choose my words deliberately when I say that it is absolutely essential that there be no avoidable delay in securing engineers who will reconstruct the bridge as quickly as is humanly possible. If there is any red tape or any corners, let them be cut. A disrupted community expects the work to be done speedily.[63]

Geiriau cwbl nodweddiadol o Aelod Seneddol a roddai'r flaenoriaeth i'w etholwyr a'i etholaeth.

Cledwyn Hughes
a'r Teulu Brenhinol

Daeth un peth yn glir iawn i mi wrth baratoi'r cofiant hwn, fod Cledwyn Hughes, rhwng 1966 a 2000, wedi bod yn ffrind da i'r Teulu Brenhinol. Parchent hwythau ef. Y syniad cyffredin yw mai George Thomas oedd y gwleidydd mwyaf tanbaid o blaid y Teulu Brenhinol ymhlith gwleidyddion Cymru. Ef fyddai'n sôn byth a beunydd am ei deyrngarwch iddynt, ond y tu ôl i'r llenni, Cledwyn Hughes fyddai'n gweithredu amlycaf.

Nid Cledwyn a feddyliodd am yr Arwisgo, ond ef a fu'n gyfrifol am y digwyddiad. Gellir dweud y cryfhawyd, drwy'r arwisgiad, ei ymlyniad i'r Frenhiniaeth. Gwyddai ef am deyrngarwch y werin Gymreig i'r Frenhiniaeth. Onid Cyngor Bwrdeistref Caernarfon a gyflwynodd yr awgrym yn 1952 y dylai Charles gael ei ddyrchafu'n Dywysog Cymru maes o law? Ofnai Cyngor Tref Caernarfon y câi ei anwybyddu pan gafodd Caerdydd yr hawl i fod yn brifddinas Cymru yn 1955. Ysgrifennodd Henry Brooke, a lefarai dros faterion Cymreig, at y Prif Weinidog, Harold Macmillan, i'w atgoffa fod y Cymry yn frwd dros y Frenhiniaeth: 'To possess a Prince of Wales has a meaning and a value for Welshmen, which is easy for us in England to underestimate'.[1] Pan gynhaliwyd Chwaraeon y Gymanwlad a Gŵyl y Cymry yn 1958 cyhoeddodd y Frenhines Elisabeth y byddai Charles yn cael ei goroni'n Dywysog Cymru, ac y cynhelid y seremoni yng Nghaernarfon.[2]

Pan sefydlodd Llafur y Swyddfa Gymreig yn 1964 daeth mater yr Arwisgo yn ôl ar yr agenda. Ond nid oedd James Griffiths, Ysgrifennydd Gwladol Cymru, yn rhy awyddus gan ei fod yn gwybod nad oedd y Goron, yn ystod ei gyfnod ef, yn rhy bleidiol. Wedi'r cyfan, roedd ganddo'r dasg anodd yn 1964 o geisio trosglwyddo'r holl gyfrifoldebau a addawyd yn y maniffesto i'r Swyddfa Gymreig.[3] Pan adawodd James Griffiths y Swyddfa Gymreig yn 1966 felly, nid oedd yr Arwisgo'n flaenoriaeth, ond newidiodd hynny'n gyfan gwbl pan ddaeth yr awenau i ddwylo Cledwyn Hughes. Roedd ef yn frwdfrydig, ac aeth ati i baratoi'r ffordd a pharatoi'r Tywysog ar gyfer y seremoni.[4] Trefnodd y byddai'r Tywysog yn derbyn gwybodaeth am Gymru gyfoes trwy'r Swyddfa Gymreig yn wythnosol.

Paratôdd y Frenhiniaeth ychydig trwy apwyntio brawd yng nghyfraith y Frenhines, yr Arglwydd Snowdon, yn Gwnstabl Castell Caernarfon yn 1963.[5] Roedd ganddo gysylltiadau agos â Chaernarfon, ac roedd yn arbenigwr ar fyd y theatr a ffotograffiaeth. Gwyddai Cledwyn Hughes y byddai'r Frenhiniaeth am i Ddug Norfolk fod ar y pwyllgor paratoi at yr Arwisgiad a gwahoddwyd Major Francis Jones, Cymro Cymraeg o Ddyfed, ac arbenigwr ar herodraeth, i fod yn ymgynghorydd Cymreig y seremoni.[6] Y Frenhines oedd yr un a estynnodd y gwahoddiad. Pan sefydlwyd y Pwyllgor ar ddechrau 1967, ynddo roedd yr Earl Marshall Dug Norfolk, Cledwyn Hughes, yr Arglwydd Snowdon, a'r gwas sifil a'r brenhinwr pybyr, Goronwy Daniel, i gadw'r cofnodion.

Cledwyn Hughes gafodd y syniad y dylai Tywysog Charles gael ei drwytho yn Aberystwyth yn iaith, hanes a thraddodiadau Cymru cyn ei arwisgo'n Dywysog Cymru. Prifathro Coleg Prifysgol Cymru, Aberystwyth, oedd y Dr Thomas Parry, Prifathro cenedlatholgar, un na fyddai'n gwrthod y syniad, er y byddai'n peri trafferthion a hunllef i'r awdurdodau diogelwch ac academaidd.[7]

Awgrymodd Cledwyn Hughes y syniad i Michael Adeane, Ysgrifennydd y Frenhines, a throsglwyddwyd y neges iddi. Nid oedd yn frwdfrydig o gwbl, gan ei bod yn credu, fel pob mam gall, y dylai'r mab gwblhau ei astudiaethau ym Mhrifysgol Caergrawnt yn hytrach na cheisio meistroli'r iaith Gymraeg, a hynny o fewn un tymor. Pwysodd Cledwyn Hughes yn daer cyn i'r Frenhines gytuno i Dywysog Charles ddod i Aberystwyth am dymor ac y câi'r Arwisgo ei gynnal ar 1 Gorffennaf 1969 cyn i'r mab raddio o Brifysgol Caergrawnt yn haf 1969.[8] Dywed yr arbenigwr pennaf ar yr Arwisgiad, John S Ellis:

It was only at the insistent cajoling of Hughes that the Queen, with some misgivings, finally agreed in February 1967 to hold the Investiture before the Prince's graduation from Cambridge in the summer of 1969.[9]

Soniodd Michael Adeane wrth y Prif Weinidog fod y Frenhines a'r Palas wedi cytuno â chais Cledwyn Hughes i'r Tywysog dreulio wyth wythnos yn Aberystwyth.

Yn ôl cofiannydd Dr Thomas Parry, trafododd Cledwyn Hughes a'r Prifathro'r mater 'ond nid yn drylwyr.'[10] Bu'n rhaid i Thomas Parry ysgrifennu ato ar 1 Hydref 1967 i ddweud bod un o ohebwyr y *Daily Mail* (o bawb!) wedi bod ar y ffôn i'w 'hysbysu y gwneid datganiad ymhen pythefnos'.[11] Mae'n anhygoel darllen bod Dr Parry yn rhoi'r bai i gyd ar 'y teulu arbennig hwn a'u cynghorwyr' nad oeddent wedi ymgynghori ag ef ar fater y dylasid bod wedi'i ystyried yn ofalus iawn. Ond y gwir yw mai Cledwyn Hughes, trwy Goronwy Daniel, a ddylsai fod wedi gohebu, neu alw i weld Dr Parry yn Aberystwyth. Yn ei lythyr dywed Dr Thomas Parry wrth ei ffrind Cledwyn Hughes:

> Pe deuai'r bwriad i ben fe fyddai'r Coleg yn ennill *prestige* aruthrol yng ngolwg rhai pobl. Ar y llaw arall, fe wyddoch am ymylon lloerig y mudiad cenedlaethol, ac fel y maent eisoes yn siarad am y seremoni sydd i ddigwydd.[12]

Ychwanegodd y medrai'r bobl hyn wneud bywyd 'yn annymunol iawn, efallai yn annioddefol, i lanc o fyfyriwr, a phetai hwnnw'n ymadael ar hanner ei dymor, fe fyddai'n ergyd enbyd i'r Coleg a'i enw da'.[13] Mae'r ffaith na chododd Cledwyn Hughes y ffôn a chael sgwrs gyda'r Prifathro, a boenai'n fawr am ddyfodiad y Tywysog, yn ddirgelwch llwyr. Chwarter canrif yn ddiweddarach clywyd Enid Parry, priod y Prifathro, yn dal yn ddig nad oedd y trefnwyr wedi bod yn ddigon cwrtais i drafod y mater gyda'r Prifathro a swyddogion y coleg.[14] Pe bai hi'n gwybod mai ar Cledwyn Hughes roedd y bai, byddai wedi cael sioc! Roedd gan y Coleg bobl abl i hyfforddi'r Tywysog. Roedd E G Millward, is-lywydd Plaid Cymru a dysgwr ei hun, yn barod i fod yn diwtor personol i'r Tywysog i astudio'r Gymraeg a Hanes Cymru ac ysgrifennodd yn ddifyr am yr hyfforddiant hwnnw. Y bardd a'r ysgolhaig, Dr Bobi Jones, oedd y tiwtor arall. Cledwyn Hughes oedd wrth y llyw, ac er y diffyg cyfathrebu â Thomas Parry, llwyddodd i gadw mewn cysylltiad clòs â'r Tywysog a rhoi arweiniad iddo. Y gwir ydyw mai'r Swyddfa Gymreig yn fwy na'r Blaid Lafur oedd y tu ôl i'r arwisgo. Fel y dywed John Ellis, 'The central role of the Secretary of State for Wales was evident from the earliest planning'.[15]

Awgrymodd Cledwyn Hughes y dylid apwyntio Swyddog Arwisgo a phwyllgor ar wahân i Bwyllgor yr Arwisgo o dan gadeiryddiaeth Goronwy Daniel. Y gŵr a apwyntiwyd yn Swyddog yr Arwisgo oedd R H Jones, gwas sifil a gawsai swydd yn y Swyddfa Gymreig yn Llundain.[16]

Gofalodd Cledwyn Hughes fod aelodaeth Pwyllgor yr Arwisgo yn cynnwys cynrychiolwyr o fyd twristiaeth, chwaraeon, Cyngor y Celfyddydau, Eisteddfod, crefydd, y wasg, yr Arglwyddi, y Brifysgol, Aelodau Seneddol, Goronwy Daniel, Dug Norfolk (yn cadeirio), Snowdon ac ef ei hun.[17] Ymysg y cynrychiolwyr ceid Cymry dylanwadol fel Cynan, Syr Ifan ab Owen Edwards, yr Athro Glanmor Williams, y beirdd Gwyndaf Evans a W T Pennar Davies, y gwleidyddion Llafur, Eirene White, Ednyfed Hudson Davies, James Griffiths, Goronwy Roberts, T W Jones (yr Arglwydd Maelor), Tudor Watkins a'r Sosialydd o Gaernarfon, Ifor Bowen Griffith.[18]

Roedd yr aelodau hyn yn barod i amddiffyn yr Arwisgiad. Byddai Gwyndaf yn dadlau fod y Goron yn 'symbol o'n hunaniaeth' a bod yr unoliaeth hon mor bwysig i Gymru â'n harwahanrwydd. Cododd hyn nyth cacwn ac o ganlyniad cafwyd rhwyg yng Ngorsedd y Beirdd.[19] Teimlai Gwynfor Evans, Plaid Cymru, y byddai'r Iaith Gymraeg a'r diwylliant yn derbyn hwb yn sgil astudiaethau'r Tywysog yn ei 'hen goleg ef' yn Aberystwyth.

I Lafurwr fel Frank Price Jones, a luniai ysgrifau diddorol o dan yr enw Daniel yn *Y Faner*, symudiad i'w groesawu oedd yr Arwisgiad. Gofidiai ef fod yr ieithgarwyr yn 'troi rhywbeth a allasai fod yn fuddugoliaeth i Gymreigrwydd yn un alarnad brotestgar, ddiffaith'.[20] Roedd Leopold Kohr, *guru* Gwynfor Evans o'r un farn â Frank Price Jones. Roedd deallusion yn Lloegr, megis yr hanesydd A J P Taylor, yn cymryd diddordeb yn y bwriad o ddysgu'r Tywysog yn Aberystwyth. Iddo ef, Aberystwyth fyddai'r lle olaf ar y ddaear i anfon mab y Frenhines. Dywed y cenedlaetholwr ifanc, Dafydd Elis-Thomas ar dudalennau cylchgrawn *I'r Gad* (cylchgrawn ieuenctid Plaid Cymru):

If the Prince is non political in English politics, in Welsh politics an English Prince
is as much a supporter of one side as Cledwyn Hughes himself. He is biased
politically as if his mother were a paid up member of the Labour Party.[21]

Cymro ifanc a fu'n ddraenen yn ystlys trefnwyr yr Arwisgo oedd Emyr
Llewelyn, gŵr a ddaeth o dan ddylanwad yr athronydd J R Jones. Dywedodd
Emyr Llew, 'dim ond person sydd wedi anghofio i ba genedl mae e'n perthyn
iddi allai dderbyn Siarl fel Tywysog Cymru heb godi'i lais mewn protest'.[22]
Siaradai Emyr Llew yn ddidwyll ac eofn ond ceid carfan arall yn barod i
ddefnyddio trais. Ar 17 Tachwedd 1967, ysgydwyd y Deml Heddwch gan
ffrwydrad ddiwrnod cyn cyfarfod i drafod yr Arwisgo, lle bwriadai Cledwyn
fod.[23]

Anfonodd y Tywysog Charles lythyr o Sandringham yn Ionawr 1968 i
ddiolch am yr adroddiad Cymreig oedd yn gymorth mawr iddo ac o ddiddordeb
arbennig. Soniodd am yr ymosodiad yng Nghaerdydd gan obeithio na fyddai
dim tebyg yn digwydd eto. Aeth ymlaen yn ei ysgrifen ei hun i fynegi ei
ddyheadau wrth un a gyfarfu ym mis Ebrill 1967:

Have they in fact proceeded any further in discovering who perpetrated these
incidents? I have been interested to read about the various objections to the
investiture, but it would not really be normal if these did not occur, although present
upsurge in Nationalism must be having a substantial effect on people's views.[24]

Mae ymateb y Tywysog yn adlewyrchiad o'i bersonoliaeth. Deallai pam
fod pobl yn protestio er bod twf cenedlaetholdeb yn peri poen i Cledwyn
Hughes. Fel y dywed Dafydd Gwynn, 'Twf cenedlaetholdeb oedd y brif
ddraenen yn ystlys y Blaid Lafur'.[25] Deallai'r Tywysog Charles hynny gystal
â neb. Dywed: 'I hope that all will go well as a result of the passing of the
Language Bill and that there will be enough Welsh speaking officials to carry
it out'.[26]

Roedd y Tywysog Charles yn garedig wrth Cledwyn, er na sylweddolai
am yr oedi a fu am flwyddyn a hanner cyn gosod y Mesur gerbron y Senedd,
ac na wyddai am aberth arweinwyr Cymdeithas yr Iaith, ac fel y carcharwyd
Geraint Jones a Neil Jenkins. Pwysleisiodd Dafydd Elis-Thomas na chafwyd
Mesur Iaith oedd yn cyflawni Adroddiad Hughes Parry. Cyfeiriodd y Tywysog

ar ddiwedd ei lythyr at y llifogydd a Chlwy'r Traed a'r Genau, gan adlewyrchu ei bersonoliaeth garedig:

> With 'Foot and Mouth Flu' and flooding we seem to be at the mercy of a fresh outbreak of Egypt's 7 Plagues.
>   Yours sincerely,
>   Charles.[27]

Llwyddodd Cledwyn Hughes i fagu perthynas gyfeillgar â'r Tywysog Charles, a pharhaodd hynny dros y blynyddoedd. Pwysleisiai Cledwyn Hughes a'i olynydd, George Thomas, y byddai'r Arwisgiad yn creu diddordeb aruthrol er budd i'r diwydiant ymwelwyr yng Nghymru. Dadleuai ei olynydd y deuai elw o 30 miliwn o bunnoedd i economi Cymru.

Roedd Cledwyn Hughes a'i gyd-Bresbyteriad, Lyn Howell, yn bennaf ffrindiau ac yn deall ei gilydd i'r dim.[28] Lyn Howell oedd Ysgrifennydd Bwrdd Twristiaid Cymru ac roedd yn ŵr pwerus a dylanwadol. Yn Nhachwedd 1967 dywedodd Cledwyn Hughes yn y Senedd y byddai'r gost o gynnal yr Arwisgiad, gan gofio y byddai'n rhaid gwario ar y ffyrdd, yn llai na hanner miliwn.[29] Nid oedd Roy Jenkins, y Canghellor, yn hapus o gwbl gyda swm felly, a bu'n rhaid i Bwyllgor Daniel baratoi'r costau tybiedig a chynigiwyd swm o £230,000. Dadleuai'r Trysorlys y dylai'r swm gael ei leihau i £25,000, ond erbyn hynny George Thomas oedd yn y Swyddfa Gymreig, ac nid oedd ef am leihau'r gost. Bu'n rhaid i Roy Jenkins gymrodeddu ar swm o £200,000.

Ar 6 Ebrill, 1968 symudwyd Cledwyn Hughes o'r Swyddfa Gymreig i'r Adran Amaeth a'i olynu gan George Thomas. Un rheswm am ei siom oedd y câi ei amddifadu o'r cyfle euraidd i gwblhau'r holl waith a gyflawnodd ar gyfer yr Arwisgo.[30]/[31] O Gastell Windsor yn Ebrill 1968, ysgrifennodd y Tywysog Charles i fynegi'i siom fod Cledwyn Hughes wedi gorfod ildio'i le oherwydd mympwy Harold Wilson:

> I too, am very sad that you have been taken away just when I was beginning to learn some of the intricacies of Welsh politics and the ideas of the Welsh Office from yourself. I am beginning also, to wonder how many of those originally served with the Investiture will still be involved when the time comes next year.[32]

Roedd Cledwyn Hughes wedi mwynhau ei berthynas â'r Teulu Brenhinol, wedi creu perthynas dda gyda'r Tywysog ac wedi cryfhau'r syniad o'r Frenhiniaeth yng Nghymru, oedd yn ddigon bregus. Anfonai lythyron misol at y Tywysog Charles pan oedd yn astudio ym Mhrifysgol Caergrawnt. Gofalodd fod y Tywysog Charles yn cael golwg ar waith y Blaid Lafur yn ei chadarnleoedd, yn arbennig Llanelli, Abertawe a Chaerdydd. Daeth â Charles a'r Frenhines i agor gwaith olew yn Sir Benfro ac i agoriad swyddogol y Bathdy Brenhinol yn Llantrisant. Derbyniodd Cledwyn Hughes folawd gan y Tywysog Charles:

> I would like to take the opportunity of thanking you most gratefully for all the help and trouble you have taken to inform me of the various activities that have been taking place in Wales over the past year. They have been immensely useful, to say nothing of the lunch you gave me last week, which indeed gave me an interesting insight into some aspects of Welsh feeling, to which I shall do my best not to be blind. Hope that George Thomas will be able to organise a few more before next Summer.[33]

Dymunodd yn dda iddo yn y swydd newydd: 'I do not doubt that I shall see you in Wales before very long and I wish you all the success in the Ministry of Agriculture with that apparently interminable foot and mouth disease. Yours sincerely, Charles'.[34]

Roedd hi'n ofynnol felly i Cledwyn Hughes symud i'r cysgodion. Ef oedd pensaer y cyfan, er na feddyliodd y byddai'r seremoni wedi creu cymaint o stŵr, protestio a thrais.[35] Bu'n rhwystredig iawn i bobl fel Dr Thomas Parry, ond erbyn Chwefror a Mawrth 1968 roedd Dr Parry wedi cyfarfod â chynrychiolwyr y Frenhiniaeth ac MI5.[36] Daeth y Tywysog Charles i ymweld ag Aberystwyth rhyw bythefnos cyn y daeth yno fel myfyriwr.[37] Cafodd amser digon dymunol er y gwyddai'n dda fod yna wrthwynebiad iddo gan garfan o genedlaetholwyr. Yn ôl yr awdurdodau roedd Byddin Rhyddid Cymru yn fodlon defnyddio trais ac anfonwyd chwech ohonynt i'r carchar. Cyhoeddwyd y ddedfryd ar ddiwrnod yr arwisgiad.[38] Lladdwyd dau wrthwynebydd i'r Arwisgiad yn ddamweiniol yn Abergele y noson cyn yr Arwisgo.[39] Daethpwyd o hyd i fom o dan Pier Mackenzie yng Nghaergybi bum niwrnod cyn i'r *yacht* brenhinol gyrraedd y porthladd. Noson yr Arwisgo chwythwyd cerbyd modur oedd yn perthyn i'r fyddin i ebargofiant yn ymyl

Castell Caernarfon. Nid oes neb hyd heddiw yn gwybod pwy oedd yn gyfrifol er mai Mudiad Amddiffyn Cymru a amheuid. Daeth y ffrwydro i ben pan ddaliwyd arweinwyr y Mudiad, sef John Jenkins yn Nhachwedd 1969 a Frederick Alders ym mis Ebrill 1970.[40] Cafodd seremoni'r Arwisgo yng Nghastell Caernarfon sylw byd-eang a siaradodd y Tywysog Charles yn ddwyieithog gan ennyn clod y *Daily Telegraph*, 'The finely delivered Welsh speech of Prince Charles and the sincerity behind it has helped to bury the past and preserve only its inspiration'.[41]

Roedd Sefydliad y Blaid Lafur uwchben ei ddigon gan gynnwys Cledwyn Hughes. Sylweddolodd erbyn dydd yr Arwisgo fod mwy o groeso o blaid yr Arwisgo yn ne Cymru nag yn y gogledd. Daeth 90,000 o bobl i Gaernarfon a'r cyffiniau'r diwrnod hwnnw, ond pe bai'r seremoni wedi'i chynnal yng Nghastell Caerdydd, byddai'r ymateb wedi bod yn llawer mwy. Yng Nghwm Rhondda y cafwyd y gefnogaeth a ddisgwylid ym Môn ac Arfon. Bron ym mhob tŷ roedd fflag a llun y Tywysog yn y ffenestri, a nododd adroddiad y *Western Mail*, 'I doubt if you would find anywhere else in the Principality such whole hearted co-operation to make a memorable day'.[42]

Gan fod George Thomas yn un o blant Cwm Rhondda deallai bobl y tai teras cystal â neb. Roedd y werin bobol o blaid yr Arwisgo, ond roedd gwrthwynebiad cryf gan rai o bobl y chwith, fel y bardd, T E Nicholas, ac Emrys Hughes, Aelod Seneddol de Ayrshire.[43] Arhosodd wyth o Aelodau Seneddol Llafur gartref yn hytrach na mynychu'r Arwisgo. Nid ynganodd Cledwyn Hughes air ond gwnaed hynny drosto gan ei gymydog, Ednyfed Hudson Davies, AS Conwy. Iddo ef roedd perfformiad y Tywysog Charles ar lwyfan Eisteddfod Genedlaethol yr Urdd yn Aberystwyth ar ddechrau'r mis, 'had given real prestige to the language and made it respectable to learn Welsh'.[44]

Blinid Cledwyn Hughes yn fawr gan y cyhuddiad o fod yn fradwr a daflwyd ato gan garedigion yr iaith. Fel y dywedodd y bardd a'r cyfathrebwr T Glynne Davies, 'Mae'n hawdd yng Nghymru i fod yn fradwr, ac yn hawdd i deimlo'n un'.[45] Ni allai Cledwyn Hughes ddioddef hyn, fel y mynegodd yr adeg honno, 'Rwy'n credu ac wedi credu bob amser fy mod yn Gymro da ac yn gymaint o wladgarwr â neb yn y tir, er fy mod yn cael fy nghyfrif yn fradwr gan rai'.[46]

Ni welwyd erioed cynt nac wedyn adeg pan glodforai pob papur newydd yn gytûn y seremoni a'r digwyddiad. Dioddefodd Cymdeithas yr Iaith ac eraill a feiddiai feirniadu'r achlysur. Yn Etholiad Cyffredinol 1970 collodd Gwynfor Evans ei sedd yng Nghaerfyrddin i Gwynoro Jones (Llafur) o 3,907 o bleidleisiau.[47] Bu'r Arwisgiad o fudd i Cledwyn Hughes er iddo glywed y gair 'Bradwr' yn Llangefni ar noson y cownt ac i hynny fod yn siom iddo. Roedd Dafydd Gwynn yn agos ati wrth ddweud: 'Yn y tymor hir sicrhaodd yr Arwisgiad fod y Blaid Lafur yn blaid y gallai'r wlad a'r Goron ymddiried ynddi i roi 'eli ar y clwyfau' wedi radicaliaeth Dorïaidd fyrbwyll llywodraeth Edward Heath ar ddechrau'r saith degau'.[48]

Yn ystod cyfnod yr Arwisgiad cryfhawyd ymlyniad Cledwyn Hughes a'i briod Jean Hughes wrth y Frenhiniaeth. Daeth Llundain yn bwysicach iddynt nag erioed o'r blaen. Cwynodd George Thomas wrth y Prif Weinidog, Harold Wilson, rai wythnosau cyn yr Arwisgo fod Cledwyn Hughes wedi gwirioni gyda'r Teulu Brenhinol, 'Cledwyn Hughes has run away: he is escorting the Duchess of Gloucester'.[49]

Erbyn 1966 roedd Cledwyn Hughes wedi llofnodi cytundeb gyda'r Duchy of Cornwall i rentu fflat 15 yn Tamar House, Kennington Lane, Llundain am £1,900.68 y flwyddyn.[50] Roedd teithio yn ôl ac ymlaen i Gaergybi bob penwythnos yn straen arno ac yntau bellach yn Weinidog y Goron. Erbyn 1970 roedd pob math o gymdeithasau am ei anrhydeddu gan gynnwys y Teulu Brenhinol. Ar 21 Medi 1970 cynhaliwyd cinio i Anrhydeddu Cledwyn Hughes yng Ngwesty Dorchester. Trefnwyd y cinio gan Gymdeithas Bragwyr Whisgi yr Alban, NFU yr Alban ac NFU Lloegr er mwyn anrhydeddu Cledwyn Hughes fel Gweinidog Amaeth.[51]

Bu Cledwyn Hughes ar restr y Teulu Brenhinol oddi ar 1960. Derbyniodd ef a'i briod wahoddiad i briodas y Dywysoges Margaret ac Antony Armstrong–Jones yn Abaty Westminster ym Mai 1960.[52] Gwahoddodd y Frenhines y ddau ohonynt i barti *sherry* ym Mhalas Buckingham yn Nhachwedd 1964.[53] Trefnwyd cinio i gynrychiolwyr SEATO (South East Asia Treaty) ym Mhalas Buckingham ym Mai 1965. Nid oedd Cledwyn yn hapus gyda'r trefniant y tro hwn oherwydd cawsai ei osod ar wahân i'w wraig.[54] Pan agorwyd Pont Hafren ym Medi 1966 ef a Barbara Castle a groesawodd y Frenhines a Dug Caeredin, ac Arglwydd Esgob Bryste a gysegrodd y Bont.[55] Cledwyn Hughes fu'n gyfrifol am drefnu cinio i anrhydeddu Tywysog Cymru yn Ebrill 1968 yn Lancaster House. Ar fwrdd y Tywysog roedd Syr Ben Bowen Thomas, James Griffiths, Harry Seacombe, Goronwy Daniel, yr Arglwydd Morris o Borthygest, A E Jones (Cynan), Cledwyn Hughes, Syr Geraint Evans, Cliff Jones a Dr Thomas Parry. Yr unig un nad oedd yn Gymro ar y bwrdd oedd *equerry*'r Tywysog.[56] Yr hyn sy'n hynod o drist yw nad oedd merch yn haeddu bod ar y bwrdd. Mae'n sicr bod Cledwyn Hughes yn gofidio nad oedd Jean yn eu plith.

Cadwodd Cledwyn Hughes yn ei bapurau yr holl wahoddiadau i Balas Buckingham, i Gastell Windsor ac i wasanaethau pwysig yn Abaty San Steffan a dderbyniodd dros y blynyddoedd. Câi ef, ei briod a'u merch Ann wahoddiad i Arddwest Palas Buckingham bob blwyddyn. Yn 1977 ymddiswyddodd Dug Caeredin fel Canghellor Prifysgol Cymru ac urddwyd Tywysog Cymru yn seithfed Canghellor y Brifysgol yn 1985.[57] Cafodd deitl clogyrnaidd, Eich Uchelder Brenhinol y Canghellor Dywysog! Y Canghellor yw Pennaeth a Phrif Swyddog y Brifysgol ac fe'i penodir gan lys y Brifysgol. Mae Prifysgol Cymru felly'n sefydliad sydd yn mawrygu'r Frenhiniaeth. Teimlai Cledwyn Hughes yn fodlon iawn iddo gael ei benodi'n Ddirprwy Ganghellor i'r Tywysog gan Lys y Brifysgol yn 1985. Hawliai Prifysgol Cymru gyfran fawr o'i amser prin. Ni ellir dweud iddo gael amser hawdd gan i ambell storm godi, ond yn nodweddiadol ohono, cadwodd y cecru a'r tensiynau rhag sylw'r wasg a'r cyhoedd ac o sylw'r Tywysog Charles. Gweithredai bob amser fel dirprwy i'r Canghellor gan ofalu am y cyfrifoldebau hynny. Yr unig swyddogaeth na all dirprwy ei chyflawni yw derbyn darpar raddedigion i'w graddau. Y Gwir Anrhydeddus Arglwydd Cledwyn o Benrhos oedd wythfed Dirprwy Ganghellor y Brifysgol a dechreuodd yn y swydd fis Ionawr 1985.[58]

Pan gafodd Cledwyn Hughes ei wneud yn *Companion of Honour* yn 1977, y Tywysog Charles oedd yn gyfrifol amdano gan fod y Frenhines yn Awstralia. Trefnwyd iddo gael y cyfarfod ym mis Chwefror 1977, ond heb gwmni ei briod. Yn ôl llythyr Palas Buckingham, 'I am afraid it is not customary for wives to be present on these occasions and I know you will understand that special exceptions cannot be made'.[59] Awgryma'r ateb ei fod ef o leiaf wedi gofyn am gael ei briod yn dyst i'r achlysur pwysig.

Daeth Cledwyn Hughes i adnabod Diana, Tywysoges Cymru, hefyd ac fe anfonodd hi lythyr ato yn Hydref 1981:

I cannot thank you enough for all the help you've given me for my visit to Wales. I am enormously grateful and touched that you'd want to take so much trouble.[60]

The tapes have just arrived and by the time we reach the city of Cardiff, I should be word perfect. I look forward to seeing yours in 'our' ways and again very many thanks for sparing us so precious time.

Yours most sincerely

Diana.[61]

Yn nodweddiadol ohono, i bawb yn ddiwahân, ei ddymuniad oedd rhoi'r croeso cynhesaf iddynt i Gymru a gwneud i'r unigolyn, pwy bynnag y bo, deimlo'n gartrefol.

Roedd y Tywysog Charles wrth ei fodd bod Cledwyn Hughes yn Ddirprwy Ganghellor fel y mynegodd yn ei lythyr o Balas Kensington yn Awst 1984:

This is just to say how very pleased I am to know, as Chancellor, that you are to take over as Pro-Chancellor from Lord Edmund-Davies next year. It is very good news and I shall greatly look forward to those occasions when we meet at university functions so that I can hear some more of your imitable Welsh stories.[62]

Roedd Cledwyn fel ei dad gynt yn storïwr heb ei ail, a byddai'n mwynhau adrodd ei storïau Cymreig pan fyddai'n ŵr gwadd yn y ciniawau mynych.

Derbyniai lythyron yn achlysurol dros y blynyddoedd gan y Tywysog, yn bennaf ar fater Prifysgol Cymru.[63] Yng Ngorffennaf 1988 ysgrifennodd y Tywysog Charles, 'At the risk of becoming an interfering Chancellor, I do feel that every effort should be made to push this progress further and faster'.[64] Roedd y Tywysog yn ymwybodol fod Prifysgolion eraill, yn arbennig Prifysgol Salford, yn gweithredu ar faterion yr amgylchedd, pwnc y rhoddai gryn sylw iddo. Teimlai'r Tywysog y dylid gwobrwyo'r academyddion a gwnaeth awgrym diddorol, 'I heartily agree with this and was wondering whether we could think about some kind of prize in my name which could be given to the most successful department, or whatever'.[65]

Ar ôl cyrraedd Tŷ'r Arglwyddi, bu Cledwyn Hughes yn gefnogol i Fesur yn ymwneud â'r Duchy of Cornwall. Lluniodd y Tywysog Charles lythyr yn Nhachwedd 1982 i gydnabod hynny:

> While the Bill may not have been 'political' in the usual sense, it was of course a Government Bill and I realise just how easily its progress could have been made infinitely less smooth had it not been for your constructive and helpful contribution.[66]

Daeth gair o ddiolch i Cledwyn Hughes am ei gysylltiad â Phwyllgor Tywysog Cymru y daeth yn aelod ohono yn 1980. Ar ddechrau 1989 ysgrifennodd y Tywysog o Sandringham House:

> I know that your duties in the House of Lords have prevented you from attending many of our meetings. However, we have always known of your real interest in our work and your readiness to respond to any request for help. I am sure this interest will continue and that we can rely on your support in the future, both in the House of Lords and in North Wales.[67]

Mae'n amlwg bod Cledwyn Hughes ar yr un donfedd â'r Tywysog ar fater cynhesu byd-eang. Hysbysodd y Tywysog ef am waith Dr Anthony Jones, o'r *Institute of Earth Studies*, ac am ei waith arloesol pwysig ar adnoddau dŵr a llifogydd yng Nghymru. Roedd y Tywysog wedi'i wahodd ef a Dr John Stoner i Highgrove House am drafodaeth.[68/69] Diolchodd y Tywysog Charles am syniadau Cledwyn Hughes ar 'Greenhouse Wales' gan awgrymu y gellid cyflwyno'r pwnc i Dŷ'r Arglwyddi. Awgryma hyn fod y Tywysog wrth ei fodd yn lobïo ac yn codi materion 'gwleidyddol' yn gyson.

Pan benderfynodd Cledwyn Hughes roddi'r gorau i'w swydd fel Dirprwy Ganghellor yn 1993, derbyniodd wahoddiad i fod yn Llywydd Coleg Prifysgol Cymru ym Mangor a dechreuodd ar y dasg honno yn 1995 lle bu'n hynod o ddiddig. Ond cyn ymadael â'i swydd fel Dirprwy Ganghellor, anfonodd air at y Tywysog a derbyn ateb:

> It was so good of you to write and let me know about Lord Williams of Mostyn becoming the next Pro-Chancellor. I shall look forward to meeting him in due course.I only hope his Welsh jokes are as good as yours![70]

Gofidiai'r Tywysog ym Mehefin 1995 iddo golli'r cinio a drefnwyd ar gyfer ymadawiad Cledwyn Hughes gan y Brifysgol ar ddiwedd cyfnod anodd.

Ei gamp ym Mhrifysgol Cymru oedd llwyddo i sicrhau digon o gyllid o law y Llywodraeth i uno Coleg y Brifysgol, Caerdydd ac Athrofa Gwyddoniaeth a Thechnoleg y Brifysgol. Gweithred gadarnhaol a ddaeth i rym am fod yr Arglwydd Cledwyn yn meddu ar amynedd Job. Molawd teg i'r Arglwydd Cledwyn o Benrhos yw byrdwn y llythyr o Balas Sant Iago:

> You have always been a great source of support to me, for which I remain eternally grateful. And I hope you will look back over your ten years with real pleasure and satisfaction at the changes and progress in the University over which you have presided.[71]

Anfonodd 'small tokens' fel y'i geilw o werthfawrogiad yn ogystal â theyrnged iddo am ei gyfeillgarwch, ei gefnogaeth a'i ganmoliaeth gyson i Dywysog Cymru. Mae'r llythyr yn tanlinellu hoffter mawr y Teulu Brenhinol o'r Arglwydd Cledwyn o Benrhos.[72]

Roedd y Fonesig Jean Hughes wrth ei bodd yn cael gwahoddiad gyda Cledwyn i Balas Buckingham a Chastell Windsor, fel y cyfeiriodd mewn cyfweliad yng nghylchgrawn *Pais*.[73] Roedd pobl, fel y Tywysog, yn gwerthfawrogi ei hawddgarwch, ei chyfarchion caredig, a'i pharch at eraill. Dyna brofiad yr Arglwyddes Shirley Sheppard hefyd a fu'n gweithio gyda Cledwyn yn Nhŷ'r Arglwyddi am ddeng mlynedd, a gweld cyfraniad gwych Jean Hughes: 'Jean and you make a very unique pair and I doubt if there is an equivalent in the world of politics throughout the world, let alone the United Kingdom.' [74]

Dioddef am ei Ddaliadau ar Ewrop (1970-4)

Er bod carfan o Gymry Cymraeg yn siomedig ar gyfnod Cledwyn Hughes yn Weinidog Amaeth, nid oedd hynny'n wir am arweinwyr y diwydiant na'r rhai a fu'n weision sifil iddo ac yn rhan o'r diwydiant amaeth. Derbyniodd lythyron yn diolch am ei gyfraniad a'i gyfeillgarwch. Aeth Gordon Glynn, dirprwy olygydd *Farmer and Stockbreeder*, cyn belled â dweud, 'The atmosphere at the Ministry reflected loyal team work which your congenial presence engendered.'[1]

Roedd y rhain yn falch fod Harold Wilson wedi'i ddewis fel llefarydd yr wrthblaid ar faterion amaethyddol. Roedd ganddo gymaint i'w gynnig yn y senedd ac i'r diwydiant. Yn ddiddorol iawn dechreuodd gadw dyddiadur yn niwedd mis Hydref 1970, ond dim ond am ryw chwe diwrnod; doedd ganddo mo'r ddisgyblaeth fel roedd gan Richard Crossman, Barbara Castle a Tony Benn. Ailgydiodd yn yr orchwyl yn 1976 a bu wrthi'n hirach, ond eto methai ddisgyblu ei hun i ysgrifennu'n ddyddiol. Yn nyddiadur 1970 cawn gipolwg ar ei fywyd gwleidyddol.

Y gwleidydd a gaiff ei sylw mwyaf yw James Callaghan. Yn Hydref 1970 ffoniodd Callaghan a chafodd wahoddiad i fynd ato am luniaeth a chyfle i drafod arweinyddiaeth y Blaid Lafur.[2] Bu Cledwyn yn onest a dweud wrtho ei fod yn hŷn na Harold Wilson, a bod Roy Jenkins yn ieuengach. Dyma'r tro cyntaf iddo enwi Roy Jenkins, ond mae'n amlwg fod y ddau ohonynt yn cyd-dynnu'n dda gyda'i gilydd. Dywedodd Callaghan fod Wilson yn ei gasáu, a'i fod am i Tony Benn ei ddilyn fel arweinydd. Ni allai Cledwyn gefnogi Benn:

'too undergraduate and unreliable' yw'r geiriau a ddefnyddiodd.[3] Gwelwn yn y sgwrs y noson honno agwedd arall ar Cledwyn. Medrai fod yn rhagfarnllyd, yn feirniadol ac yn onest, nodweddion sydd yn brin yn y dyn cyhoeddus. Yn ei asesiad o Roy Jenkins a Denis Healey, dywed Cledwyn fod Roy dipyn yn bell oddi wrth rywun, ac yn snob, ac nad oedd Denis yn un da fel cydweithiwr yn Nhŷ'r Cyffredin.[4]

Y diwrnod canlynol roedd yn siambr Tŷ'r Cyffredin. Canmolodd Jim Prior, un o'r Ceidwadwyr cymedrol, ond roedd yn llawdrwm ar Tony Barber gan nad oedd gan Barber fawr o ddyfnder, 'light and facile' yw'r disgrifiad.[5] Y noson honno cafodd swper gyda thri Aelod Llafur o Gymru, Elystan Morgan, John Morris a Brynmor John. Mae'n amlwg nad oedd yn gyfarwydd â Brynmor John, Aelod Seneddol a enillodd sedd Pontypridd yn 1970. Galwodd Cledwyn ef yn 'ddyn hyfryd' a chytunwyd y medrai ef fod yn Gadeirydd da i Grŵp Aelodau Seneddol Llafur Cymru a bod angen hybu a gweithio dros Gyngor Etholedig i Gymru.[6]

Gwelai serch hynny gymaint o wahaniaeth rhwng byd yr wrthblaid a bywyd prysur a bodlon Gweinidog y Goron:

> Dull day. This is when I feel the change to opposition most. Office in the House is a help. Discussion with Party officers about Agriculture, Fisheries and Food. Shell wants to see us about Amlwch project. Don't want to commit.[7]

Eto i gyd câi amrywiaeth o brofiadau, megis cael pryd o fwyd yn y Savoy gyda Bwrdd Llaeth Seland Newydd.[8/9] Yn y Tŷ gwrandawodd a chroesawu adroddiad Geoffrey Rippon ar y Gymuned Economaidd Ewropeaidd a gwerthfawrogodd ddawn llefaru Michael Foot mewn araith ar y diwydiant glo. Cafodd Cledwyn Hughes ginio gyda John Mackie, Elwyn Jones a Roy Jenkins a soniodd Mackie iddo weld George Brown y noson honno'n feddw fel y 'fiddler's bitch.'[10] Dadleuai y dyddiadurwr fod Lloyd George yn fwy o ddyn na Churchill, ond anghytunai Roy Jenkins.

Yn y Tŷ yn nechrau Tachwedd gwrandawodd ar Peter Thomas yn traethu fel Ysgrifennydd Gwladol i Gymru.[11] Gwelwn eto'i onestrwydd wrth ddisgrifio Peter Thomas fel gŵr nerfus, ond yr hyn a wnâi George Thomas oedd ceisio gwneud i wleidyddion y Tŷ chwerthin. Nid oedd yn falch o'i berfformans – 'The Tories enjoy this, but it doesn't get us anywhere'. Mewn noson 'Cymru yn Llundain'[12] cyfarfu â Peter Thomas a'i briod Tessa. Dywedodd hwnnw wrtho'i fod yn ffodus mai George Thomas oedd ei wrthwynebydd, ond cnoi ei dafod a dweud dim wnaeth Cledwyn Hughes.

Cafodd gynnig gan aelodau Sefydliad y Gymanwlad i fod yn olynydd i Syr Ben Bowen Thomas fel llywodraethwr ar ran Cymru. Cytunodd.[13] Roedd ganddo awch am swyddi ac anrhydeddau iddo ef ei hun ac i bobl eraill y credai eu bod yn eu haeddu.

Yn Nhachwedd, mewn cyfarfod o Aelodau Llafur Cymru etholwyd John Morris yn Gadeirydd.[14] Dyma wleidydd o'r radd flaenaf ym marn Cledwyn, ac un o'r pwysicaf yn y cyfnod rhwng 1970 a 2000. Tynnodd sylw at yr hollt yn y Grŵp, wrth fod ynddo Aelodau Seneddol oedd yn awyddus i wneud rhywbeth cadarnhaol dros Gymru, ond y gweddill heb unrhyw ddiddordeb. Cariai rhai faich euogrwydd am na fedrent siarad Cymraeg:

> They would never admit it even to themselves, but they regard those who do speak Welsh as fellow travelling Nationalists more often than not. They forget that we have fought the Welsh Nationalists longer and harder than they have, and that the Nationalists, in fact, made dramatic gains in the two seats, Rhondda West and Caerphilly, where the members, Iori Thomas and Ness Edwards had been consistently hostile to progress in Welsh matters.[15]

Cyfeiriodd at Adroddiad Crowther, a'i gyfraniad ef ac Elystan Morgan yn 1967, wrth baratoi ar ei gyfer. Teimlai falchder fod aelodau newydd fel Will Edwards ym Meirion a Brynmor John yn ychwanegu dimensiwn newydd. Un o'r partneriaid yng nghwmni cyfreithwyr Morgan, Bruce a Nicholas oedd Brynmor John, ac yn ffrindiau â Gwilym Prys Davies, felly. Bellach roedd rhai Aelodau Seneddol ym Morgannwg felly yn iach yn y ffydd o ran 'cenedlaetholdeb sosialaidd'.

Yng nghyfrol un o newyddiadurwyr y *Guardian*, Peter Jenkins, *Battle for Downing Street*,[16] awgryma'r awdur yn anghywir fod Cledwyn Hughes wedi troi ei gefn ar Harold Wilson. Nid oedd hynny'n wir o gwbl. Onid oedd Wilson wedi'i wahodd i'w ystafell i drafod apwyntio cynorthwyydd i Cledwyn ar Fainc Flaen yr wrthblaid? Penderfynodd y ddau ar Norman Buchan, Aelod Seneddol Llafur o'r Alban, fel y gŵr mwyaf cymwys.[17]

Ddiwedd Hydref, 1971 roedd Cledwyn Hughes ar gefn ei geffyl pan lwyddodd y Llywodraeth Geidwadol, o dan Edward Heath, i ennill gyda mwyafrif o 112 y bwriad o drafod ymhellach ymuno â'r Gymuned Ewropeaidd. Llwyddasai Ted Heath i gael y Gymuned Ewropeaidd i gytuno i dderbyn cais Prydain am ymuno. Yn sgil hyn bu hollt amlwg ymhlith Aelodau Seneddol y Blaid Lafur. Nid oedd mwyafrif y Blaid Seneddol, na Harold Wilson, na'r Gynhadledd Flynyddol, na'i Phwyllgor Gwaith yn barod i dderbyn y telerau a sicrhaodd Edward Heath o Frwsel. Siomwyd Cledwyn Hughes pan benderfynodd Cabinet yr Wrthblaid bleidleisio yn erbyn, gan na fedrai ef ddeall, nac esbonio hynny'n rhesymegol. Pan oedd Llywodraeth Llafur mewn grym, ymuno oedd eu dymuniad. Roeddynt fel llygod mewn sach bellach yn troi a throsi i gyfeiriadau gwahanol. Roedd y newid barn yn ddiegwyddor i Cledwyn, ei gyfaill Roy Jenkins ac i Aelodau Seneddol ar gyrion grym, fel Tom Ellis, Aelod Seneddol Wrecsam.

Bellach roedd gan Cledwyn Hughes swydd hynod o bwysig yn nhermau'r Farchnad Gyffredin, ac wedi dod o dan ddylanwad Roy Jenkins. Ymataliodd yn y bleidlais seneddol ar ddechrau trafodaeth mynediad i Ewrop o dan arweiniad Edward Heath yn Hydref 1971, gweithred nad oedd yn plesio Roy Jenkins. Yn ei hunangofiant dywed:

> I did not find this unsettling because I was convinced that it was one of the decisive votes of the century, and had no intention of spending the rest of my life answering the question by saying 'I abstained.' I saw it in the context of the first Reform Bill, the repeal of the Corn Laws, Gladstone's Home Rule Bills, the Lloyd George Budget and the Parliament Bill, the Munich Agreement and the May 1940 votes and was consequently fortified by my amateur historical interest.[18]

Daeth diwrnod mawr Cledwyn Hughes ar 28 Hydref pan ddaeth ailddarlleniad y mesur o flaen y Tŷ, a throdd yn rebel wrth benderfynu pleidleisio yn erbyn y Blaid Lafur. Dilynodd Roy Jenkins, yn un o 69 o aelodau Llafur, a phleidleisio gydag Edward Heath a'r Llywodraeth Geidwadol. Penderfynodd 20 arall atal eu pleidlais. Roedd 39 o aelodau seneddol y Blaid Geidwadol, gan gynnwys Enoch Powell, yn barod i gefnogi'r wrthblaid. Cafodd achos Ewrop fwyafrif o 112 ac roedd swyddfa chwipiaid y Blaid Lafur yn wallgof, am i 69 o Aelodau Seneddol wrthod gwrando ar eu harweiniad.[19] Teimlai Neil Kinnock yn flin wrth Cledwyn Hughes am wrthryfela, a gofynnodd y cwestiwn yn yr wythnosolyn, *Tribune*, 'But what kind of conscience permits Labour MPs to save the creators of a million unemployed?'[20] Y penwythnos hwnnw ysgrifennodd James Margrach, golygydd gwleidyddol y *Sunday Times*, 'The unconcealed objective of the Left now is either to humiliate Roy Jenkins and his allies into submission – or drive them from the party.'[21]

Roedd hi'n sefyllfa adfydus. Bu Cledwyn Hughes yn ffodus fod ganddo Bwyllgor Gwaith a changhennau o'r Blaid Lafur yn ei etholaeth oedd yn barod i dderbyn ei wrthryfel. Sylweddolodd Roy Jenkins y perygl ac mewn cyfarfod gwleidyddol yn Sir Gaerhirfryn addawodd beidio â phleidleisio gyda'r Llywodraeth wedyn. Dywedodd Jenkins ar ran y rebeliaid, 'If it cannot get its own legislation through, the Government is not in command of the House of Commons and must take the consequences'.[22]

Datblygodd tensiwn aruthrol yn rhengoedd Aelodau Seneddol y Blaid Lafur wedi hynny. Ymysg y 69 a wrthryfelodd roedd gwleidyddion o galibr yn ddigon parod i aberthu'u dyfodol yn rhengoedd Gweinidogion y Goron fel y tystia'r hanesydd Kenneth O Morgan:

> 'One or two senior figures among the 69, such as George Thomson and Cledwyn Hughes, found that they were ruled out ever again as possible members of a Labour Government'.[23]

Pechodd Cledwyn Hughes am byth yng ngolwg Harold Wilson. Roedd y ddau'n adnabod ei gilydd yn dda gan fod Cledwyn yn aelod o Bwyllgor Gwaith Cangen y Deyrnas Unedig o'r *Commonwealth Parliamentary Association*, o dan gadeiryddiaeth Harold Wilson. Dim ond ef, James Griffiths ac Eirene White oedd y Cymry ar y Pwyllgor Gwaith.[24] Yn y coffâd i Cledwyn yn y *Daily Telegraph* yn 2001, dywedir bod ei dymor yn Swyddfa'r Gymanwlad 1964-6 wedi bod yn un o uchafbwyntiau'r Llywodraeth, 'Wilson rated him as one of the Government's successes'.[25] Yn ôl Andrew Roth, rheswm digon sbeitlyd oedd y tu ôl i'r hyn a wnaeth Wilson yn 1968, 'Wilson made him Minister of Agriculture, partly to get rid of Fred Peart who was a fanatical anti common-marketer, and partly to promote a Wilson loyalist, George Thomas'.[26] Ni ddangosodd Wilson unrhyw drugaredd tuag ato a chafodd ei ddiswyddo. Un o'r rhai a deimlodd i'r byw oedd Jim Griffiths, a anfonodd lythyr gan ddweud fod ei wasanaeth i lywodraethau Llafur 1964-70 yn haeddu gwell na hyn.[27] Felly bu'n rhaid i Cledwyn ildio'i le yng Nghabinet yr Wrthblaid.

Bu'n gyfnod anodd i Cledwyn. Credai fod y symudiad o blaid Ewrop yn ddadl dros heddwch ar y cyfandir. O 1871 hyd 1945 bu Ewrop yn faes y gwaed ac roedd heddwch yn awr yn bosibl. Bu'r blynyddoedd 1970-74 yn flynyddoedd anodd iddo am fod ei Blaid yn symud i'r chwith ac yntau am roddi delwedd fwy atyniadol o blaid ddeallus ac effeithiol i'r etholwyr.[28] Gŵr y canol ydoedd mewn gwirionedd, yn tueddu i gydymdeimlo â'r dde yn wleidyddol a bellach roedd ar y fainc gefn. Ni ddychmygodd Wilson na neb o'r arweinwyr eraill mai Cledwyn Hughes, a gafodd ei ddiswyddo mor ddiseremoni, fyddai cyn diwedd y ddegawd yn un o gymwynaswyr pennaf y Blaid Lafur Seneddol.

Hefyd, roedd yr hinsawdd economaidd yn ei boeni'n fawr. Cododd diweithdra yng Nghymru o fod yn 5.4% yn 1972 i 7% erbyn 1975 yn sgil dirwasgiad rhyngwladol wrth i bris yr olew godi. Bu'n rhaid i'r diwydiannau trwm ildio swyddi wrth y miloedd. Yn nhref Shotton, ar lan Afon Ddyfrdwy yn 1972, cyhoeddwyd y byddai 6,000 o swyddi'n diflannu.[29] Er mai'r Torïaid oedd wrth y llyw, i wleidydd fel Cledwyn Hughes nid oedd cysur o gwbl yn hynny o beth.

Gwelai fod Cymru, o dan arweinyddiaeth George Thomas, yn sefyll yn ei hunfan.[30] Bu'r cyfeillgarwch rhyngddo ef a George Thomas yn un o'r dirgelion pennaf, ac ni allai wrthod lletygarwch iddo pan ddeuai ar ymweliad â'r teulu ym Môn. Sebonwr heb ei ail oedd George Thomas a chawn ein twyllo gan bobl felly. Mae'n amlwg bod Cledwyn a Jean Hughes yn tueddu i dderbyn ei eiriau canmoliaethus ond yn anghofio eu bod yn llawn sebon!

Gwyddai Cledwyn cystal â neb mai problem fawr y Blaid Lafur yn y cyfnod hwn oedd ennill Cymry Cymraeg ifanc i'w rhengoedd. Roedd yn fodlon iawn gyda'r Aelodau Seneddol newydd a ymunodd yn 1970: Neil Kinnock (Bedwellte), Caerwyn Roderick (Brycheiniog a Maesyfed), Gwynoro Jones (Caerfyrddin), Barry Jones (Dwyrain Fflint), Brynmor John (Pontypridd), Jeffrey Thomas (Abertileri), Denzil Davies (Llanelli) a Tom Ellis (Wrecsam), pedwar ohonynt yn rhugl yn y Gymraeg.[31] Yng Nghaerdydd ceid Cymry ifanc oedd yn awyddus i fod yn rhengoedd Llafur, fel Gareth Howell (mab Lyn Howell), John Gilbert Evans a ymladdodd Gorllewin Fflint yn Etholiad

1970, a Barry Jones oedd yn ddarlithydd gweithgar. Ond, eithriadau oedd y rhain er bod eraill yn barod i gynrychioli Llafur fel ymgeiswyr seneddol, fel Emlyn Sherrington yn Arfon, Ann Clwyd Roberts yn Ninbych, Gordon Parry ym Mhenfro, a D Ben Rees yng Nghonwy. Dibynnai'r Blaid Lafur yn fawr ar yr Undebau Llafur a'u swyddogion sirol a rhanbarthol yn y cyfnod 1970-1974.

Enillodd S O Davies ei sedd ym Merthyr yn Etholiad Cyffredinol 1970 yn erbyn yr Undebwr Tal Lloyd a pheiriant y Blaid Lafur. Am fod y Blaid Lafur yn ei gyfrif yn rhy hen, bu'n rhaid iddo sefyll fel Llafur Annibynnol, a chymaint oedd y parch iddo yn yr etholaeth fel yr enillodd gyda mwyafrif o 7,465. Ar ei farwolaeth yn 1972 enillodd Ted Rowlands y sedd yn ôl i Lafur, ond y tro hwn bu Emrys Roberts, Plaid Cymru, yn dra llwyddiannus. Daeth o fewn 3,710 i gipio'r sedd ddiogel.[32] Roedd un o ddeallusion y Blaid Lafur yn Lloegr, Gerald Purnell, wedi rhybuddio Llafur yng Nghymru cyn isetholiad Merthyr am y perygl o du'r Cenedlaetholwyr. Iddo ef tacteg ac agwedd Cledwyn Hughes oedd yr unig ymateb i'r bygythiad o du Plaid Cymru:

It is not Labour in Wales which is blind to the challenge of nationalism. But if its representatives at Westminster were to starve the party of an effective policy for devolution, the results may be disastrous.[33]

Roedd Cledwyn Hughes wrth ei fodd yn 1973 pan argymhellodd Comisiwn Crowther (Kilbrandon) fesur helaeth o rym llywodraethol i Gymru. Fel y dywed Emyr Price:

Mawr oedd y disgwyl, felly gwelid George Thomas yn gorfod gwthio'r polisi hwn gan fynnu y byddai'n flaenoriaeth gan y Llywodraeth Lafur nesaf, ond anniddig oedd Cledwyn Hughes a'r datganolwyr eraill ynglŷn â safbwynt llugoer llefarydd Cymru ynglŷn â'r pwnc.[34]

Deuthum i adnabod Aelod Seneddol Môn yn dda yn y cyfnod hwn, wedi i mi gael fy newis i ymladd dros y Blaid Lafur yn etholaeth Conwy. Credem fod gen i gyfle da i adennill Conwy wedi i'r Ceidwadwr, Wyn Roberts, ennill y sedd o afael Ednyfed Hudson Davies yn 1970, gyda dim ond 903 o bleidleisiau. Camgymeriad o'r mwyaf. Doedd Wyn Roberts ddim yn rhych y Ceidwadwyr traddodiadol, ond yn hytrach yn yr un traddodiad â Cledwyn Hughes a minnau, yn Gymro twymgalon ac yn hoff o'r werin bobl. Dyma gyfathrebwr effeithiol a fu am flynyddoedd ym myd y cyfryngau, a go brin y byddai neb yn llwyddo i gael y gorau arno tra safai ef yng Nghonwy. Enillodd y ddau Etholiad a gynhaliwyd yn 1974.

Yn y deunaw mis cyn Etholiad 1974 byddai Cledwyn a minnau'n dod at ein gilydd yn gyson ar Sadyrnau i le bwyta ym Mhorthaethwy amser cinio a bu'n gaffaeliad mawr. Pan fyddwn yn ymgyrchu ym Mangor, clywn yn aml, 'pobl Cledwyn ydan ni', hynny yw, nid pobl y Blaid Lafur, ond cefnogwyr Cledwyn Hughes. Pleidlais bersonol oedd hi'n amlwg ym Môn. Gwyddai ef, yn well na neb, nad oedd gan y Blaid Lafur ewyllys mawr yn y cyfnod y bu ef yn yr anialwch, a digon aneffeithiol oedd ei gallu i drosglwyddo'i neges ar y cyfryngau. Sefydlwyd y cylchgrawn *Welsh Radical* yn Nhachwedd 1970, ond byr fu ei barhad. George Thomas oedd y drwg yn y caws. Ysgrifennai golofn wythnosol yn y *Liverpool Daily Post,* colofn creu stŵr a helynt, a chred Dafydd Wigley, yn ddigon teg, fod y golofn wedi gwneud cryn ddifrod i ddelwedd y Blaid Lafur yng ngogledd Cymru. Roedd gan George Thomas, a llawer Aelod Seneddol Llafur arall, obsesiwn gyda chenedlaetholwyr, datganoli a Chymreictod.[35] Dywed yn ei gofiant, '… My views on devolution were an embarrassment to people like Cledwyn Hughes, Elystan Morgan, John Morris and Tom Ellis, who lived in a world of their own, cocooned by Nationalist aspirations'.[36]

Pan alwodd Ted Heath etholiad yn Chwefror 1974 roedd ef ei hun mewn panig ac wedi cael tymor caled. Wynebodd ei lywodraeth yn 1972 streic y glowyr a barodd am 50 diwrnod, cyfnod o chwerwedd, trais a phrotestio dialgar. Bygythiwyd streic arall ym mis Tachwedd 1973. Penderfynodd Ted Heath herio'r glowyr gan gredu mai bygythiadau'r glowyr fyddai unig bwnc trafod yn yr etholiad cyffredinol, ond buan iawn yr ehangwyd yr agenda.

Yn ystod yr ymgyrch daeth Harold Wilson i annerch cyfarfod ym Mangor a daeth cyfle i rannu llwyfan gydag ef, Cledwyn Hughes a Wil Edwards. Cafodd pawb gyfle i lefaru, ond Wilson oedd y mwyaf fflat y noson honno. Aeth yr Athro Huw Morris-Jones i drwmgwsg o'i flaen, ond ni allai fy mab, Dafydd, wyth oed, dynnu ei lygaid oddi ar un a fu'n Brif Weinidog, ac a fyddai'n fuan yn ôl yn 10 Downing Street. Roedd hi'n stori wahanol yng Ngwynedd.

Collodd Llafur seddau Meirionnydd a Chaernarfon i Blaid Cymru a cholli tir yng Nghonwy gan i'r Rhyddfrydwyr gynyddu eu pleidlais o 13.8%.[37] Roedd y Mudiad Llafur yng Ngwynedd yn colli ei ddylanwad, wrth i'r chwarelwyr a gweithwyr y diwydiannau trwm farw. Ym Meirionnydd teimlwyd nad oedd yr Aelod Seneddol Wil Edwards wedi bugeilio'r sedd fel y dylsai.[38] Collodd o 588 o bleidleisiau i Dafydd Elis-Thomas, Plaid Cymru. Yng Nghaernarfon roedd Goronwy Roberts, ar ôl gwasanaethu am 29 mlynedd, yn gorfod ildio'i sedd i Dafydd Wigley, Plaid Cymru.[39] Wedi clywed am brofiad un o Undebwyr amlycaf cylch Llanberis, Bert Thomas, gwnaeth Andrew Edwards y sylw hwn, 'Poor organisation and the lack of active branches meant that problems were never addressed'.[40]

Ond llwyddodd Cledwyn Hughes unwaith eto:[41]

Cledwyn Hughes	Llaf	14,652	41.8%
Thomas Vivian Lewis	C	8,898	25.4%
Dafydd Iwan	PC	7,610	21.7%
Edwin Jones	Rh	3,882	11.1%
Mwyafrif		5,754	16.4%

Roedd gan Lafur le i lawenhau ym Môn, 41.8% o blaid Cledwyn a dim ond 1.3% o newid ers 1970, tra oeddwn i, yng Nghonwy, wedi gweld 11.0% o gwymp ym mhleidlais y Blaid Lafur. Dyma ddechrau'r newid yng ngwleidyddiaeth Prydain, gan i bleidlais y ddwy brif blaid syrthio o dan 12 miliwn. Nid oedd hyn wedi digwydd i'r Ceidwadwyr oddi ar 1966 nac i'r Blaid Lafur oddi ar 1945. Mewn cyferbyniad cynyddodd pleidleisiau y pleidiau llai, y Rhyddfrydwyr i 6 miliwn a'r Cenedlaetholwyr yng Nghymru a'r Alban i 800 mil. Roedd y Cenedlaetholwyr yn yr Alban wedi llwyddo'n dda. Canlyniad Etholiad Chwefror 1974 oedd bod gan Lafur fwyafrif o bedwar dros y Ceidwadwyr a'r rhagolygon yn darogan etholiad arall yn fuan. Oherwydd diffyg brwdfrydedd y Rhyddfrydwyr dros gefnogi Heath a'r Torïaid gorfu i'r Blaid Geidwadol ildio'r awenau. Daeth Harold Wilson yn Brif Weinidog ar 4 Mawrth 1974. Roedd hi'n anodd arno a gwir oedd geiriau Martin Holmes, 'It is no exaggeration to claim that no post-war Prime Minister took office in more difficult circumstances than Harold Wilson on 4 March 1974'.[42]

Dyma'r Llywodraeth Lafur leiafrifol gyntaf ers 1931, a hynny'n golygu y byddai'n rhaid galw Etholiad Cyffredinol arall o fewn ychydig fisoedd. Etifeddodd Wilson sefyllfa economaidd enbydus a grëwyd yn bennaf trwy bolisïau Llywodraeth 1970-4.[43] Hefyd, roedd y Blaid Lafur wedi symud i'r chwith, y tu hwnt i ddyheadau a gobeithion Wilson ei hun. Gan ei fod bellach mewn llywodraeth, disgwylid iddo weithredu polisïau sosialaidd ar fyrder, ond fel arbenigwr ym myd economeg, gwyddai na allai wneud hynny gyda mwyafrif mor fychan. Ei dasg gyntaf oedd cadw'r ddysgl yn wastad wrth apwyntio aelodau i'r Cabinet gan roddi lle i wleidyddion o'r chwith a'r dde. Gobeithiai Cledwyn Hughes y byddai ganddo yntau ran yn y Cabinet newydd. Cafodd Michael Foot, cydwybod y chwith, y cyfle i fod yn Weinidog Gwaith, apwyntiad a roddodd lawer o foddhad i arweinwyr y Mudiad Llafur fel Jack Jones.[44] Gadawyd Cledwyn Hughes unwaith eto ar y fainc gefn, er syndod a siom i lawer o'i gefnogwyr, gan gynnwys Roy Jenkins. Roedd Roy Jenkins wedi gobeithio cael y cyfle i fod yn Ganghellor ond Denis Healey ddewisodd Wilson, ac ni theimlai fod galw arno i roddi swyddi i rai o gefnogwyr Jenkins, er yr haeddent le yn y Cabinet.[45]

Yn ei hunangofiant, *Life at the Centre*, dywed Roy Jenkins fod Cledwyn Hughes wedi derbyn y sefyllfa heb ddangos ei siom:

> I recorded that Bob Maclennan, Dick Mabon and Cledwyn Hughes showed the greatest generosity of expression to their own positions, or at least the greatest generosity of expression towards me.[46]

Gallai Cledwyn adrodd y noson honno wrth feddwl am Harold Wilson, Roy Jenkins ac yn ddiweddarach, James Callaghan:

> Cyfnewidiol ydyw dynion
> A siomedig yw cyfeillion.

Roedd bellach ar ei ben ei hun. Roedd Aelodau Seneddol Llafur Gwynedd wedi'u trechu ac yntau bellach yn croesawu ar y trên i Euston Wyn Roberts, Dafydd Wigley a Dafydd Elis-Thomas, pob un ohonynt yn ffrind, ond yn perthyn i bleidiau eraill.[47]

Daliodd Cledwyn i wasanaethu ei etholwyr, ei Blaid, a'i genedl yn ystod haf 1974, gan ddisgwyl Etholiad arall. Galwodd Wilson Etholiad ar gyfer

Hydref 1974, ac roedd hyn yn rhoddi straen mawr ar ymgeiswyr a fyddai'n ymladd dau Etholiad Cyffredinol o fewn saith mis i'w gilydd. Nid oedd rhaid iddo ofni ym Môn a chafodd ganlyniad ardderchog arall:[48]

Cledwyn Hughes	Llaf	13,947	41.6%
Vivian Lewis	C	7,975	23.8%
Dafydd Iwan	PC	6,410	19.1%
Mervyn Ankers	Rh	5,182	15.5%
Mwyafrif		5,972	17.8%

Roedd ganddo dymor arall yn San Steffan, a balch ydoedd fod Cynulliad Etholedig i Gymru ac i'r Alban wedi'u cynnwys ym Maniffesto'r Blaid Lafur. Rhoddodd sylw arbennig i'r bwriad yn ei anerchiadau yn y Cyfarfodydd Cyhoeddus ar hyd a lled yr ynys. Lleiafrif bychan o dair sedd dros yr holl bleidiau eraill oedd gan Lywodraeth Lafur Hydref 1974, ond gobeithiai Cledwyn, a gawsai'i ddolurio'n enbyd ym Mawrth 1974, y byddai'r Hydref yn rhoddi cyfle arall iddo ennill ei le yn y Cabinet ac yntau ond yn 58 mlwydd oed. Am yr eildro mewn llai na saith mis cafodd ei wrthod gan Harold Wilson ac meddai Emyr Price, 'Siom fawr oedd hyn iddo'.[49]

Allan o'r Cabinet ond Conffidant y Prif Weinidog (1974-9)

Nid gwleidydd oedd am aros yn ei unfan oedd Cledwyn Hughes a gwyddai'n dda fod llu o Aelodau Seneddol yn anhapus gyda Ian Mikardo, Cadeirydd adain chwith y Blaid Lafur Seneddol. Safodd yn ei erbyn mewn etholiad gan wybod y byddai'r Grŵp Maniffesto a sefydlwyd yn 1974 yn barod iawn i'w gefnogi. Roedd ynddo 80 Aelod Seneddol ac enillodd yn gyffordus. Teimlai Mikardo mor flin fel na soniodd o gwbl am yr etholiad nac am Cledwyn yn ei hunangofiant *Back Bencher*.[1] Roedd ennill yn erbyn Mikardo yn gryn gamp, gan mai'r chwith oedd yn tra arglwyddiaethu o fewn y Blaid Lafur.[2] Derbyniodd Cledwyn nifer go dda o lythyron yn ei longyfarch. I'w ffrind mawr ar fater Ewrop, Roy Jenkins, roedd ei lwyddiant yn hynod o bwysig. Ef oedd yr union berson i uno'r Blaid Lafur ar adeg o argyfwng yn ei hanes, yn arbennig yn y ddadl ynglŷn â'r Gymuned Ewropeaidd a pholisïau yn ymwneud â diwydiant. Ond, byrdwn neges Roy Jenkins oedd ei longyfarch, 'What a great triumph I think your election was. It was at once a touch for the forces of moderation and a personal triumph for you'.[3]

Mater arall heblaw Ewrop fyddai'n uchel ar agenda Cledwyn oedd Datganoli i Gymru a'r Alban. Ailetholwyd Gwynfor Evans dros Gaerfyrddin yn 1974 ac anfonodd yntau lythyr caredig yn llawenhau iddo gael ei ethol i swydd 'fawr a dylanwadol,' sef Cadeirydd y Blaid Lafur Seneddol, 'Ewch iddi gyda'm llongyfarchiadau didwyll a'm dymuniadau gorau. Rwy'n siŵr y bydd Cymru ar ei hennill yn fawr mewn cyfnod o gyfle a datblygiad hanesyddol'.[4]

Gwyddai Roy Jenkins fod ganddo ddirprwy ardderchog yn y frwydr o gael Prydain i aros yn y Farchnad Gyffredin. Dros yr haf cysylltai Roy Jenkins a Cledwyn Hughes â'i gilydd yn gyson gan eu bod yn sylweddoli bod Tony Benn, yn fwy na neb, yn mynnu bod pobl Prydain yn cael yr hawl i bleidleisio mewn Refferendwm. Erbyn iddo anfon ei lythyr i longyfarch Cledwyn ar ei swydd allweddol, roedd hi'n amlwg fod yr Ewropeaid selog wedi colli'r frwydr dros atal y Refferendwm. Gwyddai Wilson mai'r gamp fawr oedd cadw ei blaid rhag rhwygo ar fater mor emosiynol ag Ewrop.[5] Roedd Cledwyn ar flaen y gad. Sefydlwyd Pwyllgor Ewrop ar draws y pleidiau yn Ynys Môn. Y Llywydd oedd Cledwyn Hughes, gyda'r Rhyddfrydwr, Emrys Roberts yn Gadeirydd a R T D Williams, Porthaethwy yn Ysgrifennydd. Gwahoddwyd Jean Hughes ar y Pwyllgor Gwaith, yn un o bedwar aelod ar ddeg. Hi gafodd y dasg o gyflwyno enwau pobl y Blaid Lafur a fyddai'n gyfrifol am gylchoedd ar hyd a lled yr Ynys.[6]

Diddorol sylwi mai'r Parchedig Emlyn Richards oedd yn gyfrifol am y filltir sgwâr o amgylch Cemaes dros y Llafurwyr.[7] Roedd Llafurwyr pwysig yn barod i frwydro yn erbyn aros yn y Farchnad Gyffredin, ac yn bendant am ddod allan o 'glwb y byddygions', er mai lleiafrif oedd y rhain yn y Cabinet. Roedd y Blaid ei hun yn gwbl ranedig. Pan bleidleisiodd Tŷ'r Cyffredin ar ôl y Pasg, sylweddolwyd bod 145 o Aelodau Seneddol Llafur o blaid, 137 yn erbyn a 33 heb fwrw pleidlais. Daliai'r Torïaid i frwydro dros Ewrop, er gwaetha'r ffaith iddynt ethol Margaret Thatcher yn hytrach na Ted Heath yn arweinydd ym mis Chwefror 1975. Yn y Gynhadledd arbennig a gynhaliodd y Blaid Lafur ar 26 Ebrill, pleidlais nacaol a gafwyd. Roedd y Blaid Lafur Brydeinig yn anghytuno'n ddybryd â'r Llywodraeth Lafur.

Y grŵp pwysig dros gadw Prydain yn y Farchnad Gyffredin oedd Prydain yn Ewrop (*Britain in Europe*). Lansiwyd y mudiad hwn yn Ebrill 1975 dan gadeiryddiaeth yr arweinydd, Roy Jenkins, ac roedd Cledwyn Hughes yn un o'r rhai a siaradodd. Fel y dywedodd Jenkins, 'To see politicians of different parties sitting and working together was a pleasant shock for most of the public'.[8]

Ni alwyd ar Cledwyn i siarad mewn cyfarfodydd a gynhaliwyd yn ninasoedd Lloegr, ond yng Ngwynedd, pwysleisiai ei fod o blaid Ewrop am fod y Farchnad Gyffredin yn cynnig cyfleusterau economaidd ac yn ffordd o gadw heddwch ar gyfandir lle bu cymaint o ryfela.

Cafodd Cledwyn ei enwi gan Roy Jenkins fel un o sêr yr ymgyrch ond un a ddioddefodd am ei ddaliadau:

Cledwyn had worked very successfully to produce the remarkable result of 72 percent 'yes' vote in Gwynedd, the more rural half of North Wales.[9]

Gan i Cledwyn ailgychwyn ar ei ddyddiadur, mae gennym dystiolaeth werthfawr iawn o'i ddyletswyddau fel Cadeirydd y Blaid Lafur Seneddol o fewn y Tŷ Cyffredin. Y dasg anodd iddo oedd cyfathrebu gyda'i arweinydd, Harold Wilson, gan nad oeddynt, a dweud y lleiaf, yn bennaf ffrindiau. Roedd amgylchiadau economaidd yn fygythiad oherwydd erbyn Ionawr 1975 roedd 700,000 o bobl yn ddi-waith ym Mhrydain, ac ym Môn roedd 11.9% o'r gweithwyr ar y clwt.[10] Cafodd Cledwyn gryn dipyn o sioc ar 16 Mawrth 1976 pan alwyd ef i weld y Prif Weinidog yn 10 Downing Street am 11.35 y bore. Disgrifia'r hyn a ddigwyddodd: 'PM alone with no pipe and half pint of beer. Very relaxed. Said, he had decided to resign. Had made up his mind months ago.'[11]

Dywedasai eisoes wrth George Thomas, oedd ar fin cael ei ethol yn Llefarydd Tŷ'r Cyffredin, a gwyddai Denis Healey yn amlwg gan ei fod ef yn Rhif 10 cyn Cledwyn. Ar Cledwyn y disgynnai'r cyfrifoldeb aruthrol o ofalu am y broses etholiadol, a chyn ymadael gofynnodd yn naturiol faint o amser oedd ganddo i drefnu. Atebodd y Prif Weinidog ryw 'bythefnos i dair wythnos'. Dywedodd Cledwyn yn ddigon plaen wrtho, 'I said that was helpful, as unseemly haste in such a procedure would be undignified and harmful to Parliamentary Party.'[12]

Galwyd cyfarfod arbennig o'r Blaid Lafur Seneddol y noson honno a chyflwynodd Cledwyn Hughes yr amserlen gan egluro'r broses. O fewn chwe munud roedd y cyfan drosodd gan adael yr Aelod Seneddol i ystyried y newyddion a'r ymgeiswyr. Pan gyrhaeddodd ei fflat yn hwyr y noson honno cafodd y newyddion gan ei fab, Harri, fod rhywun neu rywrai wedi torri i mewn i'w ail gartref.[13] Y diwrnod canlynol, cafwyd cyfarfod arbennig o'r Blaid Lafur Seneddol.[14] Clywodd si fod Denis Healey yn bwriadu sefyll ond bod Shirley Williams wedi penderfynu peidio er bod rhai'n darogan y medrai hi fod y ferch gyntaf i fod yn Brif Weinidog.[15]

Ddiwedd yr wythnos aeth ar y trên am adre gan fod cyfarfod Plaid Lafur Môn yn Llangefni lle y disgwylid iddo gyflwyno adroddiad o'i weithgareddau.[16] Yr wythnos wedyn cafodd ginio yn Lancaster House gan fod Mikhail Gromyko, Gweinidog Materion Tramor yr Undeb Sofietaidd, yn ymweld â Llundain. Gwnaeth Jim Callaghan araith ardderchog ac eisteddai Cledwyn ar y bwrdd bwyd yn ymyl Dirprwy Weinidog Tramor yr Undeb Sofietaidd.[17] Mewn parti a drefnodd George Thomas i Aelodau Seneddol o Gymru a'u gwragedd, dywedodd George wrtho ei fod yn gobeithio y byddai Jim Callaghan yn cipio'r brif swydd. Ni fu Cledwyn yn gysurus yn y parti gan fod ei fab, Harri, yn Ysbyty Sant Thomas.[18] Ymwelodd ag ef a dychwelyd yn gydwybodol i'r Tŷ i bleidleisio. Am hanner nos ffoniodd yr ysbyty i ddweud bod yn rhaid iddynt drefnu llawfeddygaeth a gwnaed hynny'n llwyddiannus.

Ymhen deuddydd rhoddodd ganlyniadau'r balot cyntaf i'r aelodau.[19] Ymadawodd Tony Crosland, Tony Benn a Roy Jenkins â'r ornest gan adael tri ymgeisydd, Jim Callaghan, Denis Healey a Michael Foot i frwydro am ragor o gefnogwyr. Credai Cledwyn fod ei gyd-aelodau wedi ymddwyn yn llawer gwell nag a wnaeth Aelodau Seneddol y Blaid Dorïaidd mewn sefyllfa debyg yn 1963 ac 1974. 'Has made my task much easier.'[20]

Ffoniodd Jim Callaghan, gan awgrymu iddo y gallai gysgu'n dda'r noson honno. Ni chredent fod gan Denis Healey unrhyw obaith. Gohirio'r anorfod a wnâi ef. Canlyniad yr ail falot oedd:

James Callaghan	141
Michael Foot	131
Denis Healey	38

Y ddedfryd yn y balot terfynol:[21]

James Callaghan	176
Michael Foot	137

Cledwyn Hughes a lywiodd y cyfan, gan gydnabod cyfnod Harold Wilson a dymuno'n dda i'w olynydd. Dywed Cledwyn yn ei ddyddiadur,

'As one of his oldest political friends and colleagues, I was glad for him. I said it was an historic occasion.'[22] Rhoddodd iddo gyngor i gofleidio'r rhai a bleidleisiodd yn ei erbyn. Ychwanegodd Cledwyn: 'I did not press my own claim for Office, which I think is a reasonable one and several members have said they expect me to be in'.[23]

Cafodd siom arall oherwydd, 'He does not want another election for Chairmanship of PLP now. That is my bad luck but it's politics'.[24] Fel y dywed Emyr Price, 'Ond ni ellir gwadu ei fod yn hynod siomedig nad oedd ym mwriad Callaghan rhoi iddo'r hyn a ddeisyfai er 1974, sef cael dychwelyd i Gabinet Llafur unwaith eto'.[25] Gallasai Callaghan yn hawdd fod wedi rhoddi swydd yn y Cabinet iddo a rhyfedd meddwl na ddywedodd Cledwyn Hughes yn blaen wrtho ei fod ef yn ei haeddu. Mewn cyfarfod arbennig o'r Blaid Lafur Seneddol agorwyd y gweithgareddau gydag anerchiad gan Cledwyn a gwahoddwyd y Prif Weinidog newydd i ddweud gair.[26] Derbyniodd Harold Wilson gymeradwyaeth fawr a chafodd Michael Foot, Roy Jenkins a Denis Healey dderbyniad da. Dywedodd Elwyn Jones wrth Cledwyn iddo gyflawni ei waith gyda graen anghyffredin.[27]

Daeth y wasg i mewn i glywed cyfarchiad y Cadeirydd. Trodd Harold Wilson ato a dweud, 'Remember to tell the lobby I had a standing ovation'. Cwestiwn Cledwyn yn ei ddyddiadur oedd pwy tybed yr oedd Wilson wedi pleidleisio drosto yn y ddwy bleidlais gyntaf, gan ychwanegu 'rwy'n amau mai Jim Callaghan a'i cafodd'.[28]

Os oedd Cledwyn wedi'i siomi gan benderfyniad Callaghan ychydig ddyddiau yn gynharach gwahoddodd Cyngor Bwrdeistrefol Ynys Môn ef i dderbyn Rhyddfraint er Anrhydedd Cyntaf y Fwrdeistref yng Ngholeg Pencraig, Llangefni, yn Ebrill 1976.

Cafodd siwrnai ddifrifol o Lundain ac ni chyrhaeddodd Gaergybi tan 5.30 o'r gloch y bore. Nid oedd gormod o ffws na ffwdan yn y seremoni, dim ond diolchgarwch didwyll i'w gynrychiolydd ers 1951. Golygai derbyn y Rhyddfraint gymaint iddo ef a'i briod ac ymdeimlai â'r cyfeillgarwch.[29] Fore trannoeth mewn syrjeri yng Nghaergybi, nododd fod y mwyafrif llethol yn siarad Cymraeg. Pwysleisia yn ei ddyddiadur y dylai pob Aelod Seneddol ym Môn fod yn siarad Cymraeg.[30] Ar derfyn y syrjeri trodd am yr orsaf er mwyn dal trên am Lundain.

Gwyddom fod James Callaghan wedi'i siomi ond ni adawodd i hynny amharu ar ei gyfrifoldeb newydd. Dibynnai James Callaghan yn gyfan gwbl arno. Ef oedd y gwleidydd y medrai Callaghan rannu cyfrinachau ag ef. Bu'n cynghori'r Prif Weinidog newydd yn gyson rhwng 1976 ac 1979. Roedd sefyllfa'r Blaid Lafur yn peri gofid erbyn Ebrill 1976 am iddynt golli nifer o isetholiadau, ac roedd ansicrwydd am ba hyd y gallai'r Llywodraeth Lafur barhau. Llywodraeth leiafrifol oedd hi, yn dibynnu ar ewyllys da'r Cenedlaetholwyr o Gymru a'r Alban ac Aelodau Seneddol y Blaid Ryddfrydol. Cledwyn Hughes oedd yr un a fedrai rwymo'r rhain wrth ei gilydd, a daeth yn wleidydd dylanwadol eithriadol. Cyfunai swydd y conffidant a'r cynghorwr, yn ogystal â bod yn Gadeirydd y Blaid Lafur Seneddol. Cydnabu hyd yn oed George Thomas hyn:

> Cledwyn's power and influence with the Prime Minister had become enormous: out of office, he attained much greater strength than he had as member of the Cabinet.[31]

Âi i 10 Downing Street yn gyson er mwyn gwrando ar drafferthion y Prif Weinidog. Sylweddolodd fod Harold Wilson wedi gwneud camgymeriadau mawr wrth lunio'i Restr Anrhydeddau, y soniodd amdani wrth Cledwyn.[32] Roedd rhyw gant o Aelodau Seneddol wedi anfon llythyr hynod o negyddol gan feirniadu'n llym gynnwys gwŷr fel yr Arglwydd Kagan a Jimmy Goldsmith ar y rhestr. Ni wyddai Cledwyn am neb oedd yn barod i'w hamddiffyn. Holai pawb 'pam fod Harold Wilson wedi gwneud y fath beth?'[33] Cwblhaodd ei dymor fel Prif Weinidog gydag anrhydedd ond yna diflasodd y cyfan a'i enw da ei hun. Dywedodd George Thomas wrth Cledwyn fod Elwyn Jones, ac eraill, wedi gwrthod yr anrhydedd.[34]

Ar 9 Mehefin cymerodd Cledwyn y Gadair yng Nghyfarfod y Blaid Lafur Seneddol i drafod Cynllun Budd-dâl Plant y Llywodraeth. Gwnaeth y Gweinidog yng ngofal y cynllun ei orau ond roedd Barbara Castle yn ffyrnig yn erbyn.[35] Cyflwynodd Cledwyn Hughes y sefyllfa yn deg i Callaghan a'i rybuddio bod trafferth ynglŷn â'r bwriad.[36] I Callaghan roedd sefyllfa'r economi'n golygu disgyblaeth.[37] Onid oedd hyn yn ganolog i fodolaeth y Llywodraeth? 'Barbara Castle and Mikardo would fight on it. But PM was determined to bring Public Expenditure under control'.[38]

Cledwyn Hughes oedd Cadeirydd Pwyllgor Cysylltiol y Blaid Lafur a Chyngor yr Undebau Llafur. Daeth ef a Jack Jones yn ffrindiau da. Yn wir, roedd ganddo air da i bob un o arweinwyr yr Undebau Llafur, yn arbennig Norman Willis a Len Murray. Trwy'r trafodaethau pwysig hyn, lluniwyd 'Cytundeb Cymdeithasol' gyda'r Undebau Llafur. Dymuniad y Prif Weinidog oedd cadw'r cyflogau rhag codi'n ormodol, gan gofio, yn ogystal, am y rhai mewn swyddi ar gyflogau isel.

Roedd ei amserlen yn hollol lawn. Ar 28 Gorffennaf, gwelwyd y Prif Weinidog, Len Murray, Ysgrifennydd Cyffredinol y TUC, a Cledwyn Hughes gyda'i gilydd, yn y gynhadledd i'r wasg, yn lansio 'Cynllun Cymdeithasol Marc II.'[39] Y diwrnod canlynol trafododd effeithiau posibl datganoli gydag Undeb Cenedlaethol y Ffermwyr (NFU) yng Nghymru.[40] Byddai angen iddo drafod hefyd gydag Undeb Amaethwyr Cymru wedi iddo gael sgwrs â John Morris, Ysgrifennydd Gwladol Cymru. Dibynnai arweinwyr y Llywodraeth arno.[41] Bu'n trafod gyda Gwynfor Evans gan bwysleisio pwysigrwydd cefnogi'r Llywodraeth Lafur gan na fyddai'r Torïaid yn malio dim am Gymru.[42] Siaradodd yn y Pwyllgor Cymreig ar 6 Gorffennaf cyn mwynhau pryd o fwyd gyda Llysgennad yr Almaen.[43]Cafodd neges gan gwmni Carios (Môn) Cyf. ar 7 Gorffennaf yn cyfeirio at y streic ym Miwmares oddi ar 21 Mai. Gofynnodd i Albert Booth, y Gweinidog Cyflogaeth, edrych i mewn i'r anghydfod.[44] Cadeiriodd gyfarfod o'r Aelodau Seneddol[45] gan ofidio fod cymaint ohonynt heb yr asbri i ddadlau. Gartref ym Môn cafodd gyfle i annerch Cinio Blynyddol Sefydliad y Syrfewyr Siartredig ym Mangor.[46] Cynhaliodd syrjeri ar fore Sadwrn, gyda llond gwlad o bobl yno.[47] Yna ar ar y Sul pregethodd yn oedfa'r hwyr i gyfeillion yng nghapel y y Bedyddwyr.[48]

Cyfarfu â'r Prif Weinidog gan ofidio'n fawr am y ddau Michael, sef Michael Foot a Michael Cocks, y Prif Chwip. Dywedodd amdanynt:

> I said they were pleasant to work with, but M. Foot did not have the 'feel of the House' and the Tories were out for his blood. He was the poacher turned gamekeeper.[49]

Nid oedd gan Michael Cocks y profiad angenrheidiol. Dyma swydd allweddol iawn a chafwyd chwe wythnos anodd i lywodraethu. Credai y dylid symud Cocks, ond pwy ddylai gael y swydd? Dewis Cledwyn oedd Bill

Rogers, un o fechgyn Lerpwl, ond a fyddai'r chwith yn hapus â'i apwyntiad? Cythruddodd Tony Benn Cledwyn pan awgrymodd y dylai'r cyfarfod ar y cyd rhwng y Blaid Seneddol Llafur (PLP) a'r Pwyllgor Gwaith (NEC) gael ei gadeirio gan Tom Bradley a Cledwyn. Ymateb Cledwyn oedd, 'I said that any meeting in the House would be chaired by me'.[50]

Cafodd bryd o fwyd yn Brooke's Club yng nghwmni Roy Jenkins a oedd wedi derbyn swydd Comisiynydd o fewn strwythur y Farchnad Gyffredin. Cawsant gyfle i drin a thrafod Ewrop, a gwleidyddiaeth Prydain.[51] Dywedodd Jenkins pe bai ef yn Brif Weinidog y byddai wedi gwahodd Cledwyn Hughes i fod yn Ysgrifennydd Cartref, swydd y byddai wedi'i chyflawni â graen. Yna, cyflwynodd awgrym pwysig i Cledwyn, sef gofyn iddo ystyried Tŷ'r Arglwyddi, 'He thought there was a case for going to the House of Lords and finding a worthwhile job'.[52] Ystyriodd Cledwyn hyn gan sylweddoli bod Roy Jenkins wedi taro'r hoelen ar ei phen. Apeliai'r awgrym, gan nad oedd y ddau Brif Weinidog wedi'i werthfawrogi fel y dylent. Byddai newid Tŷ yn fendithiol, câi fwy o amser gyda'i briod a'r teulu a medrai dderbyn gwahoddiadau eraill. Y peth pwysig oedd rhoi digon o rybudd i'w gefnogwyr ym Môn.

Cafodd sgwrs hir gyda'r Prif Weinidog i drafod seremoni graddio Prifysgol Cymru yng Nghaerdydd ar y Sadwrn. Hoffai weithio i Callaghan, hoffai ei steil, ac roedd yn feddylgar bob amser.[53] Wedi'r seremoni, soniodd Goronwy Daniel i'w enw gael ei grybwyll fel olynydd i Syr Ben Bowen Thomas fel Llywydd Coleg Prifysgol Cymru, Aberystwyth. Gofynnodd 'A wnei di ei derbyn?'[54] Nid oedd amheuaeth, nid dyn i wrthod unrhyw anrhydedd na chydnabyddiaeth ydoedd. Byddai gwisgo clogyn Ben Bowen Thomas yn anrhydedd mawr i Cledwyn, er y sylweddolai na fedrai weld ei hun mewn lle mor bell o Lundain ag Aberystwyth.[55]

Cafodd Cledwyn bwyllgor anodd i'w gadeirio ar 26 Gorffennaf, cyfarfod y BLS gyda'r Undebau Llafur. Ceisiai Ian Mikardo ei orau glas i ddileu dogfen ar y Cytundeb Cymdeithasol Marc II. Methodd am fod arweinwyr yr Undebau yn gytûn, yn arbennig Jack Jones, Hugh Scanlon a David Basnett.[56]

Yn Sir Fôn cyfarfu â Chyfarwyddwr ffatri yn Llangefni, Marsh Wellman, a derbyn y newyddion diflas ei fod am ei chau.[57] Yn ei dyb ef roedd y cwmni'n un blaengar gyda chysylltiadau da rhwng y gweithwyr a'r rheolwyr. Mewn ymgais i gael tenantiaid newydd i'r ffatri anfonodd Cledwyn lythyron i'r Swyddfa Gymreig ac Awdurdod Datblygu Cymru. Teimlai'n ddigalon iawn o gofio'i ymdrechion dros y blynyddoedd i sicrhau diwydiannau newydd i'r ynys. Roedd cynrychioli a chadw cefnogaeth Môn yn golygu ymroddiad. Yng Ngorffennaf, cyfarfu â David Kirby, Cadeirydd Adran Llongau y Rheilffyrdd Prydeinig, ynglŷn â dyfodol porthladd Caergybi y gweithiodd mor ddiwyd drosto.[58/59]

Ddiwedd Gorffennaf cafodd newyddion da fod ei fab wedi llwyddo yn ei arholiadau.[60] Profodd 6 Awst 1976 yn ddiwrnod i'r brenin gan fod ei ferch, Ann, yn priodi ac aeth y cyfan yn ddidrafferth.[61]

Yn Llundain, mewn cyfarfod o'r Blaid Lafur Seneddol i drafod Datganoli, sylweddolai fod teimlad gwrth-ddatganoli ymhlith Aelodau Seneddol Lloegr. Michael Foot a grynhodd y ddadl a chodi gwrychyn amryw o Lafurwyr Lloegr. Gwnaeth Foot nifer o sylwadau caredig am ei gadeiryddiaeth ar Aelodau Seneddol y Blaid Lafur.[62] Roedd clywed gair o ganmoliaeth yn codi ysbryd Cledwyn yng nghanol ei gyfrifoldebau amrywiol. Wrth drafod gwariant cyhoeddus siomwyd ef, unwaith yn rhagor, yn Margaret Thatcher, arweinydd yr wrthblaid, gan ei bod hi'n 'rhy wleidyddol o blaid ei phlaid.'[63] Un arall a'i siomodd oedd y Cymro o Bort Talbot, Geoffrey Howe. Ni chredai chwaith fod Denis Healey yn meddu ar bresgripsiwn digonol ar gyfer y wlad gan nad oedd yn gwybod digon am yr holl fanylion. Gwir y dywedodd, 'Jim and Denis have the very dead of a job'.[64] Bu toriadau ychwanegol ar wario cyhoeddus y flwyddyn honno gyda Cledwyn Hughes yn pwysleisio wrth y Prif Weinidog am fod yn ofalus gyda'r fwyell wrth weithredu'r toriadau ar wario. Gwnaeth awgrym cadarnhaol y gellid, heb fawr o drafferth, leihau'r lwfans treth ar forgeisi.

Mynychodd gynhadledd flynyddol y Blaid Lafur ym Medi yn Blackpool.[65] Gwyddom mai'r bwgan iddo oedd Tony Benn, un o'r gwleidyddion mwyaf poblogaidd ar y chwith.[66] Roedd y chwith caled wedi creu grŵp o'r enw CLPD, sef *Campaign for Labour Party Democracy*, a achosodd boen a blinder i Cledwyn wrth iddo ymwneud â pheirianwaith y Blaid Lafur.[67] Gofidiai Cledwyn fod Tony Benn a'r CLPD mor wrthwynebus i'r Llywodraeth, a honno'n llythrennol yn ymladd am ei bodolaeth.

Cyflwynodd y Prif Weinidog araith onest ond collodd Cledwyn ei amynedd wrth weld aelodau o'r Pwyllgor Gwaith ar lwyfan y gynhadledd nad oeddent, yn ei dyb ef, yn cynrychioli etholwyr na chefnogwyr arferol y Blaid Lafur. Sylweddolodd yn glir yn Blackpool fod y Blaid wedi'i rhannu'n ddwy, gyda gagendor bron na ellid ei bontio. Ei ddedfryd, 'The Conference is best forgotten, but I doubt if the public will forget it.'[68]

Yn y Senedd ym mis Hydref, cafwyd dadl ar yr economi a chynyddodd y Canghellor y gyfradd fenthyca i 15% ac roedd y Prif Weinidog ar ei orau.[69] Sylweddolai ei fod ef dan straen gan fod problemau economaidd y Llywodraeth yn peri gofid iddo.[70] Trefnodd gyfarfod arbennig o'r Blaid Lafur Seneddol er mwyn gwyntyllu'r problemau economaidd gan fod Denis Healey yn ysgwyddo baich aruthrol ac fe'i cadeiriwyd gan Cledwyn.[71] Bu nifer o aelodau'n feirniadol ac awgrymodd un y dylid cael gwared ar y Canghellor. Chwalodd y Prif Weinidog ei ddadleuon. Ym marn un o'r newyddiadurwyr pennaf, Norman Atkins, roedd hi'n amlwg y byddai Llywodraeth Lafur yn colli'r grym i lywodraethu. Gwadodd y Cadeirydd hynny'n naturiol.

Trafododd Cledwyn daith y Frenhines i Gymru yn 1977 yn y Swyddfa Gymreig, gyda'r Ysgrifennydd Parhaol, Hywel Evans. Gwelodd y byddai'n cyrraedd Caergybi ar y llong *Britannia* ac awgrymodd Cledwyn y dylai'r Frenhines alw ym Mhenmynydd, cartref y Tuduriaid, y teulu brenhinol a gyflawnodd gymaint.[72] Wrth drafod y daith gyda John Morris. cytunent mai ychydig iawn a wnâi'r teulu brenhinol o'u cysylltiadau Cymreig. Soniodd Cledwyn Hughes wrth y Tywysog Charles yn 1973 am bwysigrwydd Penmynydd ond, ni thyciai dim. Nododd Cledwyn iddo ddarllen yn rhywle fod gan y Frenhines Elisabeth y Gyntaf nyrs o Gymraes a'i bod hi wedi'i dysgu i siarad Cymraeg. 'Tybed,' meddai, 'a yw hyn yn wir'?[73]

Tristawyd Cledwyn pan ddarllenodd yn y *Sunday Times* ddetholiad o ddyddiaduron Richard Crossman.[74] Ni fu'n garedig o gwbl wrth Cledwyn Hughes. Beirniadodd Cledwyn yntau:

> We did not turn in the same circle. He belonged to coteries, castles and little
> conspiracies of which I knew nothing – thank Heaven![75] He was naive and shrewd
> in his own interest, clever yet lacking in judgement; he could bully yet caved in
> under attack… In a way, he is a sad figure, for he never achieved anything in spite
> of his considerable intellect.[76]

Roedd Cledwyn Hughes mewn sefyllfa enbyd wrth gadeirio cydgyfarfod y PLP a'r TUC pan glywodd gan y Prif Weinidog fod y bunt yn hofran rhwng daear a nef:

> PM stunned the Committee when he said the Chancellor could not be there as the pound had taken a frightening dive that morning and the situation was critical. This took the stuffing out of everyone. Jack Jones and Scanlon were helpful. PM said he was determined to fight on. We must now await IMF talks.[77]

Clywodd Denis Healey yn ddiweddarach yn Nhŷ'r Cyffredin yn llefaru'n ddigon ofnus, heb ei hyder arferol. Pe cynhelid Etholiad Cyffredinol, meddyliodd Cledwyn, go brin y byddai ganddynt fwy na 150 o seddau ac ni chredai chwaith y byddai'r Torïaid yn gwneud gwyrthiau. Cyfarfu â Roy Jenkins y noson honno ac ystyriodd yn ddwys, gan mai chwarter canrif i'r diwrnod hwnnw yr etholwyd ef i San Steffan. A fedrai ef fod wedi cyflawni mwy? O leiaf, bu'n Aelod Seneddol cydwybodol ac ni allai fod wedi gweithio'n galetach: 'Perhaps I should have spoken out more on economy in last 25 years, not withstanding Chairmanship of PLP'.[78] Galwodd am sgwrs gyda Denzil Davies. Roedd yntau mewn gofid dwfn ond yn amharod i gydnabod hynny mewn geiriau. Gellid gweld y tristwch yn ei wedd a'i lais.

Gan iddo gyflawni swyddi pwysig yn San Steffan am gyfnod maith, rhoddodd gyfweliad ar y teledu yn adolygu'r daith o swyddfa'r cyfreithwyr yng Nghaergybi i Gabinet y Llywodraeth a'i swydd allweddol fel cymodwr.[79] Tystiodd mai'r foment fawr oedd ennill Môn yn 1951 a'r tristaf oedd cyrraedd pentref Aberfan ar ôl y danchwa ar blant ac athrawon Ysgol Pantglas. Mynychodd ginio a drefnwyd iddo gan y Blaid Lafur a gan fod y cyfeillgarwch mor ddidwyll mwynhaodd ei hun, er yr amgylchiadau. Darllenwyd llythyron oddi wrth arweinwyr pwysicaf y Blaid Lafur, gan gynnwys y Prif Weinidog, Denis Healey a'r Ceidwadwr, Peter Thomas, gwleidydd roedd Cledwyn yn medru bod braidd yn angharedig ato.[80] Derbyniodd lu o roddion. Cydnabu mai'r bonws gorau a gafodd yn ei yrfa fel gwleidydd oedd cyfeillgarwch yn ei etholaeth, oddi wrth Faer yr Ynys a Phrif Weithredwr a phenaethiaid Adrannau'r Cyngor Sir.

Ym mis Tachwedd clywodd fod Llys Coleg Prifysgol Cymru Aberystwyth wedi'i ethol ef yn Llywydd a galwodd Warden Coleg

Harlech, Ieuan Hughes, ef 'yn one of Tommy Levy's most distingished lambs,' brawddeg a ddaeth â gwên i'w wyneb.[81] Derbyniodd fel y nodir lu o negeseuon canmoliaethus oddi wrth ei gyfeillion am ei fod yn barod i fod yn Llywydd ei hen goleg.[82]

Yng nghyfarfod y Blaid Lafur Seneddol cafwyd dadl ar agwedd Tŷ'r Arglwyddi tuag at bedwar Mesur a anfonwyd atynt ac am anrhydeddau Harold Wilson. Dywedodd am Dennis Skinner: 'He made a good point, namely that even if all the Labour Peers vote, the Tories could always organise a majority, but he spoils his speeches by being so bitter and intolerant.'[83] Meddai Charlie Pannell, Aelod Seneddol yn Leeds, am yr aelodau seneddol a blesiodd y Cadeirydd, 'When I look at their antics in the Commons, I began to think the Lords are not too bad'.[84]

Yn nechrau Tachwedd, darllenodd am ganlyniadau'r isetholiadau a'r siom o golli sedd Workington. Gallai weld methiant ar y gorwel.[85] Medrai Llafur barhau am ychydig, ond roedd angen rhyw fath o ddealltwriaeth. Ef oedd y dyn i gyflawni'r gamp honno.

Trafododd gyda'r Arglwydd Ganghellor yr ymweliad ag Aberystwyth ar y Sadwrn. Gofynnodd am ei ymateb i ddatganoli gan ofyn a ddylai hyn gynnwys Lloegr. Nid oedd Cledwyn am ystyried datganoli i Loegr ac nid oedd chwaith yn bleidiol i Refferendwm. Cyfarfu â Hywel Evans o'r Swyddfa Gymreig, a hwnnw yn ei hysbysu fod cynrychiolwyr y Frenhines yng Ngwynedd yn gwrthod ei awgrym y dylai'r Frenhines alw ym Mhenmynydd am fod y ffyrdd yn llawer rhy gul. Ni wnaeth lyncu'r esgus.

Teithiodd ar 12 Tachwedd i Aberystwyth yng nghwmni Goronwy Daniel. Derbyniodd oriau o gyfarwyddyd ar faterion y Coleg ger y Lli a chafodd aros gyda Valerie Daniel a'i phriod ym Mhlas Penglais.[86] Cafodd y cefndir i'r cartref a lle pwysig Syr John Williams, ymgynghorwr meddygol i'r teulu brenhinol, yn y dasg o ddodrefnu'r tŷ. Gadawodd yr *antiques* hyn i gyd yn ei ewyllys i ddodrefnu cartref y prifathro.

Galwodd y cofrestrydd, Tom Owen, y diwrnod canlynol ym Mhlas Penglais gyda gŵn y Llywydd a'r cap a ffitiai'r cyfan yn berffaith. Aeth i Labordai'r Adran Gemeg i gyfarfod â Syr Elwyn Jones, yr Arglwydd Ganghellor, a chyflwyno iddo rodd er cof am ei frawd athrylithgar, Idris Jones.[87] Gwahoddodd Syr Elwyn i agor Llyfrgell Adran y Gyfraith a rhoddi anerchiad ar oblygiadau'r swydd o fod yn Arglwydd Ganghellor a chynhaliwyd cinio i ddathlu 75 mlynedd bodolaeth Adran y Gyfraith.[88]

Roedd Syr Elwyn Jones yn amheus a fedrai Fred Peart lwyddo fel Arweinydd Tŷ'r Arglwyddi ac nid oedd yn hapus chwaith â chyfraniad digon cyffredin Merlyn Rees fel Ysgrifennydd Cartref.

Bu 15 Tachwedd yn ddiwrnod y cyfryngau, cyfweliad yn y Gymraeg gyda Radio Cymru ac, yn hwyrach, sesiwn ar HTV yng nghwmni Wyn Roberts, AS, ar ddatganoli. Ffonio oedd y bwriad ond trodd y cyfan yn ffars. Ffoniodd aelodau Cymdeithas yr Iaith o dan enwau ffals a phan ddaeth hi'n amser gofyn y cwestiynau roeddynt yn gwestiynau cwbl wahanol am y bedwaredd sianel. Parodd un o'r cwestiynau loes a gofid iddo.[89]

Wedi dychwelyd i Lundain cafodd sesiwn hir gyda'r Cymro, y Parchedig Thomas Williams, AS Llafur Warrington.[90] Hoffai yntau gael ei anrhydeddu maes o law drwy gael mynd i Dŷ'r Arglwyddi. Gŵr abl, caredig ydoedd yn nhyb Cledwyn Hughes, ond heb erioed wireddu'r addewid mawr oedd ynddo pan enillodd isetholiad De Hammersmith yn 1949. Fel Cledwyn cafodd ei anwybyddu gan Wilson yn 1974 ac 1976 oherwydd ei gred ddi-ildio dros berthyn i Ewrop.[91]

Aeth Cledwyn i 10 Downing Street i dderbyniad a chlywed y Prif Weinidog yn cyflwyno crynodeb o Araith y Frenhines. Rhybuddiodd bawb y byddai 1977 yn flwyddyn anodd, ond bod y rhagolygon ar gyfer 1978 yn well. Ystyriai gynnal etholiad yn Hydref 1978. Sylwodd fod aelodau'r chwith yn sibrwd cyfrinachau mewn ystafell arall ar wahân i weddill y Gweinidogion.

Aeth i glywed y Frenhines.[92] Arweiniwyd yr osgordd gan George Thomas, yn edrych o ddifrif yn ei ŵn wedi'i harddu ag aur, a'r gweddill ohonynt yn ei ddilyn yn edrych yn ddigon diflas. Dywedodd David L Stoddart, Aelod Seneddol Llafur Swindon, a'i dilynodd i Dŷ'r Arglwyddi, wrtho y byddai ef yn dileu'r osgordd. Fel dyn mawr y Sefydliad anghytunai Cledwyn, gan ei bod yn seremoni liwgar a graenus.

Yna, cadeiriodd gyfarfod o'r Blaid Lafur Seneddol ar yr Araith. Cyflwynodd grynodeb i newyddiadurwyr y Senedd yn y prynhawn, a mynychodd y Siambr i glywed y Llefarydd yn ei hadrodd. Siaradodd Margaret Thatcher hefyd, a theimlai ei bod hi'n gwella fel areithydd a'i harddull yn llawer cadarnach. Cafwyd araith wych gan y Prif Weinidog ac meddai Cledwyn, 'He does well and never loses the House'.[93]

Cyfarfu â Merlyn Rees, brodor o Gilfynydd ger Pontypridd. Roedd dedfryd Cledwyn arno'n garedicach nag un Syr Elwyn Jones, 'Merlyn is a decent and good man, but leaves me with an uneasy feeling that he lacks confidence in himself'.[94] Nid oedd dim byd y medrai Cledwyn ei wneud ynglŷn â diswyddo Aelod Seneddol o dan y 'Mikardo Rule' – sef mai'r etholaethau sy'n penderfynu. Mynnodd carfan y chwith gael hyn gan gredu mai dyna'r ffordd ddemocrataidd o gael gwared ar Aelod Seneddol nad yw'n plesio selogion y blaid leol. Er cryfder y Chwith, cafodd Cledwyn ei ailethol yn Gadeirydd y PLP am dymor arall.

Ddiwedd Tachwedd aeth i ginio ffarwél i Roy Jenkins a dderbyniodd swydd Llywydd y Comisiwn Ewropeaidd.[95] Roedd Cledwyn yn ei hanner addoli a chafodd yr anrhydedd o fod yn un o'r tri a siaradodd ar yr achlysur. Trodd pawb i'r Senedd y noson honno i glywed Roy Jenkins ar ei uchelfannau. Byddai wedi parhau yn y Senedd pe bai Callaghan wedi cynnig iddo fod yn Weinidog Tramor. Gadawai ar ôl 29 mlynedd ond, yn ôl Cledwyn, dylai fod wedi dangos mwy o ddewrder fel gwleidydd. Gallasai fod wedi ychwanegu y dylai Roy Jenkins fod wedi gorfodi Callaghan i roddi swydd yn y Cabinet i Cledwyn Hughes.

Gyda'i holl ofal cyson am y Prif Weinidog a'r Blaid Lafur, gweithiai Cledwyn Hughes yn y dirgel dros ei etholaeth.[96] Trafododd y gwasanaeth rheilffordd i ogledd Cymru gyda'r gwleidydd Wyn Roberts, a Pheredur Lloyd. Bu ef a'i briod yng nghinio'r Llefarydd, George Thomas, a chafodd fodd i fyw gan fod y Fam Frenhines yn bresennol. Eisteddai ef gyda Margaret Thatcher, gan ddweud wrthi y byddai'n gamgymeriad mawr credu y byddai pobl Cymru yn fodlon gyda'r *status quo* pe rhoddid dogn helaeth o ddatganoli i'r Alban. Roedd yn amlwg iddo nad oedd wedi derbyn y wybodaeth a ddylsai fel arweinydd y Torïaid.[97]

Roedd Jim Callaghan ar ei feddwl yn barhaus gan y gwyddai fod y Prif Weinidog dan straen annioddefol a'i fod yn sensitif iawn.[98] Sylwodd fod yna ddieithrwch rhwng Callaghan a Healey. Pan ddywedodd wrtho fod prisiau tabledi a drygiau i gleifion ar yr agenda, cydnabu Cledwyn y byddai rhoddi tâl ychwanegol ar bresgripsiwn meddyg yn codi tymheredd y PLP.[99] Trafodwyd y Gwasanaeth Iechyd yng Nghymru yn y *Welsh Grand Committee*.

Cyflawnodd John Morris ei waith yn ddeheuig fel arfer ond doedd dim hiwmor yn araith Nicholas Edwards. O leiaf, clywodd fod yr Ysbyty newydd ym Mangor i'w adeiladu, Ysbyty y bu ef yn brwydro'n galed i'w gael ym Mhenrhosgarnedd.[100]

Yn San Steffan, bu dadl am bedwar diwrnod ar Ddatganoli. Gwnaeth y Prif Weinidog araith hir ar 13 Rhagfyr ond heb roddi sicrwydd y cynhelid Refferendwm.[101] Wrth wrando arno cofiodd am y noson yn fflat James Callaghan yn Nhachwedd 1968 pan drafodwyd y priodoldeb o gael Comisiwn Brenhinol ar y Cyfansoddiad. Gwnaeth Margaret Thatcher araith feirniadol, gan dynghedu pleidleisio yn erbyn fel Gwrthblaid. Iddo ef camgymeriad o'r mwyaf. Credai fod y farn yng Nghymru yn weddol gyfartal, ond pe cynhelid refferendwm, credai y byddai mwyafrif bychan dros ddatganoli. Dengys hyn nad oedd Cledwyn yn adnabod cadarnle'r Blaid Lafur yng nghymoedd y de, lle roedd gwrthwynebiad pendant.

Yn Rhagfyr cyflwynodd Denis Healey ffrwyth y trafodaethau hir gyda'r IMF a'r Cytundeb y daethpwyd iddo.[102] Cythruddwyd yr adain chwith yn fawr ond derbyniwyd yr adroddiad, er bodlonrwydd i Cledwyn. Gwelodd y Prif Weinidog[103] a chafodd sgwrs hir gyda John Freeman, y gwleidydd a drodd yn holwr teledu digymar. Gofidiai fod Roy Jenkins yn gadael gwleidyddiaeth San Steffan, er ofnai nad oedd ganddo'r rhuddin i fod yn arweinydd plaid fawr. Cwrddodd â Roy Jenkins ac yntau'n agos at ddagrau, gan nad oedd yn sicr iddo gymryd y cam cywir. Dedfryd Cledwyn Hughes oedd hyn, 'I feel deeply sad that he is going. He leaves a gap which cannot really be filled'.[104]

Bu hi'n flwyddyn anodd iddo, colli ei arwr, Roy Jenkins o'r Senedd, a cheisio bod yn gymodwr rhwng y chwith a'r dde yn nhrafodaethau mynych y Blaid Lafur Seneddol. Onid oedd wedi arbed croen Jim Callaghan yn gyson rhag dicter Mikardo, Castle a Benn? Roedd Callaghan yn ffodus ohono. Pan ddywedodd y Prif Weinidog wrtho, mewn sgwrs gyfrinachol, y byddai'n herio y PLP gan wneud y cytundeb â'r IMF yn fater o ymddiswyddiad, bu'n rhaid i Cledwyn ei ddarbwyllo i beidio â mentro. Roedd rheidrwydd arno i osgoi hynny.

Derbyniodd Cledwyn anrhydedd arall, sef, *Companion of Honour* yn 1977 gan ymuno ag Elfed, yr emynydd toreithiog, a James Griffiths wrth dderbyn yr anrhydedd prin hwn.[105] Bellach, roedd yn bwyllgorddyn o'i gorun i'w sawdl.

Llywyddai dros y Cyngor, a chynhaliwyd cinio ffarwél, dan ei gadeiryddiaeth, i Syr Ben Bowen Thomas, y cyn lywydd eithriadol o boblogaidd. Byddai'r Prifathro Goronwy Daniel yn ymddeol y flwyddyn wedyn, Rhyddfrydwr, a dyna yn y bôn oedd Cledwyn. Yr hyn a'i poenai oedd sicrhau olynydd i'r prifathro.[106] Disgwyliai dri pheth: a) medru siarad Cymraeg, b) cymwysterau academaidd, c) personoliaeth dda. Meddyliodd am un gŵr amlwg fel posibilrwydd, ond tueddai i ymgolli mewn manylion diddiwedd ac meddai Cledwyn, 'Academics are far worse than politicians at hairsplitting.'[107]

Cyfarfu â swyddogion yr NFU ac Undeb Amaethwyr Cymru, gan anelu at gael y ddwy Undeb i lefaru ag un llais yng Nghymru.[108] Cyfarfu hefyd â George Wright o Gyngor Undebau Llafur Cymru ac Emrys Jones o Gyngor Llafur Cymru[109] i drafod, cynllunio ac i sefyll fel derwen o blaid James Callaghan. Mewn cinio gofynnodd Tony Benn i Cledwyn a oedd yn awyddus i ddychwelyd i'r Cabinet, lle y dylsai fod. Ni fynegodd Cledwyn y gwirionedd wrtho, ond credai Benn y byddai ef wedi medru llwyddo lle y dylsai eraill fod wedi gwneud.[110] Rhoddodd ddarlith yn Ysgol Economeg Llundain (LSE) ar y Dimensiwn Cymreig i Gabinet a Llywodraeth.[111]

Ym mis Mawrth daeth yn ffigwr pwysig yn y trafodaethau hanesyddol gyda'r Rhyddfrydwyr i drafod y cytundeb 'Lib-Lab'.[112] Nid oedd y Prif Weinidog am weld Cyril Smith, eto ni ddymunai fod yn anghwrtais wrth y Blaid Ryddfrydol. Gwirfoddolodd Cledwyn gan bwysleisio ei fod yn ffrind a chonffidant i'r Prif Weinidog, ond ni chysylltodd Cyril Smith ag ef o gwbl.[113] Derbyniodd lythyr oddi wrth arweinydd y Blaid Ryddfrydol, David Steel, yn ymddiheuro am ynfydrwydd Cyril Smith yn dilyn yr hyn a gyhoeddwyd yn rhifyn y diwrnod hwnnw o'r *Daily Mirror*[114]. Dywedodd y byddai'n falch o'i gyfarfod. Rhybuddiodd Cledwyn Hughes y Prif Weinidog o'r perygl mawr y gallasai'r Blaid Ryddfrydol bleidleisio yn erbyn y Llywodraeth a dywedodd y byddai ef yn arfer cysylltu'n gyson â Jeremy Thorpe. Roedd Margaret Thatcher am roddi cynnig o ddiffyg hyder yn y Llywodraeth ger bron y Tŷ ar 17 Mawrth. Nid oedd dewis o gwbl gan y Prif Weinidog ond gwrando ar ei gyngor, gan na allai'r Blaid Lafur ddibynnu ar y cenedlaetholwyr o'r Alban na Chymru na'r ddau aelod o Blaid Lafur yr Alban a oedd wedi ymadael ac yn annibynnol bellach.

Achubodd Cledwyn Hughes y Llywodraeth Lafur. Gweithiodd yn ddyfal, gan gadw cysylltiad â 10 Stryd Downing wrth gyfarfod gyda David Steel.[115] Yno clensiwyd y fargen sydd ar gof a chadw erbyn hyn yng nghasgliad Jim Callaghan yn Llyfrgell y Bodleian.[116] Roedd tri pheth i'w cofio. Angen trafod cyson rhwng y Llywodraeth a'r Rhyddfrydwyr cyn cyflwyno unrhyw fesur gerbron y Tŷ. Yn ail, rhaid ailgyflwyno mesurau datganoli i'r ddwy wlad, Yr Alban a Chymru. Yn drydydd, dylid cyflwyno system PR ar gyfer etholiadau Senedd Ewrop. Roedd Cledwyn Hughes wedi'i lwyr argyhoeddi fod y Rhyddfrydwyr, hen blaid ei dad, ac yntau fel myfyriwr, yn mynd i gadw at eu gair.[117] Ni fu pall ar gyfnewid negeseuon rhwng Cledwyn Hughes a David Steel.[118] Erbyn 22 Mawrth roedd y ddau'n cytuno'n llwyr ac erbyn pnawn trannoeth clywodd fod y Cabinet yn cytuno, a'r Torïaid o'u co'n lân.[119] Nid oedd y Cabinet i gyd o blaid ac ofnid na fyddai aelodau'r Blaid Lafur Seneddol yn cefnogi chwaith. Dangosodd Cledwyn Hughes ei ddawn fawr drwy gael cytundeb â gwleidyddion ei blaid ei hun yn ogystal.

Ymwelodd, fel y tystia George Thomas, â phobl anodd ac annibynnol eu hagwedd.[120] Atebai lythyron Aelodau Seneddol a ofynnai am fwy o oleuni.[121] Sylweddolai Neil Kinnock mai Cledwyn Hughes oedd yr un a ofalai fod cyfathrebu rhwng y meinciau cefn a'r Gweinidogion.[122] Roedd ganddo berthynas dda â'r Rhyddfrydwyr Cymreig, yn arbennig Geraint Howells (Ceredigion) ac Emlyn Hooson (Maldwyn).[123] Closiodd Dafydd Elis-Thomas, Plaid Cymru, ato gan ei fod ef yn poeni nad oedd gan y Torïaid lawer o ddiddordeb mewn datganoli.

Gwelodd Cledwyn y Prif Weinidog yn nechrau mis Mawrth cyn teithio i'r Unol Daleithiau.[124] Roedd Cledwyn yn ei afiaith yn atgoffa Callaghan fod Arlywydd yr America yr un enw ag ef, Jim; y ddau wedi bod yn y Llynges a'r ddau yn Fedyddwyr. Adroddodd stori wrtho am weinidog ifanc gyda'r Bedyddwyr yn cael ei ordeinio mewn capel yng Nghymru a bod y prif ddiacon wedi offrymu gweddi gan ddweud, 'O Arglwydd cadw ef yn ostyngedig, fe wnawn ni ei gadw yn dlawd!'[125]

Roedd ef yn ôl ymhlith ei bobl ar 11 Mawrth.[126] Aeth gyda'i briod i angladd ei fodryb yn Nant Peris, cartref ei nain. Roedd y gwasanaeth yng Nghapel y Presbyteriaid Pontrhythallt ac yna ym mynwent Nant Peris. Aeth i gael te angladd a chyfarfod â'i berthnasau cyn mynd adre i Gaergybi. Y noson honno traddododd araith i selogion ei blaid yn Llangefni yng nghyfarfod blynyddol yr etholaeth.

Mwynhaodd benwythnos y Pasg gyda George Thomas yn aros ar yr aelwyd ond, ni laesodd ddwylo gan ofalu ar ôl buddiannau ei etholwyr. Roedd ef a George Thomas yn reit hoff o'i gilydd, gan fod cefndir capelyddol y ddau yn reit debyg.[127] Gwleidydd arall roedd ganddo barch ato ac edmygedd ohono oedd Denzil Davies, Llanelli.[128] Edmygai ei allu a chredai y gallai fynd yn bell fel gwleidydd ond, gofidiai nad oedd yn mynychu Tŷ'r Cyffredin fel y dylai. O ganlyniad nid oedd mor adnabyddus ag y medrai fod a gallasai hyn filwrio yn ei erbyn.[129] Roedd gyrfaoedd Aelodau Seneddol yn fater pwysig i Cledwyn Hughes, yn arbennig aelodau o gefndir Cymreig oedd yn ffrindiau ag ef. Trefnodd fod y Cytundeb 'Lib-Lab' i barhau am flwyddyn a golygai hyn y gallai'r Llywodraeth ailgyflwyno'i pholisi datganoli a'r tro hwn cynigiwyd dau Fesur Datganoli, un ar gyfer Cymru a'r llall yn benodol i'r Alban.

Bu'r cecru a'r anghytuno yn amlwg trwy'r trafodaethau ac roedd Cledwyn yn gwbl flin â Leo Abse.[130] Anghytunai ar bob pwynt yn ymwneud â Chymru a datganoli. Collai Cledwyn Hughes ei limpyn hefyd gyda Neil Kinnock, un arall hollol wrthwynebus i ddatganoli i Gymru. Pan drafodwyd y Mesur mewn Pwyllgor ar 3 Ebrill sonia fod Denzil Davies wedi gwneud araith o'r safon uchaf, gan ddelio'n gwbl effeithiol â Neil Kinnock wrth iddo ef gyflwyno anerchiadau hirwyntog na olygai ddim byd i neb. Meddai Cledwyn am Kinnock, 'He has a bee in his bonnet about Wales which is a pity as he is pleasant and gifted.'[131]

Roedd Abse a Kinnock yn perthyn i 'Giang o Chwech' a wrthwynebai gymal wrth gymal Fesur Cymru. Y pedwar arall oedd Donald Anderson, Dwyrain Abertawe; Ioan Evans, Aberdâr; Fred Evans, Caerffili, ac Ifor Davies, Gŵyr. Safent yn gwbl benderfynol yn erbyn er y sylweddolent mai polisi swyddogol y Blaid Lafur oedd y Mesur Datganoli. Atgoffai Emrys Jones, Ysgrifennydd y Blaid Lafur yng Nghymru, hwy'n gyson o hyn ond nid oedd dim yn tycio a siom oedd gweld y Mesur yn cael ei orchfygu yn Chwefror 1977 ac na châi ei gyflymu trwy Dŷ'r Cyffredin.

Pleidleisiodd 29 yn erbyn a bu'n rhaid iddo ymgodymu ar hyd y misoedd â gwrthwynebiad y 'Giang o Chwech.' Tarfodd Neil Kinnock ar Cledwyn Hughes gyda'i gyhuddiad dwl fod rhai o blant ysgol gynradd ym Môn yn cael eu gwahardd rhag mynd i'r toiledau am na fedrent ofyn am gael mynd yn y Gymraeg. Anfonodd Cledwyn Hughes ato'n mynegi anghrediniaeth fod Aelod Seneddol yn anghofio'r confensiwn seneddol o osgoi ymyrryd yn ei etholaeth. Cafodd ateb yn dweud bod y rhai a gwynodd yn meddu ar ddigon o hyder ynddo fel eu Haelod Seneddol.[132] Ateb tila ar y naw ac anfonodd Cledwyn air arall ato'n gofyn iddo enwi'r rhai a gwynodd wrtho.[133] Ond ni chafodd wybod na chwaith ateb. Yn dilyn cyhuddiad Neil Kinnock, cynhaliodd Cyngor Sir Gwynedd ymchwiliad i'r mater gan ddod i'r casgliad nad oedd sail o gwbl i gŵyn Aelod Seneddol Bedwellte a dreuliai rhan o wyliau Awst yn sir enedigol ei briod.

Aeth Mesur Cymru trwy Dŷ'r Cyffredin ar 25 Ebrill ac yna, i Dŷ'r Arglwyddi. Dyna pryd yr hysbysodd Cledwyn Swyddfa'r Blaid Lafur yng Nghaerdydd nad oedd am sefyll unwaith eto ym Môn.[134] Cymerodd rai wythnosau i'r stori dreiddio allan i'r wasg a'r cyhoedd. Pennawd yn *Herald Môn* ar 9 Mai 1978 oedd 'Cledwyn yn Noswylio' a'r un diwrnod, yn *Y Cymro,* cafwyd y pennawd, 'Pwy fydd olynydd Cledwyn?' Y diwrnod cynt, yn y *Liverpool Daily Post,* cafwyd dadansoddiad o'i gyfraniad dan y teitl, 'A true freedom fighter and a friend of the people', mewn ysgrif dreiddgar, yn ei ddisgrifio fel gwleidydd cymedrol. Honnodd y byddai'r Blaid Lafur yn talu pris am ei wrthod yn hytrach na'i anwesu fel Gweinidog craff a gwerthfawr. 'He was blandly transferred to the shelf because he made plain his Christian dedication to the principle of the brotherhood of man embodied in the concept of Europe.'[135] Pwysleisiodd fod Cledwyn, fel Cadeirydd y Blaid Lafur Seneddol, wedi cyflawni gwyrthiau trwy gadw'r Blaid Lafur rhag rhwygo'i hun a cholli'r frwydr fel Llywodraeth leiafrifol. Ef, wedi'r cyfan, oedd pensaer y cytundeb 'Lib-Lab'. Cawsai yrfa ryfeddol fel Aelod Seneddol a llawer o fuddugoliaethau. Ysgrifennodd John Osmond yn y *Western Mail* ar 15 Mai fod gan Cledwyn gefnogaeth bersonol o ddwy fil o bleidleisiau o leiaf.[136] Osmond oedd un o'r cyntaf i awgrymu y byddai hi'n bosibl i Blaid Cymru neu'r Ceidwadwyr ennill y sedd oddi ar Lafur. Caergybi oedd y cadarnle ond gellid troi'r drol yn y dref honno.

Awgrymai'r *Holyhead a'r Anglesey Mail* a John Osmond nifer o enwau fel ymgeiswyr i olynu Cledwyn: Gwilym Owen, gŵr a anwyd ym Môn a sylwebydd teledu Cymraeg; Elystan Morgan, ffrind mawr i Cledwyn; Wil Edwards a fu'n Ysgrifennydd Seneddol iddo; Ann Clwyd Roberts, ymgeisydd Llafur yn Ninbych â'i phriod yn enedigol o Niwbwrch;[137] a Dr Cyril Parry,

Prifysgol Cymru Bangor, hanesydd craff a Llafurwr o'i ddyddiau cynnar ym Mlaenau Ffestiniog.

Diddorol nodi'r rhesymau a roddwyd am ei benderfyniad i ymddeol ac yntau ddim ond yn 62 mlwydd oed. Trawodd y *Times* yr hoelen ar ei phen wrth ddweud, 'There is genuine surprise that he was never brought back into Government when Mr James Callaghan succeeded Sir Harold Wilson as Prime Minister'.[138] A dyna oedd barn y *Daily Post*.[139] Yn lleol, dywed y papurau fod blinder y teithio'n fwrn arno a rhoddwyd y rheswm a roddir mor aml, ei fod am dreulio rhagor o amser gyda'i deulu. Bu'r anghytuno ar ddatganoli yn boen meddwl iddo a chredai fod gobaith cadw Môn i Lafur cr nad oedd yn disgwyl i Lafur ennill yr Etholiad Cyffredinol.

Byddai ei gynghorion bob amser i'r Prif Weinidog yn gwbl onest a gwerthfawr. Credai, yn haf 1978, y byddai James Callaghan, gyda'r Cytundeb 'Lib-Lab' yn dod i ben, yn derbyn ei gyngor ac yn penderfynu cynnal Etholiad Cyffredinol yn yr Hydref. Gwelodd Callaghan lygedyn o oleuni ym modolaeth Plaid Cymru a phwy yn well i'w ddarbwyllo hwy na Cledwyn Hughes, datganolwr ar yr un tir â'r tri Aelod Seneddol. Trefnodd gyfarfod ar Fedi 1af rhyngddo ef â Dafydd Wigley a Dafydd Elis-Thomas yn yr Anglesey Arms, Porthaethwy.[140] Cyflwynodd y ddau wleidydd gweithgar restr o fesurau Cymreig yr hoffent eu gweld yn Araith y Frenhines. Nid oedd yr un ohonynt yn obeithiol ond addawodd Cledwyn wneud ei orau. Ar 7 Medi, yn hytrach na galw Etholiad Cyffredinol fel y dymunai Cledwyn, cyhoeddodd Callaghan fod Llafur am barhau i lywodraethu am sesiwn arall. Roedd Cledwyn Hughes wedi'i syfrdanu ond diolchodd am lythyr Gwynfor Evans ar 13 Hydref yn rhoddi cefnogaeth Plaid Cymru i Lywodraeth Callaghan, ar yr amod fod yr hyn y gofynnwyd amdano yn cael ei gynnwys yn Araith y Frenhines. Dyna ddigwyddodd ar 1 Tachwedd. Cledwyn Hughes a gafodd y fraint o gyflwyno'r Frenhines ac nid oedd un gwleidydd balchach nag ef o glywed fod Awdurdod Datblygu Cymru i gael rhagor o gyfalaf, bod addewid am Sianel Deledu Gymraeg a Deddf i roddi iawndal i chwarelwyr gogledd Cymru, gan gofio ei gefndir â grantiau hyfforddi athrawon.

Anfonwyd Cledwyn Hughes i geisio creu cymod yn Rhodesia. Ef oedd cynrychiolydd y Llywodraeth yng nghwmni'r Llysgennad, Gweinidog y Swyddfa Gartref a'r Americanwr, Stephen Low. Bu'n trafod gyda phob carfan a danseiliai wareiddiad Rhodesia yn y Rhyfel Cartref gwaedlyd. Anfonwyd ugeiniau o lythyron ato gan Brydeinwyr a Chymry oedd â pherthnasau yn y wlad, yn dymuno'n dda i'r ddirprwyaeth. Ond, nid oedd Ian Smith yn barod i wrando ac yn adroddiad Cledwyn i'r Prif Weinidog, Rhagfyr 1978, bu'n rhaid iddo gofnodi na welai unrhyw obaith y gellid trefnu uwchgynhadledd i ddatrys problemau'r wlad nac i atal y dinistr a welsai ar ei deithiau. Gellid dadlau serch hynny iddo hyrwyddo'r trafodaethau a gynhaliwyd yn 1980 a arweiniodd at sefydlu Rhodesia newydd, sef Zimbabwe. Cerfiodd Cledwyn ei enw yn hanes Zimbabwe a galwodd yr hanesydd Seneddol, Peter J Hennessy, ef yn 'ddewin Cymreig'.[141] Fel Lloyd George, a gafodd ei alw felly, roedd Cledwyn Hughes yn ffigwr amlwg iawn yn Llywodraeth Lafur 1974-9.

Cafodd ei siomi'n fawr gyda'r Refferendwm ar Ddatganoli i Gymru a'r Alban. Gweithiodd yn ddygn, ceisiodd sbarduno Callaghan i wneud safiad cadarnhaol ar drothwy'r pleidleisio ar 1 Mawrth 1979, ond roedd hi'n rhy hwyr. Ni wnaeth Callaghan, er ei fod yn Aelod Seneddol dros un o seddi Caerdydd, affliw o ddim byd o blaid yr ymgyrch.[142] Roedd hynny'r un mor wir am weinidogion y chwith a'r dde. Roedd y Cymro o Gilfynydd, Merlyn Rees, yn llugoer; Eric Heffer (Walton, Lerpwl), yn wrthwynebus, a Tony Benn, llais y werin bobl, yn gwbl fud. Yr unig un brwdfrydig oedd bywgraffydd Aneurin Bevan, Michael Foot. Cydnabu Cledwyn Hughes hynny:

> 'He has made a greater effort to understand us, and to meet Welsh aspirations than any other non-Welsh politician I have ever known. He has stood up to cruel attacks which would have daunted lesser men. Foot has won an honourable place in Welsh history whatever may come of this Bill.[143]

Gwrthodwyd datganoli ym mhob rhan o Gymru. Roedd cadarnleoedd y Gymraeg fel Gwynedd yn gwbl wrthwynebus a hyd yn oed Môn, Mam Cymru. Bu'r canlyniad yn siom aruthrol iddo ar ôl oes o lafurio ond roedd siom fwy yn ei aros.

Sylweddolodd Cledwyn fod 'Gaeaf Digofaint' wedi cythruddo cefnogwyr cymedrol Llafur. Bu hi'n aeaf o streiciau yn ffatrïoedd Ford, gwelwyd ysgolion yn cau a thorwyr beddau yn Lerpwl yn gwrthod claddu'r meirw. Daeth dyddiau Llafur i ben pan gollodd y Llywodraeth o un bleidlais, 311 i 310.[144] Ymladdodd Cledwyn i'r diwedd fel y gwnaeth Denis Healey, Roy Hattersley a James Callaghan. Cydnabu ei bod hi'n ddiwedd cyfnod a chefnogodd Elystan Morgan fel ymgeisydd y Blaid Lafur ym Môn. Pan gyhoeddwyd y canlyniadau yn Llangefni, cafodd siom enbyd arall:

Keith Lander Best	C	15,100
D Elystan Morgan	Llaf	12,283
John L Williams	PC	7,863
John G Jones	Rh	3,500
	Mwyafrif	2,817

Y buddugol oedd Keith Best, Sais o Brighton, a ddysgodd Gymraeg wedi ei ethol.[145] Roedd hi'n amlwg fod pleidlais bersonol Cledwyn Hughes yn llawer mwy nag roedd neb wedi'i ddychmygu – byddwn i'n tybio o leiaf bum mil. Hyd yn oed pe bai Cledwyn wedi sefyll, byddai ei fwyafrif wedi disgyn yn enbyd i'r mwyafrif efallai a gawsai'r tro cyntaf yn 1951. Ef oedd yn anuniongyrchol gyfrifol am golli'r sedd, gan iddo, trwy ei ymroddiad, ddenu cymaint o ffatrïoedd i'r Ynys ac yn eu sgil fewnlifiad oedd yn ddigon parod i bleidleisio i blaid na fu mewn grym ym Môn unwaith yn yr ugeinfed ganrif.[146] Gwelwyd pa mor blwyfol yw 'pobl Môn'. Cardi coch cyfan oedd Elystan Morgan, copi arall o Cledwyn Hughes, ond nid oedd wedi ei eni ar yr ynys. Pe bai'r Blaid Lafur wedi dewis Gwilym Owen neu Wil Edwards, a fyddai'r canlyniad yn wahanol?[147] Ni all neb roddi ateb cywir, ond roedd hi'n gwbl amlwg fod Cledwyn wedi cael cymaint o siom ag Elystan. Dywed Hywel D Roberts, Nantlle:

> Fe welais ar eich wyneb ar y rhaglen deledu y siom ydoedd i chwi fod Elystan wedi colli, fel i bawb sy'n adnabod ei werth a'i allu. Byddai wedi bod yn olynydd teilwng i chwi ym Môn, ac yn gefn i Gymru yn y Senedd.[148]

Roedd un o blant Disgwylfa, y Parchedig R H Evans, Dinbych, yn llawer mwy llym ei dafod am y canlyniad ym Môn:

> Mae'r rhai hynny o Fôn sydd yn y cylch yma yn para i ddiharebu at yr hyn a ddigwyddoddyn yr Etholiad Cyffredin yn y Sir trwy ethol rhyw lipryn o Dori a gwrthod ymgeisydd mor lew ag Elystan er iddo yntau gymryd ambell i gam gwag pan gynrychiolai Ceredigion. Ymddengys nad oes fawr o le ar hyn o bryd

i radicaliaeth Gymreig ac nad oes fawr o obaith am adfywiad pan yw crefydd yng Nghymru mewn cyflwr mor dreng.[149]

Teimlai Raymond Rochell, sosialydd ac un o drefnyddion Cymdeithas Addysg y Gweithwyr, fod gwerin Môn wedi dewis olynydd tila dros ben i'w ddilyn, 'Rhai go ddi-liw a 'mediocre' sydd gennym ar hyn o bryd i gymryd eich lle. Rhyfedd fod y werin yn eu dewis ac yn gwrthod y gwell'.[150]

Gwelodd Aelodau Seneddol pob plaid golli Cledwyn Hughes o Dŷ'r Cyffredin. Un o'r rhai cyntaf i fynegi hynny oedd Jack Ashley, Aelod Seneddol Llafur, 'You have no idea how highly regarded you were by all of us in the House of Commons and you will be very greatly missed indeed'.[151] Gofidiai Edward Heath, cyn Brif Weinidog, o'i golli.[152] Felly hefyd David Owen, a ddaeth yn arweinydd y blaid SDP.[153] Diolchodd iddo am y cyfraniad a wnaeth i Affrica. Un arall a gyfrifai ei hun yn ffrind da iddo oedd Bernard Weatherill o'r Blaid Dorïaidd a ddaeth yn Llefarydd y Tŷ.[154] Gwelodd Dick Crawshaw, un o Aelodau Seneddol Lerpwl, ef fel y cadarnaf, ac edrychai ar fywyd gyda 'synnwyr cyffredin gwerth ei gael'.[155] I Edward du Cann, Aelod Seneddol Torïaidd, 'you will be much missed in the House'.[156] Yn ystod ei gyfnod fel Cadeirydd y Blaid Lafur Seneddol bu mor barod ei gymwynas ac roedd ei garedigrwydd mor amlwg i bawb.

I garedigion y Gymraeg roedd gweld sedd Cledwyn yn diflannu i'r Blaid Dorïaidd yn felltith na fu mo'i thebyg. Mynegwyd hyn gan Gwynn ap Gwilym yng nghylchgrawn *Barn*:

> Roedd calonnau cannoedd ohonom yn gwaedu drosto noson y cyfrif yn enwedig o ystyried y gwrthuni sy'n ei olynu ym Môn. Roedd colli Elystan Morgan hefyd yn siom.[157]

I Roy Jenkins, Llywydd y Comisiwn Ewropeaidd, nid oedd y canlyniad wedi bod gymaint â hynny o syndod yn gyffredinol ar ôl y gaeaf melltigedig er i golli Môn fod yn sioc.[158] Lluniodd Eirlys Thomas, Trefriw, lythyr iddo'n diolch am ei ofal dros ei fab, Dafydd Elis-Thomas,

> Mae Dafydd yn gweld eich colli'n fawr iawn. Diolch o galon i chwi am eich caredigrwydd a'ch gofal ohono, ac yntau yn llanc ifanc dibrofiad yn wynebu ar San

Steffan. Mae ei edmygedd ohonoch yn fawr iawn, ac roedd yn gwerthfawrogi eich cyngor a'ch arweiniad.[159]

Plesiodd y llythyron hyn, a'r ugeiniau eraill, ef ond y goron ar y cyfan oedd llythyr Jim Callaghan, 1 Mehefin 1979, yn gofyn iddo a fyddai'n barod cynrychioli Llafur yn Nhŷ'r Arglwyddi.[160] Fel y dywedodd Gwyneth Dunwoody, Aelod Seneddol Llafur Crewe, 'the Party will benefit enormously from your membership of 'the other House''.[161] Cytunai John Smith, a ddaeth yn ddiweddarach yn Arweinydd y Blaid Lafur.[162] Anfonodd yr Arglwydd Maelor, T W Jones, ato gan awgrymu y dylai alw'i hun yn Arglwydd Menai! Lluniodd cyn Aelod Seneddol Meirionnydd yr englyn hwn iddo:

Yn rhwydd i Dŷ'r Arglwyddi – y deui
   A dewr yno fyddi
  Goronwy yn gâr i ni,
  Cu, mwynaidd fydd y cwmni.[163]

Croesawyd ef i'r Tŷ gan yr Arglwydd Goronwy Roberts ac ef oedd un o'r cyflwynwyr. I'r bargyfreithiwr disglair, Kynric Lewis, Caerdydd, 'Da o beth, er lles y wlad, yw gweld y bydd llais Methodistiaeth Môn ar gael i roi cyfeiriad a synnwyr i'r Tŷ Uwch fel ag i'r Blaid Lafur gynt'.[164]

Galwodd Keith Best i'w weld gan ddiolch iddo am ei ddymuniadau da ac i'w longyfarch am fynd i Dŷ'r Arglwyddi.[165] Teimlai Philip, Dug Caeredin, fel ei longyfarch am yr anrhydedd a haeddai.[166] Yr un diwrnod, 19 Mehefin, anfonodd Elystan Morgan air ato i'w longyfarch gan ddweud, 'Yr wyf yn ôl yn rhigol y bar. Fe gymer beth amser i gael pethau yn ôl i siâp ac fe ddaw'.[167]

Cyflwynwyd ef i Dŷ'r Arglwyddi ar 18 Gorffennaf 1979 a mabwysiadodd yn deitl yr Arglwydd Cledwyn o Benrhos. Fis yn ddiweddarach, penodwyd ef yn Gynghorydd i Fanc y Midland yn Rhanbarth Gogledd Cymru.[168] Wrth i Cledwyn Hughes gefnu ar Dŷ'r Cyffredin roedd am wneud ei gyfraniad yn Nhŷ'r Arglwyddi. Gosodwyd y newid yn berffaith gyda chymhariaeth o fyd aredig y tir gan David Jenkins, y Llyfrgellydd Cenedlaethol, 'Dim ond mater o fynd i aredig mewn cae newydd yw hi – pob hwyl a bendith i chwi gael cadw'r cwlltwr yn loyw am flynyddoedd lawer eto'.[169]

Pennod 12

Tŷ'r Arglwyddi (1979-90)

B u'r wythdegau yn adeg cyffrous i Cledwyn Hughes gan iddo ddal wrthi yn y tresi. Yn ei flynyddoedd cynnar, fel gwleidydd, nid oedd ganddo lawer i'w ddweud wrth Dŷ'r Arglwyddi. Bwriodd ei feirniadaeth ar y sefydliad yn ystod y ddadl ar Fesur yr Arglwyddi Newydd (The Life Peerages Bill) yn 1958.[1] Roedd angen i'r lle gael ei ddiwygio ond, yn ystod y blynyddoedd, daeth fwyfwy yn ddyn y Sefydliad ac ni welai ddim byd sinistr yn Nhŷ'r Arglwyddi. Roedd llu ohonynt, o bob plaid, yn ffrindiau mawr ag ef a daeth i gredu fod gan Dŷ'r Arglwyddi gyfraniad helaeth i wleidyddiaeth Prydain. Wedi'r cyfan, roedd creu Arglwyddi am oes yn symudiad da a gwelodd fod modd i'r Tŷ hwn osgoi rhag i'r Llywodraeth fod yn anghyfiawn neu'n ddiofal mewn mesurau. Rhwng 1974-79 collodd y Llywodraeth Lafur 360 pleidlais yn Nhŷ'r Arglwyddi.

Bu Deddf 1958 yn werthfawr iawn a chredai Cledwyn fod y gofal a roddwyd yn Nhŷ'r Arglwyddi yn cyfoethogi llywodraeth Prydain. Gwyddai fod prif waith y Tŷ yn digwydd mewn pwyllgorau ac mewn adroddiadau a gâi eu paratoi. Credai'n gydwybodol fod ynddo bobl wybodus a llawer ohonynt, fel ef, wedi dal swyddi yn y Llywodraeth. O fewn ychydig wythnosau o dderbyn ei ddyrchafiad, fe'i penodwyd yn Gadeirydd Pwyllgor Dethol Amaethyddiaeth Tŷ'r Arglwyddi. Treuliasai ddwy flynedd yn Weinidog Amaeth ac roedd wedi cadw cysylltiad agos â'r diwydiant. Ym mis Gorffennaf cafodd ei gyflwyno i Dŷ'r Arglwyddi a derbyn gwahoddiad Pennaeth yr Herodraeth (*Garter Principal of Arms*) i ginio gyda'i deulu.[2]

Gwahoddwyd ef i gyflwyno anerchiad o lwyfan yr Eisteddfod Genedlaethol yng Nghaernarfon yn Awst 1979. Mynegodd Syr Alun Talfan

Davies, Llywydd Llys yr Eisteddfod, ei werthfawrogiad o'r 'araith fawr'. 'Gwnaeth, rwy'n siŵr, gymwynas fawr â'r Eisteddfod ac rwy'n datgan diolch pob swyddog o'r Eisteddfod amdani.'[3] Blwyddyn yn ddiweddarach, anfonodd Rol Williams o'r Waunfawr lythyr ar ôl ei 'glywed ar y radio'.[4] Credai Rol Williams y dylsai ysgrifennu hunangofiant gan gynnwys ei brofiadau gwleidyddol. Syniad da, ond roedd yn ŵr a garai lefaru wrth gynulleidfa yn hytrach nag eistedd tu ôl i ddesg a rhoi'i brofiadau mewn cyfrol.

Gŵr diddorol y daeth Cledwyn i gysylltiad ag ef yr haf hwnnw oedd yr artist, Kyffin Williams, cyfeillgarwch a barodd ar hyd y blynyddoedd a bu cryn ohebu rhyngddynt gan fod ganddo'r ddawn brin odiaeth o gael y maen i'r wal bron bob amser.[5] Artist arall roedd Cledwyn yn ei adnabod ar yr ynys oedd Charles Tunnicliffe. Bu llawer o bryder beth a ddigwyddai i'w gasgliad unigryw o luniau adar gwyllt a hedfanai dros dirlun Môn, a Malltraeth yn arbennig. Llwyddodd yr Arglwydd Cledwyn yn rhyfeddol i'w gwarchod, fel y cydnabu Kyffin Williams ym Mai 1981.[6] Diolchodd iddo am yr holl drafferth yr aeth iddo er mwyn diogelu gwaith Tunnicliffe ar gyfer cenedlaethau'r dyfodol a'i bod yn wyrth fod y casgliad i'w leoli ym Môn.

Plesiai ei ddull fel seneddwr ei gyd-arglwyddi'n fawr iawn gan y medrai, gyda thipyn o waith cartref, siarad ar amrywiaeth o destunau gan gynnwys materion Cymreig, amaethyddiaeth, y celfyddydau, ac Addysg Uwch. Bu galw mynych arno rhwng 1979 ac 1982 hefyd i gyflwyno datganiadau ar ran y Blaid Lafur ar Faterion Tramor a'r Gymanwlad. Daeth hi'n 'ddydd o brysur bwyso' ar y Blaid Lafur yn y cyfnod 1980-1 gyda charfan dda o gyfeillion Cledwyn, yn arbennig yr arweinwyr Roy Jenkins, David Owen, Bill Rodgers a Shirley Williams, yn gwbl anfodlon ag agwedd ac arweinyddiaeth y Blaid Lafur ar ôl ymddiswyddiad James Callaghan yn 1980. Gwyddai ef, yn fwy na neb, fod cyfraniad Cledwyn wedi bod yn gwbl allweddol i'w gyfnod fel Prif Weinidog. Pum niwrnod ar ôl ymddiswyddo, anfonodd lythyr yn cydnabod hynny at ei gyfaill o Fôn, 'I know how much I owe to the partnership we forged during those difficult days for the Labour Government and I greatly appreciate our friendship'.[7]

Cynhaliwyd Cynhadledd arbennig yn Wembley ar 24 Ionawr 1981 i drafod y system newydd o ethol arweinydd yn lle Callaghan. I'r gwleidyddion ar y chwith y dymuniad oedd ethol trwy system y coleg etholiadol. Ar y dde credai gwleidyddion dan arweiniad Roy Hattersley mewn coleg etholiadol ond bod yr Aelodau Seneddol eu hunain yn cael y llaw gryfaf. I'r lleill ar y dde, dan arweiniad David Owen, pleidlais i bob aelod gan gynnwys aelodau'r etholaethau oedd y ffordd ddemocrataidd.[8] Ond, yn Wembley, penderfynwyd fod yr arweinydd i'w ethol drwy system y coleg etholiadol.[9] Yr Undebau Llafur, mae'n amlwg, oedd â'r llaw drechaf felly. Nid oedd y system yn plesio Cledwyn Hughes o gwbl ond fel aelod o Dŷ'r Arglwyddi, ni allai wneud dim am y peth. Iddo ef roedd hyn yn gam gwag, gan nad oedd y Blaid Lafur Seneddol yn cael y llais cryfaf yn y dewis. Teimlai ei gyfaill mawr, Roy Jenkins yr un fath, a phenderfynodd ef a thri arall – Shirley Williams, Dr David Owen a Bill Rodgers – ffurfio'r Cyngor dros Ddemocratiaeth Gymdeithasol, yn galw am ailstrwythuro gwleidyddiaeth Prydain. Gwnaeth un ar ddeg Aelod Seneddol Llafur eu cefnogi ond nid oedd Cledwyn Hughes yn eu plith.[10]

Mae'n rhyfeddol nad oes unrhyw dystiolaeth ar gael fod Roy Jenkins wedi pwyso'n drwm ar Cledwyn i ymuno â hwy. Yr unig un o'r pedwar arweinydd a gysylltodd ag ef oedd Shirley Williams, gan ei atgoffa o ddatganiad yr SDP. Cymerai Shirley Williams, mae'n debyg, yn ganiataol y byddai'n ymuno â'r blaid newydd oherwydd fod ganddo ef a Roy Jenkins gymaint yn gyffredin. Anfonodd Tom Ellis, AS Wrecsam, a ymunodd â'r SDP, lythyr at Cledwyn yn cymryd yn ganiataol hefyd ei fod am berthyn ond, ni ddigwyddodd hynny.[11]

Roedd Cledwyn mor gadarn o blaid y Blaid Lafur ac nid oedd newid parti ar yr agenda. Gwelai fod cyfle yn Nhŷ'r Arglwyddi i wneud diwrnod da o waith dros y werin bobl a buddiannau'r Blaid Lafur y bu mor barod i'w gwasanaethu. Roedd cymaint o'i ffrindiau yn aros yn y Blaid Lafur ac yno roedd ei gartref emosiynol yntau. Yn y cyfnod hwn mynegodd Elystan Morgan ei ddiddordeb o gael ei dderbyn i Dŷ'r Arglwyddi.[12] Nid oedd ef wedi cysylltu â neb arall er iddo sôn wrth John Morris ar ôl etholiad 1979. Bu'n meddwl ysgrifennu at Fred Peart, yr Arweinydd Llafur yn Nhŷ'r Arglwyddi, ac Alec Jones neu Michael Foot ond 'tybiwn mai'r peth gorau oedd anfon atoch chwi'.[13]

Roedd Elystan Morgan, o gael mynediad i Dŷ'r Arglwyddi, yn barod i 'symud ei bractis' fel bargyfreithiwr i Lundain er 'mwyn rhoddi amser i waith y Tŷ'.[14] Roedd ei uchelgais yn fawr er iddo gydnabod ei fod yn 'dra ymwybodol o'm hanaeddfedrwydd – ac yn fwy byth – fy annheilyngdod – yn y cyswllt hwn'.[15] Sylweddolai, fel y gwnâi Cledwyn, mai 'dyma'r siawns olaf a gaf i chwarae unrhyw ran ar lwyfan cenedlaethol' ac nad oedd y drws yn mynd i agor heb gymorth ei gyfaill Cledwyn, 'gan ei bod yn debyg yr ystyrier rhai ym mhwys eu haddewid yn hytrach nag ym mhwys eu cyfraniad eisoes'.[16]

Llwyddodd Cledwyn i agor y drws iddo. Agorai drysau lu i Cledwyn, yn arbennig trwy ei gyfeillion yn y Blaid Geidwadol. Sonia Edward du Cann, ym mis Mai, ei fod yn falch fod Bwrdd papur Sul yr *Observer* wedi gwahodd Cledwyn Hughes yn gyfarwyddwr annibynnol.[17] Ei gyfaill, yr Arglwydd Shawcross, QC, a drodd at yr SDP, oedd yn awyddus i'w gael ar fwrdd yr *Observer*.[18] Gohebodd Tiny Rowlands o Gwmni Lonrho ag ef – dyn allweddol o blith y cyfarwyddwyr annibynnol.[19] Gwahoddwyd ef gan yr Ysgrifennydd Cartref, Willie Whitelaw, i ystyried derbyn swydd Llywodraethwr y BBC yng Nghymru gan fod Dr Glyn Tegai Hughes yn ymddeol.[20] Gwrthododd y swydd, un o'r ychydig swyddi a wrthododd ac ni roddodd reswm am ei benderfyniad.

Gan amlaf ni ddymunai wrthod, gan ei fod wrth ei fodd yn cadeirio pwyllgorau, ciniawa a theithio o'r naill gyfarfod i'r llall ac ateb llythyron oddi wrth awduron a haneswyr.[21] Yn y cyfnod hwn, roedd ei gyfraniadau yn y Tŷ a thu allan yn denu sylw. Gwahoddwyd ef, ym mis Mai 1981, i annerch Cynhadledd Flynyddol Undeb Amaethwyr Cymru.[22] Syfrdanwyd pawb gan ei weledigaeth a'i feistrolaeth lwyr o'i bwnc. Yng ngeiriau R J Williams, Ysgrifennydd Cangen Môn o'r Undeb, 'teimlais eich bod ar eich uchel fannau, ac roeddwn yn falch iawn o'ch sylwadau o berthynas â'r tir diffaith sydd ar Ynys Môn'.[23]

Treuliodd wythnos yn Eisteddfod Genedlaethol Cymru, Machynlleth a'r Cylch, yng nghwmni ei briod, a'i gyfaill George Thomas. Gwnaeth sylw am George Thomas, 'George is an extrovert, occupying a sensitive Office of State with outstanding success and we must allow him the odd foible'.[24] Eglura hyn pam y cadwodd gyfeillgarwch didwyll ag ef ar hyd y blynyddoedd. Cyfeiriodd y bancwr, W Emrys Evans at ei anerchiad ar bnawn Llun o lwyfan yr Eisteddfod wrth ddiolch am y cinio a gawsai ef a'i briod, a'r mwynhad o'r botel win a'r siampên yn y cartref a elwid yn Swynol Le yn Nhrearddur. Syndod ydyw canfod i Emrys Evans lunio llythyr Saesneg ato a hwythau wedi bod yn yr Eisteddfod lle ceid y Rheol Gymraeg. Dyna baradocs deiliaid y

Sefydliad Cymreig ers dyddiau Syr John Morris-Jones. Dywed Emrys Evans fod 'the standing ovation you received after delivering such a powerful address' yn dweud y cwbl.[25]

Pan fu farw yr Arglwydd Goronwy Roberts, derbyniodd ei swydd, sef Dirprwy Lefarydd Tŷ'r Arglwyddi, ym mis Mawrth 1982.[26] Cyhuddwyd ef ddau fis yn ddiweddarach gan yr Arglwydd Byers mewn dadl ar y Dwyrain Canol o fynd dros yr amser penodedig o ddeuddeg munud.[27] Ond nid oedd Cledwyn Hughes yn barod i dderbyn y feirniadaeth. Dewisodd y Blaid Ryddfrydol ddau siaradwr o'r fainc flaen i siarad a defnyddio pymtheg munud, roedd yn deg felly i'r Wrthblaid gael deuddeg munud i gyflwyno ei dadl hi.[28] Daeth awr fawr y gwleidydd craff yn Nhachwedd 1982 i hyrwyddo'i uchelgais. Gwyddai Cledwyn fod yna anniddigrwydd cyson yn erbyn yr Arglwydd Peart, rhagflaenydd iddo fel Gweinidog Amaeth. Pwyswyd ar Cledwyn i sefyll am Arweinyddiaeth yr Wrthblaid a chafodd fuddugoliaeth hawdd. Derbyniodd yr Arglwydd Cledwyn 60 pleidlais a'r Arglwydd Peart 27.[29] Un peth yw ennill pleidlais, tasg fwy yw adfywio gweithgarwch gwrthblaid oedd yn gwbl ar chwâl. Defnyddiodd yr Arweinydd newydd ei holl sgiliau i gryfhau trefniadaeth y fainc flaen a bywhau'r brwdfrydedd. Credai fod disgyblaeth yn allweddol a threfnodd yn fanwl fod llefarwyr penodol dros y Blaid Lafur, o adrannau canolog y Llywodraeth, yn cael eu penodi i drafod deddfwriaeth. Golygai hyn gadw golwg ar bob Llefarydd a bod hyn yn cael ei arolygu gan chwipiaid Llafur yn Nhŷ'r Arglwyddi. Trefnai Cledwyn hefyd gyfarfodydd wythnosol yn cynnwys meincwyr blaen Llafur, chwipiaid Llafur, y Dirprwy Arweinydd, ynghyd ag ef fel Arweinydd yr Wrthblaid.[30] Pwrpas y cyfarfodydd wythnosol hyn oedd llunio strategaeth ar gyfer yr wythnos ganlynol, rhoddi cyfrifoldeb ar unigolion i baratoi'n ofalus ar gyfer y dadleuon a sylweddoli pwysigrwydd eu cyfraniadau, yn arbennig pan ddeuai cynlluniau dadleuol Llywodraeth Margaret Thatcher dan y chwyddwydr.

Roedd cael ei ethol yn Arweinydd yr Wrthblaid yn bwysig gan ei fod bellach yn aelod o Gabinet yr Wrthblaid. Amddifadwyd ef o hyn am dros ddegawd. Ysgwyddai swydd eithriadol o gyfrifol yn Nhŷ'r Arglwyddi ac ni fyddai dim byd pwysig yn digwydd yng ngwleidyddiaeth Prydain na châi ef ei wahodd i'w drafod. Medrai fynegi ei hun yng Nghabinet yr Wrthblaid ar bolisïau'r Blaid Lafur a hynny mewn cyfnod o argyfwng, wrth i'r SDP fygwth disodli Llafur ac ennill teyrngarwch yr etholwyr.

Ers Medi 1981 daliai'r Blaid Lafur yn y gors a mynnai'r polau piniwn nad oedd y boblogaeth yn ffafrio arweinyddiaeth Michael Foot. Er bod y Llywodraeth Dorïaidd yn amhoblogaidd, daeth Rhyfel y Falklands i roddi iddynt gefnogaeth ddigonol i ennill etholiad arall. Paratôdd Llafur faniffesto ar gyfer etholiad 1983 oedd yn sawru o'r chwith galed. Yn wir, galwodd Gerald Kaufman, un o Aelodau Seneddol Manceinion, y maniffesto 'the longest suicide note in history'.[31] Enillodd y Torïaid yn ysgubol gyda mwyafrif o 144.[32] Am y tro cyntaf yng nghof Arweinydd yr Wrthblaid yn Nhŷ'r Arglwyddi, pleidleisiodd mwyafrif y dosbarth gweithiol, nid i'r Blaid Llafur fel yr arferent wneud, ond i'r Torïaid a'r SDP. Dim ond 42% o'r dosbarth gweithiol a gefnogodd eu plaid eu hunain. Pleidleisiodd 35% i'r Torïaid a'r gweddill i SDP a'r Rhyddfrydwyr.[33] Ym Mhenybont-ar-Ogwr rhoddodd Neil Kinnock araith orau'r ymgyrch. Clodd fel hyn, 'If Margaret Thatcher wins on Thursday, I warn you not to be ordinary, I warn you not to be young, I warn you not to fall ill, I warn you not to get old'.[34]

Yr araith hon a sicrhaodd yr arweinyddiaeth i Kinnock, ynghyd â chlyfrwch strategaeth ei gyd-Gymro, Clive Jenkins, yr Undebwr carismatig o Bort Talbot. Cyhoeddodd Michael Foot ei ymddiswyddiad yn syth ar ôl etholiad 1983, a daeth ei gymydog o Went, Neil Kinnock, yn olynydd iddo. Derbyniodd Kinnock dros 71% o bleidlais y Coleg Etholiadol, a'i wrthwynebydd, Roy Hattersley, ddim ond 19%.[35] Buddugoliaeth i fab mabwysiedig Michael Foot fel petai ac i grŵp *Tribune* a methiant echrydus i ganlynwyr Tony Benn. Tasg Kinnock fyddai dilyn esiampl yr Arglwydd Cledwyn, moderneiddio'r Blaid, gorchfygu y mudiad Militant, a gwneud y Blaid Lafur yn dderbyniol i'r etholwyr unwaith eto. Cyhoeddwyd yn y Gynhadledd Flynyddol yn Blackpool yn Hydref 1983 fuddugoliaeth hawdd y gŵr ifanc, Neil Kinnock.[36] Fel y dywedodd y newyddiadurwr Edward Pearce, 'He is also Welsh and intelligent, a combination which obliges anyone so endowed to start looking over his shoulder at Aneurin Bevan and Lloyd George'.[37] Gallasai Pearce fod wedi ychwanegu enw arall, Cledwyn Hughes, gan i Kinnock ddibynnu llawer ar ddoethineb y gwleidydd o Fôn tra bu'n arwain yr Wrthblaid.

Câi perfformiadau'r Arglwydd Cledwyn yn Nhŷ'r Arglwyddi eu

cydnabod. Anfonodd Syr Peter Henderson, Clerc y Senedd cyn ei ymddeoliad yn 1983, air ato, 'Your speech was masterful for its combined brevity, wit, elegance and feeling. What an enviable gift! The House is most fortunate to have you as the Leader of the Oppostion'.[38]

Erbyn hynny roedd yr Arglwydd Cledwyn yn barod i drafod dyfodol Tŷ'r Arglwyddi ac anfonodd ei sylwadau at Bryan Davies, Ysgrifennydd y Blaid Lafur Seneddol. Dywedodd nad oedd yn cefnogi'r syniad o ddiddymu'r Tŷ ond credai fod lle i foderneiddio.[39] Yn ei lythyr at John Silkin dywedodd y credai mai ei swyddogaeth oedd fel siambr ddadlau a siambr i ddiwygio'r mesurau a ddeuai o'r Tŷ Cyffredin. Ni châi deddfau a beryglai democratiaeth fynd drwodd heb eu gwella, ond roedd o blaid diddymu gallu Tŷ'r Arglwyddi i ddal deddf yn ôl yn rhy hir.[40]

Erbyn haf 1983 ysgogai'r Arglwyddi Llafur i ddefnyddio'u doniau i lesteirio'r Llywodraeth Dorïaidd, trwy ofyn cwestiynau llafar ac ysgrifenedig a pherswadio digon o Arglwyddi a chanddynt safbwyntiau eraill i bleidleisio, pan oedd angen, yn erbyn mesurau amhoblogaidd. Llongyfarchwyd ef gan Michael Foot ar 30 Gorffennaf 1983 am ei fuddugoliaeth y noson cynt, 'most skilfully contrived and gracefully exploited'.[41] Derbyniodd Michael Foot Radd Anrhydedd gan Brifysgol Cymru, awgrym a weithredwyd o dan oruchwyliaeth yr Arglwydd Cledwyn. Talodd Aelod Seneddol Glyn Ebwy ei wrogaeth iddo ef a'i genedl, 'I really did feel honoured: nobody can match the Welsh when it comes to courtesy and I can assure you that we the Celts from elsewhere, from Cornwall in particular, appreciate the atmosphere all the more'.[42]

Gwyddai llawer am ei sgiliau wrth argyhoeddi'r Brifysgol i roddi graddau anrhydedd i bobl a haeddai hynny. Un a dderbyniodd anrhydedd a deilyngai oedd y Parchedig Gomer M Roberts (1904-1993), Llandybïe, hanesydd Diwygiad Methodistaidd y ddeunawfed ganrif.[43] Dr Derec Llwyd Morgan oedd yn awyddus i'r Gweinidog Presbyteraidd gael gradd D.Litt. Prifysgol Cymru ac aeth â'r achos at yr Arglwydd Cledwyn. Meddai, 'Nid yw'n ymgeisydd 'glamorous' mewn un dull na modd, a dichon na all neb werthfawrogi'n llwyr ei gyfraniad onid yw'n byw tu mewn i draddodiad Anghydffurfiol Cymru. Felly, tasg go anodd fydd cael y maen arbennig hwn i'r wal. Diolch i chi am ymgymryd â hi'.[44] Derbyniodd lythyr Emrys Wynn

Jones, Cofrestrydd Prifysgol Cymru, ym Mai 1983 yn diolch iddo am enwebu Gomer M Roberts, enwebiad a dderbyniwyd.[45]

Bugeiliai Cledwyn Hughes yr Arglwyddi Llafur o ddydd i ddydd a dangosai'r parch a'r edmygedd mwyaf atynt. Un o'r rhain oedd yr Arglwydd Shinwell, Iddew a Sosialydd o'i gorun i'w sawdl. Diolchodd yr Arglwydd Shinwell am ei lythyr a theimlai'n ddig na allai fynychu'r Tŷ oherwydd ei oedran.[46] Gobeithiai weld haul ar fryn ac y medrai fynychu'r Tŷ ar ei ben-blwydd yn ganmlwydd oed.[47]

Ym mis Gorffennaf 1984 canmolodd Emrys Evans, Dinas Powys, ef am iddo'n 'bersonol sicrhau newid mawr yng nghyfraniad Tŷ'r Arglwyddi'.[48] Cynhyrfai'r dyfroedd yn gyson a byddai Llafur dan ei arweiniad yn 'ennill un ddadl ar ôl y llall'.[49] Yn Awst 1984 derbyniodd yr Arglwydd Cledwyn lythyr oddi wrth Gofrestrydd Prifysgol Cymru yn ei hysbysu ei fod wedi'i ethol yn Is-ganghellor Prifysgol Cymru o 1 Ionawr 1985.[50] Er bod Cledwyn yn falch o'r anrhydedd, bu ei dymor yn un anodd dros ben.

Un o'r gwelliannau a groesawodd yr Arglwydd Cledwyn i Dŷ'r Arglwyddi oedd gwahodd y teledu i ddarlledu'r dadleuon. Roedd hyn yn gam pwysig yn ei olwg a daeth ei areithiau â chryn glod iddo. Anfonodd Gregor Mackenzie, AS, ato yn Ionawr 1985 yn diolch am ei araith.[51] Daeth gair hefyd oddi wrth Glyn, un o drigolion Trearddur, yn cydnabod bod grym ac argyhoeddiad tu ôl i'w eiriau. Cofiai'r Arglwydd Cledwyn yng Nghapel Disgwylfa a theimlai 'y dylwn i' dy longyfarch.[52] Aelod yn Eglwys Fethodistaidd y Tabernacl, Conwy, oedd Mary E Elias a chafodd hithau fodd i fyw wrth wylio rhaglenni o Dŷ'r Arglwyddi.[53] Roedd dyn tarw potel o Ruthun, Emrys Jones, wedi mwynhau Hywel Gwynfryn yn holi'r Arglwydd o Dŷ'r Arglwyddi. Bu'r Parchedig O J Hughes yn weinidog arno yng Nghapel yr Annibynwyr Gellioedd, Llangwm ac roedd hwnnw'n gefnder i Cledwyn Hughes.[54]

Roedd hanes a chydnabod y gorffennol yn agos at ei galon ac yn 1985 ymdaflodd i'r ymdrech i godi arian at adnewyddu Tŷ Mawr Wybrnant, cartref yr Esgob William Morgan, cyfieithydd y Beibl Cymraeg. Llwyddodd i gael Syr Harry Seacombe a'r Arglwydd Chalfont, dau Gymro di-Gymraeg, i gefnogi Apêl Tŷ Mawr.[55] Cafodd pobl amlwg i'w gynorthwyo mewn achos arall oedd yn agos at ei galon sef Amgueddfa Lloyd George yn Llanystumdwy. Llwyddodd Cledwyn, fel Cadeirydd Ymddiriedolwyr Amgueddfa Lloyd

George, i sicrhau dau gyn Brif Weinidog, Edward Heath a James Callaghan, yn noddwyr yr Amgueddfa.[56] Yr Arglwydd Cledwyn, fel y cydnabu Jim Callaghan, a gymerodd yr 'initiative' gyda'r Amgueddfa.

Roedd *Y Faner,* a gyhoeddid gan Wasg y Sir, yn y Bala, mewn enbydrwydd yn 1985 am fod Cyngor y Celfyddydau, yn dilyn adroddiad Rhodri Williams, yn ailystyried rhoddi cymhorthdal iddynt. Cefnogodd yr Arglwydd Cledwyn *Y Faner*, gan ddatgan y byddai'n drychineb colli cylchgrawn y bu Gwilym R Jones, Geraint Bowen a Jennie Eirian Davies yn olygyddion arno. Gofynnodd i Gyngor y Celfyddydau ailystyried, 'ar gwestiwn sydd o bwys i bob Cymro'.[57]

Gan gyfeirio at yr Arglwydd Cledwyn, meddai Ioan Bowen Rees, Prif Weithredwr Gwynedd, 'Pan mae argyfwng iaith yn codi yng Nghymru, mae'n draddodiad i lawer droi atoch chwi am arweiniad.'[58] Ysgrifennodd Ioan Bowen Rees ato am gyngor ynglŷn â cheisio cael newidiadau i Ddeddf Perthnasau Hiliol 1976, yn dilyn yr achos yn erbyn Cyngor Sir Gwynedd.[59]

Sefydliad arall a dderbyniodd sylw a gwarchodaeth oedd y Coleg Normal ym Mangor, coleg a ddaeth i fodolaeth yn 1865 trwy ddycnwch tri o wŷr mawr y Methodistiaid Calfinaidd – y Parchedig John Phillips, Syr Hugh Owen a David Roberts, Lerpwl. Soniodd y Prifathro J A Davies yn 1978 mai Cledwyn Hughes oedd 'i raddau helaeth yn gyfrifol am gadw'r Coleg hwn ar agor fel y mae ar hyn o bryd'.[60] Ychwanegodd ei olynydd, Ronald Williams, saith mlynedd yn ddiweddarach, ei fod ef yn dra phryderus ynglŷn â'r dyfodol, gan fod siroedd de Cymru yn troi'r dŵr i'w melin eu hunain ac yn peryglu bodolaeth coleg dwyieithog y Coleg Normal.[61] Cydnabu nad oedd yr Arglwydd Cledwyn, oedd yn caru lles Cymru a'r iaith Gymraeg, yn barod i dderbyn sefyllfa o'r fath. Gofynnodd y Prifathro iddo siarad unwaith yn rhagor yn hyglyw dros y Coleg.[62]

Roedd yr Arglwydd Cledwyn yn hen gyfarwydd ag arwain ymgyrchoedd. Onid ef a arweiniodd ymgyrch galed yn 1984-5 yn erbyn penderfyniad y Llywodraeth Doriaidd i ddiddymu Cyngor Llundain, y GLC? Methodd yn y diwedd ond nid heb ymgyrch a'i hanwylodd at Lundeinwyr. Yn Ebrill 1984 bu'n rhan amlwg o'r symudiad i sicrhau gwelliant amlwg i Fesur Preifateiddio Telecom Prydain. Canlyniad hynny oedd gorfodi'r cwmni preifat newydd i ddiogelu gwasanaethau ffôn cefn gwlad na fyddai'n dod ag unrhyw elw sylweddol i'w coffrau.[63]

Byddai ef a Neil Kinnock yn cydweithio ac yn cyfarfod â'i gilydd yn rheolaidd. Mynegodd Glenys Kinnock ei diolch am noson hyfryd a sgwrs felys yn nechrau mis Mawrth 1986.[64] Cwynodd Bill Molloy wrth Kinnock nad oedd Donald Bruce ar y fainc flaen mewn dadl ar 19 Chwefror yn Nhŷ'r Arglwyddi. Gofynnodd am arweiniad ac fe'i cafodd. Pwyllgor y Fainc Flaen oedd yn dewis, ac fel arfer Joel Barnett a Charles Williams oedd yno, ond credai'r Arglwydd Cledwyn fod digon o gyfrifoldeb gan Bruce dros Fasnach a Diwydiant heb boeni am fanion bethau.[65]

Yn 1986 gwahoddwyd yr Arglwydd Cledwyn i arwain dirprwyaeth o Dŷ'r Arglwyddi i Hong Kong. Cawsant gyfle i gyfarfod â Chyngor Llywodraethol y Drefedigaeth, cyn filwyr a rhai oedd yn dal pasport Prydeinig.[66] Yn 1986 hefyd symudodd ef a'i briod i 42 Gilbert Road.[67]

Derbyniai lythyron yn gyson yn ei ganmol am ei arweiniad a'i gyfraniadau sylweddol mewn dadleuon yn Nhŷ'r Arglwyddi. Ym mis Mai diolchodd Esgob Manceinion, Y Gwir Barchedig Stanley Booth-Clibborn, iddo am ei araith ar Dde Affrig.[68] I'r Arglwydd Wells-Pestell of Combs, roedd hi'n fraint ei gael yn Arweinydd yr Arglwyddi Llafur gan mai'r Arglwydd Cledwyn oedd y gwleidydd mwyaf llwyddiannus a fu yn Nhŷ'r Arglwyddi yn yr un mlynedd ar hugain y bu ef yno.[69] I Arglwydd Consford, roedd ei anerchiad ar 3 Gorffennaf yn haeddu clod, 'In my forty years in this House, I have never heard a more justifying speech than yours this evening. It was delivered with a warm variety of tone which I much envied'.[70]

I'r Arglwydd John Hunt, y dringwr enwog a'r dysgwr Cymraeg, roedd yr Arglwydd Cledwyn ar ei ben ei hun o ran meistrolaeth ar y Tŷ.[71] Ysgrifennodd Neil Kinnock at Margaret Thatcher yn cwyno am sefyllfa'r Wrthblaid yn Nhŷ'r Arglwyddi. 120 oedd nifer yr Arglwyddi Llafur ac 11 o'r rhain yn methu â chymryd rhan oherwydd henaint ac afiechyd. Roedd 17 ohonynt dros eu pedwar ugain.[72] Ers 1982 dim ond 31 ddaeth i atgyfnerthu'r rhengoedd, tra bu farw 32. Roedd y gwaith yn syrthio ar ysgwyddau nifer fechan ac roedd yn rhaid i'r Arglwydd Cledwyn a'i ddirprwy, yr Arglwydd Ponsonby, wneud defnydd helaeth o'r Arglwyddi oedd ar gael. Sylwai pobl graff yng Nghymru hefyd ar ei gyfraniadau. Dyna oedd barn Mati Rees, o Langawsai,

Aberystwyth, modryb Dr Deian Hopkin, 'Ond mae llawer iawn gennych i fod yn falch ohono, a gwnaethoch waith da, yn Nhŷ'r Arglwyddi'.[73]

Fel arweinydd, gwnâi ei orau i ddewis yr union bobl i'r gwahanol gyfrifoldebau. Mynegodd yr Arglwydd Terry Boston ei bod yn fraint aruthrol cael gwasanaethu fel aelod o'i dîm.[74] Daeth Roy Mason yn aelod o'r Tŷ yn 1987 a mynegodd ei ddiolch at y ffordd garedig y cyflwynodd yr Arglwydd Cledwyn ef i aelodau'r Tŷ.[75]

Daeth mater gorsaf beilot Pwynt Leinws ym Môn i'w sylw trwy ohebiaeth Gwyn Pritchard, Amlwch.[76] Bu'r gwasanaeth mewn bodolaeth am dair canrif, ond gwelai Gwyn Pritchard fod yr argoelion yn wael. Dymunai weld y mater yn dod ar agenda Tŷ'r Arglwyddi, ac roedd yr union ddyn yn y fan honno i'w weithredu.

Cyflwynodd Hywel D Roberts fater personol iddo'n ymwneud â'r Brifysgol.[77] Gofidiai na chynigiwyd Doethuriaeth er Anrhydedd iddo am ei wasanaeth fel Warden Urdd y Graddedigion fel y teilyngai:

> Ni fedraf weld bod y radd yn cyfateb i'm gwasanaeth i'r Brifysgol heb sôn am oes o wasanaeth i'r Urdd, Cyngor yr Eisteddfod a Bwrdd yr Orsedd, fel cyfarwyddwr cyntaf Mudiad Ysgolion Meithrin, prifathro dwy Ysgol Gymraeg a gwasanaethu ym myd yr Eisteddfod Genedlaethol ac Eisteddfod Llangollen.[78]

Roedd Hywel D Roberts wedi'i siomi'n fawr ac am rwystro i'w fab ddod i'r seremoni, 'Roeddem wedi edrych ymlaen at alw Glyn adre o Mexico i'r seremoni yng Ngorffennaf pe bai'n radd Ll.D'.[79]

Trefnai'r Arglwydd Cledwyn gyfarfodydd Apêl Lloyd George yn ei ystafell yn Nhŷ'r Arglwyddi. Criw bychan o Gymry Cymraeg a ddeuai ynghyd i'w gefnogi, sef Gareth Price o'r BBC, Dr J A Davies, y Coleg Normal gynt, Dr Emrys Evans, Bryn R Parry, a fu yn Archifydd Sir Gaernarfon, a Syr Goronwy Daniel.[80] Ond ef oedd canolbwynt y Pwyllgor.

Pan fyddai'r Eisteddfod Genedlaethol angen siaradwr o blith pobl busnes, yr Arglwydd Cledwyn oedd y dewis amlycaf. Anerchodd Glwb Busnes Caerdydd adeg Gŵyl Ddewi 1987, gyda Syr Cennydd Treharne yn ei groesawu a Syr Melvyn Rosser yn diolch. Tasg yr Arglwydd Cledwyn oedd argyhoeddi'r gwŷr busnes o werth y diwylliant Cymraeg ym mywyd y Brifwyl.[81] Trannoeth y digwyddiad medrai Bedwyr Lewis Jones, Monwysyn arall, ddiolch iddo am gyflwyno'r ŵyl mewn dull na allai beidio ag ennyn cefnogaeth. Dywedodd, 'Ar ran y Llys a'r Cyngor diolch, diolch'.[82]

Ond nid gan y Cymry da ac adnabyddus yn y Sefydliad Cymreig yn unig y deuai gwahoddiadau iddo, ond o blith y teulu brenhinol, Cymdeithas Dafydd ap Gwilym, Rhydychen, a'r *elite* Seisnig yn Llundain.[83] Derbyniodd wahoddiad i ginio gyda'r nofelydd Kingsley Amis, y deallusyn Noel Annan, a sgriptiwr *Dixon of Dock Green*, Ted Willis.[84]

Cafodd wahoddiad gan Gareth Owen, Prifathro Coleg y Brifysgol Aberystwyth, i fod yn Gymrawd ac fe'i derbyniodd.[85] Roedd hi'n hen bryd i'r Coleg hwnnw estyn y gwahoddiad iddo, gan iddo fod yn fyfyriwr yno ac yn 1975 ef oedd Llywydd y Coleg. Nid yw Aberystwyth yn enwog am gofio'i hen fyfyrwyr a gwrthodwyd rhoi Cymrodoriaeth i bobl sy'n haeddu hynny. Daeth Robyn Lewis ar ei ofyn cyn diwedd y flwyddyn, er iddo orfod ymddiheuro'n gyhoeddus iddo flynyddoedd ynghynt.[86] Roedd Robyn Lewis wedi cyflawni camp, sef paratoi cyfrol nodedig *Termau Cyfraith* a phwysodd ar yr Arglwydd Cledwyn i ysgrifennu rhagair, gweithred na fyddai ef yn ei gwrthod.

Blwyddyn Etholiad Cyffredinol oedd 1987 a Llafur mewn gwell sefyllfa nag yn ymgyrch 1983. Bu newid syfrdanol yn y peirianwaith trwy'r Cyfarwyddwr Cyfathrebu, Peter Mandelson. Geiriau Roy Hattersley amdano sy'n aros yn y cof, 'The brilliance of Peter's (Mandelson) performance during the 1987 election campaign is beyond dispute'.[87] Roedd disgwyl i Neil Kinnock annerch llu o gyfarfodydd ar hyd a lled y wlad ond, yng nghynhadledd y Blaid Lafur Gymreig ar 15 Mai yn Llandudno, y cafodd yr hwyl orau yn ei ymgyrch:

> Why am I the first Kinnock in a thousand generations to be able to get to university? Why is Glenys the first woman in her family in a thousand generations to be able to get to university? Was it because all our predecessors were 'thick'? Did they lack talent – these people who could sing and play, and recite and write poetry, those people who could make wonderful, beautiful things with their hands; those people who could dream dreams, see visions, those people who had such a sense of perception as to know in time so brutal, so oppressive, that they could win their way out of that by coming together. Were those people not university material?[88]

Dyma areithyddiaeth wrth fodd calon Cledwyn Hughes.

Siom bersonol i'r Arglwydd Cledwyn oedd bod gyrfa wleidyddol ei olynydd, Keith Best, wedi dod i ben ymhell cyn pryd oherwydd iddo gael ei demtio i brynu chwe gwaith mwy o gyfranddaliadau British Telecom nag a ganiateid pan aeth y cwmni i ddwylo preifat yn 1984.[89] Mynegodd ei ffrind, yr Arglwydd Elystan, a oedd yn ei chael hi'n anodd mynychu'r Tŷ oherwydd yr holl alwadau arno ym myd y gyfraith, ei farn am Keith Best. I Elystan roedd Keith Best wedi 'ymddwyn yn hollol onest ac anrhydeddus tuag ataf fel ymgeisydd. Yn wir, fe awn ymhellach a dweud ei fod bob amser yn hynod fonheddig ym mhob dim a wnaeth. Eto, roedd rhywbeth rhyfedd ynddo nad allwn roddi bys arno'.[90] Dipyn o synod yw darllen ei farn am Ieuan Wyn Jones, a ddaeth yn Aelod Seneddol Môn yn Etholiad 1987. Meddai: 'Ni allaf feddwl yn frwdfrydig iawn ynglŷn ag Ieuan Wyn Jones. Mae'n dalp o hunan gyfiawnder ac os enilla'r Blaid Fôn bydd y *merry go round* wedi cychwyn unwaith eto'.[91]

Colli a wnaeth Llafur ym Mhrydain yn 1987 ac, o fewn blwyddyn, arweiniodd yr Arglwydd Cledwyn ymgyrch galed yn erbyn Mesur Treth y Pen gan y Llywodraeth. Fe'i gwelai yn fygythiad arswydus a gwnaeth ymdrech i rwystro'r Mesur a hefyd polisïau'r Llywodraeth ar breifateiddio gwasanaethau cyhoeddus fel dŵr a thrydan. Anfonwyd y mesurau hyn yn ôl i'r Tŷ Cyffredin am ystyriaeth bellach.

Ni chollai gyfle i ymateb i negeseuon a dderbyniai yn gofyn iddo ddylanwadu ar fesurau a ddeuai o Dŷ'r Cyffredin i Dŷ'r Arglwyddi. Darlithydd yng Nghyfadran Addysg Coleg Prifysgol Cymru Bangor oedd Bryn Lloyd Jones ac yn Chwefror 1988 pwysodd arno i ddylanwadu ar y Mesur Diwygio Addysg.[92] Atebodd yr Arglwydd Cledwyn yn gadarnhaol, gan addo gwneud popeth o fewn ei allu i wella'r mesur.[93] Roedd dyfodol y Prifysgolion yn uchel iawn ar restr ei flaenoriaethau.

Soniai Ioan Bowen Rees am yr ymddiriedaeth fawr oedd ynddo gan bobl Gwynedd fel gwleidydd a fedrai gael y maen i'r wal. Roedd yr Arglwydd Cledwyn wedi mynegi ei hun yn gadarn ar Fesur Cyllid Llywodraeth Leol yn nechrau mis Mawrth.[94] Bwriadai Cyngor Gwynedd a chynghorau eraill baratoi lobi gref pan fyddai Tŷ'r Arglwyddi yn trafod gwelliant i'r Mesur, yn arbennig mesur tai, y mesur diwygio addysg a'r cymalau yn y mesur oedd yn cyfeirio at gyhoeddusrwydd ac at breifateiddio.

Yn y Gynhadledd i'r Wasg, y dymuniad oedd i'r Arglwydd Cledwyn lywyddu neu, os na fyddai hynny'n gyfleus, y Cymro mawr arall yn yr ail siambr, yr Arglwydd Gwilym Prys Davies.[95] Yn haf 1982, gofynnodd i'r Arglwydd Gwilym Prys Davies a oedd yn barod i weithio dros Lafur yn yr Ail Siambr pe deuai'r cyfle.[96] Cytunodd, a daeth y gwahoddiad yn Rhagfyr 1982. Pwysleisiodd yr Arglwydd Cledwyn fod mwy 'o obaith y dyddiau hyn i ddiwygio mesur yn Nhŷ'r Arglwyddi nag yn y Tŷ arall'.[97] O fewn blwyddyn, estynnodd yr Arweinydd ran o gyfrifoldeb Mainc Flaen yr Wrthblaid am Gymru, Iechyd a Gogledd Iwerddon i Gwilym Prys Davies.

Disgrifiodd yr Arglwydd Gwilym Prys Davies ei berthynas â'r Arweinydd yn ei hunanfywgraffiad, *Llafur y Blynyddoedd*:

> Bûm ar fy ennill yn fawr o'i gyngor da sydd, ar y naill law, yn ffrwyth profiad cyfoethog mewn gwleidyddiaeth ymarferol ond sydd, ar y llaw arall, yn tynnu ar argyhoeddiad cryf sy'n deillio o fagwraeth yn nhraddodiad Anghydffurfiaeth Cymru. Nid oes un gwleidydd arall yn Westminster sydd mor ymwybodol o'i ddyled i dreftadaeth Anghydffurfiaeth Cymru. Deuthum fwyfwy i barchu ei radlonrwydd a'i gydbwysedd – priodoleddau a enillodd barch iddo ar bob tu – a'r dycnwch a sicrhaodd ei fod yn Nhŷ'r Arglwyddi megis ym Mhrifysgol Cymru yn rhoi arweiniad clir ar y materion sy'n bwysig i ddyfodol ein cenedl.[98]

Roedd Cledwyn Hughes a Gwilym Prys Davies yn dîm pwerus a phwysig yn Nhŷ'r Arglwyddi. Hwy oedd y cewri. Nid oedd y tri arall o Gymru oedd ar feinciau Llafur, Eirene White, Gordon Parry na Brian Morris, yn medru siarad Cymraeg ond eto byddent yn barod iawn i ymateb. Roedd dau o wŷr y Gyfraith, y Barnwr Edmund Davies, ac Elwyn Jones, a fu yn Arglwydd Ganghellor, yn rhugl yn y Gymraeg ac yn driw bob adeg i fuddiannau Cymru yn y siambr. Ymhlith y pleidiau eraill, roedd dau y gellid dibynnu arnynt, sef Emlyn Hooson o'r meinciau Rhyddfrydol, a Peter Thomas o'r meinciau Torïaidd. Ond prin oedd y gweithwyr dros Gymru mewn cynhaeaf mor fawr.

Poenai'r Arglwydd Gwilym Prys Davies yn 1988 am gyflwr y Gymraeg yn yr ysgolion hynny lle nad oedd yr holl addysg trwy gyfrwng yr iaith.[99] Dim ond mewn tri phwnc, sef hanes, daearyddiaeth a mathemateg y ceid cyflenwad digonol o werslyfrau ym mlynyddoedd un i bump yn yr ysgolion uwchradd.

Ail ofid y ddau ohonynt oedd y perygl i ysgol eithrio rhag dysgu'r Gymraeg dan bwysau y dylifiad o bobl ddi-Gymraeg. Ar ôl ymgynghori, medrodd y ddau lunio dau welliant i gwrdd â'r ddau ofid.

Ond, ni ddiffiniodd Gwilym Prys Davies na Cledwyn Hughes ysgol Gymraeg yn gywir fel y dangosodd Wyn Roberts, Aelod Seneddol Conwy. Yn ôl y Swyddfa Gymreig, y diffiniad o ysgol Gymraeg yw un sy'n dysgu pum pwnc yn y Gymraeg. Dysgid pum pwnc yn y Gymraeg yn Ysgol Friars Bangor, ond pedwar pwnc yn Ysgol Llanymddyfri ac roedd un ar ddeg o ysgolion uwchradd lle dysgid tri phwnc yn y Gymraeg. Mewn dwy ysgol gan gynnwys Ysgol Uwchradd Aberteifi dysgid dau bwnc yn yr iaith ac mewn dwy ysgol arall dim ond addysg grefyddol a geid trwy gyfrwng y Gymraeg. Teimlai Wyn Roberts, fel y ddau Arglwydd, fod nifer o ysgolion uwchradd yn dysgu rhy ychydig o bynciau yn y Gymraeg ac, am hynny, ni ellid eu galw yn ysgolion Cymraeg. Yn Ysgol Llandrindod un plentyn yn unig, ym mlynyddoedd un a dau, a astudiai addysg grefyddol, hanes a daearyddiaeth. Yn y dref gyfagos, Llanfair-ym-Muallt, dim ond un plentyn yn yr ail flwyddyn oedd yn astudio addysg grefyddol trwy gyfrwng y Gymraeg ac ni ellid galw'r ysgol honno'n ysgol Gymraeg. Gwna Wyn Roberts y sylw, 'Ni ellir bodloni pob un'.[100]

Mynegai anniddigrwydd mawr am Lywodraeth Margaret Thatcher ac ar y teledu o Dŷ'r Arglwyddi byddai'n feirniadol ar gymaint o'r polisïau. Disgrifiodd Treth y Pen fel datblygiad 'cwbl sinistr a gwrth-ddemocrataidd'. Gofynnodd y Cynghorydd D F Jones, Tregarth, y cwestiwn, 'Pa mor isel mae'r Llywodraeth yma am wyro at y diafol'? Roedd ganddo enghraifft benodol, sef bod gwragedd gweddwon chwarelwyr, a fu farw o lwch y garreg ar eu hysgyfaint, wedi colli 55 ceiniog oddi ar eu pensiwn yn 1988 dan reolau newydd y DHSS.[101] I R H Jones, Llwyn Onn, Deiniolen, Cyn-ysgrifennydd Undeb Chwarelwyr Dinorwig, roedd y Prif Weinidog yn gwbl gyfeiliornus, 'Credaf fod llawer o'i pholisïau yn warthus ac yn annheg iawn'.[102] Nid oedd ef am dalu treth y pen. Gofidiai hefyd am bentref Deiniolen lle roedd ei gartref, 'Mae Dinorwig bellach [hyn yn 1988] wedi mynd yn hafan i hwligans a llyncwyr drygiau. Mae'r heddlu yno'n ddyddiol a rhai o Loegr yw'r rhan fwyaf ohonynt'.[103]

Yr un oedd cwyn Llafurwr tanbaid arall, Cledwyn Williams, Llanrug, cyn brifathro ac ysgrifennwr cyson at yr Arglwydd Cledwyn.[104] Gwelodd ef y

Blaid Lafur yn edwino yn ei hen gadarnleoedd. Dywedodd wrth yr Arglwydd
Cledwyn:

> Mae pethau wedi newid bron yn llwyr, y Blaid Lafur ar drai yn arbennig yn
> ein hardaloedd ni. Nid arnom ni a'n cenhedlaeth mae'r bai. Mae'r ysbryd a'n
> symbylodd wedi'n gadael – dros dro mi obeithiwn.[105]

Sonia nad oedd llythyrwr cyson arall â'r Arglwydd Cledwyn, Mrs Mary
Lloyd Williams, a ysgrifennai golofn wythnosol i'r *Herald Cymraeg* dan yr enw
Mari Lewis, bellach yn cefnogi'r Blaid Lafur a byddai nosweithiau llawen yn
Lleuar Bach (cartref ei mab-yng-nghyfraith, Alan Jones, Pontllyfni) er lles
Plaid Cymru.[106] Eto, at yr Arglwydd Cledwyn yr aed am gymwynas er mwyn
i Alan Jones, arbenigwr y cŵn defaid, gael ei anrhydeddu â'r O.B.E.

Yn bersonol, roedd yr Arglwydd Cledwyn yn barod iawn i roddi'i
gefnogaeth i'r rhai a ddymunai dderbyn yr anrhydeddau hyn. Fel arall y
teimlai Cledwyn Williams. Iddo ef rhywbeth dieflig oedd y ffug anrhydeddau
ac yn gwbl groes i ddelfrydau'r Blaid Lafur. Rhoddodd enghraifft bwysig o'r
eisteddfodwr a brodor o Fethesda:

> Un o'r Sosialwyr gonest oedd y diweddar Ernest Roberts a wrthododd yr O.B.E.;
> roedd yn gweithio dros y Blaid Lafur, hyd yn oed o fy mlaen i, ac roeddwn i'n
> cadw rhestr yn etholiad 1925, yr etholiad am y Cyngor Sir, Robert Williams,
> Llafur.[107]

Ysgrifennai'r Arglwydd Cledwyn yn gyson ar ran y bobl a gyhuddwyd
o dorri'r gyfraith. Achos felly oedd un Hywel Jones o Borthaethwy, gŵr
23 mlwydd oed; wrth deithio dros Bont Menai yng Ngorffennaf 1985 fe'i
rhwystrwyd gan ddau heddgeidwad am beidio â gwisgo gwregys diogelwch.
Gofynnodd iddynt roddi eu gorchymyn yn y Gymraeg. Fe'i harestiwyd a'i daflu
i mewn i fodur yr heddlu a throdd un heddwas ato gan ofyn, 'Is it you that's
been burning these houses'?[108] Credai fod ganddo'r hawl gyfreithiol i drafod
gyda'r heddweision yn y Gymraeg yn ôl Deddf Iaith 1967. Ysgrifennodd at yr
Arglwydd Cledwyn i ofyn am ei gyngor ac fe'i cafodd. Un arall a dderbyniodd
ei gefnogaeth oedd Keith Best, Aelod Seneddol Môn ar y pryd.[109]

Defnyddiodd Owen Edwards, Pennaeth S4C, enw Cledwyn ar

gyfer derbyniad yn Nhŷ'r Arglwyddi yn Chwefror 1988.[110] Trwy hynny, llwyddodd S4C i sicrhau bod yr hoelion wyth yn dod oherwydd bod enw'r Arglwydd Cledwyn ar y gwahoddiad, pobl fel yr Arglwydd Willie Whitelaw. Sylweddolodd yr addysgwr John Howard Davies, yr Wyddgrug, hynny: 'Roedd yr ymweliad yn llwyddiant mawr a hynny oherwydd eich presenoldeb chi a'ch dull hynaws, digyffelyb o lywio digwyddiadau o'r fath'.[111]

Yr un oedd barn y Barnwr Syr W Mars Jones o Lansannan am ei gyfraniad i'r cinio a gynhaliwyd nos Sadwrn y Pasg yn Aberystwyth. Aberthodd amser prin i fod yno gan i'w fab, Harri Hughes, ei yrru o Drearddur ym Môn i Aberystwyth ac yn ei ôl adref ar ôl y cinio. Geiriau'r Barnwr enwog oedd 'Mae pawb yn dweud mai hwn oedd y cinio gorau ers blynyddoedd a bod dy gyfraniad di'n ddigymar'.[112]

Derbyniai Arweinydd yr Wrthblaid aml i apêl ariannol dros ben llestri. Gwahoddodd Robert Maxwell, y cyhoeddwr, ef i noson arbennig pan fyddai'r Cardinal Basil Hume, Llywydd Cymdeithas y Cristnogion a'r Iddewon, yn cyflwyno anrheg i Betty Maxwell a gofyn iddo gyfrannu mil o bunnoedd at Gronfa 'Cofio y Dyfodol' yn seiliedig ar ddioddefaint yr Iddewon yn yr holocost.[113] Ni welais ateb yr Arglwydd Cledwyn iddo, ond, gwn iddo ymateb yn gadarnhaol i'r Tad Deiniol o Eglwys Uniongred yr Amddiffyniad Sanctaidd, Blaenau Ffestiniog.[114] Roedd angen gwario arian ar yr adeilad yn y Blaenau a gofynnwyd i'r blaenor Presbyteraidd Cymraeg fod yn noddwr Eglwys Uniongred Rwsia yng ngogledd Cymru. Bodlonodd ac anfonodd rodd hael iddo. Roedd y Tad Deiniol yn gyfarwydd â chefndir y noddwr, gan iddo ymweld â Chapel Disgwylfa pan oedd perthynas ei dad yn weinidog yno, y Parchedig Gwynfryn Evans. Gwelai'r Tad Deiniol fod cyfraniad a gwasanaeth i Achos yr Arglwydd yn un o nodweddion amlwg yr Arglwydd Cledwyn. Ychwanegodd, 'O na bai mwy o'n gwleidyddion a gwŷr a gwragedd cyhoeddus yn cyfrannu at fywyd yr eglwysi'.[115]

Fel Ewropead cadarn, arweiniodd yr Arglwydd Cledwyn ddadl bwysig arall ym Mai 1989 ar drothwy Etholiadau Ewrop. Beirniadodd yn llym agwedd ddifater a hunanol Mrs Thatcher at y Gymuned Ewropeaidd. Bu hyn yn gyfraniad a fu'n gymorth i'r etholiad Ewropeaidd ym Mehefin 1989. Cododd ei galon yn fawr gan ei fod e'n gweld y Blaid Lafur yn dianc rhag ei thrafferthion ac yn adennill cefnogaeth drachefn. Cawsant lwyddiant arbennig dros y Toriaid yn yr etholiad Ewropeaidd.

Fel sosialydd roedd hi'n naturiol i'r Arglwydd Cledwyn dynnu sylw cyson yn Nhŷ'r Arglwyddi at anghenion y ffoaduriaid a erlidiwyd a'r angen i hybu'r Cenhedloedd Unedig. Roedd y Cwrdiaid yn agos iawn at ei galon ac anfonodd yr ysgolhaig o Lydaw, Pêr Denez o Brifysgol Rennes, air i gydnabod fod y Cymro wedi siarad ar eu rhan yn 1988:

> Gadewch i mi eich llongyfarch yn gynnes am eich safiad dros bobl Kurdistan. Mae helynt y genedl druan yma'n ofnadwy ac nid oedd llawer yn barod i roi cymorth iddynt. Felly, bu'n bwysig dros ben clywed llais calonnog Cymro yn siarad drostynt.'[116]

Ar sail ei areithiau grymus yn Nhŷ'r Arglwyddi derbyniodd wahoddiadau i Balas Lambeth oddi wrth Archesgob Caergrawnt, y Gwir Barchedig Robert Runcie. Poenai'r Arglwydd Cledwyn yn fawr am yr unigolion yn eu dioddefaint yn Zimbabwe yn 1989. Ysgrifennodd H Margaret Crawford, Sherborne, Dorset, ato am yr ymgyrch i ryddhau Dr Frank Bertrand. Gofynnodd yr Arglwydd Cledwyn gwestiwn yn Nhŷ'r Arglwyddi yn Rhagfyr 1986 am garchariad Dr Bertrand. Gofynnai hi iddo ymgyrchu hefyd dros ryddhau Jack Lewis-Walker a Miss Oldie Harrington. Credai Margaret Crawford fod ymgyrchu Cledwyn Hughes yn hynod o bwysig a dywed 'it was the support of yourself and a number of MPs which eventually affected Dr Bertrand's release'.[117]

Roedd nifer o drigolion Zimbabwe dan glo a gwyddai'r Arglwydd Cledwyn am eu sefyllfa. Megis Ivor Harding, 45 oed, a arestiwyd ym Medi 1987 ar gyhuddiad o fod yn ysbïwr dros Dde Affrig, yr un cyhuddiad hefyd a gawsai ei dad, Clive Harding. Dinasyddion o Zimbabwe oedd y ddau. Merch o Brydain oedd Patricia Brown, 53 oed, a bu am ddwy flynedd yn garcharor ond heb ymddangos unwaith o flaen y llys. Un o Ganada oedd Dick Laban, 51 mlwydd oed, tra bod Jack Lewis-Walker, 55 oed, o Brydain yn was sifil. Y cyhuddiad yn ei erbyn oedd ei fod wedi cael ei lwgrwobrwyo. Triniwyd ef yn giaidd, heb roi dillad ar ei wely, na gadael llyfr na radio yn ei gell. Gosodwyd ef, yn ei unigedd, mewn carchar arswydus o'r enw Chicknebi. Ceisiodd Prif Weinidog Prydain a Lynda Chalker o'r Swyddfa Dramor ymyrryd, ond yn gwbl ofer o ran ennill clust Mugabee. Daeth i'w sylw achos Miss O Harrington, merch 27 oed o Dde Affrig, a gyhuddwyd o fod yn ysbïwraig. Anfonwyd hi i garchar am bum mlynedd ar hugain am ddweud fod yr ANC yn fudiad terfysgol. Apeliwyd a lleihawyd y ddedfryd i ddeuddeng mlynedd. Ond dioddefai drais beunyddiol, chwipiwyd hi yn ddidrugaredd â rhaff, byddai am ddiwrnodau yn cael ei hamddifadu o fwyd a'i threisio'n rhywiol. Defnyddiodd yr Arglwydd Cledwyn ei gysylltiadau â'r wlad, a chan y gwyddai Mugabee am ei gyfraniad arloesol ar hyd y blynyddoedd, cafwyd llwyddiant. Erbyn 12 Medi 1989 gallai ef ac eraill lawenhau o ddeall fod y cyfan ohonynt ar fin eu rhyddhau o'u caethiwed.[118]

Diolchodd Uwch Gomisiynydd Awstralia, Douglas McClelland, iddo ym mis Mai 1990 am ei gyfraniad gwerthfawr i'r drafodaeth yn Nhŷ'r Arglwyddi ar Gyfansoddiad Awstralia. Roedd ei araith yn werthfawr a'i eiriau caredig am Awstralia yn hynod o dderbyniol.[119] Pan benderfynodd y Llywodraeth gau Swyddfa Is-gennad Cyffredinol Prydain yn Alberta, Canada, mynegodd yr Arglwydd Cledwyn ei safbwynt. Ysgrifennodd Mary J Le Messurier o Alberta House, Llundain, ato ym Mai i ddiolch am ei gyfraniad yn y ddadl.[120] Ddechrau Mehefin ysgrifennodd y Dirprwy Brif Weinidog, James D Horsman, QC, ato i ddiolch ar ran 'all Albertans' am ei araith nodedig yn y ddadl.[121]

Un arall a ddiolchai'n gyson am ysbryd radicalaidd, rhyngwladol yr Arglwydd Cledwyn oedd y Farwnes Cox, a gyflawnodd gymaint dros Gristnogion dan erledigaeth. Ceir nifer fawr o lythyron oddi wrthi at yr Arglwydd Cledwyn. Yn Nhachwedd 1991 ysgrifennodd ato i ddiolch am ei gefnogaeth mewn dadl ar hawliau dynol a'r bychanu a fu ar yr Armeniaid yn Nagorno Karabakh.[122]

Felly, trwy'r wythdegau bu'r Arglwydd Cledwyn yn ŵr hynod o ddylanwadol yng ngwleidyddiaeth Prydain, ym mywyd Prifysgol Cymru a'r werin Gymraeg. Sonia'r newyddiadurwr, Vaughan Hughes, Talwrn, am Heledd, ei ferch, yn ei wylio ar y teledu, a chyn mynd i gysgu dyma'i sgwrs gyda'i thad:

> Heledd: Dyn clên ydi o de, Dad.
> V H: Ie, 'nghariad i.
> Heledd: Ydi o'n ddyn da hefyd?
> V H: Ydi mae o.
> Heledd: Dyna oeddwn innau'n ei feddwl hefyd.
> O enau plant bychain…[123]

D H Owen, Brenda Owen, Glynne a Mennai Owen (rhieni Dafydd a Tudur a chwaer H D Hughes), Annie Hughes, chwaer arall H D Hughes, a Tudur Owen, yng nghyfarfod sefydlu D H Owen yng nghapel Kingsland, Caergybi, yn 1963.

Nain a Taid Cledwyn, sef David ac Anne Hughes.

Y Parchedig H D Hughes a'i briod Emily.

Dafydd Henry Owen a Griffith Tudor Owen y tu allan i Gapel Moriah, Llansteffan, ar achlysur sefydlu Dafydd yn weinidog yno, 3 Medi 1959.

Cledwyn a'i frawd iau, David Lloyd Hughes, yn nyddiau'r ysgol gynradd.

Cledwyn Hughes wedi ennill ei radd Ll.B o Adran y Gyfraith, Coleg Prifysgol Cymru, Aberystwyth.

Cledwyn Hughes gyda nifer o'i ffrindiau ar ddydd o haf.

Cledwyn Hughes yn ei swydd fel cyfreithiwr. Ni wyddom enwau'r ddwy ferch sydd yn y llun.

Cledwyn Hughes a hogiau'r Llu Awyr.

Cledwyn yn y Llu Awyr yn yr
Ail Ryfel Byd.

Cledwyn, Jean ac Ann ym Mangor
tua 1953.

Gyda swyddogion y Blaid Lafur yng ngogledd Cymru ar ymweliad Harol Wilson cyn Etholiad 1964.

Cledwyn Hughes yn cyfarch ei ffrind ifanc y Tywysog Charles yn y Brifwyl. Gwelir hefyd Ernest Roberts, y Parchedig Gwilym R. Tilsley a Goronwy O Roberts AS.

Aneurin Bevan, arwr Cledwyn, wedi dod i Gaergybi yn Etholiad 1959 i'w gefnogi.

Elystan Morgan AS, Tudor Watkins AS a Cledwyn Hughes ar ddiwrnod yr Arwisgo yng Nghastell Caernarfon yn 1969.

"REV HER UP, CLEDWYN, THERE MUST BE A COUPLE MORE GALLONS IN HER......"

ILLINGWORTH, DAILY MAIL.

Golwg y cartwnydd arno adeg ei dymor fel Gweinidog Amaeth (1968-70).

Dathlu buddugoliaeth ar falconi Neuadd y Dref, Llangefni.

Cledwyn Hughes ymysg arweinwyr Amaethyddiaeth yr etholaeth.

Cledwyn Hughes gyda cheffylau blaen y Blaid Lafur, yn eu plith James Griffiths, Aelod Seneddol Llanelli.

Yr ynys yn cydnabod deugain mlynedd yn San Steffan.

Bathodyn Anrhydedd prin.

Cledwyn Hughes a'i gyfaill James Callaghan.

Y ddau gyfaill a gadwodd y Llywodraeth yn fyw o 1976 i 1979.

Neil Kinnock a Roy Hattersley yn methu â gorffen chwerthin ar ôl clywed un o storïau Cledwyn Hughes.

James Callaghan, Glenys Kinnock, Neil Kinnock, Cledwyn Hughes, Harold a Mary Wilson.

Cledwyn l lughes
a'r ddau wleidydd
Cymreig , Albert
Owen a Rhodri
Morgan.

Cledwyn Hughes ac
Emrys Evans, Dinas
Powys yn ymlacio.

**DINAS A SIR CAERDYDD
CITY AND COUNTY OF CARDIFF**

Ar achlysur cyflwyno

Rhyddfraint Anrhydeddus
Dinas a Sir Caerdydd

I'r

Gwir Anrh Arglwydd Cledwyn o Benrhos CA

Neuadd y Ddinas
Dydd Llun 4 Rhagfyr 2000

Y Cynghorydd Russell Goodway
Gwir Anrhydeddus Arglwydd Faer Caerdydd

Byron Davies
Y Prif Weithredwr

**DINAS A SIR CAERDYDD
CITY AND COUNTY OF CARDIFF**

On the occasion of the presentation of the

Honorary Freedom of
The City and County of Cardiff

To

The Rt Hon the Lord Cledwyn of Penrhos CH

City Hall
Monday 4 December 2000

Councillor Russell Goodway
The Rt Hon The Lord Mayor of Cardiff

Byron Davies
Chief Executive

Taflen Rhyddfraint Anrhydeddus Dinas Caerdydd i'r Arglwydd Cledwyn yn y flwyddyn 2000.

***CINIO DINESIG
I DDATHLU
CYFLWYNO RHYDDFRAINT DINAS
A SIR CAERDYDD
I'R
GWIR ANRH. ARGLWYDD CLEDWYN
O BENRHOS, CA***

Drwy wahoddiad

Gwir Anrh. Arglwydd Faer

*Dinas a Sir Caerdydd
(Y Cynghorydd Russell Goodway)*

ym mhresenoldeb

Aelodau'r Cyngor Sir

Dydd Llun 4 Rhagfyr 2000

NEUADD Y DDINAS, CAERDYDD

Taflen y Cinio Dinesig.

St Margaret's Church
Westminster Abbey

Gwasanaeth o Ddiolchgarwch
am Fywyd a Gwaith

Service of Thanksgiving
for the Life and Work of

THE RIGHT HONOURABLE
THE LORD CLEDWYN OF PENRHOS CH

1916 – 2001

Thursday 25 October 2001
Noon

Taflen Gwasanaeth Coffa a gynhaliwyd
yn Llundain.

Yr Arglwydd Cledwyn, paentiad olew gan David Griffiths.

Cledwyn a Jean Hughes yn yr ardd ym Mae Trearddur.

Yn 1986, ar ran HTV Cymru, sgriptiodd Emyr Price gyfres o bedair rhaglen, 'Cledwyn', ar ei fywyd a'i yrfa. Un o blant Môn, Owen Griffiths (ŵyr Dr John Williams, Brynsiencyn) oedd y cynhyrchydd. Ymddangosodd mewn nifer fawr o raglenni eraill, yn wir byddai'r Arglwydd Cledwyn wrth ei fodd o flaen camera. Siaradai'n hwyliog mewn iaith raenus, ddealladwy. Ffrwyth yr ymchwil a wnaeth Emyr Price i'r rhaglenni yw'r cofiant, *Yr Arglwydd Cledwyn o Benrhos*, a gyhoeddwyd gan Ganolfan Ymchwil Cymru, Coleg Prifysgol Gogledd Cymru, Bangor. Bu'r Cyfarwyddwr, Dr Derec Llwyd Morgan, yn gyfrifol am lywio'r gwaith drwy'r wasg a chyhoeddwyd cyfrol yn y Gymraeg ac un yn Saesneg. Yn ystod yr un flwyddyn, cyflwynwyd penddelw ohono i'r Amgueddfa Genedlaethol wrth i fwy a mwy o arweinwyr gydnabod ei arweiniad doeth a defnyddiol.

Bu'r rhaglen *The Week in the Lords* (1989) yn gyfle da i'r Arglwydd Cledwyn sôn am ei ddyletswyddau. Mynegodd Sheila Cook o Adran Materion Cyhoeddus Uned Seneddol Llundain ei gwerthfawrogiad o'r drafferth yr aeth iddo er mwyn gwneud y darllediad mor hawdd â phosibl. Gyrrodd hwy yn ei gar o amgylch Môn a'u gwahodd i'w gartref i fwynhau danteithion ei briod.[124] Nid rhyfedd bod y gwylwyr wedi'u plesio. Soniodd Beti George, y ddarlledwraig, am 'raglen odidog' a welsai ar HTV. Roedd Iestyn, ei mab, yn gwylio'r rhaglen gyda hi ac meddai: 'Methu deall roedd e, wedi'r holl feirniadu arnoch yn y gorffennol – fod gennych yr egni o hyd i frwydro'![125]

Roedd hynny'n wir, nid oedd dial yng nghalon Cledwyn. Caredigrwydd a chroeso oedd nodweddion ei gred. Sonia James Molyneaux, Aelod Seneddol, am ei garedigrwydd iddo mewn derbynfa yng Nghastell Windsor. Gan nad oedd cludiant ganddo i Lundain cafodd fynd gyda Cledwyn yn ei gar.[126] Pan fyddwn yn paratoi bob blwyddyn yn enw Eglwys Bresbyteraidd Cymru gyfarfod yn Nhŷ'r Cyffredin gyda'r gwleidyddion Cymreig byddai ef yno'n ddi-ffael. Deuwn yno trwy ganiatâd John Morris, ond Cledwyn Hughes fyddai'n cadeirio'r cyfarfodydd gan amlaf.[127]

Mae'n amlwg na chafodd unrhyw wleidydd fwy o wylwyr nag a gafodd yr Arglwydd Cledwyn yn yr wythdegau. Dywedodd Gwerfyl Pierce Jones, Cyfarwyddwr Cyngor Llyfrau Cymru, amdano ar ôl gwylio cyfweliad ganddo, 'Roedd y cyfweliad gyda Gwyn Erfyl yn feistraidd ac mae'n dal yn destun siarad yn Aberystwyth, fel ym mhob rhan arall o Gymru, rwy'n siŵr. Roedd eich darlith yn yr Hen Goleg yn gampus hefyd'.[128]

Erbyn diwedd yr wythdegau roedd yr Arglwydd Cledwyn yn un o'r gwleidyddion mwyaf poblogaidd yn Nhŷ'r Arglwyddi. Cyfeiria'r bancwr W Elfed Roberts, Llandrillo-yn-Rhos, at ddewis yr Arglwydd Cledwyn trwy bleidlais yn 1989 fel y gwleidydd mwyaf gwefreiddiol yn Nhŷ'r Arglwyddi.[129] Ef oedd ar ben y rhestr hefyd o ran ffyddlondeb i'r Tŷ. Ond, yn naturiol, ni ddihangodd heb feirniadaeth. Heb ei fai heb ei eni. Cythruddodd un llysgennad, Bharat K Simha a gynrychiolai Nepal. Mewn dadl yn Nhŷ'r Arglwyddi ym Mawrth, 1990 dywedodd yr Arglwydd Cledwyn eiriau cryf am Nepal. Dyma ymateb B K Simha, 'Your description of His Majesty's Government of Nepal as a corrupt despotism is as objectionable as your other unwarranted comments'.[130] Atebodd y llythyr gan ddweud ei fod ef yn meddwl y byd o Nepal ac yn gofidio iddo orfod siarad yn blwmp ac yn blaen. Ond, roedd wedi darllen dogfen o eiddo Amnesty am y sefyllfa yn Nepal ac yn arbennig am garcharu gwleidyddion o'r wrthblaid. Mawr obeithiai y câi y rhain eu rhyddhau ar fyrder.[131]

Cafodd yr Arglwydd Cledwyn ddegawd lwyddiannus fel Arweinydd yn Nhŷ'r Arglwyddi. Paratôdd Peter Hennessy, arbenigwr ar beirianwaith Llywodraeth Prydain, ddogfen ar record yr Wrthblaid dan lywyddiaeth Cledwyn.[132] Collodd y Llywodraeth y bleidlais 100 gwaith, er mai dim ond 119 o Arglwyddi a gynrychiolai'r Blaid Lafur. Teimlai'r Arglwydd Cledwyn yn gwbl fodlon fod cymaint o'r mesurau wedi'u diwygio a dywedodd wrth Donald Shell o Brifysgol Bryste, 'I have to accept that the House of Lords must have very firm limitations and whilst I lead the Opposition, I shall operate within the constraints, the inevitable constraints imposed on us'.[133]

Dim ond 80 o Arglwyddi Llafur a ddeuai yno'n gyson a llwyddodd yr Arglwydd Cledwyn i dymheru'r Blaid Geidwadol yn well nag a wnaent yn Nhŷ'r Cyffredin. Ei grwsâd mawr oedd moderneiddio'r Siambr er na ddigwyddodd hynny tra bu ef yn arweinydd yr Wrthblaid, ond fe'i gwnaeth yn ffrynt unedig a'i safbwynt yn un cymedrol. Defnyddiodd ei brofiad, ei gof manwl a'i hiwmor i sodro'n gyson weinyddiaeth Mrs Thatcher am fynd yn rhy eithafol. Gweithiodd yn galed gan fugeilio'r Arglwyddi dan ei ofal. Methai newyddiadurwr craff y chwith galed, Paul Foot, â chredu'r llythyr cofiadwy a anfonodd yr Arglwydd Cledwyn at ei dad, Yr Arglwydd Hugh Foot:

> This letter has been passed all around the hospital. It has cheered him up a lot, and encouraged him. I hope he will be able to face up to a new and, for him, uncharacteristically, passive role which his health demands of him.[134]

Yng Ngorffennaf 1992 cyhoeddodd na fyddai'n sefyll yn yr hydref i gael ei ail ethol fel arweinydd. Yn ogystal â bodlonrwydd am yr hyn a gyflawnodd teimlai llawer o'r Arglwyddi siom o glywed y newyddion. Bu wrth y gwaith am ddeng mlynedd a galwodd ar y Llywodraeth i sefydlu comisiwn i drafod aelodaeth a chyfrifoldeb yr ail Siambr. Meddai'r Arglwydd Houghton o Sowerby yn Awst 1992, 'You have upheld magnificently the prestige of the Labour Party and we are now a force in the land. Not only the Labour Party but the House of Lords has reasons to be very grateful to you'.[135]

Roedd Neil Kinnock yn fawr ei ddyled iddo fel y cydnabu yn ei lythyron, 'But I wanted to write simply to record the fact that I will never be able to repay your enormous loyalty and the great gifts of wisdom and judgement which you've given to me in the last eight and a half years'.[136] Roedd Glenys ac yntau'n edmygu'n fawr Cledwyn a Jean, 'But the kindness and strength which you've shown at all times – particularly during the roughest times – whilst I've been Leader have been unsurpassed and I shall never forget it or think of it with anything but love'.[137]

Dewiswyd Cymro arall i ddilyn Cledwyn, sef Ivor Richard. Derbyniodd lythyr oddi wrth Neil Kinnock ar 21 Tachwedd:

> Ivor Richard will, I am sure, be a fine leader of the Upper House, but with your wealth of experience, your sagacity, your humanity and your sense of humour, you cannot be replaced.

I Kinnock roedd ei gyfaill wedi dangos 'marvellous leadership of the Lords and a source of inspiration' iddo yntau.[138]

Un o'r teyrngedau gorau a gafodd oedd gan y 'Cawr o Gymro', Hywel Teifi Edwards, am ei ymdrechion ef a'i gyd-aelod, Gwilym Prys Davies, o blaid y Gymraeg yn Nhŷ'r Arglwyddi. Dywed Hywel Teifi fod ei 'ymroddiad cywir galon i'r ymgyrch o blaid y Gymraeg yn help mawr i nerthu'r ymgyrchu i'r dyfodol. Mae'n warth i'r Llywodraeth nad yw'r achos a roddwyd gerbron mor effeithiol yn cyfrif mwy yn eu golwg. Daw'r dydd, pan gaiff y Gymraeg ei phriod statws yng Nghymru. Diolch i chi am ein nerth i fynd ymlaen', meddai'r Athro.'[139] O'r holl deyrngedau a gawsai ef a'r Arglwydd Gwilym Prys Davies, nid oedd un yn fwy derbyniol nag un Hywel Teifi Edwards. Dywedodd Gwilym Prys Davies, 'Mae'r Gymraeg yn drysor. Mae'n drysor oherwydd mai hi ydi campwaith arbennig ein cenedl ni'.[140]

Bu'r Arglwydd Cledwyn yn driw i'r trysor, i'w gyfoeswyr a'r dirmygedig ledled y ddaear. I'r Arglwydd John Hunt o Lanfair Waterine, bu Cledwyn yn garedig wrth iddo ymdrechu i ddysgu'r Gymraeg. Roedd pawb yn mynd i golli'i arweinyddiaeth; Llafur, y Croesfeincwyr ac, yn arbennig, y Rhyddfrydwyr Democrataidd. Roedd ganddo ffrindiau ym mhob rhan o'r Tŷ.[141] I'r Arglwydd Acton, roedd Cledwyn yn fodel o wleidydd, ei ymddygiad yn ysbrydoliaeth a'i allu i lefaru yn anhygoel.[142] Byddai'i eiriau caredig wedi aml i anerchiad o'i eiddo'n 'golygu mwy iddo nag y medrai ei egluro.'[143]

Un arall o'r Arglwyddi a welai ei golli oedd yr Arglwydd Simon o Glassdale a fu'n gyfaill iddo oddi ar 1951.[144] Roedd yr Arglwydd Cledwyn yn wych yn Nhŷ'r Arglwydd ar faterion cyfoes a thramor.[145] I'r Athro Arglwydd Wedderburn, QC, byddai'n anodd dros ben dilyn gŵr yn meddu ar sgiliau a doniau fel ei eiddo ef fel arweinydd, tra diolchai'r Arglwydd Moreton o Gaeredin am yr help a gawsai ganddo i ddeall Tŷ'r Arglwyddi.[146] Bu yng ngofal tîm hapus o Arglwyddi Llafur a weithiai'n gytûn gyda'i gilydd. I'r Arglwydd Hameworth roedd Cledwyn yn ymgorfforiad o'r hyn sy'n nodweddiadol o Dŷ'r Arglwyddi, sef gonestrwydd, integriti a safonau na cheir mohonynt yn Nhŷ'r Cyffredin.[147] I'w olynydd, yr Arglwydd Ivor Richard, a fu'n Chwip yn y Tŷ, dywedodd fod rhaid canmol ei briod, Jean, a chwaraeodd ran mor amlwg yn ei fywyd gwleidyddol.[148] Mor wir oedd y geiriau hynny, gan fod y teulu mor bwysig iddo. Yn ôl Archesgob Caergaint, George Carey, 'I know your father devoted his life to the Christian Ministry and that has informed your own life and work'.[149]

Nid oedd neb yn gwybod hynny'n well na'i gyd-flaenor, Glyn Thomas, a fu'n asiant iddo mewn saith Etholiad Cyffredinol, 'Yr ydych wedi rhoi oes o wasanaeth i'r gymuned a da o beth cael ymddeol, mewn cyflwr iechyd gweddol dda fel y byddwch yn medru mynd i fyd y plant bach sydd yn y teulu erbyn hyn'.[150] Er bod Glyn ac Eira Thomas yn ei adnabod yn well na neb a enwyd, eto nid oedd ymddeoliad yng nghroen y gwleidydd ond, o leiaf, ymddihatrodd rhag pwysau enfawr yr Arweinyddiaeth.[151] Mynegwyd ei gamp yn berffaith gan yr Iarll Robert Ferrers dan nifer o benawdau.[152]

Rhaid cofio bod ganddo'r gallu anhygoel o ddeall pob problem a ddeuai ger bron y Tŷ. Roedd hyn yn rhan o'i gynhysgaeth. Fel siaradwr a dadleuwr, llwyddai i saernïo anerchiadau mor effeithiol heb unrhyw ymchwilydd wrth law i'w gynorthwyo. Rhaid cofio'i ddynoliaeth braf, ei ddealltwriaeth o'r natur ddynol a'i bwyslais ar hawliau dynol a chyfiawnder cymdeithasol. Roedd yr Arglwydd Cledwyn yn ymgorfforiad o hyn. Cafodd y Ceidwadwyr ddeng mlynedd o gael eu herio a'u gorfodi i gymrodeddu a gwrando ar leisiau eraill. Camp arall a wnaeth oedd gofalu fod y teledu yn cyrraedd Tŷ'r Arglwyddi. Hawdd y gallai'r Cymro â'i wreiddiau yn Nhregaron, Syr David Nicholas, ymfalchïo mewn edmygedd am iddo agor Tŷ'r Arglwyddi i werin gwlad fel ag i arweinwyr pob cymdeithas.[153]

Pennod 13

Blynyddoedd y Meinciau Cefn (1993-2001)

W rth adolygu ei fywyd llwyddiannus dywedodd yr Arglwydd Cledwyn lawer tro mai gwleidyddiaeth y *Guardian* a'r *British Weekly* oedd ei wleidyddiaeth.[1] Cyfuniad felly o Ryddfrydiaeth ac Anghydffurfiaeth oedd y sylfaen, ond daeth sosialaeth y chwith i'w gyffwrdd, ac yn ddiweddarach, llwybr canol Roy Jenkins a Jim Callaghan. Yn Nhŷ'r Arglwyddi daeth yn ymgorfforiad o'r Llafur ymarferol gyda dogn fawr o gydymdeimlad â'r bobl gyffredin, y werin bobl, y gorthrymedig a'r dirmygedig. Ni fyddai ef am bris yn y byd wedi llefaru brawddeg snobyddlyd o eiddo Saunders Lewis, 'Ni fûm erioed yn werinwr – diolch i Dduw'![2]

Gwerinwr ydoedd, un a oedd am wasanaethu Môn a phobl Cymru yn anad dim, er iddo ddod yn ffefryn Cymry alltud a Saeson o bob lliw a safbwynt. Fel y dywedodd amryw un wrtho, ef oedd yr unig wleidydd a atebai eu llythyron. Methai â chredu cyn lleied o bwyslais a chyfle a roddwyd yn Senedd Prydain i Gymru:

> Tuedd y Saeson, a llawer o'r Cymry, oedd edrych ar Gymru fel sir fawr tebyg i Swydd Efrog a phan sefydlodd Herbert Morrison y ddadl Gymreig flynyddol yn 1946, teimlai llawer yng Nghymru a thu allan fod rhywbeth chwyldroadol wedi digwydd.[3]

Nid oedd dim byd mawr wedi digwydd, rhyw 'fath o seremoni neu ddefod ydoedd. Roedd yn gyfle i aelodau Lloegr fynd gartref at eu gwragedd am ddiwrnod'.[4]

'Distaw a diweledigaeth' oedd mwyafrif yr Aelodau Seneddol Cymreig. Sonia am un o'i ragflaenwyr yn y bedwaredd ganrif ar bymtheg, Richard Davies, Calfin o Gymro, na siaradodd yn y Senedd yn ystod ei ddeunaw mlynedd yno, 1868-86.[5] Canmolai'r Arglwydd Cledwyn y traddodiad a darddodd o weithgarwch T E Ellis a David Lloyd George. 'Oherwydd ar y sylfaen a'r traddodiad yma mae llawer ohonom wedi ceisio adeiladu'.[6]

Un o'i arwyr mawr oedd Lloyd George, arwr ei dad a'i gyfoeswyr hefyd. Cymhellodd John Grigg, a ysgrifennodd yn helaeth ar Lloyd George, yr Arglwydd Cledwyn i sefydlu Ymddiriedolaeth Cofeb David Lloyd George yn 1996, gyda'r bwriad o leoli'r gofgolofn yn yr awyr agored yn Llundain. Nid rhyfedd i'r Arglwydd Cledwyn ddefnyddio blynyddoedd olaf ei oes yn casglu arian i osod cofgolofn deilwng i'r Cymro o Ddwyfor. Ond nid oedd hi'n hawdd cael y maen i'r wal. Ni fyddai'r gofeb wedi'i chodi oni bai am frwdfrydedd pedwar Cymro, Cledwyn Hughes, Kenneth O Morgan, John Morris a Michael Heseltine – Arglwyddi fel mae'n digwydd, a John Grigg ei hun, wrth gwrs. Mynnodd yr ymddiriedolwyr yn y diwedd gael y gofeb yn Parliament Square.

Ni chafodd yr Arglwydd Cledwyn fyw i weld gwireddu'r freuddwyd a gweld campwaith yr Athro Glynn Williams a lwyddodd i grynhoi ynni Lloyd George yn ei gerflun. Ni fyddai Cledwyn wedi bod yn gysurus yn y seremoni, gan na lefarwyd gair o Gymraeg, anghofiodd y BBC ddarlledu'r digwyddiad ac nid baner y Ddraig Goch a chwifiai ger y cerflun, ond yn hytrach Jac yr Undeb. O leiaf cofiwyd am Cledwyn Hughes a'i gyfraniad gan ei gyfaill, y Tywysog Charles, wrth ddadorchuddio'r gofeb yn 2007. Byddai'r Arglwydd Cledwyn yn sôn yn aml pam ei fod yn hoff o David Lloyd George, am iddo ddathlu Cymreictod fel Cymro Cymraeg, ond anghofiwyd hynny'n llwyr. Fel y dywedodd yr hanesydd Rufus Adams: 'Nid anghofiodd ei fod yn Gymro, ac yn Gymro Cymraeg, a byddai cerddediad Cymry ifanc yn sioncach a'u cefnau yn sythach oherwydd Lloyd George.'[7]

Daeth cyfnod newydd rhwng y ddau Ryfel Byd gyda Llafurwyr fel Aneurin Bevan, D R Grenfell, Robert Richards, S O Davies, Morgan Jones, Will John a Jim Griffiths. Datblygodd y garfan Gymreig yn un bwerus a dylanwadol. Sosialaeth ryngwladol oedd efengyl y Llafurwyr Cymreig cyn i Robert

Richards a James Griffith gyrraedd y Senedd yn 1936. Yna, daeth Cymru ar yr agenda am y tro cyntaf. Gofynnodd Jim Griffiths hanner cant o gwestiynau ar Gymru erbyn diwedd Sesiwn 1937, mewn mater o flwyddyn, a hynny oedd un o'r rhesymau pam y gadawodd Cledwyn Hughes Ryddfrydiaeth am y Blaid Lafur. Un o ddisgyblion Jim Griffiths oedd Cledwyn Hughes, a chwaraeodd ran debyg iddo yn y Senedd.[8] Ef a'i dilynodd fel Ysgrifennydd Gwladol i Gymru, ef a fu'n gymodwr i'r Blaid Lafur yn y saithdegau ar adeg argyfyngus yn ei hanes. Yr unig wahaniaeth rhyngddynt oedd bod Jim Griffiths wedi gwrthod y cyfle i fynd i Dŷ'r Arglwyddi tra bod Cledwyn Hughes wedi'i groesawu. Ond, roedd James Griffiths yn bedwar ugain oed a'i iechyd yn fregus pan gafodd y cyfle. Gŵr yn ei chwedegau cynnar oedd Cledwyn Hughes yn dal yn awyddus i wneud diwrnod da o waith dros y Blaid Lafur a Chymru

Mae ei gyfraniad i Brifysgol Cymru yn haeddu cofnod gweddol helaeth gan mai ef yn anad neb a fedrai dawelu'r dyfroedd, perswadio a chael yn y diwedd gonsenws rhwng arweinwyr y Colegau – pobl ddysgedig, hunanbwysig. Gwyddom i Brifysgol Rhydychen wrthod rhoddi gradd Anrhydedd i Mrs Margaret Thatcher er ei bod yn hen fyfyriwr yno. Prifathro Coleg y Brifysgol, Aberystwyth, Dr Ken Morgan a chefnogwr y Blaid Lafur, bwysodd ar yr Arglwydd Cledwyn i ddarbwyllo Prifysgol Cymru i roddi doethuriaeth i Neil Kinnock:

> Could you please somehow try to use your chairman's influence to see if we can succeed this time? Three South Wales principals are Tories, while the Welsh –speaking members tend to be sympathetic to Plaid and hostile to Neil personally.[9]

Llwyddodd yr Arglwydd Cledwyn a chafodd Neil Kinnock ei anrhydeddu.

Yr hyn sydd yn rhyfedd yw mor ffiaidd oedd casineb arweinwyr y Brifysgol tuag at ei gilydd, a chymaint o rwystredigaeth yn y nawdegau a achosodd yr ysgolheigion ymladdgar hyn i Cledwyn. Ond llwyddai i guddio'r anesmwythyd hwn wrth gadeirio drwy ei ddull deniadol o lywyddu. Roedd hi'n amlwg nad oedd Dr K O Morgan yn medru dioddef Trotman-Dickinson, y dyn pwysig ym Mhrifysgol Caerdydd na chwaith yr Athro B L Clarkson, pennaeth Coleg y Brifysgol yn Abertawe. Cymaint oedd yr anghytundeb nes i'r Athro John King o Goleg y Brifysgol yng Nghaerdydd anfon llythyr ato ar 22 Mehefin 1992 yn gofidio am yr awyrgylch:

> It is staggering, for example, that so many lay council members should have so little knowledge of what actually goes on in college classrooms; it is no less forgivable that so many academics are insensitive to the ideals that place the University so high in the affections of the people of Wales.[10]

Wedi'r cyfan bu bron i Goleg y Brifysgol yng Nghaerdydd orfod cau ei ddrysau yn 1987 a bu'n rhaid ffurfio Pwyllgor i baratoi adroddiad fel na fyddai argyfwng o'r fath yn digwydd eto. Dyna gefndir adroddiad Comisiwn Syr Goronwy Daniel. Roedd yr Arglwydd Cledwyn, yr Arglwydd Callaghan a Syr Goronwy Daniel yn awyddus i godi safon Prifysgol Cymru. Teimlai'r tri fod y Brifysgol ymhell ar ôl Prifysgolion eraill megis Efrog, Warwick a Sussex mewn safonau academaidd. Roedd angen denu ysgolhaig a gyfrifid yn awdurdod byd-eang. Roedd yr union berson ar gael yn y Cymro dawnus o Gwm Gwendraeth, yr Athro John Meurig Thomas oedd yng ngofal y Sefydliad Brenhinol, swydd aruchel yn Llundain. Gwahoddwyd ef i fod yn Ddirprwy Is-Ganghellor y Brifysgol i gyfarwyddo yn y byd academaidd ac i gydweithio'n agos â'r Arglwydd Cledwyn ar y Cyngor. Meddai ar bersonoliaeth gadarn a phrofiad helaeth a chariad at y Gymraeg ac at Gymru. Traddododd ddarlith bwysig yn Eisteddfod Genedlaethol Cymru yn Awst 1992 ar Dynged y Brifysgol.[11]Gweithiodd yr Athro John Meurig Thomas yn galed i weithredu adroddiad Daniel a chael swm sylweddol o hanner miliwn i wella strwythur ymchwil a dysg y Brifysgol. Roedd ysgolheigion ym mhob un o'r Colegau'n llawenhau o weld llwyddiant cyfraniad yr ysgolhaig disglair. Wedi'r cyfan cyflawnai ef y cyfan yn rhan amser, mewn tridiau'r wythnos. Gwyddai yr Arglwydd Cledwyn fod ei ddyfodiad wedi rhoddi delwedd arbennig i'r Brifysgol yng ngolwg byd y Prifysgolion. Roedd priod yr Athro John Meurig Thomas yn bur wael yn y cyfnod hwnnw a symudodd ef o Lundain yn ôl i Brifysgol Caergrawnt wedi iddo gael ei ddewis yn Bennaeth Coleg Peterhouse. Sylweddolodd yr Athro fod rhai o Brifathrawon Colegau Prifysgol Cymru yn glaear o wrthwynebus yn eu hagwedd i'r Brifysgol fel sefydliad cenedlaethol. Y Coleg unigol oedd eu gwir ddiddordeb a gwelid anghytuno dybryd yn eu plith. Nid oedd hynny yn deg â'r Arglwydd Cledwyn na'i ddirprwy Dr John Meurig Thomas. Cydnabu'r Arglwydd Cledwyn na fu hynny'n hawdd o gwbl fel y dywedodd wrth yr Arglwydd James Callaghan mewn gohebiaeth.[12]

Hawdd oedd cythruddo ysgolheigion a berthynai i'r Brifysgol y dwthwn hwnnw fel y gwyddai Cledwyn Hughes yn dda. Cythruddwyd yr Athro Emeritws J Gwynn Williams, Bangor am fod Llys y Brifysgol wedi cyfarfod dair gwaith ar yr un dyddiad â dyddiadau Cyngor y Llyfrgell Genedlaethol. Aeth ati i bardduo'r Sefydliad wrth yr Arglwydd Cledwyn:

> Fe gofiwch hefyd ein bod yn ddig fod y cofrestrydd wedi mynd i'r Swyddfa
> Gymreig tu cefn inni. Ar un wedd nid oes angen bodio hen ddolur ac ni fyddwn
> yn cyfeirio ato oni bai am yr anghwrteisi diweddaraf. Da cofio fod sefydliadau, fel
> y dengys Eglwys Rufain, yn gormesu swyddogion anghymwys, ond yn y cyfamser
> nid yw actau anraslon yn melysu unrhyw berthynas.[13]
>
> …Yn sicr mae eich boneddigeiddrwydd yn hysbys i laweroedd… fy mhrofiad
> cynyddol o Brifysgol Cymru, nid yw'n ymddwyn yn foesgar mor aml ag y dylai ar
> achlysuron angenrheidiol er dirfawr ofid i'w charedigion.[14]

Oni bai am bresenoldeb yr Arglwydd Cledwyn o Benrhos felly, fe fyddai hi'n go ddrwg ar ddelwedd Prifysgol Cymru yn nechrau'r nawdegau. Ef fyddai'n cymodi'r gelynion, ac yn atgoffa aml i berson galluog o'r hyn y dylsai ei gyflawni. Yn allanol roedd y Brifysgol yn ei anwylo a dadorchuddiwyd portread swyddogol ohono yn 1993. Yr un flwyddyn comisiynodd y Brifysgol Brian Denn i wneud dau benddelw ohono, un ohonynt i'w arddangos yn Oriel Môn yn Llangefni.[15]

Roedd Syr John Meurig Thomas yn awyddus i weld Jan Morris yn cael D.Litt er Anrhydedd Prifysgol Cymru a hysbysodd yr Arglwydd Cledwyn. Yn Abertawe yng Ngorffennaf 1993 ymunodd Jan Morris gydag wyth arall, yn cynnwys y prifardd Gerallt Lloyd Owen, y gwleidydd yr Arglwydd Richard o Rydaman, a'r diwinydd, Canon A M Alchin, i dderbyn ei hanrhydedd.[16]

Erbyn Medi 1993 roedd Syr John Meurig Thomas yn sylweddoli nad oedd modd cyflawni'r hyn y ceisiai ei wneud oherwydd y gwrthwynebiad a gâi. Gwelai ddiffyg parch at draddodiad unigryw'r Brifysgol. Dywedodd mwy nag un o'i gefnogwyr ei fod yn ceisio cyflawni'r amhosibl, gan mai meddwl am eu Colegau unigol a wnâi mwyafrif y prifathrawon ac nid am Brifysgol

Cymru.[17] Meddyliai yr Arglwydd Cledwyn y byd ohono a derbyniodd yr Athro y sefyllfa heb ffromi, er ei fod yn siomedig wrth ymadael.

Dywedodd y gwleidydd doeth wrth Syr Mel Rosser:

> Mae'n berson hoffus ac yn ei ddull ei hun yn dra awyddus i wasanaethu'r Brifysgol a Chymru. Am resymau sy'n wybyddus i chwi a minnau, nid yw pethau wedi gweithio fel y dylsai.[18]

Pan glywodd Cledwyn fod tad ei wraig, Margaret Thomas, wedi marw, un a fu'n ddiacon a glöwr, anfonodd ei gydymdeimlad diffuant at y teulu yn eu trallod. Atebodd Syr John Meurig Thomas a dweud, 'Rydych erioed wedi gwneud mwy o waith na all tri pherson arall ei wneud.'[19]

Ymddeolodd Syr John Meurig Thomas yn Ionawr 1994. Anfonodd lythyr at yr Arglwydd Cledwyn ym mis Ebrill 1994 gan nodi fod llawer o'r prifathrawon yn 'rhyfeddol o groendenau,' ond roedd ganddo le i ddiolch:

> Mae gennym ein dau le i ddiolch i Emrys (Evans), a Mel (Rosser) ac i lu o bobl eraill – lleygwyr a staff y Brifysgol. Ond nid wyf yn fy nyled i neb mwy nag i chwi Cledwyn, a llawer o ddiolch i chi am eich amynedd a'ch cefnogaeth.[20]

Gallai pob un a fu ynghlwm â'r Brifysgol yn y blynyddoedd anodd hynny amenio teyrnged Syr John Meurig Thomas. Ond efallai y dylem gofio geiriau y cymdeithasegydd craff A H Halsey: 'The dignity of academic people and their Universities and Polytechnics have been assailed from without by Government and from within by the corrosion of bureaucracy'.[21] Byddai'r Arglwydd Cledwyn wedi cytuno â'r gosodiad. Cyn i'r Arglwydd Cledwyn ymddeol o'i ddyletswyddau i Brifysgol Cymru ymwelodd â Dr Alan Kemp, wedi iddo benderfynu cymryd ymddeoliad cynnar. Roedd wedi dysgu Cymraeg yn rhugl.

Cyflwynodd Dr Peter Swinnerton-Dyer, Caergrawnt, adroddiad i'r Arglwydd Cledwyn o'r cyfweliad a gawsai gyda'r Cofrestrydd. Fel gweinyddwr byddai'n cythruddo'i gydweithwyr.[22] Torrodd Llywodraeth Thatcher ar wariant y prifysgolion, collwyd miloedd o swyddi ym Mhrifysgol Cymru, a chaewyd adrannau pwysig ym mhob un o'r colegau. Cofrestrodd llai o fyfyrwyr a bu'n rhaid i'r arweinwyr chwilio am gyllid, ac felly câi pwyslais mawr ei roi ar ddenu myfyrwyr tramor. Bu newid, er gwell, yn agwedd y Llywodraeth yn y nawdegau. Wrth adael cyfrifoldebau'r Brifysgol penderfynodd Cledwyn hefyd ymddeol o Gadeiryddiaeth Cymdeithas Tai Aelwyd gan awgrymu'r Arglwydd Gwilym Prys Davies fel olynydd iddo.[23] Derbyniwyd ei awgrym yn ddiolchgar.

Roedd ganddo ddigon ar yr agenda yn Nhŷ'r Arglwyddi gan y daliai'n aelod ar nifer o bwyllgorau pwysig, fel y Pwyllgor Breintiau o dan gadeiryddiaeth yr Arglwydd Griffiths o Fforest-fach.[24] Ym mlynyddoedd olaf ei oes, bu'n ddyfal yn chwilio am bobl a fedrai gynrychioli Cymru yn Nhŷ'r Arglwyddi, megis William Emrys Evans, Dinas Powys, Annibynnwr cadarn a fu'n Ysgrifennydd Capel Tabernacl, King's Cross, Llundain. Llwyddodd i godi miliwn o bunnoedd at elusennau rhwng 1972 ac 1992, a byddai'r Arglwyddi Gibson-Watt ac Emlyn Hooson yn barod i'w gefnogi. Credai i Emrys Evans wneud cyfraniad arbennig ym mywyd cyhoeddus Cymru a dywedodd hynny wrth John Redwood yn y Swyddfa Gymreig. Er na fu'n llwyddiannus i'w wneud yn Syr, llwyddodd i'w gael yn gyfaill mynwesol iddo ac yn gefnogydd iddo yn ei holl weithgarwch.[25]

Gweithiodd Cledwyn dros Lafur yn etholiad 1992 a chael siom fod Llafur ymhell ar ei hôl hi a bod ei ffrind, Neil Kinnock, wedi methu ennill. Credai i'r Ceidwadwyr fod yn glyfar gyda'u posteri 'Allwch chwi ddim trystio Llafur'. Y rheswm arall oedd na wnaeth Llafur ymgyrchu digon yn y cymunedau, o stryd i stryd, yn y saith a'r wythdegau.

Roedd hi'n amlwg bod llawer o Gymry adnabyddus yn awyddus i'w ddilyn i Dŷ'r Arglwyddi. Un ohonynt o fyd llywodraeth leol, D Hugh Thomas, Penybont-ar-Ogwr, eisteddfodwr amlwg a chefnogwr i'r Blaid Lafur. Dywed am ei gefndir:

> Cefais y fraint o fod ar restr fer y Blaid Lafur yn y chwedegau i fod yn olynydd i'r diweddar James Griffiths (Llanelli) pan ddewiswyd ein cyfaill Denzil Davies. Gallaf eich sicrhau y byddwn yn fodlon ymddeol o'r ddwy Gadeiryddiaeth Quango sydd gen i petai hyn yn hanfodol fel rhan o unrhyw asesiad.[26]

Un arall roedd yr Arglwydd Cledwyn yn awyddus i'w gael yn Nhŷ'r Arglwyddi yn y cyfnod hwn oedd John Elfed Jones a fu'n gymydog iddo yn Nhrearddur.[27] Soniodd wrth Alex Allen, Ysgrifennydd Preifat y Prif Weinidog, nad oedd John Elfed Jones yn perthyn i blaid wleidyddol ac y byddai'n eistedd ar y meinciau croes. Gwerthfawrogai ei gyfraniad i Brifysgol Cymru, yr Eisteddfod Genedlaethol, materion Cymreig, ynghyd â'i ddiwydrwydd, 'He stands out as one of the most distinguished public figures in Wales and would, I think, make a very good contribution to Wales in the House of Lords'.[28]

Er i'r Arglwyddi Brian Morris, Emlyn Hooson, Geraint Howells, Dafydd Elis-Thomas a Peter Walker hefyd gefnogi John Elfed Jones ni chydsyniodd John Major, y Prif Weinidog, â'r cais.[29] Casglodd yr Arglwydd Cledwyn bum enw arall i ddyrchafu Syr Peter Swinnerton-Dyer i Dŷ'r Arglwyddi. Ef oedd Cadeirydd Pwyllgor Grantiau y Prifysgolion a bu ei lythyr at y Prif Weinidog, John Major, y tro hwn yn llwyddiannus.[30] Cyn diwedd 1995 anfonodd lythyr arall at y Prif Weinidog yn pledio anrhydeddu Kyffin Williams drwy ei wneud yn farchog. Cefnogwyd ef gan y gwleidydd Wyn Roberts, a chafwyd llwyddiant.[31]

Blinid ef yn gyson gan y diffyg Cymry yn Nhŷ'r Arglwyddi ond yn amlwg doedd dim cydymdeimlad ag ef, o ystyried y rhai a wrthodwyd. Aeth mor bell ag anfon llythyr yn 1996 at yr Arglwydd Irvine, QC, ffrind mawr Tony Blair, yn awgrymu fod angen aelodau Cymraeg eu hiaith yn Nhŷ'r Arglwyddi.[32] Ond, y tri enw a gynigiodd oedd yr Athro Kenneth O Morgan, a ddaeth yn Arglwydd yn y flwyddyn 2000, Janet Lewis Jones ac Ian Atkin, newyddiadurwr ac aelod o'r Blaid Lafur ers ei lencyndod. Nid oedd y tri hyn yn llenwi'r bwlch yn hollol. Nid oedd Atkin yn Gymro Cymraeg hyd yn oed, ac roedd yr Athro Kenneth Morgan yn fwy cysurus yn yr iaith fain nag yn iaith ei dad. Er bod yr Arglwydd Cledwyn yn 'fixer' go iawn, ni chafodd lwyddiant mawr yn ei ymdrech i ychwanegu at y Cymry Cymraeg yn Nhŷ'r Arglwyddi.

Bu 1997 yn flwyddyn i'w chofio oherwydd buddugoliaeth ysgubol Tony Blair yn yr Etholiad Cyffredinol. Ym Môn daeth yr ymgeisydd Llafur, Owen Edwards (mab Wil Edwards, cyn AS Meirionnydd) yn ail ond roedd mwyafrif Ieuan Wyn Jones yn ddigon iach, ac eto dyma'r tro cyntaf i Lafur ddod yn ail ers 1979.[33] Am y tro cyntaf ers 1906, nid oedd yr un Aelod Seneddol Ceidwadol wedi'i ethol yng Nghymru wedi'r Etholiad Cyffredinol. Erbyn Etholiad 1992 ychwanegodd y Comisiwn Ffiniau ddwy sedd seneddol ychwanegol i Gymru gan ddod â'r cyfanswm i ddeugain. O'r rhain yn 1997, aeth 34 i'r Blaid Lafur, pedair i Blaid Cymru a dwy i'r Democratiaid Rhyddfrydol. Roedd mwy o ferched yn cynrychioli'r Blaid Lafur yng Nghymru nag a fu erioed o'r blaen. Etholwyd Betty Williams yng Nghonwy a hefyd Ann Clwyd, Julie Morgan a Jackie Lawrence yn y de, gan wneud gwahaniaeth dirfawr i ddelwedd Llafur. Talodd Betty Williams yn ei hunangofiant *O Ben Bryn i Dŷ'r Cyffredin* deyrnged i Cledwyn fel 'un a fu'n gymaint o gefn i mi yn fy ymgyrchoedd etholiadol'.[34] Fe'i croesawodd i San Steffan a'i gwahodd i 'gael cinio hefo fo yn Nhŷ'r Arglwyddi'.[35]

Ni bu neb balchach nag ef o weld y Llywodraeth Lafur newydd yn 1997 yn llwyddo o'r diwedd i gyflwyno cynllun ar gyfer Cynulliad datganoledig yng Nghymru er gwaethaf y ffaith nad oedd Tony Blair wedi'i wahodd i chwarae rhan amlwg yn y ddadl ar lawr gwlad. Dyma'r ail refferendwm ar gwestiwn datganoli grym o Lundain i Gaerdydd. Yn 1997, dim ond 50.3% o'r boblogaeth a aeth allan i bleidleisio o'i gymharu â 61.5% yn yr Alban ar yr un cwestiwn. Llwyddodd yr Ysgrifennydd Gwladol, Ron Davies, i greu a chynnal clymblaid ymgyrchu 'Ie Dros Gymru', er bod lleisiau amlwg yn erbyn dan arweiniad Llew Smith, AS Blaenau Gwent. Roedd ef yn eithriad ymhlith yr Aelodau Seneddol Llafur. Bu'n rhaid aros tan 4.45 o'r gloch y bore i glywed canlyniad Sir Gaerfyrddin a chlywed bod Cymru wedi pleidleisio i sicrhau Cynulliad. Breuddwyd fawr Cledwyn Hughes wedi'i gwireddu felly, er mai 6,721 yn unig o fwyafrif oedd gan 'Ie Dros Gymru'.[36] Roedd Môn o blaid ac anfonodd Gareth Winston Roberts, ar ran Cyngor Sir Ynys Môn, lythyr at yr Arglwydd Cledwyn yn diolch am ei gyfraniad:

> Hoffwn gymryd y cyfle i ddiolch i chwi am eich arweiniad a'ch cydweithrediad yn ystod yr ymgyrch ym Môn. Mae'n ddiwrnod hanesyddol i ddemocratiaeth yng Nghymru a chawn edrych ymlaen i'r dyfodol gyda ffydd a hyder.[37]

Ysgrifennodd Ann Garrard, Ysgrifennydd Rhanbarth Cymdeithas Cyfreithwyr Cymru, un a fu'n dyheu am gael sefyll yn lliwiau'r Blaid Lafur am San Steffan, lythyr i'r ddau ohonynt yn Nhrearddur:

> Rwy'n siŵr bod canlyniad y Refferendwm wedi rhoi hwb i'r ddau ohonoch. Roeddwn yn cynrychioli Llafur ar Radio Cymru ac yn trafod y canlyniadau fel roeddent yn cael eu cyhoeddi.[38]

Cawsai Ann Garrard ei magu yn Sir Gaerfyrddin ac 'roedd wedi pleidleisio'r bore tyngedfennol hwnnw yn Sir Gâr.'[39]

Treuliasai'r Arglwydd Cledwyn yr haf hwnnw'n ymgyrchu dros y Refferendwm a dyna pam y gwrthododd wahoddiad John Heppell, Aelod Seneddol Dwyrain Nottingham, i gymryd rhan yn Isetholiad Uxbridge ym mis Gorffennaf.[40] Wrth ateb, awgrymodd nad oedd trefnwyr y Blaid Lafur wedi defnyddio Arglwyddi Llafur fel y dylid yn yr isetholiad na chwaith yn y Refferendwm, 'I am certain that just the presence of a Labour Lord on the doorstep is a big boost to the morale of ordinary numbers leading up to the Referendum on 18th September'.[41]

Bu'n gohebu â Ieuan Wyn Jones ac â'r cyfreithiwr, D E Cwyfan Hughes, yn trafod y bwriad o gau llysoedd ynadon yng Nghymru.[42] Pryderai hefyd am ddyfodol tref ei febyd, Caergybi. Bu A J Kelly, o gwmni Irish Ferries Dulyn, mewn cysylltiad ag ef am fod diddymu arferiad y llongau o werthu nwyddau am bris gostyngol ym mis Gorffennaf 1999 yn golygu tolc yn eu helw a llai o fuddsoddiad yn y diwydiant.[43] Anfonodd yr Arglwydd Cledwyn yr ohebiaeth at Margaret Beckett, Gweinidog yng Nghabinet Blair, gan mai ef oedd Cadeirydd Pwyllgor Defnydd Porthladd Caergybi. Roedd ganddo gonsýrn amlwg ynglŷn â cholli swyddi a'r posibilrwydd o gau porthladdoedd fel Caergybi. 'The consequences would be appalling in Wales and elsewhere and actions to avoid these should be considered now'.[44]

Pedwar diwrnod wedi'r Refferendwm, bu farw Is-iarll Tonypandy, T George Thomas, yn 88 mlwydd oed, ffrind i Cledwyn a Jean a'r teulu ar hyd y blynyddoedd. Ym mhapurau'r Arglwydd Cledwyn mae llythyr oddi wrth Joan Nathan a fu'n gohebu ag ef ar hyd y blynyddoedd ynglŷn â George. Mae'r llythyr a anfonodd ym mis Tachwedd yn tanlinellu ei bod hi, Joan, a George, Cyn Lefarydd Tŷ'r Cyffredin, wedi bod yn agos iawn at ei gilydd.[45] Medrai George Thomas fod yn garedig ei ysbryd, yn llawn croeso ond, ar y llaw arall, ceid ynddo ysbryd cecrus a gwrth-Gymreig. Mynegodd Joan Nathan yn ei llythyr y gallasai'r ddau fod wedi priodi: 'There is no doubt if Dr Barrett at Central Hall had lived, he was a very benign influence on us, and we would still have been together'.[46] Ni wnaethant ddyweddïo ond gofidiai'n aml oherwydd byddai George yn dweud pethau difeddwl gan roddi'r argraff i'r wasg eu bod hwy ar fin priodi:

As the years passed, and we quarrelled and made up, we decided to part. It was hard and I was terribly upset. However, just as I would be used to it, George would alter his mind and try to come back. This really did make me ill, and made Leo [Abse] go off to see him.[47]

Dywedai wrth Leo Abse ei fod yn rhy hen i wneud dim byd â hi ac na fyddai'n medru ei gwneud hi'n hapus, gan ei bod hi'n anodd ei bugeilio. Cyflwynodd Leo Abse hi i Humphry Berkley a fu'n Aelod Seneddol Ceidwadol am gyfnod byr.[48] Pan glywodd George hyn, gwylltiodd, gan ddweud wrth bawb a adwaenai'r ddau fod ei 'chariad newydd' wedi cyflwyno chwarter miliwn o bunnoedd iddi. Celwydd noeth. Iddi hi roedd hi'n drist gan ei bod yn ei garu ac yntau yn ei charu hithau gymaint ag y medrai.[49]

Dywedodd fod Denzil Davies, AS Llanelli, a Jeffrey Thomas, AS Abertileri yn gwybod y stori'n gyflawn.[50] Gofidiai am y beirniadu a fu arno ar ôl ei farwolaeth. Ni soniodd am gerdd ddi-chwaeth y bardd Eingl-Gymreig Nigel Jenkins 'An Execrably Tasteless Farewell to Viscount No.'[51] Ond, ni allai'r Arglwydd Cledwyn ymuno â nifer o Aelodau Seneddol o bob plaid drwy fod yn feirniadol ohono. Dywed Joan Nathan, 'I was glad you stuck up for him. It was generous of you and he would have been very happy'.[52] Gobeithiai y câi lonydd rhag y beirniadu gan iddo gael magwraeth anodd yn y Rhondda a llwyddo i gyrraedd y brig mewn gwleidyddiaeth. Wrth ateb ei llythyr dywedodd yr Arglwydd Cledwyn, 'You knew George over a long time and he had a high regard for you. He was involved in important work, especially in the seventies and eighties, and his period as Speaker carried great responsibilities as you know. I had my little 'tiffs' with him and no doubt you did too. But above everything, he regarded us as his friends. At the end of the day this is what counts'.[53] Gem o lythyr a chwbl nodweddiadol o bersonoliaeth garedig, Gristnogol yr Arglwydd Cledwyn. Pwysleisio'i gryfderau a'i gyfraniad pwysig a wnaeth ac nid ei wendidau.

Bu'r Arglwydd Cledwyn mewn cryn helbul ei hun gan i'w briod gael triniaeth ar ei chalon a chafodd yntau anaf i'w ysgwydd. Cynhaliwyd Gwasanaeth Coffa George Thomas yn Abaty Westminster ar 15 Tachwedd a darllenodd yr Arglwydd Cledwyn air Duw ag arddeliad, gan mai 'pobl yr Ysgrythurau' oedd ef a George Thomas. Soniodd Joan Nathan iddi gymodi â George Thomas ar ei wely angau:

He loved and trusted Cledwyn, but as usual he was pretty nervous about others who he said had set him against me, and advised him to write a book.'[54]

...He told me I could trust Leo, although he disliked him! And I could trust you; he said you have been a good friend to him. He knew it was wrong to say the things he did, but he had an enormous streak of jealousy – he couldn't help it poor darling, he had such a mixed up childhood.[55]

Wrth gydnabod ei llythyr, mynegodd yr Arglwydd Cledwyn eiriau o gymod a chysur, 'I am so glad that your memories of George will be happy ones. I know that's what George would have wished.'[56] Daeth nith George Thomas, Marlene Phillips o Lanilltud Faerdre, i gysylltiad â chyfaill ei ewythr gan iddi fyw gyda George Thomas a'i fam yn y byngalo yng Nghaerdydd.[57] Diolchodd yr Arglwydd Cledwyn iddi am ei gofal drosto yn y misoedd anodd, gan ei gwahodd i ddod am bryd o fwyd i Dŷ'r Arglwyddi yn y dyfodol agos.[58]

Deuai gwahoddiadau iddo ymuno â gwahanol grwpiau fel y British American Parliamentary Group a'r Parliamentary Group on Architecture and Planning a sefydlwyd ym mis Tachwedd 1997.[59] Galwyd arno ym mis Tachwedd i ymyrryd oherwydd y cyhoeddusrwydd negyddol a dderbyniai'r Cynulliad, wrth i Ysgrifennydd Gwladol Cymru anghytuno ag Arweinydd Dinas Caerdydd am ei leoliad gan mai dim ond yn y Brifddinas y gellid ei leoli. I Brian Harding, Llywydd Siambr Fasnach Caerdydd: 'We believe your reputation and experience amply qualifies you to fill that void and we would be honoured if you are able to offer your personal endorsement to the campaign on which we have embarked'.[60]

Roedd bywyd yr Arglwydd Cledwyn yn hynod o gysurus. Nid oedd angen poeni am arian gan ei fod yn derbyn tâl am fynychu Tŷ'r Arglwyddi, pensiwn o £20,278.50, tâl o £5,004 y flwyddyn gan Alwminiwm Môn, £6,000 gan Iard Adeiladu Llongau Caergybi a ffi fel Ymgynghorwr i Gwmni Cyfreithwyr T R Evans Hughes o £500.00. Roedd ganddo ef a'i briod dri chyfrif banc ac ymysg y cyfamodau ceid un am £25.00 i Gapel Disgwylfa yng Nghaergybi.[61] Rhoddai fil o bunnoedd i goffrau'r Blaid Lafur yn gyson, llawer mwy nag i'w gapel.

Syr Patrick Cormack, Aelod Seneddol Torïaidd, a drefnodd ginio ar gyfer 16 o gyfeillion George Thomas yn Ionawr 1998 ar ddydd ei ben-blwydd yn Ystafell Fwyta Tŷ'r Cyffredin ac roedd Jean a Cledwyn yn bresennol.[62] Trefnwyd Cinio Teyrnged i Dr W Emrys Evans a'i briod, Mair Evans a chafodd gyfle i dalu teyrnged, ynghyd â Meurig Rees, Tywyn, Meirionnydd, a'r Dr Derec Llwyd Morgan, Is-ganghellor Prifysgol Cymru.[63] Ond, yn ôl Dr Emrys Evans, yr Arglwydd Cledwyn a wnaeth y noson yn 'achlysur fythgofiadwy i ni fel teulu. Does dim amheuaeth eich bod wedi teimlo cynhesrwydd y gynulleidfa tuag atoch – mae'n amlwg eich bod yn dipyn o arwr i bawb yn y Gymru gyfoes'.[64]

Ni chollodd Cledwyn ddawn ei dad i gyflwyno neges yn ddiddorol, gyda chysur a hiwmor.[65] Roedd Cledwyn Hughes mor barod i helpu pobl Môn fel yr arbedai oriau o waith i'r Aelod Seneddol lleol. At Keith Best a Ieuan Wyn Jones y dylsai cymaint o'r llythyron fynd, ond cytunai'r rhain mai Cledwyn oedd yr 'arwr i bawb yn y Gymru gyfoes'.[66] Pan ymgeisiodd Dr Angela Gliddon, Pentraeth, ar ôl gwneud ymchwil i glefyd Alzheimer, am fod yn Gyfarwyddwr i Ymddiriedolaeth Gymunedol Iechyd Gwynedd, ato ef yr ysgrifennodd i ofyn am gefnogaeth.[67] Diolchodd Dr E Wyn Edwards, Castellfryn, Gaerwen, iddo am ei gymorth pan oedd angen hysbysebu am swydd meddyg arall i'r fro, 'Unwaith eto, diolch yn fawr iawn am eich diddordeb parod sy'n cael ei gydnabod a'i werthfawrogi gan bobl Ynys Môn a thu draw i'r ffin yn ddiwahân'.[68]

Digwyddiad pwysig iddo yn 1998 oedd cael agor y datblygiad newydd yn Amgueddfa Lechi Cymru, Llanberis. Pwysleisiai llythyr Colin Ford, Cyfarwyddwr Amgueddfa Genedlaethol Cymru, ym mis Tachwedd 1997 'gysylltiadau eich teulu gyda'r diwydiant llechi yn Llanberis'.[69] Trefnwyd yr agoriad swyddogol yng Ngorffennaf 1988 gan ofyn i'r Arglwydd Cledwyn annerch yn ddwyieithog ond heb ailadrodd, yn ôl cyfarwyddiadau Dafydd Roberts, y Curadur.[70] Cafwyd cinio croeso a'r anerchiad ger y brif fynedfa a daeth dros fil a hanner o bobl i'r agoriad. Yn ôl y Curadur, 'yn bwysicach na hynny, roedd yr hyn a ddywedwyd gennych yn ystod eich geiriau agoriadol a'r urddas a roddwyd gennych ar y cyfan yn galondid mawr i'r cyfan ohonom'.[71]

Yr haf hwnnw, cefnogodd yr Arglwydd Cledwyn gais Menna Richards, o gwmni teledu HTV, i'r Comisiwn Teledu Annibynnol (yr ITC) am adnewyddu'r drwydded i ddarlledu yng Nghymru a Gorllewin

Lloegr.[72] Oddi ar ennill y drwydded yn 1991, roedd HTV Cymru wedi bod yn talu £23.5 miliwn y flwyddyn. Yn 1998, daeth y cyfle i adnewyddu'r drwydded ar gost oedd yn llawer llai. Roedd cynlluniau pwysig ar y gweill gan HTV, darlledu o'r Cynulliad, dyblu oriau darlledu dramâu, ymgyrchu i ddenu pobl fyddai'n gwylio rhaglenni o Loegr i droi at raglenni HTV Cymru.[73] Roedd Winston Roddick, QC, yn Gomisiynydd ITC dros Gymru a Gorllewin Lloegr, ac roedd ganddo feddwl mawr o'r Arglwydd Cledwyn o Benrhos.

Cofiai Menna Cynan, Pontrhyd-y-bont, gweddw'r bardd Cynan, yr Arglwydd Cledwyn fel plentyn yn yr ysgol. 'Cawsoch yrfa ryfeddol – wedi cyrraedd yr uchelfannau a hynny heb ymddieithrio oddi wrth Gymru na'i brodorion ar hyd y daith. Diolch i chwi am yr oll a wnaethoch drosom'.[74] Cafodd ei wahodd yn 1998 i agor swyddfa newydd Cyngor Ynys Môn a defnyddiodd y digwyddiad i dalu teyrnged i'r hyn a ddysgodd ym mlynyddoedd ei brentisiaeth fel Cynghorydd Sir, 'Gallaf ddweud fod y profiad yma wedi bod yn gymorth i mi pan euthum i'r Senedd'.[75] Croesawodd Alun Michael, yr Ysgrifennydd Gwladol dros Gymru, yn ei ddull dihafal, 'Mae Alun yn Gymro Cymraeg â'i wreiddiau'n ddwfn yn yr hen Ynys yma – yr ydym yn ffodus o'i gael yn ei swydd newydd'.[76]

I'r Ceidwadwr, yr Arglwydd Pym, roedd y gefnogaeth a'r cynghorion gan ŵr o brofiad yn werth y byd. Ond, y wobr orau oedd cael cydweithio ag ef, 'It has been the greatest pleasure to work with you'.[77] Mewn dadl yn Nhŷ'r Arglwyddi, ar Fesur Cofrestru Genedigaethau a Marwolaethau ym mis Mawrth 1999, atgoffodd yr Arglwydd Geraint Howells bawb a oedd yn bresennol am gyfraniad allweddol yr Arglwydd Cledwyn i fodolaeth S4C:

> The people of Wales owe a great debt of gratitude to the noble Lord, Lord
> Cledwyn of Penrhos, for his uncompromising stand during the passage through this
> House of the S4C Bill. The noble Lord is well respected both in your Lordships'
> House and in his native Wales. We can only say thank you to him today for his
> endeavours.[78]

Tra bu yn Nhŷ'r Arglwyddi, roedd yr Arglwydd Cledwyn yn ffodus iawn o'i ysgrifenyddes, Marianne Morris. Hi fyddai'n llunio llawer o'i lythyron ar ei ran erbyn y nawdegau ac roedd yn barod i ymateb i bob cais tan 1996-7.

Anfonodd John Fox-Russell o Loughborough ato yn haf 1997 i ofyn iddo fod yn ŵr gwadd yng Nghymdeithas Gymraeg Loughborough a'r Cyffiniau adeg Gŵyl Ddewi 1998.[79] Bu teulu John Fox-Russell yn ffermio yn Llanddeusant. Cofiai yn arbennig ei daid, Dr Fox-Russell, gan fod ystafell Cledwyn fel cyfreithiwr ifanc drws nesaf i syrjeri Dr Fox-Russell.[80] Anfonodd yr ysgolhaig Martin George o Goleg Lincoln, Rhydychen, ato i ofyn am gyfweliad ynglŷn ag ymuno â'r Farchnad Gyffredin.[81]

Ysgrifennodd Marianne Morris drosto, yn gofidio na fedrai gynorthwyo am nad oedd wedi bod yn dda ei iechyd. Roedd hyn yng ngwanwyn 1991. Llawenydd mawr iddo oedd derbyn gair oddi wrth Albert Owen o Blaid Lafur Môn, yn mynegi ei ddiddordeb i gynrychioli Môn yn y Cynulliad neu'r Senedd. Gwnaeth ar ei union gysylltiadau i hwyluso ei uchelgais.[82] Bodlonodd i lunio cyflwyniad dwyieithog i gyfrol Wiliam E Beer, Bethesda, ar Ysbyty C & A, Bangor, o 1948-84.[83/4] Yn ei gyflwyniad, cyfeiriodd fod ei dad yn ymweld yn gyson â'r ysbyty hwnnw i gysuro aelodau o'i ddiadell. Meddai ar barch mawr at yr ysbyty, ei feddygon a'i weinyddesau a byddai'n atgoffa ei fab yn gyson o'i wasanaeth.[85]

Anfonodd hanner canpunt i Gymdeithas Aneurin Bevan.[86/7/8] Cafodd cais y Cynghorydd Andrew Thomas, Llanelwy i'r Arglwydd Cledwyn groeso wrth erfyn am gefnogaeth i'r ymgyrch o gael statws dinas i dref Llanelwy.[89] Atebodd ym Mai 1999 yn falch o gefnogi, gan ychwanegu y 'byddai pawb yng Nghymru yn croesawu Llanelwy fel dinas.'[90] Bu'n rhaid aros rhai blynyddoedd cyn i hynny ddigwydd.

Daeth Tŷ'r Arglwyddi'n sefydliad hynod o bwysig yn ei fywyd a mynegodd ei farn droeon ar werth y Siambr i ddemocratiaeth Prydain.[91] Credai iddo argyhoeddi'r Blaid Lafur nad oedd diben diddymu'r sefydliad gan iddo lwyddo fel arweinydd pwerus o 1982-92 i wneud yr Wrthblaid yn effeithiol.[92] Er, credai fod angen diwygio'r Tŷ gan fod ei aelodaeth yn annheg:

> A very heavy burden is placed on the Opposition during the Committee and
> Report stages of the Bills due to its small numbers. The Conservative Party, even
> when Labour is in Government, retains its majority.[93]

Nid oedd pwrpas mynd ar ofyn Mrs Thatcher am ragor o Arglwyddi Llafur a hwythau wedi llwyddo i gael y llaw drechaf ar ei Llywodraeth.

Gofalai'r Llywodraeth roddi mwy o Arglwyddi i'r Ceidwadwyr er nad oeddynt eu hangen. Nid dyna'r ffordd i lywodraethu mewn democratiaeth, 'A chamber of 1,200 peers of which some 300 are fairly regular attenders is indefensible. The Reformed House should be small – 300 members'.[94] Bu'r Arglwydd Cledwyn yn gefnogol i Gomisiwn Wakeham a sefydlwyd yn 1998 i baratoi adroddiad ac argymhellion i ddiwygio'r Tŷ. Yn 1999 roedd y sefyllfa yn echrydus fel y cyfaddefai.

TABL 1

Nerth y Pleidiau yn Nhŷ'r Arglwyddi ar 1 Tachwedd 1999 (cyn diwygio) [95]

PLAID	ARGLWYDDI AM OES	ARGLWYDDI ETIFEDDOL	YSBRYDOL	CYFANSWM
Ceidwadwyr	173	310	–	483
Llafur	175	19	–	194
Rhyddfrydwyr Democrataidd	50	23	–	73
Meinciau Croes	128	226	–	354
Eraill	12	69	26	107
Cyfanswm	538	647	26	1211

Erbyn 1999, dadleuai'r Arglwydd Cledwyn fod mwyafrif yr Arglwyddi, fel ef ei hun, dros 65 mlwydd oed. Dywedodd Arglwydd Stockton, sef Harold Macmillan, yn 1985, 'If, like me, you are over 90, frail, on two sticks, half dead and half blind, you stick out like a sore thumb in most places, but not in the House of Lords'.[96] Diwygiwyd Tŷ'r Arglwyddi yn 1999 yn Neddf Tŷ'r Arglwyddi, a daeth hawl awtomatig mwyafrif yr Arglwyddi etifeddol i eistedd a phleidleisio i ben. Cafwyd cyfaddawd a chadwyd 92 o'r 647. Croesawodd yr Arglwydd Cledwyn y newid.

TABL 2

Nerth y Pleidiau ar ôl y Diwygio – 30 Rhagfyr 1999 [97]

PLAID	ARGLWYDDI AM OES	ARGLWYDDI ETIFEDDOL	YSBRYDOL	CYFANSWM
Ceidwadwyr	181	52	–	233
Llafur	179	4	–	183
Rhyddfrydwyr Democrataidd	49	5	–	54
Meinciau Croes	132	31	–	163
Eraill	7	–	26	33
Cyfanswm	548	92	26	666

Bodlonwyd yr Arglwydd Cledwyn er y byddai wedi croesawu llawer mwy o newid nag a wnaed.

Dan ddylanwad Kyffin Williams galwodd yr Arglwydd Cledwyn am Ganolfan Genedlaethol i arddangos lluniau arlunwyr Cymreig o ddyddiau Richard Wilson at Ivor Roberts-Jones. Teimlai Kyffin fod pobl Cymru ar ei hôl hi'n arw, 'If only the people of Wales were really interested in Art, such a gallery would already exist but how can they get interested if they can't see what we have achieved nationally'.[98]

Cysylltodd yr Arglwydd Cledwyn â Rhodri Morgan, Prif Ysgrifennydd y Cynulliad, a chafodd ymateb cefnogol i gynllun Kyffin i'r Amgueddfa Genedlaethol a chyfle am drafodaeth bellach.[99] Roedd y ddau'n hynod falch fod Rhodri Morgan yn iach yn y ffydd a bod Michael Tooby o'r Amgueddfa yng Nghaerdydd am ddod i Bwll Fanogl ym Mawrth.[100]

Un o'r gwleidyddion Llafur y bu'r Arglwydd Cledwyn yn gysylltiedig â hi ar hyd y blynyddoedd oedd Eirene White. Yn 1997 symudodd i fyw mewn fflat yn Y Fenni a derbyn gofal Howard Moore, ymchwilydd iddi.[101] Meddyliai'r ddau y byd o David Lewis Jones, gŵr o Aberaeron, a ddaeth yn Llyfrgellydd Tŷ'r Arglwyddi. Pan fu farw'r Fonesig Eirene White yn 2000, awgrymodd yr Arglwydd Cledwyn fod John Morris yn rhoddi coffâd iddi yn ei gwasanaeth coffa.[102] Darllenodd ef ddarn addas o gyfrol ei thad, Thomas Jones, *Rhymney Memories*, yn Eglwys Sant Margaret, San Steffan. Dywedodd Howard Moore yn ei lythyr ym mis Mai 2000, 'You must have known of the high esteem in which she held you: there was a very special bond that I recognised over my thirteen years of association'.[103] Medrai ddweud bellach, 'Mae 'nghyfeillion adre'n myned o fy mlaen, o un i un.'

Yn haf 2000 bu'n rhaid iddo ef a Jean gael triniaethau ar eu llygaid a phenderfynodd ymddiswyddo o gwmni Holyhead Boatyard Limited. Diolchwyd iddo am ei gyfraniad dros gyfnod hir ac am fod o gymorth amhrisiadwy i'w gyd-gyfarwyddwyr.[104] Daeth perthynas i'r gwleidydd Roderic Bowen, a fu'n Aelod Seneddol Rhyddfrydol Sir Aberteifi (1945-74), i gysylltiad ag ef gan y teimlai y dylsai gael ei anrhydeddu am ei gyfraniad. Roedd ef bellach yn 87 mlwydd oed a haeddai gael ei gydnabod yn Syr.[105] Llwyddodd yn y Coleg i ennill gradd Dosbarth Cyntaf yn y Gyfraith yn Aberystwyth, a Dosbarth Cyntaf yng Ngholeg Sant Ioan, Caergrawnt.[106] Ond, methodd yr Arglwydd Cledwyn â chael cefnogaeth rhai o'r Arglwyddi Cymraeg yn ei ymgais ac anwybyddwyd Roderic Bowen, QC, yn anrhydeddau'r Frenhines a'r Wladwriaeth yn ei hen ddyddiau.[107]

Derbyniodd gysur yn y flwyddyn 2000 wrth dderbyn codiad yn ei bensiwn. Gorffennodd yr artist David Griffiths, Caerdydd, bortread ohono ar gyfer Coleg Prifysgol Cymru, Bangor.[108] Anfonodd Arglwydd Faer Caerdydd air ato ar 4 Hydref 2000 i ofyn a fyddai'n barod i dderbyn Rhyddfraint Dinas Caerdydd,[109] a digwyddodd hynny yn Rhagfyr ond methodd ei ffrind, James Callaghan, â mynychu'r ddefod.[110] Wrth fesur a phwyso ei gyfraniad, mae'n anhygoel fod arweinwyr Prifddinas Cymru wedi bod mor hir cyn estyn Rhyddfraint iddo.

Daliai Cledwyn, yn ei henaint, i fod yn 'fixer' dros y Cymry. Llwyddodd i gael yr hanesydd, Dr Kenneth O Morgan, i Dŷ'r Arglwyddi er iddo fethu â chael Glyn Mathias i'r sefydliad, ac yntau wedi treulio oriau'n llythyru yn ei ymdrech seithug. Cydnabu Mathias ei ymdrech, 'I must thank you for persisting on my behalf in connection with the House of Lords. I saw the appointment of Kenneth Morgan, so you had had one success!'[111] Roedd Glyn Mathias ar fin gadael y BBC ac yn awyddus i ddweud ei bwt ar lawr

Tŷ'r Arglwyddi. Byddai wedi bod yn llefarydd difyr ond breuddwyd ofer fu hynny. Felly hefyd yn hanes y Major George Richards, Trelech, Gwent. Cyfarfu'r ddau yn Gibraltar. 'In the 1960's you offered me a Peerage if I would support the Labour Party in the House of Lords. At the time I did not feel that I could become political. Consequently, I turned down your offer'.[112] Ond roedd hi'n rhy hwyr bellach ac nid oes unrhyw dystiolaeth i'r Arglwydd Cledwyn gysylltu â neb.

Erbyn Ionawr 2001 methai fynychu Tŷ'r Arglwyddi gan ei fod yn dioddef o'r cancr. Derbyniodd, ym mis Ionawr, lythyron oddi wrth ei gyd-Arglwyddi, megis gan yr Iarll Longford, 'I am sure that you will never realise how much I feel I owe to you. There has been your personal kindness but beyond that there has been the inspiration of your leadership, political and moral'. Daliai i gredu yn nelfrydau Llafur er mae'n sicr nad oedd ar yr un donfedd â Llafur Newydd Tony Blair a Peter Mandelson mwy nag ydoedd Cledwyn. Fel Catholig pybyr, dywed, 'I am under the impression that you preach in Welsh but whether you deliver the message in Welsh or Hebrew it would I know be a profoundly Christian message and I shall always be grateful to you'.[113]

Gofidiai'r Arglwydd Jack Ashley o Stoke o glywed am ei salwch.[114] Roedd ei bresenoldeb yn dwyn pleser a mwynhad gan atgoffa pawb o egwyddorion sylfaenol y Blaid Lafur. I'r Arglwydd Peter Shore o Stepney, roedd bwlch gwag hebddo yn y Tŷ. Meddai, 'you are genuinely missed and the House doesn't look right without you'.[115] I'r Arglwydd David Lea, yr Undebwr Llafur, roedd ganddo ddyled iddo am lwyddo i'w gael yn aelod o Dŷ'r Arglwyddi.[116]

Cawsai Kenneth O Morgan a'i ddiweddar briod, Dr Jane Morgan, lawer o'i gwmni yn Aberystwyth pan oedd yn Brifathro. Gwelai golli ei fentor, 'Heaven knows your wisdom and insight are much needed, not least in matters relating to Wales. I'm sure my beloved Jane would also very much want to be associated with this – she always felt so warm about you, your wisdom and humanity'.[117]

Yr un oedd dymuniadau da yr Arglwydd Jack Dormand o Gasington, yr Arglwydd Doug Hoyle a Nora.[118] Cafodd deyrnged hyfryd oddi wrth yr Arglwydd Donoughe o Ashton a ddaeth i'w hoffi ar ôl teithio gyda'i gilydd ar y trên i Gaerdydd.[119] Roedd pob un o'r Arglwyddi hyn yn teimlo'n ddrwg o glywed am ei gaethiwed a'i flinder. Ef oedd un o gleifion cyntaf yr uned newydd trin cancr yn Ysbyty Glan Clwyd ac yno y bu farw ar 22 Chwefror 2001.[120] Gadawodd ci briod hoff Jean Hughes, y mab Harri ac Ann y ferch a phedwar o wyrion a wyresau, Daniel, Angharad, Anna a Sara, a'r holl deulu estynedig.

Cynhaliwyd ei arwyl yng Nghapel Disgwylfa, Caergybi, ar 27 Chwefror dan lywyddiaeth ei gefnder, y Parchedig D H Owen, gyda chynhorthwy y Parchedig Emlyn Richards a minnau. Talwyd teyrngedau iddo gan D H Owen a'r Arglwydd Gwilym Prys Davies. Roedd hi'n ddiwrnod gaeafol.[121] Teithiais o Lerpwl yn y car gyda Goronwy Owen, ffrind mawr iddo a pherthynas trwy deulu i Jean a chael storm o eira ar riw Rhuallt ond nid oedd troi'n ôl. Balch oeddem o gyrraedd diddosrwydd y Capel ac ymuno â'r gynulleidfa deilwng a ddaeth ynghyd i gydnabod gwasanaeth nodedig Cledwyn yn hanes Cymru. O Disgwylfa dygwyd yr elor i gladdedigaeth breifat ym mynwent Maes Hyfryd at bobl y magwyd ef yn eu plith. Bu'n addurn iddynt drwy ei gyfraniad pwysig yn ail hanner yr ugeinfed ganrif.

Yn 1997 cawsai Dr John Griffiths, Llwyn Idris, Brynsiencyn (ŵyr Dr John Williams) gwmni difyr yr Arglwydd Cledwyn o Lundain i Fangor ar y trên.[122] Bu'r ddau'n trafod un o gyn-aelodau Seneddol Môn, sef Ellis Jones Ellis-Griffith (1860-1926), Aelod Seneddol dros Fôn o 1895-1918, ac addawodd y meddyg anfon teyrnged y Parchedig J E Hughes yn yr angladd iddo.[123] Yn ôl Dr John Griffiths, dymuniad mawr Ellis Jones Ellis-Griffith oedd cael ei gladdu ym mynwent plwyf ei febyd, sef Llanidan, Brynsiencyn, ac adroddai'r englyn hwn byth a beunydd:

> Byw yn hen lle ces fy ngeni – fy Iôr
>   Yw f'hiraeth a'm gweddi,
> Yn naear Môn rho i mi
> Wely tawel, rôl tewi.

Cafodd yr Arglwydd Cledwyn fyw yn hen yn ôl Paul Starling, 'Farewell to wise old man of Welsh politics.'[124] Ond, yn fwy na dim, cafodd ei osod yn 'naear Môn' a chael 'gwely tawel' a hynny ar ôl oes o drafod, dadlau, pregethu ac areithio, cymodi a chalonogi, cynnal a chyfarwyddo. Teimlwyd hiraeth mawr ar ei ôl mewn amryw gylchoedd – y Blaid Lafur, Eglwys Bresbyteraidd

Cymru, yr Eisteddfod Genedlaethol, Tŷ'r Arglwyddi, Prifysgol Cymru, Caergybi, Môn a Chymru.[125] Ffarwél i'r anwylaf o blant dynion a mab y Mans, yr Arglwydd Cledwyn o Benrhos, neu Cledwyn.

Pennod 14

Perthynas Cledwyn a Gwynfor

Un o benodau mwyaf diddorol gwleidyddiaeth Gymraeg wedi'r Ail Ryfel Byd yw'r berthynas anodd rhwng dau o wleidyddion mwyaf nodedig cenedl y Cymry, Cledwyn Hughes a Gwynfor Evans. Roedd gan y ddau gymaint i'w gynnig i'r byd gwleidyddol a choleddai'r ddau bron yr un blaenoriaethau, sef lles economaidd a chymdeithasol Cymru, a chefnogaeth i Anghydffurfiaeth Gymraeg. Roedd y ddau hefyd yn garwyr dygn yr iaith a'r diwylliant Cymraeg, ac yn lladmeryddion datganoli oedd â diddordeb mewn pobl.

Deuai'r ddau o gefndir tebyg, a dylanwadodd y capel yn drwm arnynt, sef Capel yr Annibynwyr yn y Barri i Gwynfor a Chapel Disgwylfa y Presbyteriaid yng Nghaergybi i Gledwyn. Ei dad, y Parchedig H D Hughes oedd arwr mawr Cledwyn a chofiai am safbwynt ei dad fel 'gweinidog gwleidyddol' ar hyd y blynyddoedd. Ond ei dad-cu ar ochr ei dad oedd arwr mawr Gwynfor Evans. Ben Evans oedd y gwron hwnnw, gweinidog gyda'r Annibynwyr Cymraeg, ac ef fu'n gyfrifol am symud y teulu i'r Barri.[1] Cyn symud yno, bu Ben Evans yn gweinidogaethu yng nghapeli Annibynnol Seilo, Melincryddan, Castell-nedd a Lloyd Street, Llanelli. Dywedodd mab Gwynfor, y Parchedig Guto Prys ap Gwynfor:

> Drwy ei oes bu Gwynfor yn edmygydd o'r werin anghydffurfiol a fynnodd addysgu eu hunain a chyfrannu'n greadigol i ddiwylliant eu broydd a'u cenedl.[2]

Ni chollodd Cledwyn chwaith ei serch na'i edmygedd o bobl y capeli, hyd yn oed pan oedd yn Weinidog Gwladol Cymru a Gweinidog Amaeth daliai i bregethu yng nghapeli Môn ac Arfon yn aml.[3] Bu'r ddau yn yr un Coleg ac yn dilyn yr un cwrs yn Adran y Gyfraith.[4] Un o'r gwahaniaethau sylfaenol er hynny oedd fod Gwynfor yn heddychwr a Cledwyn yn barod i ymrestru yn y Llu Awyr adeg yr Ail Ryfel Byd a'r gwahaniaeth arall oedd eu teyrngarwch gwleidyddol. Fel prentis cyfreithiwr simsanodd Cledwyn yn Awst 1937 ynglŷn ag ymuno â Phlaid Cymru, ond byr fu'r apêl. Er bod Plaid Cymru yn blaid i lawer o weinidogion yr efengyl a myfyrwyr o gartrefi gweinidogion Ymneilltuol, sylweddolodd Cledwyn ar ôl dychwelyd i Gaergybi na fedrai ef newid bywydau ei gyd-drigolion yn y porthladd hwnnw drwy'r Blaid Genedlaethol. Roedd hynny'r un mor wir am y Blaid Ryddfrydol. Dwy blaid fach, elitaidd, ar gyrion y byd gwleidyddol Prydeinig oeddent yn ystod yr Ail Ryfel Byd. I wireddu ei uchelgais i fod yn wleidydd dylanwadol, y Blaid Lafur oedd yr unig ddewis a fyddai'n ei fodloni ef. Roedd uchelgais Gwynfor Evans yn gysylltiedig â hynt a helynt gwleidyddiaeth Cymru. Bwriadai ennill y dydd o fewn libart Cymru, a chenedlaetholdeb Gristnogol oedd ei athroniaeth sylfaenol ef.

Yn gynnar iawn yn hanes y ddau gwelwyd anghytundeb dybryd, yn wir gwrthdaro rhwng y ddau. Dau ŵr hoffus, carismatig, didwyll a dibynadwy ac eto ni allai Gwynfor Evans ddeall sut y medrai rhywun fel Cledwyn roddi ei amser a'i ddawn i blaid arall heblaw Plaid Cymru. Methai weld y gallai'r gwleidydd o Gaergybi osod achosion Cymraeg a Chymreig yn gyson o fewn y Blaid Lafur. Onid ef yn Mawrth 1951 a lefarodd y frawddeg fythgofiadwy yng Nghaernarfon yn ei berorasiwn dros Senedd i Gymru?

> Petai chwe chant o angylion yn Westminster, angylion Seisnig a fyddent, ac ni allent ddeall teithi meddwl Cymru.[5]

Roedd digon o elynion gan Cledwyn Hughes y 'cenedlaetholwr sosialaidd' o fewn y Blaid Lafur heb ychwanegu beirniadaeth Gwynfor Evans. Methai Cledwyn ddeall ymosodiadau mynych Gwynfor ar y Blaid Lafur. Dywedodd Cledwyn yn *Y Cymro*, 10 Hydref 1952 ei fod wedi'i ddadrithio 'o weld cynifer o aelodau'r Blaid Genedlaethol yn beirniadu ein plaid â'r fath chwerwder', ond at Gwynfor y cyfeiriai.[6]

Roedd hi'n anodd ar Cledwyn a'i gyd-aelodau fel Goronwy Roberts, T W Jones, Tudor Watkins a S O Davies, y Llafurwyr oedd mor amlwg yn bleidiol dros Senedd i Gymru.[7] Erbyn mis Mawrth 1954 roedd y Blaid Lafur wedi caledu yn ei gwrthwynebiad ac wedi colli'i hamynedd gyda Cledwyn Hughes a'i gyd-ddatganolwyr. Gadawyd Cledwyn ar y clwt yn ddigon unig, ac yn ddiamynedd am fod Llywydd Plaid Cymru wedi bod yn rhy ystyfnig i'w gefnogi. Yn wir, cydnabu Rhys Evans yn ei gofiant i Gwynfor rym dadl Cledwyn Hughes:

> Fe fyddai sefyllfa'r datganolwyr oddi mewn i'r Blaid Lafur wedi bod yn gryfach pe byddai Gwynfor wedi mabwysiadu idiom fwy diplomataidd.[8]

Roedd Gwynfor yn gwbl grediniol fod Cledwyn Hughes yn twyllo'i hunan y medrai gael y Blaid Lafur i arddel ei safbwynt ef. Gwyddai Gwynfor am agwedd wrth-Gymraeg cymaint o gynghorwyr Llafur, undebwyr, ac Aelodau Seneddol Gwent a Morgannwg. Roedd sail i'w ofnau na allai'r 'Cymry da' fel y'i gelwid Gymreigio'r Blaid Lafur. Ond dyna a ddigwyddodd yn y pen draw. Dwysaodd y ddrwgdybiaeth yn Etholiad Cyffredinol Mai 1955 pan fynnodd Plaid Cymru osod ymgeiswyr yn erbyn y gwladgarol Cledwyn Hughes a Goronwy Roberts a thrwy hynny beryglu eu seddau. Wedi'r cyfan pe bai Plaid Cymru wedi gosod ymgeisydd ym Môn yn Etholiad 1950 go brin y byddai Cledwyn wedi ennill y sedd o gwbl gan mai mwyafrif o 595 oedd ganddo.

Gwaethygodd y berthynas pan ddaeth Tryweryn yn gwestiwn llosg yn hanes Cymru. Tryweryn yw'r gair a gerfiwyd ar galon y genedl a bu goblygiadau pellgyrhaeddol iddo. Roedd Corfforaeth Lerpwl yn gwbl farus o dan arweiniad Jack Braddock AS, a'i gefnogwyr yn Neuadd y Ddinas a Senedd San Steffan, ac yn barod i foddi Cwm Tryweryn, er mwyn gwneud elw. Dadleuodd Bessie Braddock, yr Aelod Seneddol, bod angen boddi'r gymuned Gymraeg i sicrhau dŵr glân i'r trigolion ynghanol y ddinas.[9]

Yn ôl y bargyfreithiwr, Dewi Watkin Powell, Bedyddiwr cadarn a phleidiwr gwresog, roedd Cledwyn Hughes a Goronwy Roberts yn 'ddig iawn' gyda Gwynfor a Phlaid Cymru oherwydd eu gweithgarwch ar fater Tryweryn. Roedd y ddau wleidydd Llafur yn ystyried 'safiad Plaid Cymru ar y mater fel ymyrraeth ddiangen yng ngwleidyddiaeth gogledd Cymru'.[10] Roedd y ddau, ar sail eu llwyddiant yn yr Etholiadau Cyffredinol, yn credu mai ganddynt hwy roedd yr hawl i roddi arweiniad. Eu tasg fawr oedd perswadio nifer o gyrff i gymodi a chydweithio, fel grŵp yr aelodau Llafur Cymreig, Corfforaeth Dinas Lerpwl a Chyngor Sir Meirionnydd a gefnogai'n naturiol yr Aelod Seneddol lleol, T W Jones. Y drafferth oedd bod Gwynfor Evans yn ymgeisydd i Blaid Cymru ym Meirionnydd. Safodd yn Etholiad Cyffredinol 1945 ac Etholiad 1950 a dod ar waelod y pôl. Ef hefyd oedd yn lliwiau'r Blaid yn 1955 pan enillodd 22.1% o'r bleidlais y tu ôl i T W Jones, gyda 38.3% o'r bleidlais.[11]

Ni haeddai Cledwyn Hughes unrhyw gefnogaeth yn ôl rhai cenedlaetholwyr, a galwyd ef a'i gymrodyr Cymreigaidd Llafur, yn 'gwslingiaid' – gwleidyddion a werthai'r 'dreftadaeth hon heb hyd yn oed haglo am y pris'.[12] Y mwyaf cyfrifol ac euog, yn ôl Llywydd Plaid Cymru, am y gweithredu anghyfiawn hyn oedd y tri Aelod Seneddol Llafur a ystyrid fel y 'drindod ffyddlonaf i'r Cymry Cymraeg': Goronwy Roberts, Cledwyn Hughes a T W Jones.[13] Nid oedd hyn yn wir. Cydnabu Rhys Evans yn ei gofiant i Gwynfor:

> 'Cyhuddiad di-sail yw'r awgrym i Cledwyn Hughes a Goronwy Roberts fradychu Capel Celyn, ond yn achos T W Jones, mae yna beth swmp o dystiolaeth i gefnogi'r feirniadaeth.'[14]

Gellid achub cam T W Jones hefyd gan ei fod ef yn gymeriad oedd yn rhy ofnus i ddangos argyhoeddiadau cryf o fewn ei etholaeth. Gweithredodd yn ôl mympwyon pobl leol, fel Cyngor Tref y Bala, a fu'n ddigon parod i werthu tir digon sâl o amgylch Capel Celyn. Nid oedd pob ffermwr yn nalgylch Tryweryn yn barod i ymgyrchu yn ôl y sôn. Gosododd John Roberts Williams y sefyllfa fel Golygydd *Y Cymro*, 'Mae'r frwydr yn poethi o amgylch Capel Celyn. Ac yn ôl yr arfer, nid rhwng Cymry a rhywun arall mae'r ddadl, eithr rhwng y Cymry a'i gilydd'.[15]

Gwelwyd hynny'n ddiweddarach pan ddaeth hi'n adeg croesawu'r Eisteddfod Genedlaethol i dref Llangefni yn etholaeth Cledwyn. Roedd Gwynfor Evans wedi penderfynu na ddylai cynrychiolydd Senedd Prydain yng Nghymru, Henry Brooke, gael unrhyw gyfle i yngan gair. Lluniodd chwip o lythyr pigog at swyddfa'r Eisteddfod Genedlaethol yn gwarafun y fath weithred. Ychwanegodd y byddai protest gref yn erbyn Brooke gan ei fod ef yn archelyn Cymru ac yn rhan o'r helynt blin. Clywodd Cledwyn

Hughes am y llythyr ac fel Presbyteriad parchus ni allai ddioddef gweld sgarmes rhwng gŵyr ifanc Plaid Cymru yn erbyn y Sefydliad Saesnig yn yr Eisteddfod. Cythruddwyd Cledwyn gan fygythiad Gwynfor Evans o brotest a fedrai droi'n 'storom'.[16] Gwyddai Gwynfor na fedrai Cledwyn gael y gair olaf. Nid oedd amheuaeth am hynny pan ddatganodd fod un o brif gynheiliaid y Sefydliad Cymreig, Dr Thomas Parry, yn cytuno â bygythiad Gwynfor Evans. Roedd Dr Parry yn ddigon parod i foicotio seremoni Cymru ar Wasgar a rhoi bonclust go iawn i'r alltudion o Lundain ac yn arbennig Lerpwl a fyddai'n mynychu'r Eisteddfod.[17]

Yn wir daliodd Tryweryn yn air emosiynol yng nghof y Cymry o bob plaid am flynyddoedd. Pan benderfynodd Elystan Morgan, ffefryn mawr Gwynfor Evans, droi ei gôt ac ymuno â'r Blaid Lafur adeg Eisteddfod y Drenewydd, ysgrifennodd Gwynfor ato gan ei gyhuddo o fod bellach 'yn yr un blaid â Bessie Braddock, penlleiddiad Capel Celyn'.[18] Roedd ei gyhuddiad yn ffeithiol gywir, er bod Elystan Morgan yn bell iawn o ran cefndir a steil i Bessie. Dechrau'r ffrae oedd hyn gan i J E Jones, ysgrifennydd Plaid Cymru, yn ei golofn 'Twr yr Eryr' yn *Baner ac Amserau Cymru* ddweud i Cledwyn fod yn aelod o Blaid Cymru yn ôl yn 1937. Gwadodd Cledwyn hyn a chythruddwyd ef yn fawr, fel y gwelir yn rhifyn 2 Mehefin 1965 o'r wythnosolyn *Baner ac Amserau Cymru*. Wedi cyhuddiadau J E Jones, anfonodd Gwynfor Evans lythyr i'w ganmol am ypsetio Cledwyn:

> Wrth gwrs mae'r stori yn rhoi Cledwyn mewn golau gwael, ond y cwestiwn pwysig i'r cyhoedd yw beth yw'r gwir? Mae datguddio'r gwirionedd er budd y wlad, a'r gwir a saif. Nid pardduo Cledwyn oedd ei amcan, ond dangos mor bell yw bod yn genedlaetholwr Cymreig cywir oddi mewn i'r Blaid Lafur.[19]

Roedd Gwynfor yn cyfeiliorni gan fod digon o genedlaetholwyr Cymreig yn y Gymru Gymraeg wedi llwyddo i warchod yr iaith a'r traddodiadau o fewn y Blaid Lafur ac roedd Cledwyn yn un ohonynt. Ond ceid pobl wyllt o fewn y ffrynt gwladgarol fel Byddin Rhyddid Cymru (FWA) oedd wrth eu bodd yn pardduo, a chreu celwyddau am Cledwyn yn arbennig. Maentumir mai Cayo Evans o Silian, ger Llanbedr Pont Steffan, a greodd y stori anhygoel am gynllwyn i saethu Cledwyn Hughes ac a gafodd sbloet yn y *Western Mail*.[20]

Yn Swyddfa'r Gymanwlad bu Cledwyn Hughes yn rhydd rhag ergydion

Gwynfor, ond ar ôl iddo gael ei apwyntio'n Ysgrifennydd Gwladol i Gymru newidiodd yr hinsawdd dros nos a chafodd flynyddoedd hunllefus. Mawr oedd y disgwyliadau ymhlith Llafurwyr fel Emyr Currie Jones, un o Gynghorwyr blaenaf Caerdydd, a Chymro twymgalon. Ysgrifennodd at Cledwyn a'i longyfarch, 'Mae'n llawenydd mawr i bob hen fyfyriwr o Aber, ac yn wir i bob Cymro fod gŵr trwyadl Gymraeg wedi'i gynysgaeddu ym mhethau gorau ein cenedl, yn olynu James Griffiths'.[21] Roedd James Griffiths yn eicon y genedl, fel ag y tystiodd y naturiaethwr gwybodus, Dr Alun Roberts wrth Cledwyn, '… bendith i chi gyda'r gwaith o adeiladu ar y sylfeini gwych mae Jim Griffiths wedi'u gosod i'r Swyddfa Gymreig'.[22] Cafodd Jim Griffiths ddwy flynedd heddychlon o gymharu â'i olynydd. Roedd edmygedd Gwynfor o Jim Griffiths yn ddigon diffuant ond cymerodd gryn amser iddo ddangos hynny tuag at Cledwyn.

Y gwir cignoeth yw bod Cledwyn Hughes wedi'i adael yn wleidydd digon unig ar libart Cymru. Os bu rhywun yn ddraenen yn ystlys Cledwyn, Gwynfor oedd hwnnw. O dan gyhuddiadau Gwynfor a J E Jones gwelai'r cenedlaetholwyr ef fel bradwr i'w genedl, tra ystyriai'r garfan unoliaethol yn y Blaid Lafur Gymreig o dan arweiniad Ness Edwards ei fod ef yn fwy o 'genedlaetholwr' nag o sosialydd. Credai Ness Edwards na wnâi ddigon i ddinoethi a thawelu'r *Nats* fel y gelwid aelodau Plaid Cymru gan Aelod Seneddol Caerffili.

Pan ddechreuodd Plaid Cymru ysgwyd pileri cadarn y Blaid Lafur, yn arbennig yn isetholiad Gorllewin y Rhondda, roedd Cledwyn Hughes mewn dyfroedd dyfnion. Mae llygedyn o wirionedd yn honiad Rhys Evans fod Cledwyn Hughes yn rhannol gyfrifol am lwyddiant ysgubol ymgyrch Plaid Cymru yn y Rhondda. Digiwyd pobl y Rhondda gan agwedd Cledwyn Hughes. Credent ei fod yn orhyderus ynglŷn â dyfodol economaidd y Rhondda.[23]

Eto i gyd ni feiai holl gynghorwyr cymoedd y Rhondda Cledwyn Hughes am eu cyflwr economaidd. Yn haf 1967 mynegodd yr Henadur Theophilus Griffiths, Beddau ger Pontypridd, ei werthfawrogiad o ofal Cledwyn Hughes am dde Cymru a gwerth y Swyddfa Gymreig. 'This reflects great credit on your good self, as leader and the very devoted 'team' which have been built up'.[24] Roedd yn awyddus i alw yn y Swyddfa i drafod traffordd yr M4.[25]

Diddorol oedd sylwi ar ymateb y ddau wleidydd i'r Arwisgo. Roedd Cledwyn Hughes wrth ei fodd gyda'r sbloet y cawsai'r gwaith o'i drefnu. Ofnai Gwynfor bechu'r garfan oedd yn elyniaethus i'r holl syniad a hefyd y cylch mwy niferus brenhinol eu pryd. Yn wir yn Rhagfyr 1966, creodd Cledwyn Hughes dipyn o broblem i Downing Street a Phalas Buckingham wrth grefu arnynt roddi dyddiad pendant i'r Arwisgiad. Yn ôl Ysgrifennydd y Cabinet roedd Harold Wilson wedi siarad gyda'r Ysgrifennydd Gwladol gan ei gynghori ef 'to soft-pedal for a bit'.[26]

Cyhoeddwyd ym Mai 1967 y cynhelid yr Arwisgo ar 1 Gorffennaf 1969 er mawr hyfrydwch a boddhad i Cledwyn. Roedd Ifor Bowen Griffith, colofnydd wythnosol Y Cymro, o dan ffugenw 'John y Gŵr', uwchben ei ddigon. Yn ei arddull sentimental ond agos atoch, ysgrifennodd gydag arddeliad am gael aelod arall i'r teulu Cymraeg a hwnnw'n dod i'w dref fabwysiedig, Caernarfon, lle roedd yn faer a chynghorydd Llafur. Ysgrifennodd, 'Cael mab newydd y byddwn ni, ac felly gadewch inni ddangos iddo ef a'i dad a'i fam beth all y teulu wneud'.[27]

Os oedd rhywun yn nabod y werin Gymreig yng nghadarnle'r iaith, sef tref Caernarfon a'r cylch, I B Griffith oedd hwnnw. Er mor unplyg a phenderfynol oedd Gwynfor, ni fentrai darfu ar y werin gan fod llawer ohonynt wedi pleidleisio iddo yn yr isetholiad yng Nghaerfyrddin. Y gwir plaen oedd nad oedd Gwynfor am wrthwynebu'r Arwisgo.

Cafodd Cledwyn ei symud o'r Swyddfa Gymreig flwyddyn cyn yr Arwisgo a rhoddwyd yr awenau yn nwylo un oedd yn fwy sebonllyd fyth tuag at y Teulu Brenhinol, George Thomas. Roedd ef yn ei seithfed nen, a'i ffiol yn llawn. Ond cyn y symud blinderus hwnnw roedd Cledwyn Hughes ac eraill o aelodau amlycaf Cymraeg y Blaid Lafur yn ansicr, ac yn ddigon ofnus. Teimlai Eirene White, un o Weinidogion y Swyddfa Gymreig, y medrai proffil Llafur gael ei faeddu yn enbyd gan y cenedlaetholwyr wrth iddynt ennill teyrngarwch etholwyr a arferai bleidleisio i Lafur. Pwysodd Cledwyn ar y Weinyddiaeth Drafnidiaeth (roedd John Morris yn Ysgrifennydd Seneddol ynddi) i achub lein rheilffordd y Canolbarth rhag bwyell Beeching, gan y gwyddai y byddai Gwynfor Evans yn medru codi storm o brotest, a fyddai'n sicr yn peryglu sedd Tudor Watkins. Roedd presenoldeb Gwynfor fel petai'n treiddio i bob etholaeth ac yn creu tensiwn na fu mo'i fath i wleidyddion profiadol fel Jim Griffiths, Goronwy Roberts a Cledwyn Hughes a'r to iau, John Morris ac Elystan Morgan. Dyma asesiad Rhys Evans, 'Wrth i Gwynfor ennill ei blwyf yn y talwrn seneddol, daeth sefyllfa'r datganolwyr Llafurol gymaint â hynny'n wannach'.[28]

Daeth hi'n 'haf bach Mihangel' i lu o wleidyddion Llafur oedd yn casáu Gwynfor a'i Blaid, yn eu plith Leo Abse, George Thomas, Merlyn Rees ac Ivor Richard o'r Betws, ger Rhydaman. Edrychai'r rhain ar y bwriad o gael Cyngor Etholedig a Deddf Iaith fel 'consesiynau i genedlaetholdeb'.[29] Gellir honni fod y gwrthddatganolwyr Cymreig yng Nghymru, a rhai fel Merlyn Rees ac Ivor Richard oedd yn Aelodau Seneddol yn Leeds a Llundain, wedi cael eu bodloni'n llwyr ym mis Gorffennaf 1967. Dadleuodd Rhys Evans fel hyn:

> Ym mis Gorffennaf 1967, enillodd y gwrth-ddatganolwyr eu brwydr fewnol pan laddwyd breuddwyd Cledwyn Hughes o sefydlu'r cyngor hwnnw. O safbwynt gwleidyddol, bu Gwynfor yn gyfrifol am ddinistrio hygrededd Cledwyn Hughes a chreu'r fath baranoia.[30]

Er bod peth gwirionedd yn ei osodiad, yn bersonol credaf bod Rhys Evans yn gor-ddweud. Ni chytunaf fod hygrededd Cledwyn wedi'i ddinistrio, ond yn sicr fe'i doluriwyd a gwanhawyd ei ymgyrch dros Gynulliad i Gymru. Rhaid hefyd cofio nad gwleidydd oedd yn barod i orffwys ar ei rwyfau mo Cledwyn Hughes mwy na Gwynfor Evans.

Dylid darllen y *Liverpool Daily Post* ar 18 Hydref 1967 i amgyffred cri Cledwyn yn ymosod yn ddidrugaredd ar 'blaid fach Gwynfor'. Araith ymosodol ar Blaid Cymru ydoedd ei araith, yn cyhuddo Gwynfor a'i gabál o gefnogi cenedlaetholdeb cwbl filwriaethus gan ddefnyddio crefydd gwŷr da'r Annibynwyr yn bennaf i 'barchuso'i neges'.

Trobwynt mawr yn hanes Gwynfor oedd penderfyniad di-alw-amdano Harold Wilson i symud Cledwyn o'r Swyddfa Gymreig i wasanaethu fel Gweinidog Amaethyddiaeth a gosod y goron ar ben George Thomas.[31] Mae'n ddiddorol nodi fod George a Gwynfor hefyd yn meddu ar gymaint o nodweddion oedd yn gyffredin. Roedd y ddau, erbyn y saithdegau, yn heddychwyr o argyhoeddiad, yn llwyrymwrthodwyr pybyr, yn Gristnogion oedd yn barod i arddel eu perthynas â'r capeli, a dyrchafwyd y ddau i brif gadeiriau eu henwadau Anghydffurfiol. Er bod George Thomas yn rhoi'r argraff ei fod yn ffrind mawr i Cledwyn ac yn mynnu aros ar ei aelwyd ym Môn a mynd ar wyliau gyda'i gilydd,[32] ni allai stumogi'i Gymreictod na'i awch am ddatganoli cyfrifoldebau o San Steffan i Gaerdydd. Yn ôl Richard Crossman, ystyriai George Thomas safbwynt a dadleuon Cledwyn o blaid y Cyngor Etholedig yn ddim llai na 'sheer treason'.[33] Er bod George Thomas yn edmygydd o Gwynfor Evans fel Cristion o argyhoeddiad, fe aeth ati'n ddiymdroi i'w danseilio gymaint ag y medrai. Ni welodd Gwynfor y perygl o gwbl gan y daliai i 'lambastio methiant' Cledwyn fel Ysgrifennydd Cymru. Nid oedd penodiad Elystan Morgan fel Gweinidog i'r Swyddfa Gartref wrth ei fodd chwaith, oherwydd roedd y ddau ohonynt ar yr un donfedd. Roedd y ddau yn wŷr y gyfraith ac yn gyfeillion agos. Dywed Elystan Morgan, 'Nid yw'n ormodol ei ddisgrifio fel 'fy nhad yn y ffydd', ac edmygwn ef flynyddoedd cyn i mi ei gyfarfod'.[34]

Yn 1967, mewn sgwrs, trafodwyd yr angen am Gomisiwn i edrych ar gyfansoddiad Prydain a'r alwad am fwy o bwerau i Gymru a'r Alban. Trafododd Cledwyn hyn ymhellach yn 1968 gyda'i ffrind Jim Callaghan.[35] Heuwyd yr had ac mewn sgwrs yn fflat Jim ac Audrey Callaghan ym Medi 1968 trafodwyd ymhellach y ffordd ymlaen. Roedd Jim Callaghan y noson honno am gynnwys Manaw, Ynysoedd y Sianel a Gogledd Iwerddon. Geiriau Audrey Callaghan i Cledwyn oedd 'You will look back on this as an important evening'.[36]

Bu Cledwyn fel Gwynfor yn ddiarbed dros yr achos yn arbennig wedi iddo ennill yn ôl sedd Caerfyrddin yn 1974. Ond ni allai Cledwyn ddygymod â'r Aelodau Seneddol Llafur a frwydrai yn erbyn datganoli. Roedd yn flin dros ben gyda Leo Abse. Credai fod Aelod Seneddol Pont-y-pŵl (Torfaen yn ddiweddarach) yn meddu ar 'a strange inexplicable hostility to Wales, or probably Welsh speaking Wales … Anything outside the Anglicised circle of Cardiff is an anathema to him'.[37]

Yn y saithdegau pan drafodwyd Mesur Cymru yn y Senedd roedd Gwynfor Evans yn anfodlon. Mynegodd hyn wrth Cledwyn yn Ebrill 1978, ddiwrnod ar ôl i'r Mesur fynd trwy Dŷ'r Cyffredin, gan fwrw ei lach yn nodweddiadol ar y Blaid Lafur. Pardduodd Callaghan, y Prif Weinidog, am ei ddiffyg brwdfrydedd a'i ddiffyg diddordeb. Dywedodd heb flewyn ar ei dafod, ac roedd yn agos i'w le: 'Pan ddaw Refferendwm fe gollwn yn anobeithiol. Mae Elystan wedi torri'i galon. Neithiwr ar y teledu, pan ofynnwyd i John Morris a gawn ddatganoli, yn lle dweud, 'Wrth gwrs y cawn, mae'n rhaid ei gael, mae'n gwbl angenrheidiol', atebodd 'Wel, mae'r llywodraeth wedi cadw at ei gair'.[38]

Câi John Morris, fel Cledwyn Hughes, ei feirniadu gan Gwynfor. Yn sicr coleddai gryn dipyn o ragfarn yn erbyn y ddau, er gwyddom i John Morris frwydro hyd eithaf ei ewyllys fel Ysgrifennydd Cymru i sicrhau Cynulliad. Nid oedd gwerin Cymru yn cytuno ac yn y refferendwm, a gynhaliwyd ar ddydd Gŵyl Ddewi 1979, sylweddolwyd hynny. Aeth 58.3% o etholwyr Cymru i bleidleisio gan wrthod dadleuon Gwynfor, Cledwyn, John Morris ac Elystan o 956,330 o bleidleisiau i 243,048. Ergyd fawr oedd canfod mai dim ond 11.8% oedd o blaid y Cynulliad a 46.5% yn erbyn. Er tristwch i ddemocratiaeth ni thrafferthodd 42% bleidleisio.[39] Yng Ngwynedd y cafwyd y gefnogaeth fwyaf, ond roedd hwnnw'n echrydus gyda dim ond 21.8% yn cefnogi. Ond yng nghadarnleoedd Kinnock ac Abse, sef Gwent, dim ond 6.7% oedd o blaid. Ym Morgannwg gwrandawyd ar leisiau Ioan Evans a Fred Evans yn hytrach na barn John Morris a dim ond 7.7% bleidleisiodd o blaid. Meddai Ysgrifennydd Gwladol Cymru, John Morris, 'Pan welwch eliffant ar stepen eich drws, fe wyddoch ei fod e yna'.'[40] Ni allai'r digrifwr Max Boyce ei fynegi'n well.

Gwyddai John Morris yn well na Cledwyn Hughes mai llugoer oedd y Cabinet ar y cwestiwn, er bod y Cynulliad yn rhan annatod o bolisi swyddogol y llywodraeth, dim ond ef a Michael Foot, Glyn Ebwy oedd yn gwbl grediniol o blaid yn y refferendwm. Roedd Gwynfor yn gywir i feio'r Prif Weinidog oherwydd nid oedd wedi'i argyhoeddi, er ei gyfeillgarwch gyda Cledwyn.[41] Credai'r 'Giang o Chwech' bod undod dosbarth gweithiol Prydain yn bwysicach na chydnabod hunaniaeth cenedl y Cymry. Er holl gwynion Gwynfor, ni chafodd yntau'r gefnogaeth roedd yn ei disgwyl yng nghadarnleoedd yr iaith lle'r oedd Plaid Cymru ar ei chryfaf. Buddugoliaeth ydoedd i'r Torïaid ar lawr gwlad, ac yn y Senedd, gyda David Gibson Watt wedi llwyddo fel arweinydd yr ymgyrch yn erbyn. Gwnaeth lawer yn well nag Elystan Morgan, cadeirydd ymgyrch 'Cymru dros y Cynulliad', er i hwnnw ymgyrchu'n egnïol.

Doedd cysgod y refferendwm ddim wedi cilio yn 1980. Pan ddaeth Etholiad 1979 sylweddolodd Gwynfor, Elystan a Cledwyn nad oeddent wedi 'darllen arwyddion yr amserau'. O ganlyniad i ddylifiad yr ymfudwyr i Fôn methodd Elystan Morgan ennill y sedd a chollodd Gwynfor etholaeth Caerfyrddin gan i gyfran pleidlais y Ceidwadwyr godi o 6% i 23%.

Yn yr Etholiad roedd pob un o'r pleidiau gwleidyddol yng Nghymru, gan gynnwys y Ceidwadwyr, yn gefnogol i greu sianel deledu ar wahân. Ond yn dilyn buddugoliaeth y Toriaid, o dan arweiniad Margaret Thatcher, daeth newid syfrdanol o enau'r Ysgrifennydd Cartref, William Whitelaw. Nid oedd bwriad ganddynt gadw'r addewid, yn hytrach cefnogent ymgyrchwyr fel yr Athro Jac L Williams, Aberystwyth i rannu'r rhaglenni Cymraeg rhwng yr holl sianeli. Bu Whitelaw yn sgwrsio â Nicholas Edwards a'i gyd-Geidwadwyr yng Nghymru, a sylweddoli bod canran uchel ohonynt yn wrthwynebus. Iddynt hwy nid oedd y gynulleidfa yn ddigon niferus i osod sianel ar wahân.

Yn dilyn datganiad Whitelaw cyhoeddodd Gwynfor Evans ar 5 Mai y byddai ef yn barod i fabwysiadu dull di-drais o ymprydio hyd farwolaeth pe na bai'r Llywodraeth yn barod i gadw at eu gair a'r addewid o sianel deledu i'r Cymry Cymraeg. Roedd byddin fawr, o leiaf dwy fil o aelodau Plaid Cymru, wedi gwrthod talu trwydded deledu fel mater o egwyddor.[42] Gwynfor Evans oedd arweinydd y fintai hon, a gwyddai pawb am ddidwylledd arweinydd Plaid Cymru a'i unplygrwydd ar fater o egwyddor.

Deallai Cledwyn Hughes hyn a gwahoddodd Gwynfor i gyfarfod â Nicholas Edwards yng Ngorffennaf 1980 yng nghartref Syr Hywel Evans, Ysgrifennydd Parhaol y Swyddfa Gymreig. Cafwyd cyfarfod o ddwy awr ond nid oedd un o'r ddau'n barod i ildio.[43] Datblygodd yn fater Prydeinig a byd-eang, a deuai gohebwyr o'r Unol Daleithiau ac Ewrop i gyfweld Gwynfor Evans yn ei gartref yn Llangadog. Roedd y Sefydliad Cymreig mewn gwewyr gan wybod nad bygythiad ffug oedd bygythiad Gwynfor Evans a bod llu o ddeallusion yn ei gefnogi.[44] Yn wir, yn y cyfarfodydd a gynhaliwyd yr haf hwnnw cyfeiriai'r ymgyrchwr yn gyson at ben draw'r bygythiad i ymprydio, sef marwolaeth. Trafododd Gwynfor hynny gyda'i briod a'r teulu ac ni fyddai'n cymrodeddu. Anodd iawn oedd iddo ddod i'r penderfyniad hwnnw oherwydd ei heddychiaeth fel y dywedodd ei fab, 'yn sail i'w holl weithredoedd fel heddychwr a'i genedlaetholdeb, roedd ei Gristnogaeth'.[45]

Penderfynodd yr Eisteddfod Genedlaethol ymyrryd fel corff anwleidyddol, diwylliannol, gyda'r iaith yn flaenoriaeth. Gwahoddwyd tri gŵr doeth gan y Cyngor, y mwyaf derbyniol o'r *elite* Cymraeg, i fynd ar ddirprwyaeth i Lundain. Yn arwain y ddirprwyaeth roedd Cledwyn Hughes gydag Archesgob Cymru, Gwilym O Williams a Syr Goronwy Daniel yn ei gefnogi, ac aethant i berswadio Willie Whitelaw i newid ei feddwl. Yn y cyfarfod hefyd roedd Ysgrifennydd Cymru, Nicholas Edwards ac Emyr Jenkins, Cyfarwyddwr yr Eisteddfod Genedlaethol, i gymryd y Cofnodion.

Ychydig y sonia Whitelaw yn ei atgofion am y cyfarfod, ar wahân i dalu clodydd i'r arweinydd Cledwyn, 'whom I regarded highly',[46] a dyna a glensiodd y cyfan. Roedd parch Whitelaw at Cledwyn yn aruthrol, ac roedd y ddau arall yn cynrychioli'r Sefydliad Cymreig a Seisnig yn ei rwysg a'i rym, yng ngeiriau Whitelaw, 'All were highly respected figures in Wales'.[47]

Rhaid cofio hefyd mai nid achub bywyd dynol Gwynfor Evans oedd unig reswm y ddirprwyaeth. I Cledwyn roedd ef fel 'fixer' pennaf y Gymru Cymraeg yn mynd i weld William Whitelaw, 'fixer' pennaf y Llywodraeth Geidwadol, i daro bargen. Roedd Cledwyn wedi llunio llythyr yn niwedd Awst i'w ffrind o ddyddiau'r Coleg yn Aberystwyth, Syr Goronwy Daniel i osod yn glir y safbwynt cymedrol o berswâd:

> Er bod rhaid inni fod yn ymwybodol o safiad Gwynfor a'i barchu, ni chredaf y dylem gymryd ein rhwymo draed a dwylo ganddo chwaith. Nid fel llysgenhadon iddo ef yr ydym yn mynd at Whitelaw, ac os yr ymddengys fod dull trefniadol y gellid ei ddefnyddio fyddai'n cynorthwyo i'r Llywodraeth i newid cwrs, heb fradychu egwyddor Gwynfor, oni ddylid ei ystyried.[48]

Cyfarfod Cledwyn Hughes ydoedd a gososdodd Rhys Evans hyn yn gofiadwy, 'Cledwyn Hughes a siaradodd gyntaf, yn wir cyfarfod Cledwyn Hughes oedd hwn wrth iddo swyngyfareddu ei hen gyfaill Whitelaw gyda'i resymoldeb Monwysaidd.'[49]

Gosododd y ddadl yn syml. Cydnabu y perygl a'r ofn y gwelid helyntion ffiaidd a thrais tebyg i'r hyn a geid yng Ngogledd Iwerddon o ddod o hyd i Gwynfor yn nyffryn angau.[50] Roedd un person yn yr ystafell fel 'dyn wedi colli'i bwyll', a hwnnw oedd Nicholas Edwards. Defnyddiodd bob ystryw, gormodiaith a rhagfarn ac ofn y medrai feddwl amdano. Ond roedd un peth yn amlwg, ni allai Ysgrifennydd Cymru gael y gorau ar Cledwyn,[51] gan mai gwleidydd yr ail ddosbarth ydoedd. Crynhodd Cledwyn y ddadl, sef y dylid ystyried rhoi'r sianel deledu Gymraeg ar brawf am ddwy flynedd. Defnyddiodd Rhys Evans derm ardderchog am Cledwyn yn ei awr fawr dros Gymru:

> Yn ddiamau, roedd yn berfformiad cwbl feistraidd, ond tystia ymyriad Cledwyn Hughes hefyd i fawrfrydigrwydd y dyn, yn enwedig o gofio pa mor amharchus y bu Gwynfor tuag ato ar wahanol gyfnodau cyn 1980. Wedi argyfwng y sianel, fodd bynnag, diolchodd Gwynfor iddo o waelod calon.[52]

Dedfryd William Whitelaw oedd hyn, 'They persuaded me that it would really cause much bitterness and anger in Wales if we persisted with our plan'.[53] Ym Medi perswadiodd Whitelaw a Nicholas Edwards y Prif Weinidog a'r Cabinet i newid eu safbwynt yn gyfan gwbl ac anwesu sianel newydd a fyddai ar wahân i'r sianelau eraill – Sianel 4 Cymru.

Yn ôl Whitelaw:

> A Welsh television channel of its own was therefore established offering twenty-two hours of Welsh language programmes each week. This channel has been a great success, and for once I have reason to be glad that I bowed to pressure, not an usual experience.[54]

Ar 17 Medi mewn cyfarfod yng Nghrymych, dywedodd Gwynfor Evans nad oedd yn bwriadu dechrau ar yr ympryd. Roedd William Whitelaw a Cledwyn Hughes yn anad neb wedi gofalu bod Gwynfor Evans wedi cael chwarter canrif arall i rodio daear Cymru.

Mae'r bennod hon yn dilyn perthynas gysurus ar brydiau ac anghysurus bryd arall a welwyd rhwng dau o'r gwleidyddion grymusaf a welodd y Cymry Cymraeg. Mae'n amlwg fod mwy o fawrfrydigrwydd yn perthyn i Cledwyn Hughes a mwy o ruddin y gwleidydd di-drais anghydffurfiol yn perthyn i Gwynfor. Dyrchafwyd Cledwyn fel y pwysicaf o'r *elite* Cymraeg erbyn 1980 a chynyddodd ei ddylanwad hyd derfyn ei daith. Ni ellir dweud hynny am Gwynfor, ond roedd ef yn sefyll ar ei egwyddorion a ddaeth yn fwyfwy pwysig yn natblygiad Plaid Cymru. Daliodd y ddau i goleddu Ymneilltuaeth a gwerthfawrogi crefydd gyfundrefnol ac addoliad y Sentars a'r Methodistiaid Calfinaidd. Bu Cymru'n ffodus o gael dau ŵr mor arbennig i gydoesi â'i gilydd a thyfodd Cymru yn llawer cyfoethocach oherwydd eu cyfraniadau. Gallai'r ddau lawenhau pan ddaeth Sianel Pedwar Cymru i fodolaeth ar 1 Tachwedd 1982 gyda balchder. Fel y dywedodd John Davies:

> Roedd yn wefr i'r Cymry Cymraeg gael y byd a'i bethau ar y sgrin trwy wasanaeth a siaradai eu hiaith, a bu gwledydd eraill yn awyddus i brynu rhai o raglenni gorau S4C.[55]

Ond i'r Arglwydd Goronwy Roberts, ei gyfaill o Lafurwr, roedd Cledwyn yn haeddu llongyfarchiadau, 'Llongyfarchiadau cynnes ar dy lwyddiant ysgubol gyda'r bedwaredd sianel'.[56]

Y Pregethwr

Magwyd Cledwyn Hughes a'i frawd, David Hughes, ar aelwyd cyfathrebwr crefyddol a gwleidyddol grymus, lle galwai pregethwyr Môn yn gyson i gymdeithasu ac am sgwrs. Ni allodd ac ni fynnai ymddihatru am eiliad o hudoliaeth personoliaeth a chyfraniad ei dad. Yn wir, credai ef a'i frawd nad oedd gwell pregethwr yn bod na'u tad. Dywedodd y brawd ieuengaf am y Parchedig H D Hughes:

> Cadwodd ei le fel pregethwr yn oes y pregethu mawr a rhagorai arnynt oll fel
> pregethwr eithriadol o wreiddiol a diddorol, ac onid dyna yw prif rinwedd
> pregethu ymhob oes.[1]

Pan gyhoeddwyd *Cofiant i'r Arglwydd Cledwyn* yn 1990, cyflwynodd Emyr Price y gyfrol 'Er Cof am Fy Nhad', a dyna fyddai dymuniad yr Arglwydd Cledwyn pe bai ef wedi cael y dewis. Fe'i cyflwynai hi i'w dad ei hun, ei arwr mawr. Yn ei blentyndod a'i lencyndod cafodd ymuno yng nghwmni difyr, llawn storïau, y gweinidogion a ddeuai i Fans Disgwylfa. Dywed 'iddo'u clywed yn ymddiddan hyd oriau mân y bore',[2] pobl wedi'u magu mewn cartrefi cyffredin, ond oherwydd y statws a roed ar yr 'arswydus swydd' wedi tyfu i fod yn arweinwyr capeli a chymunedau. Roedd y rhelyw ohonynt yn cymryd diddordeb anghyffredin yng ngwleidyddiaeth y Blaid Ryddfrydol, yn wir roedd y capeli yn gyfystyr â'r Blaid Ryddfrydol yng nghyfnod y pregethwyr mawr. Er trafod hynt a helynt y Blaid Ryddfrydol ar eu haelwydydd, eto roedd eu nwyd i bregethu'n bwysicach.[3] Un o'r pregethwyr yng nghategori'r pregethwyr mawr yng nghof Cledwyn Hughes oedd y Parchedig Dr Thomas

Williams, Caergybi a Gwalchmai. Ceir portread ohono gan David Rowlands, Capel Cymraeg Presbyteraidd y Drenewydd:

> Ef oedd y safwr gorau o flaen cynulleidfa a welais i. Safiad derwen ydoedd. Gwyddai sut i ddefnyddio'i ddwylo ac roedd ei wyneb agored yn fynegiant o'i genadwri … tu ôl i'r cwbl a thrwy'r cwbl roedd personoliaeth lydan braf, personoliaeth oedd yn ei hadnewyddu ei hun bob tro y clywech ef, ac yn honno preswyliai sant boneddigaidd.[4]

Yn ei angladd dywedodd y Parchedig H Harris Hughes, 'Pe gofynnid i mi beth yw pregethu, ni phetruswn ateb – ewch i wrando Thomas Williams a chewch wybod'.[5]

Roedd hynny'n wir am nifer eraill megis Philip Jones, Porth-cawl, a ddaeth yr holl ffordd i Langefni yn 1929 i ddweud gair o blaid Megan Lloyd George a'r Blaid Ryddfrydol.

Gweinidog y cafodd Cledwyn Hughes gryn lawer o'i gwmni oedd y Parchedig R R Hughes, gweinidog Ebeneser, Niwbwrch. Yn 1948 symudodd i Gaergybi ac ymaelodi yn Nisgwylfa. Daeth Cledwyn i'r casgliad wedi sgwrsio gyda R R Hughes:

> Os yw pregethu wedi darfod yna mae ymneilltuaeth wedi darfod. Ar hwn y seiliwyd ein henwad ni, a waeth faint y chwiliwn ni am ddulliau newydd i ddenu pobl, waith faint o benderfyniadau baswn ni mewn Cyfarfod Misol a Sasiwn, er mor werthfawr yw'r gweithgareddau yma i gyd, mae dyddiau'r enwad wedi'u rhifo.[6]

Sôn am y duedd y dyddiau hynny a wnâi i droi oedfa bregethu yn oedfa litwrgaidd. Iddo ef nid oedd modd i Ymneilltuaeth gystadlu â'r Eglwys Esgobol, felly roedd Eglwys Bresbyteraidd Cymru yn wynebu dyddiau blin oherwydd diffyg bechgyn talentog yn barod i ystyried llwybr y weinidogaeth.[7]

Roedd ef ei hun yn enghraifft o hynny. Sonia fod mwy o gyfleon eraill, yn y cyfnod wedi'r Ail Ryfel Byd, i fechgyn talentog, yn arbennig erbyn y chwedegau, pan ddaeth y radio a'r teledu i'w denu i'w rhengoedd. Fel y dywed Cledwyn, 'Nid oedd dim ond pregethu amdani ers talwm'.[8] Ond erbyn i Cledwyn Hughes ddod i ystyried ei ddyfodol yn nyddiau'r Brifysgol, penderfynodd wynebu bywyd llwybr y gyfraith a gwleidyddiaeth. Y rheswm a roddodd oedd nad ymdeimlodd â'r alwad, a thrafododd hyn fwy nag unwaith ar y cyfryngau.

Ysgrifennodd Mrs E W Jones, Ty'n y Banc, Llandecwyn, ger Talsarnau, Meirionnydd ato yn 1974, i ddiolch iddo am ei gyfweliad gyda Gwyn Erfyl. Dywed:

> Diolch am eich iaith Gymraeg loyw a naturiol a hefyd am eich cadernid barn heb fod yn haerllug, ond yn fwy na dim am eich gonestrwydd a'ch diffuantrwydd. Gwnaethoch argraff gref iawn pan atebasoch gwestiwn Gwyn Erfyl paham nad aethoch i'r weinidogaeth Eglwysig.[9]

Gellir dadlau iddo fynd i'r Weinidogaeth fel Aelod Seneddol. Dull gweinidog Methodistaidd Calfinaidd go iawn oedd ei ddull, sef bugeilio etholwyr Môn mor gydwybodol ag y medrai, ac yna ar y Sul gwasanaethu fel y câi'r cyfle ym mhulpudau'r capeli, ac mewn cyfarfodydd crefyddol a lled grefyddol. Mewn areithiau o'i eiddo, a gadwyd yn ofalus ganddo, mae cyfeiriadau mynych at arwyr y pulpud: 'Dyma'r arwyr. Peidied neb diystyru'r rhain. Gŵyr mawr yn Israel oedd y rhain. Ac mi roeddem ni'n dysgu'r Gymraeg a phethau mwy na'r Gymraeg wrth wrando arnynt'.[10]

Daeth o dan hud a lledrith y traddodiad a chafodd ei glwyfo yn ystod ei yrfa o weld capeli Cymraeg Caergybi a Môn yn gwacáu, lle bu mynd mawr ar y 'Band of Hope', yr Ysgol Sul a'r Dosbarth Derbyn y cawsai gymaint o fudd ohonynt. Sonia fel y newidiodd yr arwyr o Jubilee Young a Philip Jones i Max Boyce a Ryan Davies. Ac er bod Ryan Davies yn athrylith yn ei fyd, nid oedd Cledwyn Hughes yn un o'i edmygwyr:

> Bûm yn gwrando ar Ryan Davies rai misoedd yn ôl yn yr ardal yma. Chwarae teg, yr oedd yno i gefnogi achos dyngarol, ond roeddwn yn chwysu wrth wrando ar rai o'i sylwadau. Roedd y lle o dan ei sang, a phobl yn talu'n hael am y fraint. Faint tybed oedd yn Hyfrydle a'r Tabernacl a Bethel y bore canlynol?[11]

Roedd Ymneilltuaeth a'r Iaith Gymraeg yn annatod iddo fel y dywedodd o lwyfan Eisteddfod Môn yn 1993, 'Yn Nosbarth Mrs Morris yn Nisgwylfa y dysgais fy ABC. Dyna'r traddodiad. Waeth i ni fod yn onest. Doedd yr iaith ddim mewn perygl pan oedd y capeli'n llawn.

Cofiwch mai nid iaith yn unig yw'r Gymraeg, ond etifeddiaeth fawr y dylem ei thrysori'.[12]

Mewn araith arall tystiodd: 'Byddai colli iaith yr Esgob Morgan, Pantycelyn a Williams Parry, yn golled i wareiddiad, ac nid i'r Cymry yn unig'.[13] Y peth mawr iddo ef oedd fod y Gymraeg yn iaith y werin; y werin a'i cefnogai fel gwleidydd. Iddo ef 'hen werin y graith' oeddent, y werin y canodd beirdd fel Crwys, Cynan, Sarnicol a Niclas y Glais iddynt.[14] O blith y werin hon y tarddodd teulu Cledwyn yn ardal y chwareli, ond er ei folawd cyson i'r werin, eto hoffai ef, fel ei briod, fywyd y plas, a'r pwysigion, gardd Buckingham a rhwysg y mawrion a'r cyfoethogion.[15]

Roedd yn ymwybodol iawn o hyn a gwelir hynny yn ei bortread o'i arwr mawr David Lloyd George:

> Mae Cymro'n byw dau fywyd – un yng nghwmni Saeson, ac fe ddisgwylir iddo fihafio a meddwl fel Sais; a bywyd arall pan mae'n ymlacio i fod yn Gymro. Yr oedd Lloyd George yn un o'r rhain. Oherwydd hyn mae rhai'n dweud ein bod ni'n ddi-dryst. Dydy nhw ddim yn deall.[16]

Dyna daro'r hoelen ar ei phen yn hanes Lloyd George a Cledwyn Hughes. Cymro ydoedd Cledwyn ym mhulpudau capeli Môn, ond Sais wrth gyfarch y cymdeithasau a'r cwmnïau yn eu ciniawa yng ngwestai moethus Llundain a Chaerdydd.[17]

Byddai'r cof a'r atgofion am ei dad a'i ddawn bregethwrol yn ei ddilyn o'r naill gapel, Cymanfa Ganu ac Eisteddfod i'r llall. Ond ni ddigwyddai hynny'n fynych wedi iddo fynd yn gwbl gysurus i blith yr Arglwyddi a'r Arglwyddesau. Cof am ei dad oedd yn llywio'i ymateb i Fonwysyn arall, Syr Wyn Roberts, AS, Ceidwadwr Conwy. Bu eu tadau'n fyfyrwyr diwinyddol, yn ffrindiau oes gan wasanaethu'r un Henaduriaeth am gyfnod hir. Ychwanega 'Rwy'n credu fod gan ein tadau [Parchedigion H D Hughes ac E P Roberts] braidd dipyn haws eu trin na'r rhai y mae ef ac y bûm innau yn eu bugeilio'.[18]

Roedd cymaint yn gyffredin i'r ddau a ddeuai o'r un cefndir. Gallasai Cledwyn fod yn gysurus yn y Blaid Geidwadol erbyn yr wythdegau fel y gallasai Wyn Roberts fod yn ddigon cysurus yn adain dde'r Blaid Lafur. Ond yr hyn a gadwodd y ddau ohonynt wrth eu gwreiddiau oedd y dyhead mawr am ddilyn traed eu tadau ar y Sul, a mynd i bregethu ym Môn a Dyffryn

Conwy i'w hetholwyr Cymraeg newyddion da'r Efengyl Gristnogol. Ni allwn ddychmygu heddiw eu holynwyr Albert Owen na Guto Bebb yn mabwysiadu'r llwybr capelyddol i gyfathrebu â charfan o'u hetholwyr. Gorfodai'r efengyl Cledwyn, fel y cydnabu, i groesi ffiniau a chofleidio lladmeryddion pleidiau eraill.[18]

Yn fuan ar ôl cael ei ethol yn Aelod Seneddol gwahoddwyd ef i annerch Cymdeithasfa'r Gogledd o Eglwys Bresbyteraidd Cymru. 'Yr Eglwys a'r Wladwriaeth Les' oedd testun yr anerchiad ym Mangor yn Sasiwn Hydref 1952.[19] Canmolodd yn ei anerchiad y meddylwyr a'r gwleidyddion a fu'n arloesi'r ffordd, pobl fel Karl Marx, Sydney a Beatrice Webb, Charles Dickens, Thomas Carlyle a Robert Owen. Gofidiai fod yr Eglwys ym Mhrydain a Chymru wedi ymgilio o'r frwydr i wella cyflwr y tlodion a'r difreintiedig. Credai llawer o'r diwinyddion Cymraeg, fel y gwnâi proffwydi'r Hen Destament, fod pobl yn dlawd oherwydd eu diffygion a'u methiant eu hunain. Soniodd fod yr Eglwys yn lle bod 'yn utgorn ac yn fflangell', wedi methu creu cymdeithas deilwng o Grist. Cadw'r capeli ac eglwysi i'r mawrion oedd y nod yn y bedwaredd ganrif ar bymtheg i'r Calfiniaid a lwyddai fel siopwyr, perchnogion y chwareli, y pyllau glo, a'r diwydiannau trwm. Credai fod Daniel Owen, wrth greu cymeriad o'r Undebwr, Bob, yn y nofel *Rhys Lewis* wedi darlunio'n gryno'r rhyfel dosbarth ym maes glo'r gogledd. Beirniadodd agweddau Ymneilltuaeth y gorffennol am fod mor elyniaethus i unrhyw symudiad cymdeithasol. Bu'r Methodistiaid Calfinaidd Cymraeg yn reit fodlon ar y drefn gymdeithasol ar hyd y cenedlaethau.

Nid oedd hynny'n wir am rai o'r enwadau Ymneilltuol ac anghofiodd y gwleidydd sôn am hynny. Canodd Rees Jones, Pwll-ffien (Talgarreg), Undodwr cadarn, bennill sy'n crynhoi y radicaliaeth oedd yn dal i gyffroi ym 1832, blwyddyn diwygio'r system bleidleisio:

Ni feiddia un llywodraeth,
Cynn bo'n hir,
Roi Trethi ar wybodaeth, cynn bo'n hir,
Er cymaint yw gwrthnebrwydd
Gwŷr mawr, cânt gyflawn sicrwydd
Os bydd yn angenrheidrwydd,
Mai trech yw Gwlad nag
Arglwydd, cynn bo'n hir.[20]

Cydnabu gyflwr y gweision ffermydd ym Môn, arweiniad Ap Ffarmwr o ardal Dwyran fel Undebwr Llafur, a diffyg cefnogaeth gwŷr mawr y capeli fel Dr John Williams, Brynsiencyn. Collodd y capeli eu gafael ar y dosbarth gweithiol ym Môn, y dosbarth roedd ef yn gyfarwydd â hwy ym mhorthladd Môn a thai cyngor pentrefi'r Sir. 'Mudiad i'r Dosbarth Canol yw'r Eglwys. Dyna pam ein bod yn lleihau'n beryglus. Dosbarth y teuluoedd bychain, y dosbarth sy'n tueddu i Seisnigeiddio yw'r dosbarth canol'.[21] Ei apêl rymus oedd i'r Eglwys Ymneilltuol groesawu â dwylo agored y Wladwriaeth Les. Ni welai ddim yn anghydnaws yn y Wladwriaeth Les â dysgeidiaeth yr Arglwydd Iesu ei hun yn y Gwynfydau. Iddo ef, fel capelwr pybyr, roedd y Wladwriaeth Les yn seiliedig ar egwyddor o'r Ysgrythur, sef 'dygwch feichiau eich gilydd'. I Cledwyn Hughes roedd y Wladwriaeth Les wedi rhoddi urddas i'r werin gyffredin. 'Mae'r agendor mawr, anghristion, rhwng cyfoeth mawr a thlodi mawr, bron wedi diflannu, ac mae llaweroedd wedi cael y cyfle i fyw bywyd llawnach – cyfle nad oedd yn bosibl i'w rhieni'.[22]

Roedd yn rhy optimistaidd, ond gellid maddau iddo gan ei fod ef bellach wedi llwyddo i ennill sedd yn lliwiau y Blaid Lafur ac yn fflyrtian gyda disgyblion Aneurin Bevan. Mae'n amlwg y gwelai Sosialaeth a Christnogaeth yn mynd law yn llaw: 'Ac fel crwsâd crefyddol yr edrychodd dynion fel Keir Hardie a George Lansbury ar y mudiad i ddod â threfn decach i rym. Nid damcaniaeth oer a'u symbylodd hwy, ond cariad at eu cyd-ddynion'.[23] Dyna ddiffiniad perffaith o safbwynt personol Cledwyn Hughes ei hun. Roedd y capel a'r Blaid Lafur yn hanfodol i'w fywyd, a theimlai'n gryf fod gan yr eglwys fel corff Crist ddyletswydd i gefnogi'r drefn newydd, ond heb anghofio ei phriod waith, sef pregethu efengyl Iesu Grist, a phregethu am hanfodion Teyrnas Dduw, y Deyrnas, yn ei olwg ef, sy'n codi uwchben cyfundrefnau cymdeithasol, da neu ddrwg, fel ei gilydd.

Nid oedd yn ddigon naïf i gredu fod yna feddyginiaeth i bob clwy yn y Wladwriaeth Les. Ond o leiaf roedd darpariaeth ar gael o'r crud i'r bedd, noddfa yn y dyddiau anodd, ysbytai a meddygon at wasanaeth y claf, a hynny heb orfod talu amdano wrth ei dderbyn. Pwysleisiodd na 'fedr y Wladwriaeth orau' wneud dim i'r enaid briwedig. 'Yr Eglwys sydd i gynnig tangnefedd. Gwaith yr Eglwys Gristnogol yw magu dinasyddion da yn ystyr lawnaf y Gair. Dynion fel Albert Schweitzer sy'n awyddus i roi mwy nag a dderbyniasant'.[24]

Cymundeb rhwng Iesu Grist a'i bobl yw hanfod yr eglwys leol; 'Rhywbeth darfodedig yw'r Wladwriaeth berffeithiaf. Rhywbeth i barhau'n dragwyddol yw'r Deyrnas'.[25] Braint yr Eglwys yw cyhoeddi ar bob cyfle y newyddion da, bod Duw yn achub drwy Iesu Grist ac yn gweddnewid y pechaduriaid yn ddynion newydd. Dangosodd y gwahaniaeth rhwng y gwleidydd a'r efengylydd, 'Mi fedrwn ni roi baglau i'r cloff, [hynny yw y Wladwriaeth Les], ond mi fedrwch chwi [yr Eglwys] ddweud 'Yn enw Iesu o Nasareth, cyfod a rhodia'. Dyna'r gwahaniaeth.'[26]

Daeth ei anerchiad i ben gyda'r gwleidydd yn dyfynnu emyn y Parchedig W Pari Huws (1853-1936):

Arglwydd Iesu, llanw d'Eglwys
Â'th Lân Ysbryd di dy hun
Fel y gwasanaetho'r nefoedd
Drwy roi'i llaw i achub dyn:
Dysg i'w llygaid allu canfod,
Dan drueni dyn, ei fri;
Dysg i'w dwylo estyn iddo
Win ac olew Calfari.[27]

Plediodd mab y Mans, fel ei dad, gyfuniad o'r efengylaidd a'r cymdeithasol, lled sosialaidd.

Ymhlith ei bapurau ceir toreth o'i bregethau wedi'u cadw'n ofalus. Ni ddibynnai ar ei gof, ond yn hytrach ar ei gardiau. Teipiai'r testun, y rhagymadrodd, a'r adrannau yn y dull Presbyteraidd oedd mor gyfarwydd iddo. Mae'n amlwg fod y cyfle i bregethu yn bwysig dros ben iddo. Dywedodd Elystan Morgan yn ei atgofion:

Lawer nos Iau, cyn dychwelyd i Gymru, caem seiat gyda'n gilydd yn y Tŷ. Dechreuai'r drafodaeth, gyda Cledwyn yn dweud wrthyf ei destun yn Llythyr Paul at y Colosiaid, y bedwaredd bennod, a'r ail adnod. Cawn grynodeb o'i bregeth y Sul canlynol. Teimlwn fod llunio a thraddodi pregeth yn rhywbeth pwysicach iddo'n aml na dal swyddi fel Ysgrifennydd Gwladol Cymru neu'n Weinidog Amaeth.[28]

Cofiaf innau'n dda y gwewyr yn ei enaid pan glywodd fod ei weinidog, y Parch. Gwynfryn Evans, wedi derbyn galwad i fugeilio eglwysi Llanallgo, Brynrefail a'r Benllech. Roeddwn wedi galw i ofyn iddo ddarllen fy nheipysgrif ar Mahatma Gandhi, Pensaer yr India. Er ei fod yn weinidog Amaeth, gwnaeth y gymwynas a pharatoi cyflwyniad hyfryd i'r gyfrol yn Awst 1969. Trwy'r cyflwyniad cawn gipolwg ar y pregethwr o dan gochl Gweinidog Amaeth ar ei orau:

> Nid oedd yn Gristion proffesedig, ond anodd peidio credu nad oedd yn 'llestr
> etholedig' i Dduw; un o'i orchmynion pennaf i'w ddisgyblion oedd iddynt gasáu
> pechod, ond nid y pechadur. Dyma hanfodion Cristnogaeth ymarferol, onide? Ac
> yr oedd y Testament Newydd wrth law ganddo'n feunyddiol.[29]

A chofio beth yw'r farn gyffredin am gyfreithwyr, mae'n gysur meddwl fod Duw yn gallu ymaflyd mewn cyfreithiwr a'i ddefnyddio i'w ddibenion tragwyddol ei Hun.[30]

Mae hynny'n wir, nid yn unig am Gandhi, ond am Cledwyn Hughes hefyd yn sicr. Roedd Cledwyn Hughes yn olau yn ei Feibl a'r adnodau bob amser yn obaith iddo. 'Dyn tebyg i Grist oedd Gandhi, un o wir fawrion yr oesau. Roedd y Bregeth ar y Mynydd yn rhan o'i gredo. Yr wyf newydd adrodd y gwynfydau wrthyf fy hun ac nid oes amheuaeth nad yw Gandhi'n ffitio pob un ohonynt'.[31]

Cefais alwadau ffôn yn 1970 yn gofyn a wyddwn am weinidog a fyddai'n medru setlo yn Disgwylfa. Cofiaf yn dda imi awgrymu enw Gwilym Ceiriog Evans iddo, myfyriwr yn y Coleg Diwinyddol, fel yr union fugail. Gwireddwyd fy awgrym ac yn 1971 dechreuodd Gwilym Ceiriog Evans ar ei weinidogaeth yng Nghaergybi.

Wrth ddarllen ei bregethau fe welir patrwm pendant yn y modd y cyfansoddai. Rhoddai yn ei ragymadrodd ffeithiau cofiadwy o gefndir yr hanes ac yna byddai'n gwau ei neges, gan ddyfynnu'n aml enwau adnabyddus o hanes Cymru, a chynnwys pennill o emyn i gloi ei neges. Weithiau byddai'n dewis testun hawdd ei gofio, megis yn nhymor yr Adfent, 'yn nyddiau Herod Frenin' (Mathew: 2:1).[32] Disgrifiodd Herod fel un oedd 'ganddo'r enw o fod yn greulon mewn oes greulon'. Un a chanddo obsesiwn i gadw'r Goron a'i ofn o golli'r orsedd. Tanlinellodd ei greulondeb drwy ladd tri o'i feibion. Caiff y Doethion sylw wedyn gan awgrymu eu bod hwy ar y ffordd newydd, 'Mae pawb sy'n derbyn Iesu Grist ar eu ffordd gartref. Gwaith Herodiaid y byd yw alltudio'r efengyl'. Dyfynnodd ddywediad optimistaidd yr athronydd Syr Henry Jones, 'The Universe is homeward bound'. Credai Syr Henry fod y 'byd yn raddol ildio i ddylanwad yr Efengyl'.[33] Soniodd i Lenin a'i gymrodyr ar ôl chwyldro 1917 yn Rwsia benderfynu gwahardd crefydd. Ond, ni fedrodd merch Stalin fyw ei bywyd heb yr Efengyl. Gwelai mai Rhagluniaeth oedd hyn. Daw uchafbwynt y bregeth drwy emyn godidog David Charles, mai 'Rhagluniaeth fawr y nef' sy'n arddangos y gallu diwinyddol.[34]

Mewn pregeth arbennig arall o Efengyl Ioan, 12: 20-24, sonnir am nifer o bobl o wlad Groeg yn dod i Jerwsalem adeg yr ŵyl i weld yr Iesu.[35] Trafodir dau wareiddiad ganddo, un yn cynrychioli Athen a'r llall Jerwsalem. Defnyddia'i ddychymyg wrth awgrymu fod y Groegwyr am ei wahodd i Athen. Gwrthododd y gwahoddiad am fod ganddo gyfrifoldeb arall i'w gyflawni. Nid oeddynt yn deall fod Mab Duw yn wynebu'r Groes. Dywed wrthynt, 'Yn wir, gellir rhesymu o blaid y drwg yn gymaint ac o blaid y da'.[36] Esbonia mai'r unig ffordd o ddelio â phechod yw ei arddangos yn ei holl hagrwch. Dyna yw'r Groes, sef 'holl harddwch sancteiddrwydd Duwdod mewn personoliaeth ddynol, yr harddaf a welodd y byd erioed'. Yna cawn bennill o emyn ei arwr, y Pêr Ganiedydd:

Os edrych wnaf i'r dwyrain draw,
Os edrych wnaf i'r de,
Ymhlith a fu, neu ynteu ddaw,
Does debyg iddo Fe.[37]

Ceir pregeth ganddo ar un o'r Salmau mwyaf cyfarwydd, sef Salm 23, 'Yr Arglwydd yw fy Mugail.' Mae'n atgoffa'i wrandawyr fod awdur y Salm yn fardd eneiniedig. Gofynna'r cwestiwn: 'Beth sy'n gosod bardd ar wahân i'r gweddill ohonom?' A'r ateb 'Y gallu i gyfleu profiadau mawr mewn geiriau dethol a'u gwneud yn brofiadau inni.'[38]

Cawn ganddo ymdriniaeth ar y Bugail fel arweinydd a chyfaill, gan ganolbwyntio ar Dduw y Bugail. Er syndod dyfynna frawddeg o eiddo Aneurin Bevan 'There is a mystery at the heart of things'. Dim ond yn achlysurol iawn y gwnâi hynny, gan mai dyfynnu'r emynwyr y byddai gan amlaf – mwy derbyniol i werin y capeli gwledig.[39]

Mewn cyfweliad gydag Ednyfed Hudson Davies cawn wybod pa un yw ei hoff emyn, sef emyn Watcyn Wyn:

> 'Rwy'n gweld o bell y dydd yn dod
> Bydd pob cyfandir is y rhod
> Yn eiddo Iesu mawr;
> A holl ynysoedd maith y môr
> Yn cyd-ddyrchafu mawl yr Iôr
> Dros wyneb daear lawr.
>
> Mae teg oleuni blaen y wawr
> O wlad i wlad yn dweud yn awr
> Fod bore ddydd gerllaw;
> Mae pen y bryniau'n llawenhau
> Wrth weld yr haul yn agosáu
> A'r nos yn cilio draw.[40]

Gellir deall pam y dewisodd hwn fel ei hoff emyn. Bu'r emynydd yn löwr, a hefyd bu yng ngofal Ysgol Gwynfryn yn Rhydaman a fagodd lu o sosialwyr. Fe'i lluniodd i nodi dadorchuddio cofgolofn i'r heddychwr a'r gwleidydd, Henry Richard, yn Nhregaron. Esbonia Cledwyn ei apêl, 'Am ei fod o'n emyn gwleidyddol yn ogystal â chrefyddol. Fyddai neb byth yn Sir Fôn yn canu'r *Red Flag* ar ddiwedd cyfarfod gwleidyddol – 'Rwy'n gweld o bell' a genid'.[41] Dywedodd Ednyfed Hudson Davies ar derfyn ei gyfweliad mai hynodrwydd Cledwyn Hughes yw 'fod Cymreigrwydd, Sosialaeth, crefydd, diwylliant, iaith a gwleidyddiaeth yn ymblethu i'w gilydd'.[42]

Roedd gan Cledwyn Hughes y parch mwyaf at weinidogion a phregethwyr. Pan ddeuai gweinidog newydd i ofalaeth ym Môn, byddai Cledwyn Hughes yn galw i'w croesawu i'r Sir. Digwyddodd hyn pan symudodd y Parchedig Emlyn Richards i Ael-y-bryn yng Nghemaes yn 1962. Galwodd yr Aelod Seneddol arno a gwyddai o'i gopi o'r cylchgrawn *Aneurin* fod y bugail newydd yn arddel Sosialaeth. Ar ddiwedd yr ymweliad gwahoddodd ef i ddod i'w helpu i ganfasio yng Nghaergybi:

'Ym mhle y cawn ni gwrdd?' meddai Gweinidog Bethesda.

'O,' meddai'r gwleidydd, 'ger y Cenotaph am ddau o'r gloch.'

Dyna fu. Yn ôl Emlyn, arweiniodd Cledwyn ef i fyny'r stryd fawr, a'i gyflwyno i hwn a'r llall fel 'Gweinidog newydd Cemaes' trwy'r prynhawn.

Ar ôl mynd i Dŷ'r Arglwyddi cafodd gyfle i ddod i adnabod ac edmygu llu o arweinwyr yr Eglwys Anglicanaidd, Archesgobion ac Esgobion. Canmolai'n fawr safiad yr Esgob David Sheppard o Esgobaeth Lerpwl, gan ddweud 'ei fod yn defnyddio Tŷ'r Arglwyddi fel pulpud i gymell y Llywodraeth Dorïaidd i wneud mwy dros y di-waith'.[43]

Siaradai Cledwyn yn gyson am anghenion y tlodion yn y trydydd byd. Mewn gwasanaeth Undebol yng nghapel y Tabernacl, Caergybi, ym Mai 1980, bu'n trafod Angen y Byd Cyfoes a chyhoeddwyd y neges yn y cylchgrawn *Seren Gomer* gan y Parchedig J Rice Rowlands. Ceir dadansoddiad gwerthfawr ar Adroddiad Brandt:

Mae yma orchymyn pendant inni godi o'n diogi corfforol ac ysbrydol ac o'n plwyfoldeb, a meddwl am fyd y tu hwnt i'n byd bach ni ein hunain. 'Ewch i'r hollfyd…' Ac mae pregethu'r Efengyl yn golygu byw yr Efengyl.[44]

Gwnaeth amddiffyniad o gyfraniad Cristnogaeth i wledydd y byd a hynny mewn oes pan fyddai haneswyr yn beirniadu'n llym yr hyn a gyflawnwyd. 'Lle bynnag yr aeth cenhadon, agorwyd ysgolion, sefydlwyd colegau ac ysbytai a chododd safon bywyd i'r bobl.'[45]

Cyfeiriai'n gyson at gyfraniad gweinidogion yr Efengyl i fywyd Cymru. Mewn cyfweliad gyda Tudur Huws Jones yn 1991, i *Herald Môn*, soniodd am gyfraniad gweinidogion yr Eglwys Fethodistaidd yng ngogledd Cymru, barwniaid y pulpud Cymraeg, Dr Tecwyn Evans, John Roger Jones a John Pugh Jones. Galwodd John Pugh Jones yn 'areithiwr huawdl a thanllyd'. Cofiai John Pugh Jones mewn angladd yng Nghaergybi yn pwyntio ei fys at yr arch ger y sêt fawr, ac yn dweud: 'Dyn ofnadwy fyddai _ _ _ oni bai i ras Duw ymaflyd ynddo.'[46]

Dymuniad Cledwyn yn nechrau'r nawdegau oedd gweld sêl genhadol yn 'ailafael ynom ni', ac mai 'gwŷr o argyhoeddiad diysgog yw angen pennaf cenedl y Cymry… dyna sy'n tynnu a chadw cynulleidfa o addolwyr yng nghapeli'r wlad.'[47] Dyn o argyhoeddiad diysgog oedd ei dad, gŵr a ofidiai mewn Cyfarfod Misol yn Llangristiolus yn Nhachwedd 1944 fod y 'pwyslais ar bregethu wedi lleihau yn y Cyfundeb'. Yn 2017, byddai'n dristach fyth. Poen y Parchedig H D Hughes yn 1944 oedd fod y 'Cyfundeb yn magu mwy o bwyllgorwyr na phregethwyr.' [48] Mae gan yr enwad ddigon o bwyllgorwyr yn 2017, ond dim ond 43 o weinidogion llawn amser. Roedd yr Arglwydd Cledwyn yn hysbyseb dda i'r ffydd Gristnogol. Gŵr tangnefeddus ydoedd. Heddwch personol oedd ei gryfder fel unigolyn, ac roedd yn gymodwr o'i gorun i'w sawdl. Penarglwyddiaeth Duw, daioni'r Iesu a llawenydd yr Efengyl oedd yn bwysig iddo. Iddo ef roedd ei berthynas bersonol gyda'r Iesu yn gwbl hanfodol. Rhodd yr Anfeidrol oedd ei dangnefedd a'i anwyldeb heintus. Roedd Crist yn agos i'w galon ar daith bywyd. Gallai ddweud:

> Ond goleuni Crist a ddwg
> Ryddid i bob dyn a'i myn.

Cloriannu Cledwyn

Gwleidydd hoffus oedd Cledwyn yn bennaf, un a oedd am wasanaethu'i filltir sgwâr, ei dref enedigol a'r ynys a garai'n angerddol. Nid oes tystiolaeth o gwbl iddo feddwl am yrfa wleidyddol mewn etholaeth arall. Fel James Griffiths, gwleidydd un etholaeth ydoedd Cledwyn Hughes a honno'n etholaeth ei febyd. Ei dad a Chaergybi a'i gwnaeth yr hyn ydoedd. Dyn byr, chwim ei feddwl, penderfynol ei ffyrdd a phregethwr o'r radd flaenaf oedd ei dad, y Parchedig Harry David Hughes. Gŵr, yn ôl ei fab, a gyfunai yn ei weinidogaeth ysbrydolrwydd yr efengyl a gwleidyddiaeth y Blaid Ryddfrydol.[1] Cyfareddwyd Cledwyn gan David Lloyd George a ymwelai, yn ei dro, â Mans Disgwylfa.[2] Yn ei dyb ef, Lloyd George oedd y Prif Weinidog mwyaf a welsai'r Deyrnas Unedig.[3] Gan ei dad y cafodd y cefndir gwleidyddol ond, ei fam, Emily Hughes, a roddodd iddo'r amynedd i ddelio â phobl anodd, a fedrai fod yn niwsans. Roedd hi'n gyfuniad o dynerwch, addfwynder a charedigrwydd, yn nodweddiadol o wraig y Mans.[4]

Yn y mudiad ymneilltuol, roedd elfen gref o brotest, wrth wynebu Torïaeth, llywodraethau adweithiol, y sgweiar ac Anglicaniaeth. Bu Datgysylltiad yr Eglwys Esgobol yn frwydr gecrus a bu'r atgasedd at Babyddiaeth o bulpud a festri yn smotyn diflas ar y mudiad.[5] Fel y cydnabu Cledwyn Hughes ar y radio, dysgodd ei holl sgiliau gwleidyddol llwyddiannus wrth wylio'i dad yn bugeilio ac arwain aelodau Capel Disgwylfa, London Road, yn y dauddegau a'r tridegau.[6] Y peth pwysig oedd parchu'r gynulleidfa, eu bugeilio'n ofalus, cymryd diddordeb yn eu problemau, dysgu gwrando ar eu hofnau a'u hanawsterau, a bod yn sensitif ac ymarferol. Roedd yng Nghapel Disgwylfa nifer ardderchog o flaenoriaid fel Robert Williams, 69 London Road, a fu'n ysgrifennydd ymroddgar ac arweinydd y gân. Ymddiddorai ym mhob agwedd o'r eglwys, ac fel plentyn ysgol edrychai Cledwyn gydag edmygedd ato ef a'r wyth blaenor arall a gynorthwyai ei dad.[7]

Dylanwad mawr arall arno oedd sefyllfa economaidd Caergybi, gyda deg y cant yn ddi-waith.[8] Gwnaeth ei rieni ymateb i'r sefyllfa enbyd, fel aml i gapel arall yng Nghaergybi, drwy sefydlu ceginau cawl i'r werin bobl. Gwelodd y mab â'i lygaid ei hun y niwed i blant y dosbarth gweithiol. Derbyniai pobl y capeli arweiniad y Rhyddfrydwyr a phobl Llafur fel Henry Jones, Trysorydd Capel Presbyteraidd Gymraeg Armenia.[9] Ehangodd y digwyddiad ym Mhenyberth yn 1937 yr apêl ymysg capelwyr at Blaid Cymru, a goleddai heddychiaeth, a bu bron iddi â denu Cledwyn Hughes i dalu aelodaeth. Gallai Cledwyn Hughes eilio Saunders Lewis mai'r gweinidogion Methodistiaid Calfinaidd oedd 'fy athrawon yn y diwylliant Cymraeg'.[10]

Magodd Calfiniaeth 'arweinwyr ym mhethau'r ysbryd a phethau'r meddwl' a daeth Cledwyn Hughes yn drwm dan ddylanwad Ymneilltuaeth.[11] Gwelodd Cledwyn Hughes yn ei lencyndod fod cydymdeimlad â'r rhai a ddioddefai ormes a thlodi ac â'r rhai a gâi eu hecsploetio yn arwain pobl ddeallus at gefnogi'r Blaid Lafur. Roedd cymaint yn gyffredin yn Rhyddfrydiaeth David Lloyd George a'i ferch, Megan, â'r Blaid Lafur. Gwleidyddiaeth gwrthryfel a fu gan y Cymry o'r adeg y cawsant y bleidlais. Coleddent y pleidiau a arddelai hynny, fel y Rhyddfrydwyr yn oes Tom Ellis a Lloyd George, y Blaid Gomiwnyddol yn arbennig yn y Rhondda Fach, eraill yn ffafrio Plaid Cymru ond y mwyafrif erbyn 1945 yn ffafrio'r Blaid Lafur.[12] Methodd Cledwyn ymddihatru am flynyddoedd o afael Rhyddfrydiaeth ac yn y coleg yn Aberystwyth daeth yn 'Brif Ddyn' y Blaid Ryddfrydol. Da y dywedodd Alan Butt Philip am y Blaid Ryddfrydol yn y tridegau:

> Liberalism was still as Welsh as Wales itself, and was active at student level, where Cledwyn Hughes began his political career as a Liberal, and in the constituencies, as late as 1939 there were over a hundred local Women's Liberal Associations...[13]

Pan ddychwelodd Cledwyn o'r coleg i Gaergybi roedd amgylchiadau tref ei febyd yn ei boeni. Roedd yna ddioddefaint mawr – tlodi, afiechydon fel dicáu a chonsýrn beunyddiol yn y Mans am y sefyllfa. Taniwyd ef gan yr awydd i wasanaethu ei gymdeithas a'r dewis anorfod oedd rhwng y Weinidogaeth Gristnogol neu wleidyddiaeth plaid. Gallai fod yn wleidyddol fel gweinidog. Roedd y cartref yn fagwrfa i'w ddiddordeb mewn gwleidyddiaeth ac âi ei dad ag ef i bob cyfarfod cyhoeddus, yn arbennig pan fyddai siaradwr fel George M Ll Davies, arweinydd Cymdeithas y Cymod a heddychwyr Cymru, yn areithio.

Gofynnodd y Parchedig J O Jones, Gweinidog Armenia, iddo yn blwmp ac yn blaen, pan oedd ar fin gadael am Aberystwyth, 'Ydach chi wedi meddwl am y Weinidogaeth?'

Byrdwn Hyfreithon, y Parchedig J Owen Jones, oedd mai nid swydd naw tan bump ydoedd ond galwad ddydd a nos, ar drugaredd y dioddefwyr a'r galarus a'r anghenus. 'Os na ellwch wneud dim arall yna yr ydych ar y ffordd iawn.'[14] Er ei fod yn grediniwr diolchgar ac yn mwynhau'n fawr eistedd yn sedd y teulu yng nghapel Disgwylfa, nid oedd am ddilyn ei dad na'i ddau gefnder i'r Weinidogaeth Bresbyteraidd.[15]

Caergybi oedd yn ei boeni. Yn y porthladd hwn roedd diweithdra enbyd a sylweddolai mai'r unig ddwy Blaid a fedrai newid y sefyllfa oedd y Ceidwadwyr neu'r Blaid Lafur. Felly'r Blaid Lafur oedd yr unig ddewis os oedd ef am newid amgylchiadau gwerin Môn. Ond, roedd yn awyddus i uno Llafuriaeth â Chymru a hybu gweledigaeth Cymru Fydd y Rhyddfrydwr ifanc a oedd wedi tanio ei dad, a'r arwyr Lloyd George a Tom Ellis. Roedd am newid y gyfundrefn yn llwyr a'i uchelgais o'i 'dröedigaeth wleidyddol' oedd newid y gyfundrefn Brydeinig o fewn Cymru ei wlad a Chymru ei genedl.[16] Roedd am arwain ymgyrch a fyddai'n rhoddi tân ym mol y bobl ac am fod yn addurn i Ymneilltuaeth Gymraeg. Ni all haneswyr ddirnad yn llawn yr athroniaeth a ysbrydolai Cledwyn Hughes, sef yr iaith Gymraeg, bywyd capeli, eisteddfodau, llenyddiaeth, pregethu a chymanfaoedd. Coleddai'r achosion Rhyddfrydol a Chenedlaethol gan impio sosialaeth Gristnogol arnynt, sef bodolaeth Duw, brawdgarwch a chwaergarwch yng Nghrist Iesu.[17] Deilliai ei ymateb i argyhoeddiadau brawdgarwch Cristnogol o'i barch aruthrol at unigolyn, gan wrthwynebu gormes fel apartheid. Ni fu'n ddedwydd gyda'r trawsffurfiant gwleidyddol a ddigwyddodd yn ystod ei oes fel gwleidydd. Gwelodd y Prydeindod Rhyddfrydig Ymneilltuol yn ildio i Brydeindod seciwlar sosialaidd. Gwrthryfelodd am ei fod am weld Prydeindod yn cydnabod Cymreictod. Sylweddolodd nad oedd gan sosialwyr y chwith nemor ddim diddordeb yng Nghymru fel gwlad a oedd yn gartref i genedl yn meddu ar iaith a hen ddiwylliant cyfoethog.[18] Eithriadau oedd rhai o sosialwyr y chwith o gymoedd Morgannwg a Mynwy y medrai fod yn gartrefol yn eu cwmni: Aneurin Bevan, S O Davies a'r Parchedig Llywelyn Williams. Medrai Bevan fod yn Gymreigaidd iawn. Cofier mai ef a ddywedodd yn Hydref 1944, 'Wales has a special individuality, a special culture and special claims … I think there is an argument for considerable devolution of government.'[19]

Daeth Aneurin Bevan yn un o'i hoff wleidyddion o fewn y Blaid wedi iddo ymaelodi â changen Caergybi yn 1938 a chael swydd am oes mewn swyddfa cyfreithiwr. Torrwyd ar ei gynlluniau gan yr Ail Ryfel Byd er nad oedd ganddo wrthwynebiad i'r Rhyfel ac nid ystyriodd ddilyn llwybr y gwrthwynebydd cydwybodol er iddo glywed yr heddychwr, George M Ll Davies yn galw ar bobl i ymaelodi yng Nghymdeithas y Cymod. Yn 1940 gwasanaethodd yn y Llu Awyr, gan gyflawni tasgau yn gweinyddu'r gyfraith a galwadau cudd. Cafodd ei ddyrchafu drwy'r rhengoedd ac am gyfnod bu'n *adjutant* ym maes awyr Llandwrog, ger Caernarfon.[20]

Daeth i gysylltiad â bechgyn o bob rhan o Brydain ac o gartrefi llawer tlotach nag ef a mwynhaodd y cymdeithasu a'r cydweithio. Dyheai am well byd ac yn 1944, cysylltodd â Cliff Protheroe yng Nghaerdydd i'w hysbysu ei fod yn barod i sefyll dros Lafur yn sir ei febyd. Bu'n ffodus bod Goronwy Roberts wedi cytuno i ganolbwyntio ar Arfon.[21] Y drafferth fwyaf oedd cael ei dad i gytuno â'i benderfyniad i herio Megan Lloyd George. Gŵr ifanc 29 oed yn lifrai'r Llu Awyr yn ymgodymu ag Aelod Seneddol dawnus oedd yno ers un mlynedd ar bymtheg. Profiad da iddo er nad oedd ganddo unrhyw obaith cipio'r sedd.

Roedd gan Megan Lloyd George bersonoliaeth garismataidd ac roedd yn huawdl ac yn sefyll ar raglen uchelgeisiol Beveridge.[22] Ei chenadwri, genedigaeth y Wladwriaeth Les. Roedd ganddi record o hybu ffatrïoedd a chwmnïau i setlo mewn trefi fel Biwmares a Chaergybi a chael maes awyr yn y Fali.[23] Ymfalchïai'r Rhyddfrydwyr yn ei pheiriant gwleidyddol ac mewn asiant o'r radd flaenaf.[24] Byddai'r pleidleisiau Ceidwadol yn mynd i Megan Lloyd George gan nad oedd ganddynt ymgeisydd. Roedd y Blaid Lafur mewn gwrthgyferbyniad yn gwbl amaturaidd yn rhoi'r pwysau ar yr ymgeisydd.

Mynnodd Cledwyn Hughes atgoffa'r wasg a'r etholwyr mai o gyff Rhyddfrydol y deuai yntau.[25] Ni allai'r Rhyddfrydwyr fyth ffurfio Llywodraeth, yr unig Blaid a fedrai oedd y Blaid Lafur. Yn wahanol i arweinwyr Llafur, roedd yntau fel Megan Lloyd George am weld Cymru'n meddu ar y breintiau a bregethid gan Gymru Fydd.[26] Gwnaeth Herbert Morrison, taid Peter Mandelson, ddrwg mawr i ymgyrch Cledwyn. Daeth i Landudno ar 16 Mehefin 1945 ac yn gwbl ddi-sail dywedodd, 'If you have a Secretary of State for Wales, I am afraid your quality of administration might be lower than that of England'.[27] Ei feddyginiaeth ef oedd sicrhau swyddogion Cymreig ymhob Adran o'r Llywodraeth. Cythruddwyd yr *Holyhead and Anglesey Mail,* gan ofyn yn naturiol, 'Is that the view of the Labour candidates in Wales'? Cymharwch hyn â safbwynt Megan Lloyd George.[28] Dangosodd Cledwyn fod ganddo hyder ac egni ac er i Megan Lloyd George ddal ei gafael, gwnaeth y sedd yn fwy ymylol. Yn Awst 1945, dadansoddodd Cledwyn Hughes y canlyniad yn fanwl mewn llythyr at ffrind iddo, Ben G Jones, cyn-fyfyriwr yn Aberystwyth a Rhyddfrydwr tanbaid.[29]

Cafodd beth siom yn y cyfrif gan mai ef oedd ar y blaen wedi cyfrif y saith mil o bleidleisiau cyntaf.[30] Ond teimlai'n hapus dros ben, gan ei fod yn ceisio ennill sedd yn erbyn Aelod Seneddol profiadol, poblogaidd mewn sir a fu'n gadarnle i'r Blaid Ryddfrydol. Sylweddolai hefyd fod pedair i bum mil o Doriaid ym Môn, bod y rhelyw o'r rhain wedi pleidleisio dros Megan ac wedi rhoddi benthyg ugain o foduron iddi gan sicrhau cyfanswm o 175 o foduron i'r Rhyddfrydwyr. Cydnabu wrth Ben G Jones fod ymgyrch Llafur yn amaturaidd, yntau yn ifanc a dibrofiad yn y mudiad Llafur a bod y Blaid Lafur yn Llundain a Chaerdydd wedi anghofio'n llwyr amdano.[31] Roedd peirianwaith y Blaid Lafur ym Môn yn gwbl anobeithiol a bu'n rhaid i'r asiant ac yntau ysgwyddo llawer iawn o'r baich. Ond ni wnaeth ddigalonni. Credai'n ddiffuant fod modd ennill Môn a throi'r ynys yn sedd ddiogel. Pe bai wedi ennill, 'byddwn wedi bod yn un o'r 300 yn y meinciau cefn, pob un yn awyddus i wneud enw iddo'i hun a phob un yn cael ond ychydig o gyfle'.[32]

Disgwyliai'r Llu Awyr am ei wasanaeth fel na fedrai fynd i'r Eisteddfod Genedlaethol y flwyddyn honno. Ar ôl gadael y Llu Awyr, aeth yn ôl i'w waith a'i gyfrifoldebau fel cyfreithiwr. Safodd yn sedd Kingsland Caergybi ar Gyngor Môn a daeth yn Glerc rhan-amser Cyngor Dosbarth Caergybi.[33]

Taflodd ei hun i fywyd Caergybi – capel, Cymdeithas Gymraeg, Clwb Cymry Fydd a'r Clwb Rotari, a phob sefydliad yn disgwyl iddo roi o'i orau. Daeth i adnabod arweinwyr Llafur gogledd Cymru a dod o dan ddylanwad y pwysicaf ohonynt, Huw T Edwards.

Cyhoeddodd Ddatganiad i'r Wasg yn 1948 yn croesawu Megan Lloyd George i ymuno â'r Blaid Lafur ond gan ddatgan y byddai ef, os byw ac iach, yn barod i sefyll yn lliwiau Llafur mewn Etholiad Cyffredinol.[34] Bu ei rieni farw yn 1946 a 1947 ac yn 1949 priododd Jean Beatrice Hughes. Bu ymgyrch 1950 yn un digon digyffro, ond gwnaeth Megan yn fawr o'i chyfle. Condemniodd Sosialaeth fel cred a oedd ar drai, a phwysleisio mai ei thad oedd sylfaenydd y Wladwriaeth Les.[35] Y tro hwn roedd Cledwyn Hughes yn llawer mwy profiadol, y peiriant Llafur wedi'i adnewyddu ac roedd gan y Ceidwadwyr ymgeisydd. Ond, cafodd Megan Lloyd George fuddugoliaeth aruthrol. Hi oedd un o gyfathrebwyr gorau ei dydd ac yn amlwg roedd y cenedlaetholwyr ym Môn wedi pleidleisio iddi hi, yn hytrach nag i Cledwyn Hughes.[36]

Nid oedd Cledwyn yn barod i ildio serch hynny a gwyddai fod Megan Lloyd George bellach yn Llafurwraig dan gochl Rhyddfrydiaeth.[37] Daeth cyfle arall o fewn y flwyddyn a gwyddai fod y Blaid Ryddfrydol yn brin o bres yn Etholiad 1951 a bod O Meurig Roberts, y Ceidwadwyr, yn ymgeisydd cryfach. Datblygasai safbwynt Cymreig Cledwyn Hughes ac roedd mor ffafriol i Ymgyrch Senedd i Gymru ag ydoedd y Fonesig Megan. Gweithiodd O M Roberts, Plaid Cymru, yn galed gan ganfasio'n egnïol a dod yn gryn arwr i'r gweithwyr cyffredin. Bu ei frwdfrydedd yn help i Cledwyn Hughes ennill y sedd.[38] Collodd y ferch ddawnus o drwch blewyn. Roedd hi'n sioc i bawb gan y credent y câi Ledi Megan y llaw drechaf.[39] Teimlai un o hynafgwyr pwysicaf y Blaid Ryddfrydol, yr Arglwydd Samuel, gyfrifoldeb i ddod yr holl ffordd i Gaergybi i siarad drosti.[40]

Mwyafrif o 595 oedd gan Cledwyn Hughes ac felly byddai llawer o waith ganddo i gadw'r sedd. Ond, tiriogaeth Cledwyn Hughes fyddai Môn am bedair blynedd o leiaf, a daeth yn Aelod Seneddol cydwybodol.

Yn Nhŷ'r Cyffredin ymunodd â rhengoedd y Befaniaid, am ei fod yn hoff o Aneurin Bevan, er nad oedd ganddo lawer o feddwl o Jennie Lee.[41] Daeth yn lladmerydd pwysig i Fôn a Chymru. Ei ddyhead oedd gweld gwell safon byw ym mywyd gwledig a threfol Môn, a sicrhau cymdeithas decach a mwy llewyrchus.[42] Roedd yr iaith a'r diwylliant i'w gwarchod yng Nghymru, a sicrhau Ysgrifennydd Gwladol, Senedd a phwerau deddfwriaethol yn flaenoriaethau. Ymunodd â phedwar Aelod Seneddol arall, Goronwy Roberts, T W Jones, Tudor Watkins a S O Davies i chwifio baner Senedd i Gymru. Gwnaeth y pump hyn orfodi'r Blaid Lafur i ystyried eu dadleuon. Cawsant wrthwynebiad tanbaid, cyn i James Griffiths gael ei argyhoeddi mai ganddynt hwy roedd yr allwedd i ddatgloi drws y genedl i well a thecach gweinyddiaeth.

Llwyddodd i sicrhau swyddi i'r etholaeth a gweld ffrwyth ei waith caled, drwy ennill buddugoliaeth syfrdanol yn Etholiad 1955. Penderfynodd nad oedd am fyw mewn gwesty yn Llundain a daeth â'i briod, ei ferch, Ann, a'i fab, Harri, i'r ddinas. Rhaid oedd cadw dwy aelwyd ond, o leiaf, byddai'i deulu gydag ef yn ystod yr wythnos yn Llundain.

Tynnodd ei anerchiadau, ei unplygrwydd a'i bersonoliaeth annwyl sylw ei gyd-aelodau yn y Blaid Lafur Brydeinig. Byddai'r cenedlaetholwyr oherwydd eu beirniadaeth gyson ar y Blaid Lafur yn ei boeni yn fwy nag y dylsai, gan nad oedd gan Blaid Cymru yr un Aelod yn y Senedd. Yn ystod ei gadeiryddiaeth o'r Blaid Seneddol Gymraeg o 1953-1954 ac, yn arbennig wrth ddod yn Gadeirydd y Grŵp Llafur Cymreig 1955-1956, daeth yn ymwybodol iawn nad oedd gan Aelodau Seneddol y de, ar wahân i S O Davies, lawer o ganmoliaeth i Gwynfor Evans na'i ganlynwyr. I Gwynfor, myth a breuddwyd oedd y syniad y gallai Cymro brwdfrydig fel Cledwyn Hughes 'gymreigio'r Blaid Lafur'.[43] I Ness Edwards, Aelod Seneddol Llafur Caerffili, roedd Cledwyn Hughes yn genedlaetholwr yn gyntaf ac yn sosialydd ail ddosbarth. Gallasai fod wedi dweud mai Rhyddfrydwyr oedd Goronwy Roberts, T W Jones a Cledwyn.

Haerai Cledwyn Hughes na chlywsai well areithwyr mewn deugain mlynedd yn San Steffan na gwŷr y goler gron[44] a dyna pam ei fod yn falch o weld Meibion y Mans yn sefyll yn lliwiau'r Blaid Lafur. Wedi iddo ddarllen cyfrolau R H Tawney, yn arbennig *Acquisitive Society* ac *Equality*, a'i fod yn barod i dderbyn syniad y sosialydd o gyfeillach, dechreuodd Cledwyn Hughes fagu statws.[45] Ni fu'n annerch cynadleddau'r Ffabiaid fel James Griffiths, ac ar ymylon grŵp y Befaniaid ydoedd. Yna, rhoddodd y flaenoriaeth i ddadl y Farchnad Gyffredin.

Yn y pumdegau, fel aelod o Bwyllgor Cyfrifon Cyhoeddus Tŷ'r Cyffredin o 1957 i 1964 daeth cyfleon iddo. Gwahoddwyd ef i fod yn aelod o ddirprwyaeth Seneddol i Libanus yn 1957 a bu hynny'n brofiad da. Yn Etholiad Cyffredinol 1959 gwelodd ffrwyth ei lafur a chafodd fuddugoliaeth haeddiannol gyda 47% o'r etholwyr yn ei gefnogi.[46] Erbyn hyn, Jim Griffiths, Goronwy Roberts ac ef oedd y tri gwleidydd a gynrychiolai Cymru. Mynnodd Jim Griffiths drafod creu Cyngor Etholedig i Gymru gydag arweinydd y Blaid Lafur, Hugh Gaitskell. Sefydlwyd Pwyllgor Gweithredol y Blaid Lafur yng Nghymru yn 1961 gyda'r bwriad o drafod ymhellach ad-drefnu llywodraeth leol. Jim Griffiths oedd ei Gadeirydd a Cledwyn Hughes yn Ysgrifennydd. Dyma'r adeg y daeth i adnabod Gwilym Prys Davies, a dechrau cyfeillgarwch a barhaodd tan ei farwolaeth. Dibynnai Cledwyn Hughes yn fawr arno i baratoi datganiadau ac adroddiadau a'r cyntaf ohonynt oedd 'Cyngor Canolog i Gymru' a ddaeth erbyn 1966 yn bolisi swyddogol y Blaid Lafur.

Hugh Gaitskell roddodd iddo'i gyfle cyntaf drwy ei benodi'n ddirprwy lefarydd ar dai a llywodraeth leol. Pan arweiniodd Harold Wilson y Blaid Lafur i fuddugoliaeth, cafodd ei benodi'n Weinidog Gwladol y Gymanwlad a bu'r cyfnod hwnnw'n gyfnod godidog iddo. Cyflawnodd ei waith yn raenus gan gynrychioli Prydain gydag urddas yn nathliadau annibyniaeth cyn-drefedigaethau yr Ymerodraeth Brydeinig ar gyfandir Affrica.[47] Daeth arweinwyr Affrica i'w anwylo, yn arbennig Jomo Kenyatta, arweinydd Cenia, Kenneth Kaunda, arweinydd Zambia, a Julius Nyerere, arweinydd Tanzania. Yr unig un a deimlai'n flin wrtho oedd Ian Smith a'r Ffrynt Genedlaethol yn Rhodesia. Cledwyn Hughes oedd yr union berson roedd ei angen ar y Llywodraeth o fewn y Gymanwlad. Yn Chwefror 1965 croesawodd Gambia i blith y Gymanwlad fel gwlad annibynnol.[48] Ymwelodd â Malta a rhoddi iddynt sicrwydd fod Prydain yn ymwybodol o'u hofnau ac yn gwbl barod i ymateb, pe bai angen, yn ariannol. Gwelwyd ef, cyn diwedd y flwyddyn, yn y Caribî yn lleddfu'r tensiwn yn Jamaica ac yn arwain dirprwyaeth i Trinidad.[49] Roedd y bugail, y cymodwr, a'r diplomat ar waith.

Yn dilyn Etholiad 1966 cafodd y swydd a ddeisyfai, Ysgrifennydd Gwladol i Gymru, yn olynydd i Jim Griffiths. Ei freuddwyd fawr oedd sefydlu Cyngor Etholedig, ond ni lwyddodd. Methodd â darbwyllo Harold Wilson. Bu Willie Ross, Ysgrifennydd Gwladol yr Alban, yn elyniaethus i'r bwriad. Fe'i beirniadwyd yn ddidrugaredd gan ei bobl ei hun, yn arbennig gan Blaid Cymru ac aeth Golygydd *Barn*, Alwyn D Rees, cyn belled â galw am ei ymddiswyddiad.[50] Bu hyn oll yn siom iddo.[51] Teimlai rhai o'i ffrindiau y dylsai fod wedi ymddiswyddo wrth fethu sicrhau Cyngor Etholedig, ond byddai hynny wedi gwaethygu ei berthynas â'r Prif Weinidog. Nid gwleidydd a fyddai'n pwdu oedd Cledwyn, ond gŵr goddefgar, annwyl ac un oedd am blesio pawb. Yn lle hynny, cythruddodd arweinwyr Cymdeithas yr Iaith a llu o Aelodau Seneddol Llafur y meinciau cefn. Sylweddolwyd, ar ôl cyhoeddi'r Papur Gwyn ar Lywodraeth Leol yng Ngorffennaf 1967, mai llond dwrn, ar y mwyaf, a gefnogai'r Gweinidog. Yn ôl un, dim ond tri Aelod Seneddol y medrai ddibynnu arnynt, sef Elystan Morgan, Ednyfed Hudson Davies a Desmond Donnelly.[52] Ni allai fod yn sicr o 'gefnogaeth Gweinidogion y Swyddfa Gymreig i'w Gyngor Etholedig i Gymru'.[53]

Collodd y frwydr a bu hyn yn drychineb i Gymru. Cyfnod anodd iawn fu ei gyfnod yn y Swyddfa Gymreig. Parodd trychineb Aberfan boen meddwl aruthrol iddo, ond llwyddodd i osod Deddf yr Iaith Gymraeg ar y llyfr statud, er gwaethaf yr holl wrthwynebiad. Ond, nid Deddf i ymffrostio ynddi ydoedd, oherwydd amlygwyd ei gwendidau, ac ni chafodd y Gymraeg y parch a deilyngai. Nid oedd gan Cledwyn Hughes yr awdurdod terfynol, fel y rhan fwyaf o arweinwyr gwleidyddol Cymraeg eu hiaith, heblaw am Lloyd George, ac ni lwyddodd fel y gallasai yn ei frwydr dros y genedl.

Er cryfder ei Gymreictod, rhaid wrth ei gloriannu ddweud mai cymrodeddu a wnaeth. Dyna'n aml fel y'n gorfodir ni, gydwleidyddion, a sefydliadau i weithredu gan amgylchiadau. Bu'r methiant i roddi arweiniad yn ei boeni. Dywedodd ffrind mawr Cledwyn wrth Weinidog yr Efengyl yn 1989:

> Credaf mai'r peth gwerthfawrogaf a gawsom, ar ôl hanfodion ein ffydd, yw'r Gymraeg a'r deall a'r ffordd o fyw sy'n gysylltiedig â hi. Ond, erbyn heddiw, mae'r hyn oll yn prysur ddiflannu o froydd a fu'n Gymraeg am dros bymtheg canrif. Ofnaf fod difrawder ymhlith y Cymry am y dirywiad.[54]

Yn ystod ei gyfnod fel Is-ganghellor Prifysgol Cymru, ni fynnai ddefnyddio'r Gymraeg yn ormodol yn yr eisteddiadau. Felly mae hi heddiw yn y Cynulliad yng Nghaerdydd. Un o'r rhai a geisiodd ei berswadio i siarad Cymraeg yn y Llys a'r Cyngor oedd Dafydd Orwig Jones:

Rydw i'n teimlo'n gryf iawn ar y mater hwn yn arbennig felly o weld y cyfle godidog sydd gennym o weld Cymro mor ymroddedig, mor rymus wleidyddol ac mor uchel ei barch â chi yn y gadair. Efallai y bydd yn rhaid aros am genhedlaeth i gael y fath gyfle eto.[55]

Anfonwyd deiseb ato gan 26 o aelodau Llys Prifysgol Cymru yn dadlau bod angen mwy o Gymraeg yn ei gyfarfodydd, gan gofio bod offer cyfieithu ar gael.[56] Edmygwyr Cledwyn oedd pob un ohonynt ond ni chafwyd yr hyn y gofynnwyd amdano. Ysgrifennodd Dafydd Orwig at Gwilym Prys Davies yn y cyfnod yn mynegi'i siom yn nefnydd Cledwyn Hughes o'r iaith:

Mae'n agor gyda brawddeg yn Gymraeg ac yna'n troi i iaith weithredol y Cyngor, sef y Saesneg. Mae rhai ohonom yn siarad gormod er mwyn cael Cledwyn i'n hateb –ac mae'n gwneud hynny yn Gymraeg bob tro. Ond, unwaith y bydd wedi gorffen ein hateb mae'n troi i'r Saesneg![57]

Credai y gallai'r ddeiseb ei sbarduno i ddefnyddio mwy o Gymraeg yn llafar. Erfyniodd ar Gwilym Prys Davies i godi'r mater mewn sgwrs. Mynegai Dafydd Orwig Jones deimladau llu ohonom a fyddai yn y cyfarfodydd hyn:

Rwy'n meddwl y byd ohono fel person ac mae'n fy nhristáu ei fod yn colli cyfle godidog i roi urddas defnyddioldeb i'r iaith mewn uchel leoedd megis Llys a Chyngor y Brifysgol.[58]

Câi Cledwyn hi'n anodd gweithredu fel y dymunai caredigion pennaf yr iaith iddo wneud. Gŵr y cymrodeddu ydoedd yn ei hanfod ac un nad oedd am darfu ar y di-Gymraeg na'r athrawon Saesneg eu hiaith. Brodor o Gaergybi ydoedd, tref lle bu'n rhaid cymrodeddu, a lle ceid Cymry yn mynnu siarad Saesneg rhag tarfu ar y Saeson a'r Gwyddelod a drigai yno. Hyd yn oed wrth drafod yr iaith Gymraeg byddai'n rhaid cymrodeddu.[59]

Rhaid dweud na chollodd mo'i deyrngarwch i anghenion Môn yn ystod ei dymor fel Gweinidog y Goron rhwng 1964-1970. Yn erbyn ei ewyllys symudwyd ef o'r Swyddfa Gymreig i fod yn Weinidog Amaethyddiaeth, Bwyd a Physgodfeydd, lle cyflawnodd stiwardiaeth effeithiol, ond nid heb feirniadaeth. Gwelai fod cyfle ardderchog i'r diwydiant ond bod llawer o ffermydd Cymru yn rhy fach i fedru ennill bywoliaeth dda. Ei neges bob amser oedd pwysigrwydd cydweithio a sicrhau marchnata effeithiol.[60] Cadwodd ei boblogrwydd gyda'r arwerthwyr a'r ffermwyr, ond dioddefodd aml i brotest. Gwelsom ef ar ei orau yn yr Wrthblaid o 1970-72 ar faterion amaethyddol.

Yn y saithdegau, bu'n ddewr yn ei ymroddiad o blaid Ewrop a'r Farchnad Gyffredin, gan ddangos rhuddin cymeriad drwy wrthryfela yn erbyn gorchymyn yr Wrthblaid i wrthwynebu'r Llywodraeth yn ei bwriad i ymuno. Daeth yn rebel am yr eildro yn ei fywyd fel gwleidydd. Daeth dan gyfaredd Roy Jenkins ac ymuno â'r Grŵp Seneddol Llafur lleiafrifol, a oedd o blaid y Farchnad Gyffredin. Gwrthryfelodd gyda 69 arall. Diswyddodd Harold Wilson ef o Gabinet yr Wrthblaid ac ni chafodd faddeuant. Pan enillodd Wilson Etholiad Chwefror 1974 ni roddodd swydd i Cledwyn nac ar ôl yr ail etholiad yn Hydref 1974. Ond, llawenydd iddo oedd gweld bod creu Cyngor Etholedig ym maniffesto'r Blaid Lafur yn y ddau etholiad.[61] Dwysawyd y siom o golli cydweithwyr fel Goronwy Roberts, William Edwards ac Elystan Morgan. Bellach ef oedd yr unig Aelod Seneddol Llafur yng Ngwynedd, lle bu pedwar wyth mlynedd ynghynt.

Dywedodd Dr Cyril Parry, wrth adolygu cyfrol Emyr Price arno, mai'r diffyg pennaf oedd i'r hanesydd anghofio dadansoddi dirywiad y Blaid Lafur yng Ngwynedd. Wedi 1970 y gwelwyd y dirywiad ac un o'r ffactorau amlwg oedd y cwymp aruthrol yn y boblogaeth ac yn y niferoedd a siaradai Gymraeg o 656,000 i 542,000. Roedd y Gymru Gymraeg a fu'n gefn mawr i'r gwleidyddion Llafur dan warchae. Teimlai'r Cymry nad oedd y Llywodraeth Lafur wedi amddiffyn eu cymunedau ac erbyn 1970 ac 1974, cefnogai miloedd ohonynt y gŵyr ifainc a safai yn lliwiau Plaid Cymru – yn arbennig Dafydd Wigley a Dafydd Elis-Thomas. Dadleuent y byddai'r etifeddiaeth ddiwylliannol yn ddiogelach yn eu dwylo hwy ac ar apêl Plaid Cymru y gwrandawodd etholwyr Blaenau Ffestiniog, Llanberis a Dyffryn Nantlle, a arferai bleidleisio i Lafur. Roedd mwy a mwy o'r genhedlaeth ifanc am fyw trwy gyfrwng y Gymraeg a theimlent y caent fwy o barch gan Blaid Cymru na'r Blaid Lafur. Roedd y cynghorwyr sir a gafodd eu hethol yn lliwiau Plaid Cymru yn sail i'w gobeithion tra bod llawer o arweinwyr Llafur ar Gynghorau Sir y gogledd orllewin yn heneiddio ac yn marw wrth eu gwaith. Y chwareli a fu'n gynhaliaeth iddynt, diwydiant a oedd yn crebachu neu hyd yn oed yn diflannu.

Enghraifft dda o arweinydd y Mudiad Llafur yng Ngwynedd oedd David Emrys Williams (1896-1972), Tregarth.[62] Bu'n aelod o Gyngor Sir Gaernarfon o 1945 hyd ei farwolaeth, yn Henadur ac aelod o Gyngor Gwledig Arfon yn 1972. Ef oedd cynrychiolydd etholiadol Elwyn Jones pan gipiwyd Conwy i Lafur yn 1950, cynrychiolydd Gwilym Roberts yn 1959 ac 1969 a gwnaeth yr un gymwynas â Goronwy Roberts.[63] Roedd ei Gymreigrwydd, Undebaeth, capelyddiaeth a'i Lafuriaeth yn asio â'i gilydd. Roedd Cledwyn Hughes yn amlwg yn saff ym Môn, gan ei fod yn gryf o blaid amddiffyn y dreftadaeth. Ni allai Dafydd Iwan, arwr mawr y to ifanc, herio teyrnasiad Cledwyn Hughes, gan na ddaeth yn agos ato yn etholiadau Chwefror a Hydref 1974.[64]

Gan fod Harold Wilson yn ei ddiystyru sylweddolai mai ar y fainc gefn y byddai ei dynged. Felly, penderfynodd sefyll yn erbyn Ian Mikardo am Gadeiryddiaeth y Blaid Lafur Seneddol gan ennill yn hawdd a dod i ganol y llwyfan politicaidd. Gwnaeth y swydd ddigon disylw arferol hon yn un ddylanwadol am mai mwyafrif bychan oedd gan y Llywodraeth Lafur a bod rhaid bargeinio'n galed i oresgyn yr amgylchiadau.

Ni allai oddef Harold Wilson, ond roedd ef a Jim Callaghan yn bennaf ffrindiau er y bu'n siomedig pan ddaeth yn Brif Weinidog na chafodd ganddo swydd. A bod yn deg, roedd mwy o'i angen fel Cadeirydd nag fel Gweinidog yn y Cabinet yr adeg hynny. Oni bai am Cledwyn Hughes, mae'n debyg na fyddai'r Llywodraeth Lafur wedi parhau mor hir. Bodolai tensiwn parhaus rhwng yr adain dde a'r chwith ac ef oedd yr union un i'w cymodi. Sicrhaodd Cledwyn Hughes, trwy ei radlonrwydd, ryddid i'w gyd-Aelodau Seneddol ddadlau ar faterion heb ofni cerydd na dicter y Chwipiaid. Er bod ganddo argyhoeddiadau cadarn o blaid Prydain yn bodoli o fewn yr Undeb Ewropeaidd, derbyniai fod ffrindiau iddo, fel Peter Shore yn eithafol yn erbyn. Nid oedd am fod yn debyg i Richard Crossman, 'Roedd Crossman wrth gwrs fel cwpan yn y dŵr yn troi o funud i funud'.[65]

Ysgwyddodd pob digwyddiad heb brotest nac ochenaid. Trefnodd olyniaeth i Harold Wilson – cyfrifoldeb eithriadol, na fu ei debyg. Mynegodd ei lawenydd yn ei ddyddiadur, 'Jim is home and dry' a hynny ymhell cyn y bleidlais derfynol. Er ei edmygedd o Michael Foot, gwyddai y byddai Callaghan yn gweddu i'r swydd yn well o lawer na'r llyfrbryf. Ni chafodd yr un Prif Weinidog well cyfaill na Cledwyn Hughes. Gallai ef ddweud gyda'r emynydd am Jim Callaghan, 'Cyfnewidiol ydyw dynion / A siomedig yw cyfeillion' ond, ni allai Callaghan ddweud hynny amdano ef. Conffidant Callaghan fu ef trwy bob gofid, hunllef a straen emosiynol a gwleidyddol. Cledwyn a lwyddai i sicrhau bod y Rhyddfrydwyr yn cefnogi yn ôl y galw. Lluniodd gytundeb rhwng Llafur a'r Rhyddfrydwyr trwy ei berthynas dda â David Steel ac eraill. Cododd bont ar gyfer Plaid Cymru, er ei aml feirniadaeth arnynt. Byddai wedi medru bod yn hapus iawn o fewn y Blaid honno, yn arbennig o ystyried ei edmygedd o'r tri Aelod Seneddol.

Datblygodd berthynas dda ag arweinwyr yr Undebau Llafur a chwarae rhan amlwg yn llunio'r polisi 'Cytundeb Cymdeithasol' newydd. Roedd y bunt yn fregus a'r economi'n destun pryder ar y teledu'n ddyddiol. Ni fyddai Callaghan na Healey wedi llwyddo oni bai am Cledwyn Hughes; ef a gadwodd pawb yn ddiddig a sicrhau bod y carfannau ystyfnig yn aros yn eu hunfan yn hytrach na gloddesta mewn rhyfel cartref. Roedd yn sensitif iawn i'r adain Chwith, gan sylweddoli mai argyhoeddiadau sosialaidd Keir Hardie oedd ganddynt. Trwythwyd llawer ohonynt yn nhraddodiadau'r Blaid Lafur Annibynnol, megis Barbara Castle ac Ian Mikardo. Gwyddai hefyd eu bod hwy ill dau wedi'u clwyfo'n enbyd – Barbara Castle am fod Callaghan wedi cael gwared arni o'r Cabinet a Mikardo am mai Cledwyn enillodd y gadeiryddiaeth.

Achubodd Cledwyn Jim Callaghan rhag suddo i anobaith a hunandosturi a chadwodd y Blaid Lafur Seneddol rhag bod yn rhy ystyfnig ei gwrthwynebiad. Meddai'r Blaid Lafur Seneddol ar nifer o asynnod gwylltion fel Tony Benn, Dennis Skinner a Leo Abse ac roedd angen seicolegydd i'w cadw rhag ffrwydro a chreu diflastod ar y cyfryngau. Cledwyn a gadeiriai bob cyfarfod, cefnogi ei Brif Weinidog a ffurfio cytundeb hanesyddol â'r Rhyddfrydwyr. Bonws y Cytundeb oedd ailgyflwyno polisi datganoli, mater a oedd yn agos iawn at ei galon o ddyddiau ei lencyndod. Ond cafodd ei siomi gan wrthwynebiad Leo Abse, Neil Kinnock, Ifor Davies, Donald Anderson, Fred Evans ac Ioan Evans. Iddo ef, pobl oedd yn amharchus ohono oedd y rhain, o'r datganolwyr eraill yn ogystal ac o'r Blaid Lafur yng Nghymru, gan fod datganoli'n bolisi swyddogol. Ffraeodd â Leo Abse. Ni allai ddeall rhagfarnau cyson yr Iddew o Gymro tuag at y wlad a groesawodd ei hynafiaid a rhoddi noddfa a chroeso iddynt.

Michael Foot oedd yr esiampl – Sais yn gorfoleddu yn y gobaith y deuai Cynulliad i'r wlad a'i mabwysiadodd. Pechodd Kinnock drwy ymyrryd yn ei etholaeth ar fater cwbl emosiynol yn ymwneud â pherthynas plant bach â'u mamiaith. Ildiodd y Llywodraeth i gynnal Refferendwm ac ychwanegu cymal bod angen deugain y cant o fwyafrif cyn sefydlu Cynulliad. Tacteg i sicrhau na cheid datganoli yn Yr Alban na Chymru. Sylweddolai Cledwyn Hughes nad oedd Jim Callaghan yn rhoddi'r arweiniad y dylsai. Claer, didaro, oeraidd a difater oedd y geiriau a ddefnyddid i ddisgrifio Callaghan ac nid ystyriodd ddisgyblu'r gwrthryfelwyr uchel eu cloch o dde Cymru.

Rhaid rhyfeddu at y modd y llwyddodd Cledwyn Hughes i'w gadw ei hun yn eangfrydig ei feddwl a'i ysbryd trwy'r cyfnod arteithiol hwn. Bu'n straen aruthrol arno, ac nid yw ei benderfyniad ei fod wedi cael digon ar wleidyddiaeth Tŷ'r Cyffredin yn 1978 yn syndod, oherwydd dichell y Cymry y disgwyliai eu gweld yn cefnogi'r Refferendwm.

Credai gwŷr amlycaf y Blaid Lafur y dylsai Wilson a Callaghan fod wedi cyflwyno un o swyddi pwysica'r Llywodraeth i Cledwyn. Roedd yn ddigon o wleidydd i fod yn Ysgrifennydd Cartref a byddai, ar sail ei wasanaeth canmoladwy fel Gweinidog y Gymanwlad, wedi gwneud Ysgrifennydd Tramor hynod effeithiol.

Credai y medrai gadw Môn pe ceid Etholiad Cyffredinol yn Hydref 1978 a doeth oedd ei gyngor i'r Prif Weinidog i'w gynnal bryd hynny. Gwrthododd Callaghan, a bu sesiwn seneddol olaf Cledwyn yn anodd iddo. Pe na bai wedi ennill gwrogaeth aelodau Plaid Cymru, buasai wedi bod yn amhosibl i Lywodraeth Lafur barhau fel y gwnaeth o gam i gam. Yn 1978, roedd bron i gan mil o Gymry yn ddi-waith ac, mewn rhannau o'r wlad, roedd hyd at ugain y cant heb waith.[66] Gwyddai Cledwyn Hughes yn well na neb fod economi wan yn ogystal â diboblogi yn broblem aruthrol. Siom bersonol oedd canlyniadau pleidlais drychinebus Refferendwm 1979. Nid oedd llygedyn o oleuni yn unman, er llwyddodd i gael mwy i'w gefnogi yn Refferendwm 1975 ar Ewrop nag a gawsai ar fater Datganoli.[67]

Un o'r rhesymau pennaf pam i Cledwyn Hughes ildio'r etholaeth, yn ôl ei briod, oedd y trafferthion ynglŷn â Datganoli.[68] Roedd rhesymau eraill, yn arbennig problem economaidd Môn. Poenai am lefel diweithdra, ei fod yn 13.6% yn 1978 er ei holl ymdrechion.[69] Anodd fu cadw'r cwmnïau ym

Môn yn hytrach na'u gweld yn rhoddi'r gorau iddi ar ôl rhai blynyddoedd.[70] Cyfnod cau capeli, cau ysgolion a chau siopau ydoedd ym Môn. Ond, roedd penderfyniad yr Aelod Seneddol i roddi'r gorau i'w sedd yn cau pennod i bobl Môn. Gwir y dywedodd Andrew Edwards, 'Hughes's departure was seen as a body-blow to the party in the North West'.[71]

Cafwyd cnoc syfrdanol arall yn Etholiad 1979 pan fethodd y Blaid Lafur â chadw'r sedd a fu yn eu gofal ers 1951. Anghofiodd y Blaid Lafur ym Môn dri pheth yn Etholiad 1979, sef pleidlais bersonol aruthrol Cledwyn Hughes, fod D Elystan Morgan yn byw ymhell o'r etholaeth a bod Keith Best wedi gwneud canfas drylwyr ym Môn, yn arbennig yng Nghaergybi.[72] Canmolodd y papur lleol ei frwdfrydedd, gan wylio'i waith caled a'i anwylo fel gŵr ifanc atyniadol.[73] Dysgodd ddigon o Gymraeg i'w wneud yn dderbyniol i nifer o garedigion yr iaith.

Gwnaeth Cledwyn Hughes hi'n bosibl i Gymro Cymraeg diwylliedig a gwlatgar fodoli o fewn y Blaid Lafur. Ymhyfrydai yn ei gefnogaeth i'r iaith, y capel a'r eisteddfod. Ymgyrchai dros ddatganoli, cyfiawnder cymdeithasol, ac urddas yr unigolyn. Mabwysiadodd miloedd o Fonwysiaid y slogan, 'Pobl Cledwyn ydan ni' a thrwy hynny bleidleisio i'r Blaid Lafur o 1951 tan 1974 o'r naill etholiad i'r llall.

Go brin y byddai neb wedi cadw'r sedd i Lafur yn 1979 o gofio am frwdfrydedd a pheirianwaith Keith Best.[74] Llwyddodd Plaid Cymru yng Ngwynedd yng nghyfnod olaf Cledwyn Hughes am iddynt ddewis gwŷr ifanc, amryddawn, Cymreigaidd, diwylliedig a deallus fel ymgeiswyr. Sylweddolwyd hefyd fod yn rhaid cael peirianwaith cryf er mwyn cyrraedd y werin, a bod yr ymgeisydd yn meddu ar hiwmor iachus fel Cledwyn Hughes.

Yn ei siomedigaeth, calonogwyd Cledwyn pan wnaed ef yn aelod o Dŷ'r Arglwyddi dan yr enw Arglwydd Cledwyn o Benrhos. Nid oedd wedi meddwl canolbwyntio ar Dŷ'r Arglwyddi, gan iddo dderbyn swyddi fel cyfarwyddwr cwmnïau ac roedd wrth ei fodd yn Llywydd ei hen goleg. Yn wyneb y rhwyg fawr a ddigwyddodd i'w blaid a sefydlu plaid newydd yr SDP lle ciliodd nifer o'i ffrindiau, penderfynodd ganolbwyntio ar Dŷ'r Arglwyddi. Etholwyd ef yn Arweinydd yr Wrthblaid yn 1982 pan ddisodlodd yr Arglwydd Fred Peart.

Penderfynodd ddefnyddio bob cyfle i hybu ei ddelfrydau. Cofiwn ei gyfraniad dros sicrhau Sianel Gymraeg a phenderfynodd fanteisio ar gymorth nifer fechan o Lafurwyr Cymreig i ofalu am Gymru a defnyddio gweddill y Llafurwyr i fod yn ddraenen yn ystlys Llywodraeth Mrs Thatcher. Aeth ati i ad-drefnu'r wrthblaid a defnyddio gwleidyddion galluog fel Gwilym Prys Davies i'w gynorthwyo yn yr Ail Siambr. Meddai yntau: 'Yno, erbyn hyn, roedd Cledwyn ac Elystan, dau Gymro radical eu meddylfryd a oedd yn ymwybodol o undod y profiad cenedlaethol Cymreig a'r angen am ei atgyfnerthu.'[75] Tyfai'r Ail Siambr yn fwyfwy effeithiol ei beirniadaeth ar ddoluriau'r dydd ac wrth ddiwygio mesurau seneddol, er nad oedd wedi llawn sylweddoli mor anhepgorol oedd y gwaith.[76]

Deallodd yr Arglwydd Cledwyn bwysigrwydd y cyfle i newid er gwell y mesurau seneddol a bu'n boblogaidd gan gyd-aelodau o bob plaid yn Nhŷ'r Arglwyddi.[77] Aeth Barry Jones, Aelod Seneddol Dwyrain Fflint a Gweinidog dros Gymru yn yr Wrthblaid, cyn belled â dweud wrth yr Arglwydd Prys Davies yn Awst 1986, 'I greatly respect Lord Cledwyn's feelings on matters Welsh. Is he the best Leader in the Lords we have ever had? His successes are legion'.[78] Yn Sesiwn Seneddol 1985-1986 gorchfygwyd y Llywodraeth dan ei arweiniad 22 gwaith, a bu ei gyfraniad yn destun gorfoledd.

Mae'n anhygoel iddo ef a'i briod, Jean, lwyddo i fynychu cymaint o gyfarfodydd a chiniawau, yn ogystal â gofalu y câi'r Ddraig Goch ei chwifio yn Nhŷ'r Arglwyddi.[79] Canmolwyd ei waith yn Nhŷ'r Arglwyddi yn gyson.[80] Nid rhyfedd i ddau westai yn Gray's Inn ysgrifennu ar napcyn y geiriau hyn a gyrhaeddodd fwrdd Cledwyn:

> F'Arglwydd Cledwyn,
> Hyfryd gweld un o foneddigion ein gwlad yma ym mhwerdy'r Sais heno.
> Mae hi'n galonogol iawn gweld ein cydwladwyr yn ymwthio i rengoedd blaenaf cymdeithas a byd.
> Caroline Rees ac Owen Thomas.[81]

Ni fu Cymro Cymraeg arall yr un mor dderbyniol ag ef ymhlith y Sefydliad Saesnig, hyd yn oed wedi iddo roddi'r gorau i Arweinyddiaeth yr Wrthblaid yn yr Ail Siambr.[82]

Gweithiodd yn ddygn gyda Gwilym Prys Davies o blaid Mesur Addysg (1992) a'r Mesur Iaith. Cyfarfu ag Eleri Carrog, y mudiad Cefn, a chydnabu Geraint R Jones o Gyngor Sir Gwynedd ei 'gyfraniad pwysig yn y maes hwn, gan gynnwys Deddf 1967'.[83] Weithiau disgwylid mwy ohono nag a fedrai ei gyflawni. Credid bod ei 'fedrusrwydd' yn sicrhau gwyrthiau, ond fel y dywedodd Wyn Roberts wrtho ar ôl iddo siarad mor effeithiol yn Ionawr 1993:

> Cofiaf chi'n dweud am Ddeddf 67, 'Wel dyna mor bell ag y gallwn fynd bryd hynny...' Mae'r un peth yn wir am y Mesur presennol. Nid oedd yn hawdd ei gael heibio gwahanol adrannau o'n Llywodraeth fel ag y mae; ond credaf y gallwn wella rhyw gymaint arno heb chwyldroi'r polisi sylfaenol yn gyfangwbl.[84]

Ond i Wyn Roberts, fel amryw un arall, diolchai am gefnogaeth yr Arglwydd Cledwyn. Rhaid cofio y byddai'n clywed ochr arall i'r geiniog, fel y llythyr hwn gan Alan J McGowan o bentref yr Hob, ger yr Wyddgrug:

> Please remember that not everyone in Wales speaks Welsh. One of the reasons why the referendum was so heavily defeated was the fear of the non-Welsh speakers being dominated by a Welsh speaking minority. Could I suggest very careful thought on the Welsh Language Bill?[85]

Arweiniodd Cledwyn ei gyfeillion i'r gad, sef yr Arglwyddi Prys Davies, Gareth Williams o Fostyn, Geraint Howells, Emlyn Hooson, Brian Morris ac Elis-Thomas. I'r Athro Beverley Smith byddai cyfraniad yr Arglwydd Cledwyn yn sicr o gael ei nodi gan haneswyr y dyfodol.[86] Nid oedd, yn nhyb y sylwebyddion, unrhyw un a allai gael y gair olaf yn ei erbyn. Pan ymunodd Margaret Thatcher â'r Ail Siambr, dywedodd un newyddiadurwr: 'An even safer bet is that whatever that lady achieves in a fresh political life, Lord Cledwyn is one opponent she will never subdue. Either in performance or affection'.[87]

Dadleuodd dros ei genedl, ei wlad a'i ffydd Gristnogol hyd y diwedd. Bu economi Cymru, Bwrdd Dŵr Cymru, Afon Hafren, twnnel o dan Afon Conwy, Planhigfa Gogerddan, Bae Caerdydd a Bwrdd Datblygu Cymru yn rhai o'r dadleuon pwysig y bu'n ymwneud â nhw. Mwynhaodd ei yrfa. Un digwyddiad diflas a fu'n fwrn arno oedd ar 26 Mehefin 1997 ac yntau'n gyrru'i gar o'i gartref i Dŷ'r Arglwyddi; wedi croesi Pont Lambeth daeth lori a'i daro. Daeth yr heddlu, heb wybod pwy ydoedd, gan gredu ei fod dan ddylanwad y ddiod. Aethpwyd ati i roddi prawf iddo. Nid oedd ganddo ddigon o anadl i'w bodloni ac aethpwyd ag ef i orsaf heddlu Charing Cross. Erbyn hyn roedd y gŵr rhadlon, cyfeillgar o'i go. Yn swyddfa'r heddlu cafodd brawf arall a gwelwyd nad oedd unrhyw alcohol yn ei waed. Dychwelodd i Dŷ'r Arglwyddi yn fan yr heddlu er gofid mawr iddo.[88]

Un peth sy'n eglur, daliodd ati mor egnïol ag y medrai hyd yn oed pan oedd y corff yn heneiddio. Anodd oedd ganddo ddweud 'Na' ar hyd ei oes ac, yn sicr, ni wrthodai gymwynas i unrhyw un oedd yn byw ar Ynys Môn.[89] Yn yr Ail Siambr câi ei ganmol yn gyson am ei anerchiadau godidog ar faterion yn ymwneud â'r Deyrnas Gyfunol a thramor. Cyfrifid ef, fel arweinydd o'r radd flaenaf, bob amser yn deg ac effeithiol.[90] Ar ddiwedd ei oes cafodd lu o deyrngedau. I newyddiadurwyr y *Daily Post* fel Iorwerth Roberts, 'ef oedd y gwleidydd roedd gennyf bach diderfyn iddo' ac i Eryl Crump, ef oedd 'pencampwr datganoli'.[91] Gwelodd Elan Closs Stephens ef fel gŵr allweddol yn hanes Sianel Pedwar Cymru, 'Bu'n gefn i'r Sianel wrth frwydro am y byd newydd aml sianelog digidol ac yn allweddol yn y broses o sicrhau amodau teg i S4C yn Neddfwriaeth 1996'.[92]

I'r Parchedig Emlyn Richards, rhaid cofio wrth ei goffáu iddo lwyddo heb chwyddo gan mai gŵr diymhongar oedd yr Arglwydd Cledwyn; fe'i siomwyd heb iddo chwerwi ac fe'i cofir â chlod.[93] Wrth ffarwelio â Cledwyn, dywedodd Rhodri Morgan, yn y Cynulliad yng Nghaerdydd yn 2001, 'Ni fyddwn yn sefyll yn y fan hyn fel Prif Weinidog y Cynulliad oni bai amdano fe'.[94]

Wedi'i ymddeoliad o Dŷ'r Cyffredin, lluniodd W R P George gwpledi iddo:

Bu'n llyw ymhob rhyw dywydd
I'n hoes bu'n gymwynasydd,
Diymhongar, weithgar ŵr
I'r da'n darian ac yn dŵr.[95]

Galarodd miloedd ar filoedd pan fu farw ar 22 Chwefror 2001, ond yn arbennig, ei briod, Jean, ei ferch, Ann, a'i fab, Harri, a'u teuluoedd.

Llyfryddiaeth

Ffynonellau o Lyfrgell Genedlaethol Cymru a chanolfannau eraill

Adroddiadau o'r wasg, yn arbennig o *Y Cymro, Baner ac Amserau Cymru, Liverpool Daily Post, Herald Môn, Holyhead and Anglesey Mail, North Wales Chronicle, Y Goleuad, I'r Gad*, a'r *Western Mail*

Archif y Blaid Lafur, Manceinion

Archif Maes Glo De Cymru, Prifysgol Abertawe

Archif Wleidyddol Llyfyrgell Genedlaethol Cymru, Aberystwyth

Archifau'r BBC ac S4C a'r Teledu Annibynnol. Yn 1986 dangoswyd tair rhaglen ar Cledwyn gan HTV

Archifau Prifysgol Bangor

Archifdy Ynys Môn yn Llangefni

Papurau Alwyn D Rees

Papurau'r Arglwydd Cledwyn o Benrhos

Papurau'r Arglwydd Goronwy Roberts

Papurau'r Arglwydd Gwilym Prys Davies

Papurau'r Arglwydd Tudor Watkins

Papurau'r Blaid Lafur yng Nghymru

Papurau Cliff Prothero

Papurau Cymdeithas yr Iaith

Papurau David Thomas

Papurau D Caradog Jones

Papurau D Elystan Morgan

Papurau Deian Hopkin

Papurau Douglas a Loti Rees Hughes, Llanelli

Papurau Eirene White

Papurau E T John

Papurau F Elwyn Jones

Papurau Gwynfor Evans

Papurau Huw T Edwards

Papurau James Griffiths

Papurau John Morris

Papurau Leo Abse

Papurau Plaid Cymru
Papurau Syr Goronwy Daniel
Papurau T George Thomas

Astudiaethau neu deyrngedau i Cledwyn Hughes

Cledwyn, cynhyrchiad tair rhaglen HTV ar gyfer S4C, 1986

Constantine, Stephen, 'Cledwyn Hughes, MP for Anglesey – and St Helena', Cylchgrawn *Hanes Cymru*, Cyf. 27, Rhif 3, Mehefin 2015, tt. 552-573

Davies, Gwilym Prys, *Cynhaeaf Hanner Canrif, Gwleidyddiaeth Gymreig 1945–2005* (Llandysul, 2008), tt. 1-180. Gweler pennod 4, 'Gwasanaeth Etifedd y Mans a Cymru Fydd', tt. 66-84

Gwyn Griffiths a John Elfed, *Hunangofiant John Elfed : Dyfroedd Dyfnion* (Talybont, 2013), t. 220. Gwelir y deyrnged ar dudalennau 63-4

Cefndir Cledwyn Hughes

Calendr Prifysgol Cymru 1937-1938 (Caerdydd, 1937)

Doylerush, Edward, *The Legend of Llandwrog: the story of an airfield and the birth of the RAF Mountain Rescue Service* (Caerlŷr, 1994). Ysgrifennodd Cledwyn Hughes gyflwyniad i'r gyfrol

Dragon, The, cylchgrawn Coleg Prifysgol Cymru Aberystwyth, 1933–37

Hughes, D. Lloyd a Williams, Dorothy M., *Holyhead, The Story of a Port* (Caergybi, 1967), t. 221

Hughes, D. Lloyd (gol.), *Y Gŵr o Wyneb y Graig: H. D. Hughes a'i Gefndir* (Dinbych, 1993), t. 79. Ceir cyflwyniad gan Cledwyn Hughes, tt. 9-13

Jones, Bobi, *Crwydro Môn* (Llandybïe, 1957), t. 139

Morgan, Tomos (gol.), *Rhywbeth i'w Ddweud: Detholiad o waith Dyfnallt Morgan* (Llandysul, 2003), t. 308

Pretty, David A., *Rhyfelwyr Môn: Y Brigadydd Gadfridog Syr Owen Thomas, AS (1858-1923)* (Dinbych, 1989), t. 126

Richards, Emlyn, *Pregethwrs Môn* (Caernarfon, 2003). Ceir pennod ar y Parch H. D. Hughes.

Roberts, J. K., Pritchard, Gladys, Rowlands, John a Jones, John Bryn, *Canrif o Atgofion Ysgol Uwchradd* (Caergybi, 2003), t. 104

Williams, Meirion Llewelyn, *Gwas yr Achos Mawr*, cyflwyniad gan yr Arglwydd Cledwyn o Benrhos (Dinbych, 1991), t. 160

Cyhoeddiadau Cledwyn Hughes

Ysgrifennodd golofn wythnosol i'r *Liverpool Daily Post* o 1957 i 1961

Cledwyn Hughes, *Y Refferendwm: Diwedd Cyfnod*, darlith a draddodwyd i Urdd y Graddedigion, Prifysgol Cymru yn Eisteddfod Genedlaethol Dyffryn Lliw, 1980 (Caerdydd, 1981)

Yr Arglwydd Cledwyn, *Cymry yn y Ddau Dŷ*, Darlith yr Archif Wleidyddol Gymreig, 1990 (Aberystwyth, 1990)

Yr Arglwydd Cledwyn, *Cymru Fu – Cymru Fydd*, Darlith Eisteddfod Genedlaethol Cymru, Bro
Colwyn (Caerdydd, 1995)

Astudiaethau neu Deyrngedau i Cledwyn Hughes

Hughes, R. Gwilym, *Dŵr Dan y Bont* (Caernarfon, 1994), t. 131. Ceir y deyrnged i Cledwyn
Hughes ar dudalennau 79 i 81

Jones, David Lewis, Barwn Cledwyn o Benrhos (1916-2001), *Y Bywgraffiadur Cymreig Ar Lein*.
Darllenwyd ar-lein 12 Ionawr 2016

Misell, Andrew, 'Cledwyn Hughes ac Annibyniaeth Rhodesia', *Barn*, Rhif 625, Chwefror 2015,
tt. 14-16

Morgan, Kenneth O., Hughes, Cledwyn (1916-2001), *Oxford Dictionary of National Biography*
(Rhydychen, 2004). Darllenwyd ar-lein 15 Ebrill 2016.

Price, Emyr, *Yr Arglwydd Cledwyn o Benrhos* (Pen-y-groes, 1990), tt. 5-134. Cyhoeddwyd cyfrol
Saesneg o waith yr un awdur

Price, Emyr, 'Yr Arglwydd Cledwyn o Benrhos', Darlith Flynyddol Gŵyl Celfyddydau Caergybi,
2004

Rees, Ivor Thomas, 'Cledwyn Hughes' yn *Welsh Hustings 1885-2004* (Llandybïe, 2005), t. 136

Richards, Emlyn, 'Yr Arglwydd Cledwyn o Benrhos', *Y Goleuad*, 27 Gorffennaf, 2001

Roberts, D. Hywel E., 'Arglwydd Cledwyn o Benrhos (Cledwyn Hughes)', *Pwy Oedd Pwy 4*
(Lerpwl a Llanddewi Brefi, 1987), tt. 14-15

Roberts, Iorwerth, 'So proud to serve his native island', *Daily Post*, 23 Chwefror 2001

Roth, Andrew, 'Obituary: Lord Cledwyn of Penrhos', *The Guardian*, 23 Chwefror 2001

Stephens, Meic, 'Lord Cledwyn of Penrhos (1916-2001)', *Planet*, 146 (2001), t. 95

Crefydd

Morgan, Derec Llwyd, 'Trichanmlwyddiant Howell Harris (1714-1773), un o sylfaenwyr y
Cymru fodern', *Barn*, 618/619 (Gorffennaf/Awst 2014), tt. 33-5

Owen, Hugh (gol.), *Braslun o Hanes M.C. Môn (1880-1935)* (Lerpwl, 1937), t. 404

Rees, D. Ben, *Pregethu a Phregethwyr* (Dinbych, 1997)

Idem., *Mahatma Gandhi: Pensaer yr India*, cyflwyniad gan Cledwyn Hughes (Lerpwl a Pontypridd,
1969), t. 130

Idem., 'The Pacifist Tradition of the Presbyterian Church of Wales', *The Treasury*, 40, 2 (Chwefror
2014), tt. 6-7; 40, 3 (Mawrth 2014), tt. 6-7

Idem., *Arloeswyr Methodistiaeth Môn 1730-1791/Pioneers of Methodism in Anglesey 1730-1791*
(Llangoed, 2007), t. 159

Roberts, John R., *Canrif o Bregethu Cymraeg, 1850 hyd 1950* (Darlith Davies) (Caernarfon, 1978)

Shaw, Jane and Kreider, Alan (goln.), *Culture and the Nonconformist Tradition* (Caerdydd, 1999),
t. 187

Thomas, M. Wynn, 'Gwreiddiau'r syniad o 'Genedl Anghydffurfiol'', *Cylchgrawn Hanes y
Methodistiaid Calfinaidd*, 38 (2014), tt. 85-104

Tudor, S. O., 'Ymneilltuaeth – Ein Cyfrifoldeb Heddiw', *Y Traethodydd*, Cyfrol CXVIII, Rhif 506 (Ionawr 1963), tt. 1-11

Williams, C. R., 'The Welsh Religious Revival, 1904-5', *British Journal of Sociology*, 111/3 (1952), tt. 242-59

Williams, Huw Llewelyn (gol.), *Braslun o Hanes Methodistiaeth Calfinaidd Môn, 1935-1970* (Llangefni, 1977), t. 309

Hanes Cymru

Ap Gwilym, Gwynn, 'Trannoeth yr Etholiad', *Barn*, Mehefin 1979, Rhif 197, tt. 8-10

Davies, John, *Hanes Cymru* (Harmondsworth, 1990), t. 710

Erfyl, Gwyn (gol.), *Cyfrol Deyrnged Jennie Eirian* (Caernarfon, 1982)

James, Arnold J. a Thomas, John E., *Wales in Westminster: A History Of The Parliamentary Representation of Wales 1800-1979* (Llandysul, 1981), t. 284

Jenkins, Gwyn, a Jones, Tegwyn (goln.), *Llyfr y Ganrif* (Talybont, 1999), t. 448

Johnes, Martin, *Wales Since 1939* (Manceinion, 2012), t. 465

Jones, Aled Gruffydd, *Press, Politics and Society: A History of Journalism in Wales* (Caerdydd, 1993), t. 317

Jones, Beti, *Etholiadau'r Ganrif 1885-1997* (Talybont, 1999), t. 192

Jones, R. Merfyn, *Cymru 2000* (Caerdydd, 2000)

Jones, Watcyn L., *Cofio Tryweryn* (Llandysul, 1988)

Lee, Laurie, 'The Village that Lost its Children' yn *I Can't Stay Long* (Llundain,1975), tt. 86-99

Mabon, 'Arwyddocad Etholiad 1964', *Barn*, Rhif 25, Tachwedd 1964, tt. 6-7

Morgan, Derec Llwyd, *Y Brenhinbren: Bywyd a Gwaith Thomas Parry 1904-1985* (Llandysul, 2013), t. 416

Morgan, K. O., *Rebirth of a Nation: Wales 1880-1980* (Caerdydd a Rhydychen, 1981), t. 363

Morgan, Prys, *The University of Wales 1939-1993* (Caerdydd, 1997)

Philip, Alan Butt, 'Wales after the Investiture' yn *Socialist Commentary*, Hydref, 1969, tt. 20-22

Idem., *The Welsh Question: Nationalism in Welsh Politics 1945-1970* (Caerdydd, 1975), t. 367

Price, Emyr, *Cymru a'r Byd Modern ers 1918* (Caerdydd, 1979), t. 217

Purnell, Gerald, 'Nationalist or Labour for Welsh Radicals' yn *Socialist Commentary*, Mai 1970, tt. 8-9

Rees, D. Ben (gol.), *Dal i Herio'r Byd* (Lerpwl a Llanddewi Brefi, 1983), t. 143

Idem., *Dilyn Ffordd Tangnefedd: Canmlwyddiant Cymdeithas y Cymod 1914-2014* (Lerpwl, 2015), t. 313

Westlake, Martin, *Kinnock: The Biography* (Llundain, 2001). Gofynnodd yr awdur am gyfweliad gyda'r Arglwydd Cledwyn

Williams, Kyffin, *Across the Straits: An Autobiography* (Llundain, 1973)

Idem., *A Wider Sky* (Llandysul, 1996, trydydd argraffiad), t. 255

Gwleidyddiaeth Cymru

Abse, Leo, *Private Member* (Llundain, 1972)

Andrews, Leighton, *Wales says Yes: The Inside Story of the Yes for Wales Referendum Campaign* (Bridgend,1999)

Campbell John, *Nye Bevan and the Mirage of British Socialism* (Llundain, 1987)

Davies, Gwilym Prys Davies, *Llafur y Blynyddoedd* (Dinbych, 1991), t. 192

Idem., 'Wedi'r Is Etholiadau', *Barn*, Gorffennaf 1967, tt. 224-5

Davies, John, 'Boddi Capel Celyn', *Cylchgrawn Cymdeithas Hanes a Chofnodion Sir Feirionnydd*, XIII (1999), tt. 66-181

Edwards, Huw T., *Tros y Tresi* (Dinbych, 1954), t. 133

Erfyl, Gwyn, 'Tryweryn: The Drowning of a Valley', *Planet*, 73 (1989), tt. 49-53

Evans, Rhys, *Gwynfor: Rhag Pob Brad* (Talybont, 2005)

Flynn, Paul, *Baglu 'Mlaen* (Caernarfon, 1998)

Goodman, Geoffrey, 'The Harsh Challenge to Labour', *Socialist Commentary*, Rhagfyr 1970, tt. 3-5

Griffiths, James, *Pages from Memory* (Llundain, 1969) t. 240

Gwyndaf, Robin, *Rhyfel a Heddwch a Sancteiddrwydd Bywyd* (Darlith Goffa Lewis Valentine) (Caerdydd, 2008), t. 95

Gwynn, Dafydd, 'Arwisgiad 1969: Yr Ymateb Gwleidyddol', *Cof Cenedl XV* (2000), tt. 163-91

Hain, Peter, *A Welsh Third Way* (Llundain, 1999) t. 28

Idem., *A Road Map for Labour* (Tredegar, 2003) t.16

Hannan, Patrick, *Wales Off Message: From Clapham Common to Cardiff Bay* (Pen-y-bont ar Ogwr, 2000), t. 164

Hopkin, Deian, 'Y werin a'i Theyrnas: ymateb sosialaeth i genedlaetholdeb 1880-1920' yn Jenkins, G. H. (gol.), *Cof Cenedl: Ysgrifau ar Hanes Cymru V1* (Llandysul, 1991) tt. 163-92

Jenkins, Gwyn, *Prif Weinidog Answyddogol Cymru* (Talybont, 2007)

Jones, Carwyn, *The Future of Welsh Labour* (Caerdydd, 2004) t. 41

Jones, D. Gwenallt (gol.), *Detholiad o Ryddiaith Gymraeg R.J.Derfel*, Cyfrol 1 a 2 (Aberystwyth, 1945)

Jones, Frank Price, *Radicaliaeth a'r Werin Gymreig yn y Bedwaredd Ganrif ar Bymtheg* (Caerdydd, 1975)

Jones, John Graham, 'Welsh Politics Between the Wars: the Personnel of Labour', *Trafodion Anrhydeddus Gymdeithas y Cymmrodorion* (1983), tt. 164-83

Kinnock, Neil, *Thorns and Roses: Speeches 1983-1991* (Llundain, 1992) t. 227. Ceir cyflwyniad gan Peter Kellner, tt. 1-31

Maelor, yr Arglwydd (T. W. Jones), *Fel Hyn y Bu* (Dinbych, 1970)

Matthews, Ioan, 'Turning Labour Around', *Planet* 142 Awst/Medi 2000, tt. 85-88

Morgan, yr Arglwydd Elystan, 'Senedd sy'n bwysig, nid arwisgiad', *Barn*, Tachwedd 2008, rhif 550, tt. 23-25

Morris, Dylan, 'Sosialaeth i'r Cymry – trafodaeth ar yr ILP', *Llafur*, IV/2 (1985) tt. 51-63

Owen, Aneurin, 'Y Diweddar Henadur R.W.Williams (1887-1966)', *Lleufer*, Cyf 22, rhif 3 Hydref 1966, tt. 109-111

Pretty, David A., 'Women and Trade Unionism in Welsh Rural Society 1889-1950', *Llafur*, Cyfrol 5, rhif 3, 1990, tt. 5-13

Rees, D. Ben, 'Cymru 71', (gol.), *Arolwg*, Cyf. 7, 1971 (Lerpwl a Phontypridd, 1972), t. 15

Roberts, R. O., *Robert Owen y Dre Newydd* (Llandysul, 1948), t. 96

Rosser, David G., 'Leo Abse, the children's MP', *Western Mail*, 20 Tachwedd 1970

Smith, J. Beverley (gol.), *James Griffiths and His Times* (Ferndale,1977), t. 119

Smith, M. J., 'Neil Kinnock and the modernisation of the Labour Party,' *Contemporary Record*, VIII (1994), tt. 555-66

Smith, Robert, *Papur a Afaelodd yn Serchiadau'r Bobl: John Roberts Williams a'r Cymro 1945-62* (Aberystwyth, 1996)

Thomas, Harold, 'Y Gwir Anrhydeddus James Griffiths A.S.', *Lleufer*, Cyf 26, rhif 2 (1975-6), tt. 37-39

Williams, Chris, 'Democracy and Nationalism in Wales: the Lib-Lab enigma', yn Robert Stradling, Scott Newton a David Bates (golygyddion), *Conflict and Coexistence: Nationalism and Democracy in Modern Europe: Essays in Honour of Henry Hearder* (Caerdydd 1997), tt. 107-31

Williams, D.E., 'Oswald Rhys Davies (1908-62)' yn *Dal Ati i Herio'r Byd* (Gol. D. Ben Rees) (Lerpwl a Llanddewi Brefi,1988), tt. 83-90

Williams, T.L. Williams, 'Thomas Jones and the Welsh Outlook', *Anglo-Welsh Review*, 64 (1979), tt. 38-46

Gwleidyddiaeth Gogledd Cymru

Davies, E. Hudson, 'Welsh Nationalism', *Political Quarterly*, 39 (1968) tt. 322-32

Edwards, Andrew, 'Answering the Challenge of Nationalism: Goronwy Roberts and the Appeal of the Labour Party in North–West Wales During the 1950s', *Cylchgrawn Hanes Cymru*, 22 (2004-5), tt. 126-152

Idem., *Labour's Crisis: Plaid Cymru, the Conservatives, and the Decline of the Labour Party in North–West Wales, 1960-1974* (Caerdydd, 2011), t. 300

Edwards, Andrew and Williams, Mari Elin, 'The Red Dragon/Red Flag Debate Revisted. The Labour Party, Culture and Language in Wales, 1945 to 1970', *Cylchgrawn Hanes Cymru*, Cyf 26, rhif 1, Mehefin 2012, tt. 105-127

Ellis, John, *Investiture: Royal Ceremony and National Identity in Wales, 1911-1969* (Caerdydd, 2008)

Ellis, T. I., *Ellis Jones Griffiths* (Llandybïe, 1969)

Ellis, Tom, *Dan Loriau Maelor: Hunangofiant* (Llandysul, 2003)

Idem., 'Death of a Colliery', *Trafodion Cymdeithas Hanes Sir Ddinbych*, 21 (1972), tt. 94-108

Jones, John Graham, 'Lady Megan's First Parliamentary Contest: the Anglesey Election of 1929', *Trafodion Cymdeithas Hynafiaethwyr a Naturiaethwyr Môn 1992*, tt. 107-122

Ibid., 'Lady Megan Lloyd George and Anglesey Politics, 1945-51', *Trafodion Cymdeithas Hynafiaethwyr a Naturiaethwyr Môn 1994*, tt. 81-113

Jones, Tudur Huws, 'Paratoi eto am lywodraeth – ar ôl 40 mlynedd yn y Senedd', *Herald Môn*, Hydref 26, 1991, t. 6

Lewis, Robyn, *Second Class Citizen* (Caernarfon, 1969)

Idem., *Bwystfilod Rheibus* (Caernarfon, 2008)

Parry, Adrian John, *Welsh Politics and the Investiture of the Prince of Wales in 1969*, Traethawd MA Prifysgol Cymru, Aberystwyth, 1981

Parry, Cyril, *The Radical Tradition in Welsh Politics: a study of Liberal and Labour politics in Gwynedd 1900-1920* (Hull, 1970), t. 89

Pretty, D., 'Undeb Gweithwyr Môn', *Trafodion Cymdeithas Hynafiaethol Môn* (1998), tt. 115-48

Pretty, David A., 'The Socialist Candidate for Anglesey: the political path of W. Huw Rowland, John Morris-Jones and William Edwards', *Llafur*, II, 2 (2013), tt. 40-55

Price, Emyr, *Fy Hanner Canrif I* (Talybont, 2002)

Tomos, Angharad, *Hiraeth am Yfory: David Thomas* (Llandysul, 2002), t. 264

Thomas, David, *Llafur a Senedd i Gymru: Ysgrifau, Llythyrau a Sgyrsiau* (Bangor, 1954)

Idem., *Silyn* (Lerpwl, 1956)

Idem., *Diolch am Gael Byw: Rhai o F'atgofion* (Lerpwl, 1968)

Thomas, Beti Wyn, 'Y Fonesig Cledwyn', *Pais*, Medi, 1986, tt. 8-9

Wigley, Dafydd, *O Ddifri* (Caernarfon, 1992)

Idem., *Maen i'r Wal* (Caernarfon, 2001)

Williams, Betty, *O Ben Bryn i Dŷ'r Cyffredin* (Caernarfon, 2010), t. 148

Williams, John Roberts, *Yr Eiddoch yn Gywir* (Pen-y-groes, 1990), ceir hanes y mudiad Gwerin tt. 51-3

Diwylliant Cymru a'r Iaith Gymraeg

Adroddiad y Gweithgor ar Bedwerydd Gwasanaeth Teledu yng Nghymru (Gorchymyn 6290), Tachwedd, 1975

Argymhellion ar gyfer Deddf Iaith Newydd i'r Iaith Gymraeg (Bwrdd yr Iaith Gymraeg, Chwefror, 1991)

Betts, Clive, *Culture in Crisis: The Future of the Welsh Language* (Upton, 1976), t. 243

Carter, Harold, *Diwylliant, Iaith a Thiriogaeth* (Y Gorfforaeth Ddarlledu Brydeinig, 1988)

Idem., *Mewnfudo a'r Iaith Gymraeg* (Llys yr Eisteddfod Genedlaethol, 1986)

Chapman, T. Robin, *Un Bywyd o Blith Nifer: Cofiant Saunders Lewis* (Llandysul, 2006), t. 402

Davies, Gwilym Prys, 'Statws Cyfreithiol yr Iaith Gymraeg yn yr Ugeinfed Ganrif', *Y Traethodydd*, Ebrill, 1998, tt. 76-95

Idem., *Deddf i'r Iaith* (Llys yr Eisteddfod Genedlaethol, 1988)

Davies, Pennar, *Gwynfor Evans: Golwg ar ei Waith a'i Feddwl* (Abertawe, 1976), t. 117

Dyfodol i'r Iaith Gymraeg (Gwasg Ei Mawrhydi, 1978)

Gruffudd, Ifan, *Tân yn y Siambr* (Dinbych, 1966), t. 158

Hopkin, Deian, 'Llafur a'r Diwylliant Cymreig, 1900-1940', *Trafodion y Cymmrodorion 2000*, Cyfres Newydd, Cyfrol 7, 2001

Jenkins, Gwyn, 'Gwladgarwch Huw T. Edwards', yn Geraint H. Jenkins (gol.), *Cof Cenedl* XII (Llandysul, 1997), tt. 169-198

Jones, Richard Wyn, *Rhoi Cymru'n Gyntaf*, Cyfrol 1 (Caerdydd, 2007)

Lloyd, D. Tecwyn, *John Saunders Lewis*, Cyfrol 1 (Dinbych, 1988)

Parry, Syr David Hughes, *Atgofion: O Bentref Llanaelhearn i Ddinas Llundain*, Cyfrol 1 (Caernarfon,1972), t. 104

Statws Cyfreithiol yr Iaith Gymraeg (Gwasg Ei Mawrhydi, 1965)

Yr Iaith Gymraeg Heddiw, Cyngor Cymru a Mynwy (Gwasg Ei Mawrhydi, 1963)

Yr Iaith Gymraeg: Ymrwymiad a Her (Y Swyddfa Gymreig, 1980)

Yr Iaith Gymraeg: Strategaeth i'r Dyfodol (Caerdydd, Bwrdd yr Iaith Gymraeg, Mehefin 1989)

Datganoli

Davies, Gwilym Prys, *Cyngor Canol i Gymru* (Aberystwyth, 1963)

Evans, Gwynfor, *The Labour Party and Welsh Home Rule* (Caerdydd, 1954), tt. 1-12

Evans, Gwynfor ac Evans, Meredydd, *Yr Iaith yn y Nawdegau – Yr Her o'n Blaenau* (dim dyddiad na man cyhoeddi), t. 6

Jones, J. Graham, 'Early Campaigns to secure a Secretary of State for Wales, 1890-1939', *Trafodion Anrhydeddus Gymdeithas y Cymmrodorion*, 1988, tt. 153-76

Idem., 'Socialism, Devolution and Secretary for Wales, 1940-64', *Trafodion Anrhydeddus Gymdeithas y Cymmrodorion*, 1989, tt. 135-59

Idem., 'E. T. John, Devolution and Democracy 1917-24', *Cylchgrawn Hanes Cymru*, X1V/3 (1989)

Idem., 'Y Blaid Lafur, Datganoli a Chymru 1900-1979', *Cof Cenedl VII* (Llandysul, 1992), tt. 167-200

Idem., 'S. O. Davies and the Government for Wales Bill 1955', *Llafur*, Cyfrol 8, Rhif 3 (2002), tt. 67-78

Jones, R. Merfyn a Jones, Ioan Rhys, 'Labour and Nation', yn Duncan Tanner, Chris Williams a Deian Hopkin (goln.) *The Labour Party in Wales 1900-2000* (Caerdydd, 2000), tt. 241-63

Phillips, Dylan, *Trwy Ddulliau Chwyldro...? Hanes Cymdeithas yr Iaith Gymraeg, 1962-1992* (Llandysul, 1998), t. 304

Powell, Dewi Watkin, *Cynulliad i Genedl* (Talybont, 1999)

Roddick Winston, 'Law-Making and Devolution: the Welsh Experience' yn *Legal Information Management*, 3, Rhif 314, tt. 152-57

Megan Lloyd George a'i thad

Adam, Rufus, 'The Unveiling of David Lloyd George's Statue in Parliament Square, London, 25 October 2007', *Trafodion Cymdeithas Hanes Sir Gaernarfon,* Cyfrol 69, 2008, tt. 105-6

Cook, Chris, *A Short History Of The Liberal Party 1900-1976* (Llundain a Basingstoke, 1976), t. 179

Emanuel, John a Rees, D. Ben, *Bywyd a Gwaith Syr Rhys Hopkin-Morris* (Llandysul, 1980), t. 114

Hague, Ffion, *The Pain and the Privilege: The Women in Lloyd George's Life* (Llundain, 2008), t. 590. Mae ganddi bennod ar Megan, tt. 425-447

Jones, J. Graham, 'Lady Megan's First Parliamentary Contest: The Anglesey Election of 1929', *Trafodion Cymdeithas Hynafiaethwyr a Naturiaethwyr Môn*, 1989, tt. 43-79

Idem., 'Lady Megan Lloyd George and Anglesey Politics 1945-51, *Trafodion Cymdeithas Hynafiaethwyr a Naturiaethwyr Môn*, 1994, tt. 81-113

Idem., 'A Letter from Lady Megan', *Trafodion Cymdeithas Hynafiaethwyr a Naturiaethwyr Môn*, 2001, tt. 75-82

Idem., 'The Lloyd Georges: A Breach in the Family', *Journal of Liberal Democrat History*, 25, Gaeaf, 1999-2000, tt. 34-39

Jones, Mervyn, A *Radical Life: The Biography of Megan Lloyd George, 1902-66* (Llundain, 1991)

Morgan, Kenneth O, *David Lloyd George: Welsh Radical as World Statesman* (Caerdydd, ail argraffiad 1964), t. 85

Price, Emyr, *Megan Lloyd George* (Caernarfon, 1981)

Idem., *David Lloyd George* (Caernarfon, 1981), t. 569

Y Blaid Lafur Brydeinig

Callaghan, James, *Time and Chance* (Llundain, 1987)

Campbell, *Roy Jenkins: A Biography* (Llundain, 1983), t. 256

Castle, Barbara, *The Castle Diaries 1974-76* (Llundain, 1980), t. 788

Crossman, Richard, *The Diaries of a Cabinet Minister*, Cyfrol 2 (Llundain, 1976)

Heffer, Eric, 'Labour's Future', *Political Quarterly*, 43 (1972), tt. 380-9

Holmes, Martin, *The Labour Government, 1974-79: Political Aims and Economic Reality* (Basingstoke, 1987, ail argraffiad), t. 206

Jenkins, Roy, *A Life at the Centre* (Basingstoke, 1991), t. 658

Martineau, Lisa, *Politics and Power: Barbara Castle, A Biography* (Llundain, 2000)

Meredith, Stephen, *Labours old and new: The parliamentary right of the British Labour Partry 1970-79 and the roots of New Labour* (Manceinion ac Efrog Newydd, 2008), t. 206

Mikardo, Ian, *Back-Bencher* (Llundain, 1988), t. 232

Milliband, Ralph, *Parliamentary Socialism: A Study in the Politics of Labour* (Llundain, 1979)

Morgan, Austen, *Harold Wilson* (Llundain, 1992). Bu'r awdur yn cyfweld Cledwyn Hughes

Pugh, Martin, *Speak for Britain: A New History of the Labour Party* (Llundain, 2011)

Rosen, Greg, *Old Labour to New* (Llundain, 2005)

Temple, Mick, *Blair* (Llundain, 2006), t. 158

Shrimsley, Anthony, *The First Hundred Days of Harold Wilson* (Llundain, 1968)

Wilson, Harold, *The Labour Government 1964-1970* (Llundain, 1971), t. 836. Ceir cyfeiriadau at Cledwyn Hughes tt. 13, 131, 144, 146, 219, 293-5, 297, 522 a 767

Y Blaid Lafur yng Nghymru

Davies, Gwilym Prys, *Llafur y Blynyddoedd* (Dinbych, 1990)

Idem., *Troi Breuddwyd yn Ffaith*, Darlith yr Archif Wleidyddol Gymreig, 1999 (Aberystwyth, 2000)

Idem., *Cymru ar Drothwy'r Ganrif Newydd*, Darlith Flynyddol Urdd Graddedigion Prifysgol Cymru (Ebrill 1992)

Foot, Michael, *Aneurin Bevan*, Cyf. 1 a 2 (Llundain, 1973)

Gildart, Keith, *North Wales Miners: A Fragile Unity, 1945-1996* (Caerdydd, 2001)

Jones, Gwilym R., 'J.H. Griffith, Dinbych' yn *Dal i Herio'r Byd* (gol. D. Ben Rees) (Lerpwl a Llanddewi Brefi, 1983), tt. 55-58

Morgan, Kenneth O., *Keir Hardie: Radical and Socialist* (Llundain, 1997), tt. 1-343

Morris, John, *Fifty Years in Politics and the Law* (Caerdydd, 2001)

Parry, Cyril, 'The Independent Labour Party and Gwynedd Politics 1900-20', *Cylchgrawn Hanes Cymru*, Mehefin 1968, 4(1), tt. 47–66

Prothero, Cliff, *Recount* (Ormskirk, 1983)

Pugh, Sir Arthur, *Men of Steel: by One of Them, a Chronicle of Eighty-Eight Years of Trade Unionism in the British Iron and Steel Industry* (Llundain, 1951)

Rees, D. Ben, *Di-Ben-Draw*, Hunangofiant (Talybont, 2015), t. 240

Idem., 'Thomas Evan Nicholas (Niclas y Glais) 1879-1971' yn Keith Gildart a David Howell (goln.), *Dictionary of Labour Biography* (Basingstoke, 2010), tt. 182-192

Idem., 'David Thomas (1880-1967), Labour Pioneer in Wales', yn *Dictionary of Labour Biography* (Basingstoke, 2010), tt. 362-72

Idem., *Cofiant Jim Griffiths: Arwr Glew y Werin* (Talybont, 2014), t. 352

Smith, Dai, 'The ashes onto the wind: Bevan and Wales' yn Geoffrey Goodman (gol.), *The State of the Nation: The Political Legacy of Aneurin Bevan* (Llundain, 1997), tt. 68-87

Tanner, Duncan, Chris Williams a Deian Hopkin (goln.), *The Labour Party in Wales 1900-2000* (Caerdydd, 2000), t. 324

Nodiadau a Chyfeiriadau

Pennod 1: Bore Oes yng Nghaergybi (1916-33)

1. 'Caergybi' yn *Gwyddoniadur Cymru: yr Academi Gymreig* (goln. John Davies, Menna Baines, Nigel Jenkins a Peredur Lynch) (Caerdydd, 2008), t. 124.

2. Ibid., t. 451. 'Cymro dysgedig, diwylliedig a gwlatgar' oedd sylw yr awdur dienw yn y *Gwyddoniadur*. Gweler ei lun ar dudalen 450.

3. Thomas H. Davies, *Pwy yw Pwy yng Nghymru* (Lerpwl a Llanddewi Brefi), tt. 3-4.

4. David Lloyd Hughes (gol.), *Y Gŵr o Wyneb y Graig: H. D. Hughes a'i Gefndir* (Dinbych, 1993), t. 16.

5. Emlyn Richards, *Pregethwrs Môn* (Caernarfon, 2003), t. 102.

6. Gweler Pennod 16, nodyn 15, am hanes meibion Mennai a Glynne Owen.

7. LLGC. Papurau'r Arglwydd Cledwyn o Benrhos, B29. Gw. llythyr Edwen Richards, Abergele i Cledwyn Hughes dyddiedig 28 Tachwedd 1987. Enwir T J Williams, T Arthur Jones, Dr Arthur Owen (Penbedw yn ddiweddarach) a H D Hughes fel cnewyllyn y 'Sanhedrin'.

8. Cyril Parry, *Radical Tradition in Welsh Politics: Study of Liberal and Labour Politics in Gwynedd 1900-20*, Hull, 1970, t. 29-32.

9. Gw. Angharad Tomos, *Hiraeth am Yfory: David Thomas* (Llandysul, 2002), t. 264.

10. Ymchwil bersonol ar wefan Ancestry.co.uk.

11. Ibid.

12. Sylw o eiddo Cledwyn Hughes wrth yr awdur.

13. LLGC, Rhaglen deledu Hywel Gwynfryn yn holi Cledwyn Hughes; LlGC. Papurau'r Arglwydd Cledwyn o Benrhos, B9. Llythyr M Hughes, Brwynog, Amlwch at Cledwyn Hughes 9 Mai 1978 a hithau'n ymhyfrydu iddi gael y cyfle i fynd ag ef yn faban yn y pram.

14. D Ben Rees, *Dr John Williams, Brynsiencyn a'i Ddoniau (1853-1921)* (Llangoed, 2009), t. 33.

15. Emlyn Richards, *Pregethwrs Môn*, t. 108.

16. Ibid., t. 109.

17. Ibid., t. 107.

18. David A Pretty, 'Undeb Gweithwyr Môn: Anglesey Workers Union' (dwy ran), *Trafodion Cymdeithas Hynafiaethwyr a Naturiaethwyr Môn*, 1988, 1999, t. 99.

19. Ibid.

20. Ibid., t. 101.

21. *Y Wyntyll*, 11 a 25 Gorffennaf 1918.

22. David A Pretty, 'Undeb Gweithwyr Môn', t. 101.

23. Dywed David A Pretty: 'Pleidleisio i'r dyn yn hytrach na thros egwyddorion Llafur a wnaeth mwyafrif etholwyr Môn yn Rhagfyr 1918', t. 109. Disgrifir ef fel un oedd wrth ei fodd 'mewn eisteddfodau' ac yn 'hybu'r ysgol Sul', t. 116.

24. W L Guttsman, *The British Political Elite* (Llundain, 1968), t. 236.

25. Emlyn Richards, *Pregethwrs Môn*, t. 107. Dylai H D Hughes fod wedi sefyll ei hun yn hytrach na Syr R J Thomas gan ei fod yn llawer mwy radical fel Rhyddfrydwr nag oedd R J Thomas. Ond byddai hynny wrth gwrs wedi peryglu'r cyfeillgarwch mawr oedd rhyngddynt. Cofier bod R J Thomas yn gyflogwr haelionus ac yn meddu ar gefnogaeth gref Cangen Caergybi o Undeb y Morwyr. Meddai H D Hughes, fel y dengys Emlyn Richards ar dudalen 113 ei gyfrol, ar ddelfrydau sosialaidd a chefnogaeth ddi-ildio i'r gwan a'r tlawd.

26. Hugh Owen (gol.), *Braslun o Hanes M. C. Môn (1880-1935)* (Lerpwl, 1937), t. 189.

27. Ibid.

28. Ibid.

29. W E Williams (Gilead), 'Yr Ysgol Sul' yn *Hanes M.C. Môn 1880-1935*, tt. 69-81. Ceir y dyfyniad ar t. 78.

30. Ibid., t. 78.

31. Ifan Gruffydd, *Tân yn y Siambr* (Dinbych, 1966), t. 83.

32. LLGC. Papurau'r Arglwydd Cledwyn o Benrhos, B28. Llythyr y Parchedig D Hughes Jones, Rhyl i Cledwyn Hughes (dim dyddiad). Daeth y testun o Barnwyr 5:16-17. Reuben yn aros yn y corlannau a Dan gyda'r llongau oedd y thema a gofiai'r plentyn ifanc.

33. Robert Beynon, William Eliezer Prytherch (1846-1931) yn *Y Bywgraffiadur Cymreig hyd 1940* (goln. Syr John Edward Lloyd, Syr William Llewelyn Davies a R. T. Jenkins) (Llundain, 1953), t. 762.

34. Hugh Owen (gol.), *Hanes M. C. Môn 1880-1935*, tt. 39-40. Am ddarlun o Puleston yr heddychwr, gw. Dewi Eurig Davies *Byddin y Brenin: Cymru a'i chrefydd yn y Rhyfel Mawr* (Abertawe, 1988), tt. 57, 112-13, 128, 138-140, 155, 168, 183; Ioan W. Gruffydd, 'John Puleston Jones 1862-1925' yn *Herio'r Byd* (gol. D. Ben Rees) (Lerpwl a Llanddewi Brefi), tt. 93-103.

35. Gomer M Roberts, 'Philip Jones (1855-1945)' yn *Y Bywgraffiadur Cymreig 1941-1950* (goln. R. T. Jenkins ac E. D. Jones) (Llundain, 1970), t. 32; E P Roberts, Penygarnedd, 'Y Sasiynau' yn *Hanes M. C. Môn 1880-1935*, tt. 25-41. Ceir y cyfeiriad at Philip Jones a'i ddawn ar dudalennau 40-41.

36. Gwilym Prys Davies, *Cynhaeaf Hanner Canrif: Gwleidyddiaeth Cymreig 1945-2005* (Llandysul, 2008), t. 67. Dywed yr awdur fod ei nain yntau ar ochr ei dad, William Davies, Llanegryn, a'i daid ar ochr ei fam yn Gymry uniaith.

37. Meirion Llewelyn Williams, *Gwas yr Achos Mawr* (Dinbych, 1991), y cyflwyniad gan yr Arglwydd Cledwyn o Benrhos, t. 7.

38. Ibid.

39. Ibid.

40. Ibid., t. 8.

41. Emlyn Richards, *Pregethwrs Môn*, t. 111.

42. LlGC. E2 Papurau'r Arglwydd Cledwyn o Benrhos. Ysgrif yn Saesneg ar ei atgofion cynnar o dan y teitl 'Hometown.' Bu'r ysgrif hon o gryn gymorth i bortreadu'r gwleidydd yn ei flynyddoedd cynnar.

43. Huw Llewelyn Williams, *Cofiant Thomas Williams* (Caernarfon, 1963). Bu Thomas Williams yn Weinidog ar Gapel M. C. Armenia o leiaf deirgwaith. H D Hughes oedd ei ffrind pennaf, ef a'r Parchedig R P Williams, gweinidog yr Annibynwyr Cymraeg.

44. Ceir cyfeiriadau at bob un o'r rhain gan gynnwys Hyfreithon yn Hugh Owen (gol.), *Braslun o Hanes M. C. Môn 1880-1935* (Lerpwl, 1937) neu Huw Llewelyn Williams (gol.) *Braslun o Hanes Methodistiaeth Galfinaidd Môn 1935-1970* (Henaduriaeth Môn, 1972).

45. Vaughan Hughes, *Cymru Fawr: Pan oedd gwlad fach yn arwain y byd* (Llanrwst, 2014), tt. 155-6.

46. Emyr Price, *Cymru a'r Byd Modern ers 1918* (Caerdydd, 1979), t.158.

47. David Pretty, *The Rural Revolt that Failed: Farm workers' Trade Unions in Wales, 1889-1950* (Caerdydd, 1989), yn arbennig yr ail bennod.

48. Am Megan Arfon Lloyd George (1902-1966), gw. Emyr Price, *Megan Lloyd George* (Caernarfon, 1983); Mervyn Jones, *A Radical Life: the biography of Megan Lloyd George* (Llundain, 1991).

49. Am William Edwards, gweler David A Pretty, 'The Socialist Candidate for Anglesey: the political path of W. Huw Rowlands, John Morris-Jones and William Edwards', *Llafur*,11 (2) (2013), tt. 40-55.

50. Dyma'r manylion am etholiad Mai 1929: Megan Lloyd George Rhydd 13,181; William Edwards Llafur 7,563; A Hughes Ceidwadwr 5,917; Mwyafrif 5,618. Gweler Arnold J. James a John E. Thomas, *Wales at Westminster* (Llandysul, 1981), t. 140.

51. Emlyn Richards, *Pregethwrs Môn*, t. 114.

52. D. Lloyd Hughes (gol.), *Y Gŵr o Wyneb y Graig: H. D. Hughes a'i Gefndir* (Dinbych, 1993), t. 43.

53. LLGC. Papurau'r Arglwydd Cledwyn o Benrhos, C 73. Llythyr Cledwyn Hughes i Dylan Hughes, Llanrug, 4 Gorffennaf 1994.

54. J Roberts, 'Ministers Death: An Appreciation,' *Holyhead and Anglesey Mail*, 30 Mai, 1947, t. 8

55. D. Lloyd Hughes (gol.), *Y Gŵr o Wyneb y Graig: H. D. Hughes a'i Gefndir*, ibid., t. 43.

56. Alun Owen, *The Port and Town of Holyhead during the Depression of the Thirties*, Prifysgol Bangor, Rhif 98:8 am yr hyn y cyfeiriai y Parchedig H D Hughes ato yn ei neges i'r Aelod Seneddol.

Pennod 2: Coleg Prifysgol Cymru Aberystwyth (1934-7)

1. Am Thomas Levi (1825-1916) gw. *Y Bywgraffiadur Cymreig*, t. 510; J. E. Meredith, *Thomas Levi* (Caernarfon, 1962); Dafydd Arthur Jones, *Thomas Levi* (Caernarfon, 1997).

2. Emlyn Richards, 'Yr Arglwydd Cledwyn o Benrhos', *Y Goleuad*, 27 Gorffennaf 2001.

3. Tomos Morgan (gol.), *Rhywbeth i'w Ddweud: Detholiad o waith Dyfnallt Morgan* (Llandysul, 2003), t. 28.

4. Ibid., t. 29.

5. Ibid., t. 23.

6. Ibid., t. 30.

7. Ibid.

8. Ibid.

9. Ibid.

10. *The Dragon, The Magazine of the University College of Wales, Aberystwyth*, Cyfrol LVIII, 1935, Rhif 1, t. 47.

11. Ibid. LlGC. Papurau'r Arglwydd Cledwyn o Benrhos, B9. Llythyr Menna Cynan, Pontrhydybont, ger Caergybi, dyddiedig 8 Mai 1978 at Cledwyn Hughes.

12. Ibid., t. 47.

13. W. T. Morgan, John Victor Evans (1895-1957), *Y Bywgraffiadur Cymreig 1951-1970* (goln. E. D. Jones a Brynley F. Roberts) (Llundain, 1997), tt. 54-5.

14. Ibid.

15. *The Dragon*, ibid., t. 47.

16. Ibid. Galwodd Ieuan Hughes, Warden Coleg Harlech ef yn 'one of Tommy Levy's most distinguished lambs' pan etholwyd ef yn Llywydd ei hen Goleg yn 1977. Gweler LLGC Papurau'r Arglwydd Cledwyn o Benrhos B8. Llythyr Ieuan Hughes at Cledwyn Hughes dyddiedig 4 Ionawr 1977.

17. Am D O Evans gw. Lyndon Lloyd, 'Bachgen Bach o Benybryn: Syr David Owen Evans, A.S., 1876-1945' (Traethawd MA heb ei gyhoeddi, Prifysgol Cymru 2001); D Ben Rees, 'Bywyd a Gwaith D. O. Evans AS', *Trafodion Cymdeithas Hanes Ceredigion*, Cyfrol 14 Rhif 3, 2002, tt. 61-70.

18. *The Dragon*, ibid., t. 47.

19. *The Dragon,* Tymor yr Haf, Rhif 3, 1936, t. 48.

20. Ibid.

21. Ni wyddwn i ugain mlynedd yn ddiweddarach fod Garfield Hughes wedi bod yn weithgar yn y gangen. Gwyddwn amdano fel arbenigwr ar ryddiaith yr emynydd Pantycelyn. Am argraffiad newydd o ryddiaith William Williams (1717-91), gw. Garfield H. Hughes, *Gweithiau William Williams, Pantycelyn, Cyf. II* (Caerdydd, 1967).

22. *The Dragon* (1935), t. 35.

23. *The Dragon,* Tymor y Grawys (1936), Rhif 2, t. 47.

24. Ibid.

25. Ibid.

26. *The Dragon,* Cyfrol LIX (1936), Rhif 1, t. 39.

27. John Davies, *Hanes Cymru* (Harmondsworth, 1990), t. 569.

28. Llyfrgell Genedlaethol Cymru, Papurau J E Jones.

29. T. Robin Chapman, *Un Bywyd o Blith Nifer: Cofiant Saunders Lewis* (Llandysul, 2006), t. 225.

30. Ibid., t. 223.

31. Emyr Price, *Yr Arglwydd Cledwyn o Benrhos* (Pen-y-groes, 1990), t. 223.

32. Huw T. Edwards, *Tros y Tresi* (Dinbych,1956), t. 131.

33. Emyr Price, ibid., t. 13.

34. Daeth y *Left Book Club* i fodolaeth ym mis Mai 1936 gan gyhoeddi llyfrau ar gyfer yr asgell chwith. Dewiswyd cyfrolau i'w cyhoeddi gan Victor Gollancz, Harold Laski a John Strachey. Daeth yn fudiad propaganda pwerus, gyda thua 50,000 o Sosialwyr, o bob rhan o Brydain, yn cyfarfod i drafod y deunydd ac i ddarllen y cyfrolau. Bu'r llyfrau hyn yn dra phwysig yng nghyfnod prentisiaeth Cledwyn Hughes ym myd gwleidyddiaeth.

35. Huw Llewelyn Williams (gol.), *Braslun o Hanes Methodistiaeth Calfinaidd Môn 1935-1970* (Dinbych, 1977), t. 201.

36. David Marquand, *The Progressive Dilemma: From Lloyd George to Kinnock* (Llundain, 1991), t. 115.

37. LlGC. E2. Ysgrif Cledwyn Hughes ar Gaergybi, 'My Hometown.'

Pennod 3: Bwrw'i Brentisiaeth (1938-51)

1. Huw Llewelyn Williams, *Braslun o Hanes Methodistiaeth Galfinaidd Môn 1935-1970* (Henaduriaeth Môn, 1977), t. 196. Bu farw Henry Jones, YH, Henadur a Chadeirydd Cyngor Sir Môn yn 1938, blaenor yng nghapel MC Armenia er 1919 'a chymwynaswr na wyddai am derfynau enwad na phlaid.'

2. LlGC. Papurau'r Arglwydd Cledwyn o Benrhos, B2. Llythyr Eurwyn Williams, 5 New Street, Abercynon, dyddiedig 20 Hydref 1964.

3. Ibid.

4. Yn y papur lleol gwelir hysbyseb yn nodi cyfarfodydd olaf ymgyrch Etholiad 1945 y byddai ef yn annerch ynddynt fel Flying Officer Cledwyn Hughes, LL.B. Ar nos Lun, 2 Gorffennaf roedd yn Llangwyllog, Capel Coch, Bryngwran a Bodedern. Ar nos Fawrth, 3 Gorffennaf yn Amlwch, Porth Amlwch, Penysarn, a Neuadd Tref Caergybi, ac yna ar y noson olaf, nos Fercher, 4 Gorffennaf byddai yn annerch am 7 yn Llangefni, 7.30 yn Gwalchmai, ac am 8 o'r gloch yn yr awyr agored yng Nghaergybi, un o gadarnleoedd y Blaid Lafur. Gweler *Holyhead and Anglesey Mail*, 27 Mehefin 1945. Bu cefnogaeth dda i'r cyfarfodydd, ond cwynai golygydd y papur lleol nad oedd yr ymgyrch yn Arfon na Môn yn creu llawer o frwdfrydedd, 'and there is the absence of the violent partnership that was seen in the elections in by-gone days.' Gw. *Holyhead and Anglesey Mail*, 20 Mehefin 1945.

5. Emyr Price, *Megan Lloyd George* (Caernarfon, 1983), t. 3.

6.   Ibid.

7.   Ibid., t. 37.

8.   Ibid., t. 39.

9.   Gwilym Prys Davies, *Cynhaeaf Hanner Canrif, Gwleidyddiaeth Gymreig 1945-2005* (Llandysul, 2008), t. 70.

10. Emyr Price, *Yr Arglwydd Cledwyn o Benrhos* (Pen-y-groes, 1990), t. 14.

11. Ibid., t. 13 'Wedyn pwyswyd ar Cledwyn Hughes, yn bennaf gan William Edwards, Hologwyn i'w gynnig ei hun fel Ymgeisydd Llafur.'

12. 'Roedd pleidleisiau aelodau'r Lluoedd Arfog yn 1945 yn gwbl allweddol i lwyddiant y Blaid Lafur yn Lloegr, ac i raddau llai yng Nghymru a'r Alban.' Gw. D. Ben Rees, *Cofiant Jim Griffiths: Arwr Glew y Werin* (Talybont, 2014), t. 147.

13. Beti Jones, *Etholiadau Seneddol yng Nghymru 1900-75* (Talybont, 1977), t. 102.

14. D. Ben Rees, *Cofiant Jim Griffiths*, ibid., tt. 147-149.

15. Gw. Hugh Purcell, *Lloyd George* (Llundain, 2006), t. 118, 'When it came on 26 March, Megan and Frances, only temporarily united, sat either side of the bed, holding his hands. For one so eloquent there were no final words but seemingly a quiet contentment.'

16. Emyr Price, *Yr Arglwydd Cledwyn o Benrhos*, ibid., t.14

17. Huw Llewelyn Williams (gol.), *Braslun o Hanes Methodistiaeth Galfinaidd Môn 1935-1970*, ibid., t. 202 'Yn Nhachwedd 1946 bu farw Mrs H. D. Hughes, ac ni fu Mr Hughes ond ychydig fisoedd ar ei hôl.' Gw. David Lloyd Hughes (gol.), *Y Chwarel a'i Phobl*, gan H. D. Hughes (Dinbych, 1960), t. 116. Paratôdd H D Hughes ei bregeth olaf ar gyfer y praidd yn Nisgwylfa fore Sulgwyn 29 Mai 1947. Y bore hwnnw trawyd ef yn wael, a bu farw cyn diwedd y dydd. Daeth bron i hanner cant o weinidogion yr Efengyl i'w gynhebrwng, arwydd o barch rhyfeddol. Rhoddodd y mab ieuengaf y deyrnged hon iddo: 'Cadwodd ei le fel pregethwr yn ngwres y pregethu mawr a'r pregethwyr mawr a rhagorai arnynt oll fel pregethwr eithriadol o wreiddiol a diddorol ac onid dyma yw prif rinwedd pregethu ym mhob oes.'

18. Andrew Roth, Obituary Lord Cledwyn of Penrhos, *The Guardian*, February, 2001.

19. Am bortread o Jean Hughes, gw. Iorwerth Roberts, 'The Secretary's Life', *Liverpool Daily Post*, 13 Ebrill 1966.

20. Emyr Price, *Yr Arglwydd Cledwyn o Benrhos*, ibid., t. 18.

21. Roedd gan Megan Lloyd George ddau gefnogydd dylanwadol ym Môn yn ôl ei chofiannydd: 'Megan had two heavy weight supporters: one was Sir Robert Thomas, who stated publicly that he would give her 'all the assistance in my power', and the other was the Reverend H. D. Hughes, Methodist minister in Holyhead, who was the most influential figure among Anglesey's nonconformists.' Gw. Mervyn Jones, *A Radical Life: The Biography of Megan Lloyd George* (Llundain. 1991), t. 75.

22. Ibid., t. 195.

23. Ibid., t. 210.

24. Ceir hanes cyfraniad pwysig Huw T. Edwards, *Tros y Tresi* (Dinbych, 1955), tt. 9-155.

25. Mervyn Jones, ibid., t. 210.

26. Beti Jones, *Etholiadau Seneddol yng Nghymru 1900-75* (Talybont, 1977), t. 110.

27. LLGC. Papurau'r Arglwydd Goronwy Roberts, C1/2. Llythyr Cledwyn Hughes, Caergybi i Goronwy Roberts, A.S. dyddiedig 6 Awst 1950.

28. Emyr Price, *Yr Arglwydd Cledwyn o Benrhos*, ibid., t. 15.

29. LlGC. Papurau'r Arglwydd Cledwyn o Benrhos, E11. Anerchiad a roddodd yng Nghapel yr Annibynwyr, Capel Ifan, Llannerch-y-medd ar Sul, 2 Hydref, 1994 i Oedfa o Ddiolch am y Cynghorydd Albert Owen, Cadeirydd newydd Cyngor Sir Gwynedd, y flwyddyn honno.

30. Ibid., E20. Tystysgrif Bedydd Emily Ann Hughes. Gŵr o Garmel, Môn oedd olynydd y Parchedig H. D. Hughes, sef y Parch R.G. Hughes, BA, BD a 'buan y derbyniwyd y gŵr ifanc annwyl a galluog hwn i galonnau'r bobl.' Gw. Huw Llewelyn Williams (gol.), *Braslun o Hanes Methodistiaeth Galfinaidd Môn 1935-1970*, ibid., t. 202.

31. Mervyn Jones, *A Radical Life: The Biography of Megan Lloyd George*, ibid., t. 222.

32. Ibid., t. 180.

33. LlGC. Papurau'r Arglwydd Cledwyn o Benrhos, E11, o dan y teitl 1951.

34. Beti Jones, *Etholiadau Seneddol yng Nghymru 1900-75*, ibid., t. 117.

35. Mervyn Jones, *A Radical Life,* ibid., t. 222.

36. Ibid., t. 223.

37. Mervyn Jones, ibid., t. 224.

38. Collodd y Blaid Lafur etholiad 1951 ond i rai deallusion fel Syr Norman Angell, roedd Bevan yn rhannol gyfrifol am y methiant. Mewn erthygl bryfoclyd dywedodd: 'It is no secret at all that a great many in the Labour Party, especially on the trade union side, regard Mr Aneurin Bevan a far greater menace than Mr Churchill to the world of the British workers' desires.' Gw. Norman Angell, 'Toryism and Freedom', *Spectator*, 19 Hydref, 1951, t. 499. Dyfynnir yn Mark M. Krug, *Aneurin Bevan: Cautious Rebel* (Efrog Newydd a Llundain, 1961), t. 122.

39. Huw Llewelyn Williams (gol.), *Braslun o Hanes Methodistiaeth Galfinaidd Môn 1935-1970*, t. 202. Y blaenor arall a etholwyd oedd yr hynaws David Rowlands. Ar t. 203 dywedir am Cledwyn Hughes 'Gwerthfawrogir ei wasanaeth yn llenwi bylchau yn yr eglwysi (o bob enwad) ar y Suliau'.

Pennod 4: Senedd i Gymru yn y Pumdegau (1951-6)

1. LlGC. Papurau'r Arglwydd Cledwyn o Benrhos, B11.

2. Gwilym Prys Davies, *Cynhaeaf Hanner Canrif: Gwleidyddiaeth Gymreig 1945-2005* (Llandysul, 2008), t. 69.

3. Enghraifft dda o hyn yw ei ddarlith yn 1990 yn Llyfrgell Genedlaethol Cymru. Yr Arglwydd Cledwyn o Benrhos, *Cymru yn y Ddau Dŷ* (Aberystwyth, 1991), tt. 2-5.

4. Emyr Price, *Megan Lloyd George* (Caernarfon, 1983), t. 45.

5. Ibid.

6.   Ibid.

7.   *Y Cymro*, 15 Mehefin 1951.

8.   Emyr Price, *Yr Arglwydd Cledwyn o Benrhos* (Pen-y-groes, 1990), t. 21.

9.   *Hansard*, cyf. 493, colofnau 62-3, t. 143, tt. 422-3.

10. Ibid.

11. Emyr Price, *Megan Lloyd George*, ibid., t. 47.

12. Ibid.

13. Alan Butt Philip, *The Welsh Question; Nationalism in Welsh Politics 1945-1970* (Caerdydd, 1975), t. 258.

14. Ibid., t. 259.

15. Ibid., t. 260.

16. Ibid. Mae Alan B. Philip yn ddigon teg wrth ddweud; 'Thus Labour emerged more hostile to the idea of a Parliament for Wales, largely as a result of the campaign.'

17. John Gilbert Evans, *Devolution in Wales: Claims and Responses, 1937-1979* (Caerdydd, 2006), t. 60.

18. *Hansard*, cyf. 497, colofn 559-60.

19. Adroddiad Cynhadledd Flynyddol Cyngor Rhanbarthol y Blaid Lafur Gymreig, 29 Mai 1954, t. 5.

20. D Ben Rees, *Cofiant Jim Griffiths, Arwr Glew y Werin* (Talybont, 2014), t. 183, LlGC, Papurau Iorwerth C. Peate A1/5. Llythyr James Griffiths at Iorwerth C. Peate, 23 Mawrth 1954.

21. Ibid.

22. *Liverpool Daily Post* (31 Mai 1954). Gw. Rhys Evans, *Gwynfor: Rhag Pob Brad* (Talybont, 2006), t.155.

23. Ibid. Cafwyd yr un feirniadaeth gan Lafurwr arall, Huw T Edwards, 'I charge the Welsh Nationalist Party with being the one barrier to Welsh unity'. Gw. Huw T. Edwards, *They Went to Llandrindod* (Caerdydd, 1954), t. 43; Gwyn Jenkins, *Prif Weinidog Answyddogol Cymru: Cofiant Huw T. Edwards* (Talybont, 2007), t. 138.

24. D. Ben Rees, *Cofiant Jim Griffiths, Arwr Glew y Werin*, ibid, t. 183; Robert Griffiths, *S. O. Davies – A Socialist Faith* (Llandysul, 1983), t. 179. 'Welsh mining MPs with the exception of S. O. hardened in their opposition to the campaign and successfully negotiated speaking-rights for Jim Griffiths and Dai Greenfield (MP for Gower) at the conference. Unfortunately the anti-devolution camp's scaremongering could only have profited from the contradictory replies of Home Rule supporters.'

25. John Gilbert Evans, *Devolution in Wales,* ibid., tt. 63-4.

26. Gweler Prifysgol Abertawe, Papurau S. O. Davies, B3, Llythyr Cledwyn Hughes i S. O. Davies, 14 Ionawr 1955.

27. Ibid. B3, S. O. Davies i Cledwyn Hughes a Goronwy Roberts, 19 Ionawr 1955.

28. John Gilbert Evans, *Devolution in Wales,* ibid., t. 65.

29. Huw T. Edwards, *Tros y Tresi* (Dinbych, 1950), t. 121.

30. *Hansard*, Cyfrol 537, colofnau 2447-55.

31. Ibid. Cyfrol 537, colofnau 2519, 2521-4.

32. Ibid. Cyfrol 537, colofnau 2514-17.

33. Prifysgol Abertawe, Papurau D. I. Williams, C7/8.

34. *Hansard*, Cyfrol 537, col. 2526-8.

35. Ibid. Cyfrol 551, col. 1589.

36. Angharad Tomos, *Hiraeth am Yfory: David Thomas* (Llandysul, 2002), t. 224.

37. D. Ben Rees, *Cofiant Jim Griffiths, Arwr Glew y Werin,* ibid, t. 184.

38. Kenneth O. Morgan, 'The Merthyr of Keir Hardie' yn *Merthyr Politics* (gol. Glanmor Williams) (Caerdydd, 1966), t. 70.

39. Alan Butt Philip, *The Welsh Question: Nationalism in Welsh Politics, 1945-1970* (Caerdydd, 1975), t. 283.

40. LlGC. Papurau'r Arglwydd Cledwyn o Benrhos. Gohebiaeth. Llythyr Rolant o Fôn, Llangefni i Cledwyn Hughes, dyddiedig 15 Medi 1959.

41. Ibid.

42. Ibid.

43. Roeddwn yn gyfarwydd iawn ag Owen Edwards, Betws Gwerfyl Goch a Blaenau Ffestiniog, a gweler un llythyr o'i eiddo i Cledwyn Hughes ym mhapurau'r gwleidydd.

44. Angharad Tomos, *Hiraeth am Yfory*, ibid., t. 227.

45. Ibid., t. 230.

Pennod 5: Aelod Seneddol Môn (1951-64)

1. Bobi Jones, *Crwydro Môn* (Llandybïe, 1957), t. 96.

2. Ibid., t. 128.

3. *Hansard*, 8 Tachwedd 1951, cyfrol 493. Saith munud o araith.

4. Ibid.

5. Ibid.

6. Bobi Jones, *Crwydro Môn*, t. 128.

7. *Hansard*, 4 Chwefror 1953, cyfrol 495, tt. 650-759.

8. Ibid.

9. Emyr Price, *Yr Arglwydd Cledwyn o Benrhos* (Pen-y-groes, 1990), t. 22.

10. Andy Misell, 'Cymru ar Werth', *Llyfr y Ganrif* (goln. Gwyn Jenkins a Tegwyn Jones) (Talybont, 1999), t. 216.

11. Ibid.

12. D. Ben Rees, *Cofiant Jim Griffiths: Arwr Glew y Werin* (Talybont, 2014), t. 186.

13. Beti Jones, *Etholiadau Seneddol yng Nghymru 1900-75* (Talybont, 1977), t. 123.

14. Yn ôl R Tudur Jones, i'r Blaid Lafur y pleidleisiai 'mwyafrif llethol Annibynwyr Cymru erbyn 1945'. Gw. R. Tudur Jones *Hanes Annibynwyr Cymru* (Abertawe, 1966), t. 288.

15. LlGC. Papurau'r Arglwydd Cledwyn o Benrhos, Ffeil B1: Madoc Jones i Cledwyn Hughes, 11 Chwefror 1952.

16. Ibid., Ffeil D4.

17. Gol. Huw Llewelyn Williams, *Braslun o Hanes Methodistiaeth Galfinaidd Môn 1935-1970* (Dinbych, 1977), t. 202.

18. Ibid.

19. Roedd Cledwyn Hughes yn ddarllenwr awchus o'r wasg ddyddiol ac wythnosol yn y ddwy iaith. Derbyniai bob dydd *The Times, The Guardian, The Daily Telegraph, Daily Post, Western Mail* a'r *London Evening Standard*, a bob wythnos, *Herald Môn, Y Cymro, Holyhead and Anglesey Mail, Y Faner, New Statesman* a *Farmer & Stock Breeder*. Gw. Thomas H. Davies, *Pwy yw Pwy yng Nghymru* (Lerpwl a Llanddewi Brefi, 1981), tt. 3-4.

20. Emyr Price, *Yr Arglwydd Cledwyn o Benrhos*, t. 23.

21. LlGC. Papurau'r Arglwydd Cledwyn o Benrhos, Ffeil E1. Anerchiad i Gymdeithas Gymraeg Dewi Sant Glasgow, 1957.

22. Adroddir y stori'n llawn gan Cledwyn Hughes, *Report of an Enquiry into Conditions on the Island of St Helena*, Llangefni, 1958; National Archives (TNA), CO 1024/24, A. Emanuel, 'Report on a visit to St Helena', 1959. Stephen Constantine, 'Cledwyn Hughes, MP for Anglesey – and St Helena', *Cylchgrawn Hanes Cymru*, Cyf 27, Rhif 3, Mehefin 2015, tt. 552-573.

23. Tony Benn, *Years of Hope: Diaries, Letters and Papers, 1940-1962* (gol. Ruth Winstone) (Llundain, 1994), tt. 267, 276.

24. Stephen Constantine, 'Cledwyn Hughes, MP for Anglesey – and St Helena', *Cylchgrawn Hanes Cymru*, ibid., t. 556.

25. LlGC, Papurau'r Arglwydd Cledwyn o Benrhos. James Callaghan i Cledwyn Hughes, 27 Mawrth 1958.

26. LlGC, Papurau'r Arglwydd Cledwyn o Benrhos. Llythyr George Constantine at Cledwyn Hughes, dyddiedig 1 Gorffennaf 1958.

27. Ibid. Llythyr Wedgwood-Benn at Cledwyn Hughes, 16 Medi 1958. Gweler hefyd lythyr James Callaghan ato, 30 Hydref 1958.

28. Ibid. Llythyr Julian Amery at Hughes, 21 Gorffennaf 1959.

29. Stephen Constantine, ibid., t. 561.

30. Ibid., t. 565.

31. Gw. *Hansard*, 12 Chwefror 1959 a 28 Ebrill 1959.

32. Stephen Constantine, ibid., t. 572.

33. Beti Jones, *Etholiadau Seneddol yng Nghymru 1900-75*, ibid., t. 130.

34. LlGC. Papurau'r Arglwydd Cledwyn o Benrhos, Ffeil E1: 'Anerchiad Eisteddfod Môn yn Amlwch 1961.'

35. Ibid.

36. Yr Arglwydd Cledwyn o Benrhos, *Cymru yn y Ddau Dŷ*, Darlith yr Archif Wleidyddol Gymraeg 1990 (Aberystwyth, 1991), t. 10.

37. LlGC. Papurau Arglwydd Cledwyn o Benrhos, Ffeil E1. Teyrnged i Aneurin Bevan, 20 tudalen a draddodwyd ym Mangor ar 20 Hydref 1961.

38. Ibid. Ffeil E1. Anerchiad i Gŵyl Llafur Gogledd Cymru 1962.

39. Ibid.

40. Ibid.

41. Philip Norton a David M. Wood, *Back From Westminster: British Members of Parliament and their Constituents*, Lexington, Kentucky, 1993, 40. Dyfyniad o Austin Mitchell, *Westminster Man* (Llundain, 1982).

42. Philip Norton a David M. Wood, ibid., tt. 40-1.

43. Ibid., t. 41. Gweler hefyd Philip Norton, 'Dear Minister…: The Importance of MP-to-Minister correspondence', *Parliamentary Affairs*, 35 (Gaeaf 1982), tt. 59-72.

44. Gweler *Back From Westminster*, t. 42.

45. LLGC. Papurau'r Arglwydd Cledwyn o Benrhos, Ffeil 1. Anerchiad yn Llanegryn i Blaid Lafur Meirionnydd.

46. Ibid.

47. LlGC. Papurau'r Arglwydd Cledwyn o Benrhos, Ffeil E1. Anerchiad i Glwb Rotari Caergybi 1957.

48. Emyr Price, *Yr Arglwydd Cledwyn o Benrhos*, t. 26.

49. Ibid., t. 27.

Pennod 6: Gweinidog y Gymanwlad (1964-6)

1. Enw bedydd y bardd a'r gwleidydd oedd John Tudor Jones (1904-1985), a anwyd yn Llaneilian, Môn, ond mabwysiadodd yr enw John Eilian fel bardd a newyddiadurwr. Safodd fel ymgeisydd dair gwaith yn erbyn Cledwyn. Roedd mor frwdfrydig dros yr Arwisgo ag ydoedd Aelod Seneddol Môn.

2. Am asesiad o R Tudur Jones, gweler Robert Pope, 'Un o Gewri Protestaniaeth Cymru: R. Tudur Jones ac Annibynwyr Cymru' yn *Codi Muriau Dinas Duw: Anghydffurfiaeth ac Anghydffurfwyr Cymru'r Ugeinfed Ganrif* (Bangor, 2005), tt. 246-271; D. Densil Morgan, 'Gan Dduw Mae'r Gair Olaf: R. Tudur Jones (1921-1998)', idem., *Cedyrn Canrif: Crefydd a Chymdeithas yng Nghymru'r Ugeinfed Ganrif* (Caerdydd, 2001), tt. 221-2.

3. Llyfrgell Genedlaethol Cymru. Papurau'r Arglwydd Cledwyn. Anfonodd Dr R. Tudur Jones, Coleg Bala-Bangor, lythyr ar 16 Hydref 1964 at Cledwyn Hughes.

4. Ibid. Llythyr E Gwynn Jones, Caergybi, 3 Hydref 1963 at Cledwyn Hughes.

5. Ibid.

6. Beti Jones, *Etholiadau Seneddol yng Nghymru 1900-75* (Talybont, 1977), t. 137.

7. LlGC. Papurau'r Arglwydd Cledwyn. Llythyr R Elwyn Williams, Caergybi, i Cledwyn Hughes, dyddiedig 16 Hydref 1964.

8. Ibid. Llythyr Eleanor Owen Parry, Llithfaen, dyddiedig 16 Hydref 1964 i Cledwyn Hughes.

9. Ibid.

10. Ibid., gweler rhif 3.

11. Ibid. Llythyr Myfanwy ac Idwal Roberts, Tŷ'r Ysgol, Llannerch-y-medd at Cledwyn Hughes dyddiedig 19 Hydref 1964. Llongyfarchwyd ef gan lythyr arall o Lannerch-y-medd, y tro hwn gan W Oswald Thomas a hynny ar 20 Hydref 1964. Ychwanega 'meddwl oeddym am eich annwyl Dad oedd gymaint o ffafrddyn yn y Cwyrt, Llannerchymedd'.

12. Ni rydd Alun ddyddiad ar ei lythyr na'i gyfenw, dim ond Pen-y-lan, Bangor.

13. Ibid. Llythyr Caroline Connor at CH, dyddiedig 16 Hydref 1964.

14. Ibid. Llythyr Peter Watson, Caergybi at CH dyddiedig 29 Hydref 1964.

15. Ibid. Llythyr yr Henadur Robert Roberts, Caergybi at CH, dim dyddiad.

16. Ibid. Llythyr Mona Preston Thomas, Bryn Llwyd, Caergybi at CH dyddiedig 16 Hydref 1964.

17. Ibid. Gellid ychwanegu'r enwau hyn o blith y Presbyteriaid Cymraeg, y Parchedigion Huw Llywelyn Williams, Y Fali; Huw Walter Jones, Harri Owain Jones, Caergybi; T Richmond Williams, Glyn Parry Jones, Caerdydd; R Gwilym Hughes, Pwllheli; D Jones Davies (Cyfarwyddwr Addysg Môn yn 1964); Dr R Lewis Jones, Caernarfon; Richard Thomas, Bodfari; Owen Roberts, Rhuddlan; Richard Jones, Charing Cross, Llundain; Alwyn Thomas, Bae Colwyn; Gwynfryn Evans, C O Lewis, Llanfair Pwllgwyngyll. Anfonodd gweinidogion o enwadau Anghydffurfiol eraill eu dymuniadau, yn cynnwys y Parchedigion Gerson Davies, Bethel, Caergybi a W Clifford Davies, Gorseinon. Mynegodd T. Richmond Williams, Cleator Moor, Cumberland (un a fagwyd yng nghapel Disgwylfa, Caergybi) ei ddiolchgarwch am ddylanwad y Parchedig H D Hughes ar y ddau ohonynt. Dywed yn ei lythyr dyddiedig 20 Hydref 1964: 'Nid rhyfedd i fab un o'r goreuon a welodd bulpudau Cymru erioed, ddringo mor uchel yn y Senedd a'r Llywodraeth. Mor falch a fyddai d'annwyl dad a'th fam, yr erys coffadwriaeth mor fendigedig amdanynt am y llwyddiant mawr.

    A phwy a ŵyr nad ydynt byth
    Yn teimlo gyda ni islaw,
    A boed ein llwydd yn rhan ddi-lyth
    O'n mwyniant hwy, yr ochr draw.

    Tra byddaf byw ni anghofiaf fy nyled i'th annwyl dad, a hyfryd yw dy weld yn dal yn ei olyniaeth ardderchog yntau.'

18. Ibid. Llythyr Anne, Glasgow (dim dyddiad) at Cledwyn Hughes.

19. Ibid. Llythyr Alun Jones, Hendre, Watford at CH dyddiedig 23 Hydref 1964.

20. Ibid.

21. Ibid. Llythyr E J Hughes, Gwylfa, Biwmares, Môn at CH, dim dyddiad.

22. Ibid. Llythyr Beti a Dr Dugmore Hunter, 21 Grove Terrace, Llundain, NW5, dyddiedig Hydref 1964 at Cledwyn Hughes.

23. Ibid. Llythyr y Parchedig R H Evans, Aberystwyth at CH, dim dyddiad.

24. Ibid. Llythyr W H Roberts, Niwbwrch at CH dyddiedig 21 Hydref 1964.

25. Ibid. Llythyr yr Athro I Ll Foster, Coleg yr Iesu, Rhydychen at CH, dyddiedig 19 Hydref 1964.

26. Ibid. Llythyr Charles Quant, Sliverwood, Gwernymynydd, Wyddgrug at CH dyddiedig 20 Hydref 1964.

27. Ibid. Llythyr H. D. a Phyllis Healy a'r teulu, 39 Ffordd Derwen, Rhyl at C H, dyddiedig 21 Hydref 1964.

28. Ibid.

29. Ibid. Llythyr Jeremy Thorpe, Tŷ'r Cyffredin at C H, dim dyddiad. Ceir bywgraffiad o Jeremy Thorpe (1929-2014) yn *Dictionary of Liberal Biography*, gol Duncan Brack (Llundain, 1998), tt. 356-9, gan Julian Glover.

30. D. Ben Rees, *Cofiant Jim Griffiths, Arwr Glew y Werin* (Talybont, 2014), tt. 162-74.

31. LlGC. Papurau'r Arglwydd Cledwyn o Benrhos. Llythyr Frank Price Jones, Y Berllan, Siliwen Road, Bangor i Cledwyn Hughes, dyddiedig 19 Hydref 1964.

32. Ibid. Telegram D Emrys Williams at Cledwyn Hughes.

33. Am fywgraffiad David Emrys Williams (1896-1972), gw. D Ben Rees, *Cymry Adnabyddus 1951-1972* (Lerpwl a Phontypridd 1978), t. 186.

34. LlGC. Papurau'r Arglwydd Cledwyn o Benrhos. Llythyr Gwyn Ellis, Bethesda i CH, dyddiedig 26 Hydref 1964.

35. Ibid. Llythyr Wynne Williams, Blaenau Ffestiniog at CH dyddiedig 21 Hydref 1964 a llythyr Owen Edwards, Plaid Lafur Ffestiniog, at CH, dim dyddiad.

36. Ibid. Llythyr y Parchedig Llywelyn Williams, Aelod Seneddol Abertyleri at C H dyddiedig 18 Hydref 1964. Ceir cofnod byr am Llywelyn Williams (1911-1965) yn *Cymry Adnabyddus 1951-1972*, ibid., t. 194.

37. Ibid. Llythyr yr Henadur K W Jones Roberts, CBE, Ffestiniog, dyddiedig 25 Hydref 1964.

38. Ibid.

39. Emyr Price, *Yr Arglwydd Cledwyn o Benrhos* (Pen-y-groes, 1990), t. 37.

40. James Griffiths, *Pages From Memory* (Llundain, 1969), tt. 109-110, 112.

41. Am Kenneth David Kaunda a Julius Kambarage Nyerere, gw. *Oxford Encyclopedia of World History* (Rhydychen, 1998), tt. 360-1, 489.

42. Andrew Misell, 'Cledwyn Hughes ac Annibyniaeth Rhodesia', *Barn*, Rhif 625, Chwefror 2015, t. 15.

43. Ibid.

44. LlGC. Papurau'r Arglwydd Cledwyn o Benrhos. Llythyr y Parchedig Gwilym O Williams, Esgob Bangor at Cledwyn Hughes, dyddiedig 21 Hydref 1964.

45. Ibid. Llythyr y Parch Richard Thomas, Bodfari, at Cledwyn Hughes, dyddiedig 26 Hydref 1964.

46. Emyr Price, ibid., t. 37.

47. LlGC. Papurau'r Arglwydd Cledwyn o Benrhos. Ceir llythyr gan Dr Borg Oliver at Cledwyn Hughes, dyddiedig 21 Rhagfyr 1964. Diolchai ar ran ei ddirprwyaeth i Jean a Cledwyn Hughes am ei wahodd i weld y '*ballet*' yn Covent Garden ar y nos Sadwrn.

48. Emyr Price, ibid., t. 37.

49. Ibid., t. 38.

50. Ibid.

51. Roedd Smith yn wallgof am y gohirio, ac anfonodd lythyr at Bottomley ar 15 Medi yn dweud: '… six months have elapsed since Lord Gardiner and you visited us; two months have passed since Mr Hughes arrived here! Our planting season, which affects our all important agricultural industry, is upon us and before planting, our Farmers expect and are entitled to a decision on our independence'. Gw. Harold Wilson, *The Labour Government 1964-1970: A Personal Record* (Llundain, 1971), t. 146.

52. Ibid.

53. Andrew Missell, ibid., t. 16.

54. Emyr Price, ibid., t. 39.

55. LlGC. Papurau'r Arglwydd Cledwyn o Benrhos. Llythyr Dr G W Griffiths, Washington, DC, UDA i Cledwyn Hughes, dyddiedig 24 Hydref 1964.

56. Harold Wilson, ibid., t. 130.

57. Ibid., t. 131.

58. LlGC. Papurau'r Arglwydd Cledwyn o Benrhos. Llythyr John Tilney, AS i CH, dim dyddiad.

59. Ibid. Llythyr Roy Jenkins, AS at CH, dim dyddiad.

60. Ibid. Llythyr Elinor Lake, Bae Trearddur, Môn, at Cledwyn Hughes, dyddiedig 20 Hydref 1964.

61. Ibid. Llythyr Edwin L Sykes, Llundain at CH, dim dyddiad.

62. Ibid. Llythyr George Cunningham, Swyddfa Ganolog y Blaid Lafur, Llundain at Cledwyn Hughes, dim dyddiad.

63. Beti Jones, ibid., t. 145.

64. Ibid., t. 143.

65. LlGC. Papurau'r Arglwydd Cledwyn o Benrhos. Llythyr Gwyn Ellis, Bethesda i CH, dyddiedig 4 Ebrill 1966. Dywed am fuddugoliaeth Conwy: 'Dyna'r eiliadau balchaf yn fy oes, ac anghofia i mo'r ias hyfryd a aeth trwyddaf am weddill fy nyddiau'.

66. Rhys Evans, *Gwynfor: Rhag Pob Brad* (Talybont, 2005), t. 270.

67. LlGC. Papurau'r Arglwydd Cledwyn o Benrhos. Llythyr Aneurin Evans, Bangor at CH, dim dyddiad.

68. Ibid. Llythyr William John, Davies, Prifathro Ysgol Morgan Llwyd, Wrecsam at Cledwyn Hughes, dim dyddiad.

Pennod 7: Ysgrifennydd Gwladol Cymru (1966-8)

1. LlGC. Papurau'r Arglwydd Cledwyn o Benrhos, B3(i)/45. Anfonodd ffrind mawr R Gwilym Hughes, y Prifathro Thomas Parry, Aberystwyth, lythyr iddo hefyd : 'Llongyfarchiadau ar y swydd newydd, a phob hwyl ar feithrin agwedd eich rhagflaenydd ym mhob peth ond y dref newydd bondigrybwyll!' Gw. B3(i)/3.

2. Ibid. B3(i)/67.

3. Ibid. B3(i)/70.

4.   Ibid. B(i)/37. Ficer Pwllheli oedd yr unig un o'r holl lythyron i ddymuno'n dda i Jean.
      Dywedodd: 'Mae'n braf meddwl am Gymraes mor naturiol ac annwyl yn brif ferch y genedl.
      Dipyn o newid o'r Aristocratiaid Seisnig sydd wedi bod yn mynnu sylw mor hir.'

5.   Ibid. B3(i)/71. Dyna oedd testun diolch W R P George a'r Parchedig Athro R H Evans,
      Coleg Diwinyddol Aberystwyth yn ei lythyr, dyddiedig Ebrill 9 1966. Gweler B/35.

6.   Ysgrifennodd y bardd a'r newyddiadurwr, Mathonwy Hughes, Dinbych (B/36): 'Mae yma
      lawenydd mawr. Y dyn iawn yn y swydd iawn yn awr a phob lwc a bendith arnoch. Bydd
      gennych fechgyn ifanc newydd rhagorol yn Elystan a Hudson Davies a disgwyliwn lawer
      oddi wrthych.'

7.   Gweler Cledwyn Hughes, *The Referendum: The End of an Era* (1981) ac fel yr ailadroddodd
      ei hun ar fudiad Cymru Fydd yn ei gyhoeddiad, *Wales in Both Houses* (1991).

8.   Du Leo Abse yn ddraenen yn ystlys pob mudiad oedd o blaid datganoli. Gw. Ann Clwyd,
      'Communist charge angers Welsh TUC', *The Guardian*, 5 Rhagfyr 1975.

9.   Gwilym Prys Davies, *Cynhaeaf Hanner Canrif: Gwleidyddiaeth Gymreig 1945-2005* (Llandysul,
      2008), tt. 73-4.

10.   Ibid., t. 74.

11.   Ibid., t. 75.

12.   Ibid.

13.   Ibid.

14.   *Y Cymro*, 10, 17 Awst 1967. Dyfynnir o Davies, *Cynhaeaf Hanner Canrif*, t. 76.

15.   LlGC. Papurau Frank Price Jones, 134/157. Llythyr Cledwyn Hughes i Frank Price Jones
      dyddiedig 14 Mai 1966.

16.   LlGC. Papurau'r Arglwydd Cledwyn o Benrhos, B3(i)/41. Llythyr R E Griffiths, OBE
      i Cledwyn Hughes, 6 Ebrill 1966. Iddo ef, canlyniadau Etholiad Cyffredinol 1966 oedd
      'diwrnod mwyaf Cymru ers blynyddoedd.' Ychwanegodd: 'Ni fu'r Blaid Lafur erioed yn
      iachach a chyda chwi ar y blaen yng Nghymru teimlaf ein bod yn cychwyn ar bennod
      newydd diddorol a phwysig. Edrychaf ymlaen at Eisteddfod yr Urdd yng Nghaergybi.'
      Rhydd deyrnged i Mrs Jean Hughes am 'gwmpasu popeth mor dawel.' Roedd sglein ar ei
      gwaith yn paratoi ar gyfer dyfodiad yr Ŵyl.

17.   Ibid. B[1] 62. Llythyr Eleri Mears, Caerdydd, at Cledwyn a Jean Hughes dyddiedig 7
      Mehefin 1966.

18.   LlGC. Papurau'r Arglwydd Cledwyn o Benrhos, D2, lle ceir araith James Idwal Jones yn
      Hansard, Hydref 1966.

19.   Ibid. D 6. Ceir llythyr Alun R Edwards, Llyfrgellydd Sir Dyfed at Cledwyn Hughes
      dyddiedig 15 Mai 1978, yn ffeil B9.

20.   Roedd Cledwyn yn un o dri, y ddau arall oedd yr ymgeisydd, Megan Lloyd George, ac
      Aneurin Bevan a lenwodd Neuadd y Farchnad, Caerfyrddin ar 18 Chwefror 1957 yn yr
      isetholiad cyntaf yn 1957. Talodd pedair mil o bobl swllt y tocyn i glywed y tri areithydd.
      Gw. Mervyn Jones, *A Radical Life: The Biography of Megan Lloyd George* (Llundain,1991),
      t. 287.

21. Ceir yr hanes am isetholiad 1966 yn deg a chyflawn yn Gwilym Prys Davies, *Llafur y Blynyddoedd* (Dinbych, 1990), 'Isetholiad Caerfyrddin', tt. 52-8, a Rhys Evans, *Gwynfor: Rhag Pob Brad* (Talybont, 2012), tt. 272-9.

22. LlGC. B/4. Llythyr Gwilym Prys Davies at Cledwyn Hughes, dyddiedig 9 Ebrill 1968.

23. John Davies, *Hanes Cymru* (Harmondsworth, 1990), tt. 642-3.

24. Yr Arglwydd Cledwyn, *Cymru yn y Ddau Dŷ,* Aberystwyth, 1990, t. 11.

25. Gofidiai T W Jones (Arglwydd Maelor yn ddiweddarach) fod 27 o byllau yn 1927 ym maes glo'r gogledd ond dim ond 4 pwll ar agor yn 1967. Gw. LlGC. Papurau'r Arglwydd Cledwyn o Benrhos. B4/20.

26. John Davies, ibid., t. 602.

27. Emyr Price, *Yr Arglwydd Cledwyn o Benrhos* (Pen-y-groes, 1990), tt. 50-1.

28. Ibid., t. 57.

29. Gwilym Prys Davies, *Cynhaeaf Hanner Canrif*, ibid., t. 76.

30. Ibid.*,* 77. Dyfynnodd ddarn da o araith y Farwnes Norah Phillips ar dudalennau tt. 77-8; *Hansard*, cyf., 751, colofnau 611-14, tt. 619-22.

31. Ibid.*,* t. 78.

32. Dyfynnir o Davies, *Llafur y Blynyddoedd*, t. 93.

33. Dyfynnir o Price, *Yr Arglwydd Cledwyn o Benrhos*, t. 52.

34. Dyfynnir o Davies, *Cynhaeaf Hanner Canrif*, ibid., t. 80.

35. Gwilym Prys Davies, ibid., t. 79. 'Willie Ross, Ysgrifennydd yr Alban, oedd yn un o'r gwrthwynebwyr ffyrnicaf y gallai unrhyw un ei ddychmygu i genedlaetholdeb yr Alban a Chymru, ac roedd yn ddylanwadol yng Nghabinet Wilson. Roedd hanes cenedlaetholdeb Cymreig yn y cyfnod hwnnw ynghlwm, i raddau helaeth, wrth hanes cenedlaetholdeb Albanaidd.'

36. LlGC. Papurau'r Arglwydd Cledwyn o Benrhos, B/10. Copi o lythyr Ness Edwards at Richard Crossman, dyddiedig 25 Mehefin 1967.

37. Ibid.

38. Ibid.

39. Ibid. B4/2. Llythyr Thomas Haydn Rees, Cyngor Sir y Fflint at Harold Wilson, dyddiedig 6 Ionawr 1967.

40. Ibid.

41. Ibid. Llythyr y Prif Weinidog at T M Rees, Yr Wyddgrug dyddiedig 10 Ionawr 1967.

42. Gwyn Jenkins (Prif Olygydd), *Llyfr y Ganrif* (Aberystwyth a Talybont, 1999), gweler Andy Missell, 'Aberfan', tt. 305-6.

43. Ibid., t. 306.

44. D. Ben Rees, *Di-Ben-Draw: Hunangofiant Ben Rees o Landdewibrefi i Lerpwl* (Talybont, 2015), tt. 84-87.

45. Dyfynnir o Price, *Yr Arglwydd Cledwyn o Benrhos*, t. 51.

46. Ibid. Roedd Norman Cook, newyddiadurwr adnabyddus, yn awgrymu, fod 'Cledwyn Hughes yn benderfynol y byddai 1967 yn flwyddyn o arwyddocâd arbennig i Gymru.'

47. LlGC. Papurau'r Arglwydd Cledwyn o Benrhos, B4/5(a).

48. Ibid. B4/5(b). Llythyr Robyn Lewis at gwmni cyfreithwyr T R Evans, Caergybi, dyddiedig 3 Mawrth 1965.

49. Ibid. B4/5(a).

50. John Gilbert Evans, *Devolution in Wales: Claims and Responses 1937-1979* (Caerdydd, 2006), t.117. Gwaethygodd sefyllfa economaidd y Rhondda erbyn mis Medi 1967 pan gaeodd Glofa'r Cambrian yn Clydach Vale a Glofa Glen Rhondda, Treherbert.

51. Dyfynnir o Price, *Yr Arglwydd Cledwyn o Benrhos*, t. 52. Ceir y llythyr yn gyflawn.

52. Ibid.

53. *Y Cymro*, 18 Mai 1967.

54. Dyfynnir o Price, *Yr Arglwydd Cledwyn o Benrhos*, tt. 52-3.

55. Kenneth O. Morgan, *Callaghan, A Life* (Rhydychen, 1997), tt. 283-4. Rhaid cofio dylanwad James Callaghan o fewn y Cabinet o blaid Llantrisant.

56. Ibid.

57. Andy Missell, 'Agor y Ffordd i Gymru' (1966) yn *Llyfr y Ganrif*, ibid., t. 308.

58. LlGC. Papurau'r Arglwydd Cledwyn o Benrhos, B4/3. Llythyr Trefor Evans, Llysgenhadaeth Prydain yn Syria, Damascus, dyddiedig Ionawr 10, 1967 ac ateb Cledwyn Hughes dyddiedig 19 Ionawr 1967.

59. Ibid.

60. Gwilym Prys Davies, *Cynhaeaf Hanner Canrif*, ibid., tt. 72-3.

61. LlGC. Papurau'r Arglwydd Cledwyn o Benrhos, B4/8. Llythyr C Mennen Williams, Detroit, Michigan, dyddiedig 17 Mawrth 1967, a hefyd ateb Cledwyn Hughes, dyddiedig 5 Ebrill 1967 yn sôn ei fod ef yn gobeithio ymweld â'r Unol Daleithiau ddiwedd Medi a dechrau mis Hydref.

62. Ibid. B4/27. Llythyr Cledwyn Hughes at y Parchedig Ddr a Mrs Reginald Thomas, Efrog Newydd.

63. Ibid 62., B4/49. Llythyr Hubert H Humphrey, Swyddfa'r Is-arlywydd, Washington, at Cledwyn Hughes dyddiedig 28 Mawrth 1968.

64. Emyr Price, ibid., t. 56.

65. LlGC. Papurau'r Arglwydd Cledwyn o Benrhos, B4/23. Llythyr Cledwyn Hughes at Eric Thomas, Papurau Woodalls, Croesoswallt, dyddiedig 5 Ionawr 1968.

66. Ibid.

67. Emyr Price, ibid., t. 57.

68. Ibid.

69. LlGC. Papurau'r Arglwydd Cledwyn o Benrhos, B4/30. Llythyr Charles Quant, Yr Wyddgrug i Cledwyn Hughes, dyddiedig Mawrth 3, 1968. Ef a ysgrifennodd lythyr i C H ar 13 Ebrill 1968 ac yntau yn ymadael â'r Swyddfa Gymreig gyda'r deyrnged hon: 'There are few people in politics today who could have put up the courage and foresight into this job that you have done. It has been a real pleasure to report you at work, and see your policy developing.' Maentumia Gwyn Griffiths, *Ar Drywydd Stori* (Talybont, 2015), t. 138,

fod Quant yn ysgrifennu dan ffugenw i'r *Liverpool Daily Post* gan ymosod ar y Gymraeg a Chymreigrwydd.

70. Dyfynnir o Price, *Yr Arglwydd Cledwyn o Benrhos*, t. 57.

71. Ibid.

72. LlGC. Papurau'r Arglwydd Cledwyn o Benrhos, B4/35. Llythyr Dafydd Cwyfan Hughes at Cledwyn Hughes, dyddiedig 12 a 18 Mawrth, 1968.

73. Ibid.

74. D. Ben Rees, *Cofiant Jim Griffiths*, ibid., t. 213.

75. Emyr Price, *Yr Arglwydd Cledwyn o Benrhos*, ibid., t. 56.

76. LlGC. Papurau'r Arglwydd Cledwyn o Benrhos, B4/15. Llythyr Archie Lush, Gilwern at Cledwyn Hughes, dyddiedig 10 Hydref 1967 ac ateb CH iddo ar 11 Hydref 1967.

77. Dywed Gwilym Prys Davies yn *Cynhaeaf Hanner Canrif* fod Lush 'yn anhapus' wrth feddwl am 'drosglwyddo'r cyfrifoldeb am iechyd i'r Swyddfa Gymreig.' Roedd rheswm am hyn: 'Ond nid oedd ganddo ef mwy na Bevan, na llawer o Aelodau Seneddol eraill, fawr o barch at Fwrdd Iechyd Cymru. Teimlent nad oedd Cymru wedi cael arweiniad teilwng gan y Bwrdd.'

78. Emyr Price, ibid., t. 57.

79. Ibid., t. 58.

80. Ibid.

81. Andrew Roth, Obituary, *The Guardian* 23 Chwefror 2001.

82. LlGC. Papurau'r Arglwydd Cledwyn o Benrhos. B4/50. Llythyr Dr Glyn Tegai Hughes at Cledwyn Hughes, dyddiedig 7 Ebrill 1968.

83. Ibid. B4. Llythyr E Lloyd Jones, Bangor at Cledwyn Hughes, dyddiedig 8 Ebrill 1968.

84. Ibid. B4. Llythyr y Parch H Wynne Griffith, Seilo, Aberystwyth at CH (dim dyddiad, tebygol 6 Ebrill, 1968).

85. Ibid. B4. Llythyr Gwilym Prys Davies, Ton-teg, Pontypridd, at CH, dyddiedig 9 Ebrill 1968.

86. Gwilym Prys Davies, *Cynhaeaf Hanner Canrif*, ibid., t. 83.

87. Gwilym Owen, *Crych dros dro* (Caernarfon), t. 117.

88. LLGC. Papurau'r Arglwydd Cledwyn o Benrhos, B4. Llythyr J L Palmer, Y Swyddfa Gymreig, Caerdydd, dyddiedig 9 Ebrill, 1968.

89. Ibid. Llythyr Syr David Llewellyn, Yattendon, Newbury, Berkshire (dim dyddiad).

90. Ibid. B4. Llythyr Neil Kinnock, Coed Duon, Gwent, dyddiedig 24 Ebrill 1968.

91. Ibid. B4. Llythyr yr Arglwydd Morris o Borth-y-gest at CH dyddiedig Ebrill 1968.

92. Ibid. B4. Llythyr yr Athro Glanmor Williams, Abertawe at CH, dyddiedig 6 Ebrill 1968.

93. Dyfynnir o Davies, *Cynhaeaf Hanner Canrif*, t. 82.

94. LlGC. ibid., B4. Llythyr Meurig Moelwyn Hughes, Maes-y-Ffynnon, Yr Wyddgrug, dyddiedig 15 Ebrill 1968 at Cledwyn Hughes.

95. Erthygl flaen y *Daily Post*, 6 Ebrill 1968.

Pennod 8: Gweinidog Amaeth (1968-70)

1. LlGC. Papurau'r Arglwydd Cledwyn o Benrhos, Ffeil B4. Llythyr K Elma Owen, Bryn Teg, 73 Caellepa, Bangor i Cledwyn Hughes, dyddiedig 9 Ebrill 1968. Sylwer i nifer o bobl eraill ymateb a detholais dri i ddangos eu gwerthfawrogiad i'r penodiad. Benjy Carey Evans, Eisteddfa Cricieth (ŵyr David Lloyd George) yn ei lythyr dyddiedig 7 Ebrill 1968: 'I think it is the most important office in the Government – wish you every success in your new post.' Harold Woolley, Halton Heath, ger Caer (ac ail gartref ym Mhorthaethwy) yn ei lythyr dyddiedig 5 Ebrill 1968: 'I think the Prime Minister has made a very good choice.' Y trydydd ydyw D Jones Williams, Clerc Cyngor Sir Meirionnydd, yn ei lythyr dwyieithog dyddiedig 9 Ebrill: 'We shall miss you from the Welsh Office but I couldn't blame you if you were glad of the change, there are some pretty ungrateful people in Wales.'

2. LlGC. Papurau'r Arglwydd Cledwyn o Benrhos, Ffeil B4. Llythyr Gwilym Prys Davies at Cledwyn Hughes, dyddiedig 9 Ebrill 1968.

3. Ibid. Llythyr yr Arglwydd Charles Hill o Luton, dyddiedig Ebrill 8, 1968. Yr un diwrnod llongyfarchwyd ef gan Dr Richard Phillips, Llangwyryfon, Ceredigion, arbenigwr ar amaethyddiaeth. I'r Cyrnol Syr Cennydd Traherne, Coedrhydyglyn, Caerdydd, roedd Cledwyn yn llawn caredigrwydd. Ychwanegodd: 'It is an important time for Wales and you were given the privilege to build on the achievements of others.'

4. Ibid. Llythyr T Haydn Rees, Yr Wyddgrug i Cledwyn Hughes, dyddiedig 8 Ebrill 1968.

5. Ibid. Llythyr Syr Harry Verney at Cledwyn Hughes, dyddiedig 9 Ebrill 1968.

6. Ibid. Llythyr Harold Watkins at Cledwyn Hughes, dyddiedig 8 Ebrill 1968.

7. Ibid. Llythyr Barry Jones, Cadeirydd y Blaid Lafur yn etholaeth Dwyrain Fflint, Penarlâg, Glannau Dyfrdwy, at Cledwyn Hughes, dyddiedig 8 Ebrill 1968. Llongyfarchwyd ef gan Emrys Jones, Trefnydd y Blaid Lafur yng Nghymru, tra canolbwyntiodd J L Palmer o'r Swyddfa Gymreig ar nodweddion cymeradwy'r gwleidydd: 'Grateful for the consideration you have shown to me – as indeed you have shown so thoughtfully, if I am to say so, to all your officials'. Ni allai dderbyn gwell teyrnged. Yr un diwrnod mynegodd y Llyfrgellydd Genedlaethol, E D Jones ei ddymuniadau da gan awgrymu fod y swydd newydd yn un a ddylai fod yn un ddiddorol. (Llythyr E D Jones at Cledwyn Hughes dyddiedig 8 Ebrill 1968). Ni allai un o gymuned Iddewig Gogledd Cymru, J Pollecoff, ond ei ganmol am wneud gwaith da dros Gymru, a dylai'r genedl dderbyn hynny. (Llythyr J Pollecoff, Bangor, at Cledwyn Hughes dyddiedig 8 Ebrill 1968).

8. Ibid. Dyma un o lythyron mwyaf diddorol casgliad B4. Trigai Catherine yn Llythyrdy Caergeiliog. Anfonodd lythyr at yr Aelod Seneddol ar 18 Ebrill 1968, gan ddweud na fyddai byth yn anghofio ei weithredoedd da. Pan oedd hi'n ddifrifol wael daeth Cledwyn i'r Ysbyty i roddi gwybod iddi fod ei mab, Rodney yn cael ei ryddhau o gyflawni ei Wasanaeth Cenedlaethol Milwrol. Nid yw'n perthyn i'r Blaid Lafur 'but we will vote for you and will always do so every time'. Roedd Catherine yn poeni amdano, 'You work too hard. I am grateful for your witness. God bless you and keep you in health for your family and this little county that you represent so wonderful.'

9.   Emyr Price, *Yr Arglwydd Cledwyn o Benrhos* (Pen-y-groes, 1990), t. 69.

10. Ibid.

11. John Davies, *Hanes Cymru* (Harmondsworth, 1990), t. 596.

12. Dyfynnir yn Price, t. 66.

13. LlGC. Papurau'r Arglwydd Cledwyn o Benrhos, Ffeil B4. Llythyr Glyn, Taldrwst, Bodorgan, Môn at Cledwyn Hughes, dyddiedig 6 Ebrill 1968. Bu Glyn yn Gadeirydd *The Anglesey Small Holdings and Diseases of Animals Committee* am flynyddoedd.

14. Ibid. Llythyr J Emlyn Thomas, Swyddfa Undeb Amaethwyr Cymru, Aberystwyth at Cledwyn Hughes, dyddiedig 9 Ebrill 1965.

15. Gwerthfawr iawn yw ysgrif gynhwysfawr J Graham Jones, 'Into Opposition: Cledwyn Hughes in 1970', *Llafur, Cylchgrawn Hanes Pobl Cymru*, Cyfrol II, Rhif 4, 2015, tt. 79-96.

16. Ibid., t. 84.

17. Richard Crossman, *The Diaries of a Cabinet Minister, Vol. 3, Secretary of State for Social Services 1968-70* (Llundain, 1977), t. 69, o'i ddyddiadur am 19 Mai 1968. 'Willie Ross was a tremendously good Secretary of State and we ought to have no appeasement of separatism. Hence Harold's readiness to sack Cledwyn Hughes from Wales and replace him with George Thomas, an avowed UK man.'

18. Ibid., 82, cofnod y dyddiadur am 27 Mai 1968 lle y dywed: 'I have Cledwyn Hughes, the Welsh Secretary of State, twittering and manoeuvring and wanting somehow to create a Welsh National Council which is neither truly national nor part of local government. He wants to wamble [sic] his way through.'

19. Ibid., 516, cofnod y dyddiadur 12 Mehefin 1969 a t.40 dyddiadur am 28 Ebrill 1969 'That little worm Cledwyn Hughes has done a complete about-turn on his original paper', ei safbwynt ar Glwy Traed a'r Genau.

20. Dyfynnir gan Price, tt. 67-8.

21. Leonard Amey, 'A fighter to lead the farmers', *The Times*, 30 Ionawr 1970, 10. Roedd Henry Plumb ar yr un donfedd â Cledwyn Hughes ar fater Ewrop.

22. *Daily Post*, 9 Ionawr 1970.

23. LlGC. Papurau'r Arglwydd Cledwyn o Benrhos, Ffeil B4. Llythyr Ernest Richards, Port Eynon, Gŵyr, at Cledwyn Hughes dyddiedig 7 Ebrill 1968.

24. Ibid. Llythyr I Williams Amlwch at Cledwyn Hughes dyddiedig 18 Ebrill a llythyr Cledwyn Hughes at I Williams dyddiedig 23 Ebrill 1968.

25. Ibid. Llythyr R J Williams, Undeb Amaethwyr Cymru, Llangefni, at Cledwyn Hughes dyddiedig 6 Ebrill 1968.

26. Emyr Price, ibid., t. 69.

27. Dyfynnir yn Price, t. 68 .

28. Gweler erthygl Gordon Parry yn y *Western Mail*, 4 Ionawr, 1977.

29. Sgwrs gyda'r Cynghorydd Bob Parry a lywyddai'r ddarlith a draddodais i gofio yr Arglwydd Cledwyn ar ei ben-blwydd yr wythnos pan fyddai'n gant oed. Cynhaliwyd y digwyddiad o dan nawdd Cyngor Môn yn Oriel Môn, Llangefni ar Nos Wener, 16 Medi 2016. Bu Bob

Parry fel ffermwr ieuanc yn protestio'n galed ym mhorthladd Caergybi. Yn ddiweddarach daeth yn un o arweinwyr Undeb Amaethwyr Cymru.

30. Emyr Price, ibid., t. 69.

31. Ibid.

32. Ibid.

33. Ibid.

34. LlGC. Papurau'r Arglwydd Cledwyn o Benrhos, Ffeil B4. Llythyr L C Watson o Gorfforaeth Rio Tinto-Zinc at Cledwyn Hughes dyddiedig 10 Ebrill 1968. Gofidiai na chafwyd y cyfle i lansio Alwminiwm Môn yn ystod ei gyfnod yn y Swyddfa Gymreig. Ychwanega: 'I am sorry that this was not so, but we have not lost hope.'

35. LlGC. Archif Plaid Lafur Cymru. Llythyr Idris Davies, Neuadd y Sir, Llangefni, at J Emrys Jones, Trefnydd y Blaid Lafur yng Nghymru, Caerdydd, dyddiedig 6 Mai 1969.

36. Ibid. Papur gan Cledwyn Hughes ar Ddiwygio Peirianwaith Llywodraeth (Reform of Machinery of Government).

37. Ibid. D4. Llythyr Cledwyn Hughes at Idris Davies, dyddiedig 22 Gorffennaf 1969.

38. Ibid.

39. Ibid. Llythyr A Priest, Caer, ar ran Amalgamated Society of Woodworkers at Cledwyn Hughes dyddiedig 9 Hydref 1969.

40. Ibid.

41. Ibid. Llythyr Huw M Owen, Coed Mawr, Bangor at Cledwyn Hughes, dyddiedig 22 Mawrth 1969.

42. Emyr Price, *Yr Arglwydd Cledwyn o Benrhos*, ibid., t. 70.

43. LlGC. Papurau'r Arglwydd Cledwyn o Benrhos, Ffeil D8. Llythyr Cledwyn Hughes at George Thomas, dyddiedig 28 Mai 1970.

44. Ibid. Gweler yn y ffeil lythyron hefyd i Barbara Castle a Tony Wedgwood Benn.

45. Ibid. D9. Llythyr A Clwyd Williams, Caergybi, at Cledwyn Hughes, dyddiedig 27 Mai 1968.

46. Beti Jones, *Etholiadau Seneddol yng Nghymru 1900-75* (Talybont, 1977), t. 152.

47. J Graham Jones, 'Into Opposition: Cledwyn Hughes in 1970', *Llafur*, ibid., t. 86.

48. Ibid. 'They failed to leave, and when Cledwyn Hughes's brother D. Lloyd Hughes and his son attempted to fetch their car, a loud voice was heard in Welsh yelling, "Here they come. If we can't get him, we'll get his brother". An attempt was then made to overturn the car which suffered considerable damage.'

49. Ibid.

50. Dyfynnir gan J Graham Jones o *Holyhead and Anglesey Mail*, 26 Mehefin 1970.

51. Ibid. Dyfynnir gan J Graham Jones ar dudalen 87 yn seiliedig ar adroddiad yn yr *Holyhead and Anglesey Mail*, dyddiedig 10 Gorffennaf 1970.

52. Ibid., 86. Dywed J Graham Jones: 'Interestingly, similar if less spectacular, scenes occurred at the count at Maesincla School, Caernarfon, and attempts were again made to ensure that the victorious Labour candidate Goronwy O. Roberts, veteran MP since July 1945, was

unable to address the crowd. There was indeed considerable frustration among Plaid Cymru supporters in Caernarfonshire as their candidate Robyn Lewis (although not the strongest of Plaid Cymru aspirants) had, unexpectedly it would seem, come within 2,296 votes of toppling Goronwy Roberts'.

53. Beti Jones, ibid., tt. 150, 152.
54. Ibid., t. 151. Enillodd Wyn Roberts gyda mwyafrif o 903.
55. Ibid., t. 150.
56. J Graham Jones, ibid, t. 87.
57. Ibid.
58. Ibid.
59. Ibid., t. 88, seiliedig ar *Holyhead and Anglesey Mail*, 10 Gorffennaf 1970.
60. Ibid.
61. LlGC, Papurau'r Arglwydd Cledwyn o Benrhos, D8. Llythyr Idris Davies at Cledwyn Hughes dyddiedig 1 Gorffennaf 1970.
62. Ibid. Ffeil D9. Llythyr Dr Ken Jones, Amlwch i Cledwyn Hughes, dyddiedig 12 Mehefin 1970.
63. Dyfynnir gan Price, t. 71.

Pennod 9: Cledwyn Hughes a'r Teulu Brenhinol

1. Yr Archif Genedlaethol. Memorandwm, Henry Brooke i Harold Macmillan, 16 Mehefin 1958, Swyddfa Gymreig, BD 67/2 PRO.
2. Anthony Holden, *Charles: A Biography* (Llundain, 1991), tt. 48-9.
3. At ei gilydd nid oedd y gweision sifil yn barod o gwbl i gytuno. Gw. D. Ben Rees *Cofiant Jim Griffiths: Arwr Glew y Werin* (Talybont, 2014), t. 213.
4. Cyfarfu Cledwyn Hughes gyda Syr Michael Adeane, Ysgrifennydd i'r Tywysog Charles, ar 29 Tachwedd 1966. Gw. BD 25/296, PRO; Memorandwm, cyfarfod rhwng Ysgrifennydd Gwladol Cymru a Syr Michael Adeane, 29 Tachwedd 1966.
5. Brian Hoey, *Snowdon: Public Figure, Private Man* (Thrupp, 2005).
6. John S. Ellis, *Investiture: Royal Ceremony and National Identity in Wales, 1911-1969* (Caerdydd, 2008), t. 149.
7. Ceir adran ddadlennol o dan y teitl 'Yr Efrydydd Dywysog' yn Derec Llwyd Morgan, *Y Brenhinbren: Bywyd a Gwaith Thomas Parry 1904-1985* (Llandysul, 2013), tt. 331-338.
8. Soniodd Adeane wrth Swyddfa'r Prif Weinidog fod y Frenhines a'r Palas wedi ateb Cledwyn Hughes ar yr holl bwyntiau. Gw. Michael Adeane at Michael Halls, 3 Chwefror 1967, PREM 13/235 9, PRO.
9. John S. Ellis, *Investiture,* ibid., tt. 147-8.
10. Derec Llwyd Morgan, *Y Brenhinbren,* ibid., t. 331.
11. Ibid., tt. 331-2.
12. Ibid., t. 332.

13. Ibid.

14. Ibid.

15. John S. Ellis, *Investiture,* ibid., t. 152.

16. Ibid., t. 153.

17. Ibid.

18. Ibid., tt. 153-155.

19. Dafydd Gwynn, 'Arwisgiad 1969: Yr Ymateb Gwleidyddol', *Cof Cenedl XV: Ysgrifau ar Hanes Cymru* (Golygydd: Geraint H. Jenkins) (Llandysul, 2000), t. 186.

20. Ibid.

21. Dafydd Elis-Thomas, 'Parliament – not a Prince', *I'r Gad* (gol: Heini Gruffudd), cylchgrawn ieuenctid Plaid Cymru, Rhif 1, Gwanwyn, 1968, t. 9.

22. Dafydd Gwynn, 'Arwisgiad 1969...' ibid., t. 173.

23. Bu trais yn ymateb amlwg. Ffrwydrwyd bom yng Nghaerdydd ar 17 Tachwedd 1967, un arall yng Nghaer cyn ymweliad Dug Norfolk ar 10 Ebrill 1968, ac ar 25 Mai gwnaed difrod i adeilad y Swyddfa Gymreig. Gw. Dafydd Gwynn, ibid., t. 182.

24. LlGC. Papurau'r Arglwydd Cledwyn o Benrhos, Ffeil B/30. Llythyr y Tywysog Charles o Sandringham, Norfolk at Cledwyn Hughes, dyddiedig Ionawr 18, 1968.

25. Dafydd Gwynn, ibid., t. 163.

26. LlGC. Papurau'r Arglwydd Cledwyn o Benrhos, Ffeil B/30.

27. Ibid.

28. Ysgrifennodd Lyn Howell hanes cynnar Bwrdd Twristiaeth Cymru. Gw. Lyn Howell, *The Wales Tourist Board: The Early Years* (Caerdydd, 1985).

29. *Hansard*, cyfrol 755 (1967), colofn 28.

30. Yn ôl John S Ellis symudwyd Cledwyn Hughes o'r Swyddfa Gymreig am ei fod yn barchus o'r cenedlaetholwyr. 'The perception of Hughes as being soft on Nationalism no doubt contributed to Wilson's decision to move Hughes from the Welsh Office to the Ministry of Agriculture in 1968 in the wake of Plaid Cymru's by-election success.' Gw. John S. Ellis, *Investiture...*, ibid., t. 143.

31. Gwilym Owen, *Crych dros dro*, t. 117. Yn ôl y coffâd yn y *Daily Telegraph* 24 Chwefror 2001 dywedir mai un o'r rhesymau pam roedd Cledwyn Hughes yn ddigalon wrth adael y Swyddfa Gymreig oedd ei fod wedi gwneud cymaint o baratoadau ar gyfer yr Arwisgo.

32. LlGC. Papurau'r Arglwydd Cledwyn o Benrhos, Ffeil B/30. Llythyr y Tywysog Charles o Gastell Windsor, Ebrill 9, 1968 at Cledwyn Hughes.

33. Ibid.

34. Ibid.

35. Dywedodd Alan Llwyd yr union wir: 'Holltwyd y wlad i lawr y canol gan yr Arwisgo. Rhannwyd y Cymry'n daeogion ac yn wladgarwyr, yn ymgreinwyr a gwroniaid. Roedd yr awyrgylch yn chwerw a'r Cymry Cymraeg yn hyrddio'n gas at ei gilydd.' Gw. Dafydd Gwynn, 'Arwisgiad 1969...', ibid., tt. 179-180.

36. Derec Llwyd Morgan, *Y Brenhinbren,* ibid., t. 333.

37. Ibid., 335. Aeth y Prifathro Thomas Parry ei hun i'w gyfarfod o faes awyr Aberporth a'i gludo yn ei Austin Cambridge i ginio yn Nhŷ'r Staff a chael golwg ar yr Hen Goleg ac i'w ystafell yn Neuadd Pantycelyn.

38. Gosododd Saunders Lewis y cyfan yn ei gyd-destun, a galw ein sylw at y ffaith fod yr achos a gafwyd ym Mrawdlys Abertawe yn 'dychryn pawb' oedd am wrthwynebu a rhwystro'r Arwisgo. 'Os bu brawdlys politicaidd erioed yn unrhyw wlad yn Ewrop yn y ganrif Natsiaidd hon, brawdlys politicaidd a fu yn Abertawe ar achlysur arwisgo'r tywysog a'i gyflwyno i genedl lard.' Gw. Dafydd Gwynn, 'Arwisgiad 1969…', ibid., tt. 185-6.

39. Lladdwyd Alwyn Jones a George Taylor noson cyn yr Arwisgo – yn ddamweiniol – wrth iddynt osod bom yn swyddfeydd y Llywodraeth yn Abergele. Portreadwyd hwy fel Merthyron gan ddau fardd amlwg, Gerallt Lloyd Owen a Bobi Jones. Ibid. Ar yr un noson cynhaliwyd cinio yng Nghastell Penrhyn, Llandygái o dan Gyngor Sir Gaernarfon. Ymysg y gwahoddedigion gwelwyd yr Aelodau Seneddol Llafur, George Thomas, Eirene Lloyd White, Ifor Davies, Cledwyn Hughes, Goronwy Roberts, Syr Elwyn Jones, John Morris, Elystan Morgan ac Ednyfed Hudson Davies. Cynrychiolwyd tref Caernarfon gan Ifor Bowen Griffith a thref Bangor gan W Elwyn Jones, cyn AS Llafur Conwy. Gw, LlGC. Papurau'r Arglwydd Cledwyn o Benrhos, Ffeil E7.

40. Dafydd Gwynn, 'Arwisgiad 1969…' Ibid., t. 185.

41. *Western Mail*, 2 Gorffennaf 1969.

42. T E Nicholas oedd yr unig fardd Cymreig i wrthwynebu Arwisgiad 1911 a hefyd Arwisgiad 1969. Lluniodd Emrys Hughes gyfrol o dan y teitl, *The Prince, The Crown and the Cash* (Llundain, 1969), yn dilorni gwastraffu arian ar y sbloet.

43. *Western Mail*, 23 Mehefin, 1969.

44. John S. Ellis, *Investiture…*, ibid., t. 144

45. Ibid.

46. Beti Jones, *Etholiadau Seneddol yng Nghymru 1900-75* (Talybont, 1977), t. 151.

47. Dafydd Gwynn, 'Arwisgiad 1969…', ibid., t. 190.

48. LlGC, Papurau'r Arglwydd Cledwyn o Benrhos, Ffeil B40. Llythyr George Thomas i Harold Wilson, dyddiedig 18 Mehefin 1969.

49. Ibid. Ffeil E5.

50. Ibid. Ffeil E7.

51. Ibid.

52. Ibid.

53. Ibid.

54. Ibid.

55. Ibid.

56. Ibid. Ffeil E8.

57. Ibid.

58. Ibid. Llythyr o Palas Buckingham at Cledwyn Hughes dyddiedig 14 Ionawr 1977.

59. Ibid. Ffeil B30. Llythyr Diana, Tywysoges Cymru, at Cledwyn Hughes, dyddiedig Hydref 22, 1981.

60. Ibid.

61. Ibid. Llythyr Tywysog Charles at Cledwyn Hughes, 12 Tachwedd 1982.

62. Ibid. Llythyr Tywysog Charles at Cledwyn Hughes, 30 Gorffennaf 1998.

63. Ibid.

64. Ibid. Llythyr Tywysog Charles at Cledwyn Hughes, 10 Ionawr 1989.

65. Ibid. Llythyr Tywysog Charles at Cledwyn Hughes, 20 Awst 1989.

66. Ibid. Mae un eithriad sef llythyr y Tywysog Charles at Cledwyn Hughes, dyddiedig 9 Gorffennaf 1982 ar ôl genedigaeth William. Ceir ôl nodiad fel hyn: 'We have, as you suggested, noted that every time the baby brings up part of his feed he says "Diolch".'

67. Ibid. Llythyr Tywysog Charles o Highgrove House at Cledwyn Hughes, dyddiedig 16 Gorffennaf 1990.

68. Ibid. Llythyr Cledwyn Hughes at Tywysog Charles, dyddiedig 23 Gorffennaf 1990.

69. Ibid. Llythyr Tywysog Charles at Cledwyn Hughes, 2 Awst 1994.

70. Ibid. Llythyr Tywysog Charles at Cledwyn Hughes o St James's Palace, dyddiedig 26 Mehefin 1995.

71. Cafodd y ddau wahoddiadau i briodasau pob un o blant y Frenhines a Dug Caeredin. Gweler LlGC. Papurau'r Arglwydd Cledwyn o Benrhos.

72. Gweler Ffeil E18. I briodas y Tywysog Andrew a Miss Sarah Ferguson yn Abaty San Steffan, 23 Gorffennaf 1986. I ginio pen-blwydd y Frenhines yn Amgueddfa National History ar 15 Mehefin 1985.

73. Beti Wyn Thomas, 'Y Fonesig Cledwyn', *Pais*, Medi 1986, t. 9.

74. LLGC. Papurau'r Arglwydd Cledwyn o Benrhos, Ffeil E 18. Llythyr yr Arglwyddes Shirley Sheppard at yr Arglwydd Cledwyn Hughes, dim dyddiad.

Pennod 10: Dioddef am Ddaliadau ar Ewrop (1970-4)

1. LlGC. Papurau'r Arglwydd Cledwyn o Benrhos, Ffeil B5. J. Brocklebank, Swyddog Cysylltiol i'r Gweinidog Amaeth, Pysgodfeydd a Bwyd i Cledwyn Hughes, 23 Gorffennaf 1970; ibid, Gordon Glynn, dirprwy olygydd *Farmer and Stockbreeder*, Stryd y Fflyd, Llundain, i Cledwyn Hughes, 14 Awst 1970.

2. Ibid. Dyddiadur A1. Dydd Llun, 26 Hydref 1970.

3. Ibid.

4. Ibid.

5. Ibid. Dyddiadur A1. Dydd Mawrth, 27 Hydref 1970.

6. Ibid.

7. Ibid. Dyddiadur A1. Dydd Mercher, 28 Hydref 1970.

8. Ibid. Dydd Iau, 29 Hydref 1970.

9. Ibid.

10. Ibid.

11. Ibid. Dyddiadur A1, 2 Tachwedd 1970.

12. Ibid.

13. Ibid. Dyddiadur A1, 3 Tachwedd 1970.

14. Ibid. Dyddiadur A1, 4 Tachwedd 1970.

15. Ibid.

16. Ibid. Dyddiadur A1, 5 Tachwedd 1970.

17. Ibid.

18. Roy Jenkins, *Life at the Centre* (Llundain, 1991), t. 329.

19. John Campbell, *Roy Jenkins: A Well Rounded Life* (Llundain, 2014), t. 380. Mewn llythyr ataf ar 26 Gorffennaf 2016 dywedodd yr Arglwydd Kenneth O Morgan, Witney, fod James Callaghan yn haeru mai dyma'r rheswm pam i Harold Wilson wrthod lle i Cledwyn Hughes yng Nghabinet 1974.

20. Neil Kinnock, *Tribune*, 5 Tachwedd 1971. Ar yr ochr arall teimlai Tom Ellis fod ei gydwybod ef yn gwbl glir. Dyma ei gyffes: 'Roeddwn i'n un o'r 69 hynny, a theimlaf falchder hyd heddiw yn fy ngweithred. Nid oedd fy Mhlaid Lafur leol yn Wrecsam yn rhannu fy malchder, sut bynnag, a galwyd cyfarfod arbennig o'r pwyllgor gweithredol i drafod fy mhleidlais.' Gw. Tom Ellis, *Dan Loriau Maelor: Hunangofiant* (Llandysul, 2003), t. 135. Ni chafodd Cledwyn ei drin fel y cawsai Tom Ellis gan ei gefnogwyr lleol.

21. James Margach, *Sunday Times*, 31 Hydref 1971.

22. Araith Roy Jenkins yn Heywood a Royton ar 29 Hydref 1971. Gweler *Labour Weekly*, 5 Tachwedd 1971.

23. Kenneth O. Morgan, *Michael Foot: A Life* (Llundain, 2007), t. 275.

24. LlGC. Papurau'r Arglwydd Cledwyn o Benrhos. Ffeil E8.

25. Coffâd Lord Cledwyn of Penrhos, *Daily Telegraph*, 23 Chwefror 2001.

26. Andrew Roth, Lord Cledwyn of Penrhos, *Guardian*, 23 Chwefror 2001.

27. Dyfynnir yn Emyr Price, *Yr Arglwydd Cledwyn o Benrhos* (Pen-y-groes, 1990), t. 76. Anfonwyd y llythyr 21 Ionawr 1972: 'I was disappointed to find your name omitted from the list of 'Shadow' ministers. Your service to the Lab. Governments 1964-70 deserved better than this... Rest assured you have the regard and confidence of a host of friends and not least of Yours truly, Jim Griffiths.'

28. Gweler Hugh Berrington, 'The Labour Left in Parliament: Maintenance, Erosion and Renewal' yn *The Politics of the Labour Party* (gol. Dennis Kavanagh) (Llundain, 1982), tt. 69-4.

29. John Davies, *Hanes Cymru* (Harmondsworth, 1990), t. 647, 'Yn 1972, cyhoeddwyd cynllun i gwtogi'n ddirfawr ar lafurlu'r diwydiant a soniwyd am 6,000 o swyddi'n diflannu yn Shotton, 4,500 yng Nglynebwy a 4,100 yng Nghaerdydd.'

30. Mae ei gyfrol *Mr Speaker* (Llundain, 1985) yn mynegi'i amheuaeth am bolisïau Cymreig a'i anghymeradwyaeth fod Wil Edwards, AS Meirion a Tom Ellis, AS Wrecsam, yn llawer rhy Gymreig.

31. Cyfeirir atynt yn Atodiad 2 yn *The Labour Party in Wales 1900-2000* (goln. Duncan Tanner, Chris Williams, Deian Hopkin) (Caerdydd, 2000), tt. 298-300.

32. Beti Jones, *Etholiadau Seneddol yng Nghymru 1900-1975* (Talybont, 1977), t. 152.

33. Ibid., t. 154.

34. Dyfynnir yn Price, t. 77. Gweler hefyd LlGC. Papurau George Thomas, Ffeil 547, toriadau papur newydd 1969-71, ac yn arbennig, *Liverpool Daily Post*, 30 Mawrth 1971.

35. John Davies, *Hanes Cymru*, ibid., 643, 'a arswydai rhag unrhyw gonsensws i genedlaetholdeb.'

36. Dyfynnir gan Price, t. 77.

37. Beti Jones, ibid., tt. 157 ac 159.

38. LlGC. Archif Plaid Lafur Cymru, Ffeil 95. 'Report on the General Elections' (1974); gweler *Y Cymro*, 26 Chwefror 1974, am y sylwadau am Wil Edwards, un o blant Môn.

39. Roedd rhai'n teimlo bod Goronwy Roberts wedi bod yno'n rhy hir. Gw. Andrew Edwards, *Labour's Crises: Plaid Cymru, the Conservatives and the Decline of the Labour Party in North-West Wales, 1960-1974* (Caerdydd, 2011), t. 203.

40. Ibid., t. 205.

41. Beti Jones, ibid., t. 160.

42. Martin Holmes, *The Labour Government 1974-79: Political Aims and Economic Reality* (Basingstoke, 1987) (ail argraffiad), t. 76.

43. Gweler Martin Holmes, *Political Pressure and Economic Policy: British Government* (Basingstoke, 1976), t. 55.

44. Martin Holmes, *The Labour Government 1974-79*, ibid., t. 1.

45. Ibid., t. 2.

46. Roy Jenkins, *Life at the Centre*, ibid., t. 372.

47. Sylw y Parchedig Trefor Lewis, Bae Colwyn, mewn sgwrs yng Nghanolfan y Cymry, Auckland Road, Lerpwl, ar bnawn Llun, 22 Chwefror 2016, adeg lansio'r gyfrol *Hero of Shillong* (Lerpwl, 2016)

48. Beti Jones, ibid., t. 167.

49. Emyr Price, *Yr Arglwydd Cledwyn o Benrhos*, ibid., t. 78.

Pennod 11: Allan o'r Cabinet ond Conffidant y Prif Weinidog (1974-9)

1. Ian Mikardo, *Backbencher* (Llundain, 1980).

2. Methodd Cledwyn Hughes â chael ei ethol i Bwyllgor Gwaith y Blaid Lafur Seneddol ar gyfer sesiwn 1972-1973. Reg Prentice a Shirley Williams oedd ar ben y rhestr gyda 154. Derbyniodd CH 91 pleidlais, mwy nag Eric Heffer (84), Barbara Castle (78) a George Thomas (73). Ar waelod y rhestr roedd John Morris, Aberafan, gyda 18 pleidlais. Gw. LlGC. Papurau'r Arglwydd Cledwyn o Benrhos, Ffeil D10. Plaid Lafur Seneddol, 3 Tachwedd 1972.

3. Ibid. Ffeil D1. Llythyr Roy Jenkins at CH, Rhagfyr 3ydd, 1974. Dyfynnir yn Price, *Yr Arglwydd Cledwyn o Benrhos*, t. 83.

4. Ibid. Llythyr Gwynfor Evans, AS, Llywydd Plaid Cymru at CH, dyddiedig 14 Tachwedd 1974. Dywed y bardd a'r eisteddfodwr, Gwyndaf Evans, 'Ymfalchïa Dora a minnau fod Cymro, o'r gorau a feddwn fel cenedl, yn cael ei gydnabod a'i werthfawrogi gan Brydain benbwygilydd.' Dyfynnir yn Price, t. 83.

5. Yng nghynhadledd y Blaid Lafur ar y Farchnad Gyffredin, 17 Gorffennaf 1971, roedd pum gwleidydd o Gymru yn erbyn, sef Donald Anderson (Mynwy), Gordon Parry (Penfro), John Rowlands (Gogledd Caerdydd), Michael Foot a Neil Kinnock. Pleidleisiodd y Gynhadledd i wrthod y Farchnad Gyffredin. Gw. Papurau Cangen Plaid Lafur Aberystwyth, Rhif 167, 'Y Blaid Lafur a'r Farchnad Gyffredin'.

6. LlGC, Papurau Cledwyn Hughes, Ffeil D10, Pwyllgor Ewrop Ynys Môn.

7. Ibid.

8. Roy Jenkins, *A Life at the Centre* (Llundain, 1991), t. 407.

9. Ibid., 4/5

10. Roedd CH wedi agor Cynhadledd y Di-waith a gynhaliwyd ar 10 Hydref 1975. Roedd 2,066 yn ddi-waith ym Môn. Gw. LlGC, Papurau'r Arglwydd Cledwyn o Benrhos, Ffeil D10. Bu colli marchnad da byw trwy borthladd Caergybi i Iwerddon yn boenus i CH. Dywedodd John Morris wrtho (llythyr o'r Swyddfa Gymreig, Rhagfyr 4ydd, 1975) ei fod ef yn ceisio ei orau glas i wella'r sefyllfa ym Môn. Gosododd Vulcan Street a Kingsland fel ardaloedd i'w cryfhau yn nhref Caergybi. Siaradodd yn y Senedd ar 2 Rhagfyr 1975 ar werth Caergybi a'r llong, *Slieve Donard,* oedd yn cario 650 o wartheg ar un siwrnai i Ddulyn. Cydnabu W H Rowlands, Ysgrifennydd Cangen Caergybi o Undeb Cenedlaethol y Morwyr, yn ei lythyr at CH, dyddiedig 5 Rhagfyr 1975 am ei ymgyrch dros gadw'r trefniant, gan ychwanegu 'that you certainly put up an excellent case on behalf of everyone concerned'. Gweler Ffeil D10 a hefyd lythyr Dan Jones o Undeb Cenedlaethol y Ffermwyr, dyddiedig 11 Rhagfyr 1975, yn rhoddi teyrnged i CH am ei frwydr, ond wedi'i ddadrithio gyda nifer o Weinidogion y Goron am eu diffyg cefnogaeth a'u methiant i ddeall pwysigrwydd y farchnad mewn gwartheg.

11. LlGC. Papurau'r Arglwydd Cledwyn o Benrhos, Ffeil A1-A18. Dyddiadur 1976 (16 Mawrth). O Ragfyr 1975 bu Wilson yn dioddef o ddolur y galon a mynegodd ei fwriad wrth y Frenhines ar 9 Rhagfyr ond, cadwodd y gyfrinach oddi wrth CH am dri mis arall. Gw. Greg Rosen, *Old Labour to New: The Dreams that Inspired, The Battles that Divided* (Llundain, 2005), t. 346.

12. LlGC, ibid., Ffeil A1-A8, Dyddiadur 1976.

13. Ibid.

14. Ibid., cofnod 17 Mawrth.

15. Ibid., cofnod 18 Mawrth.

16. Ibid., cofnod 19 Mawrth.

17. Ibid., cofnod 22 Mawrth.

18. Ibid., cofnod 25 Mawrth.

19. Y canlyniadau oedd Foot (90), Callaghan (84), Jenkins (56), Benn (37), Healey (30), Crosland (17). Gw. Greg Rosen, ibid., t. 346.

20. LlGC, ibid., Ffeiliau A1 i A8. Dyddiadur 1976, cofnod 25 Mawrth.

21. Ibid., cofnod 30 Mawrth.

22. Ibid., dyfynnir gan Price, t. 80.

23. Ibid., dyfynnir gan Price, t. 81.

24. Ibid.

25. Ibid.

26. Dyddiadur CH, cofnod 5 Ebrill.

27. Ibid.

28. Ibid.

29. Ibid., cofnod 2 Ebrill.

30. Ibid., cofnod 3 Ebrill.

31. George Thomas, *Mr. Speaker* (Llundain, 1985), t. 65.

32. Dyddiadur CH, cofnod 8 Mehefin.

33. Ibid.

34. Ibid.

35. Ibid., cofnod 9 Mehefin.

36. Ibid., cofnod 17 Mehefin.

37. Ibid.

38. Ibid.

39. Ibid., cofnod 28 Gorffennaf 1976.

40. Ibid., cofnod 29 Gorffennaf.

41. Ibid., cofnod 5 Gorffennaf.

42. Ibid., cofnod 27 Mehefin.

43. Ibid., cofnod 6 Gorffennaf.

44. Ibid., cofnod 7 Gorffennaf.

45. Ibid., cofnod 8 Gorffennaf.

46. Ibid., cofnod 9 Gorffennaf.

47. Ibid., cofnod 10 ac 11 Gorffennaf.

48. Ibid,, cofnod 14 Gorffennaf.

49. Ibid., cofnod 15 Gorffennaf.

50. Ibid.

51. Ibid., cofnod 19 Gorffennaf.

52. Ibid.

53. Onid Harold Wilson a ddywedodd wrth Donoughue pan oedd yn hel meddyliau am ymddeol o fod yn Brif Weinidog, 'Bernard, I have been round the course so often that I am too bored to face jumping any more hurdles.' Gw., Bernard Donoughue, *The Heat of the Kitchen* (Llundain, 2003), t. 178.

54. LlGC. Dyddiadur CH, cofnod 23 Gorffennaf.

55. Ibid., cofnod 24 Gorffennaf.

56. Ibid., cofnod 26 Gorffennaf.

57. Ibid., cofnod 27 Gorffennaf.

58. Ibid., cofnod 28 Gorffennaf.

59. Ibid., cofnod 29 Gorffennaf.

60. Ibid., cofnod 30 Gorffennaf.

61. Ibid., cofnod 6 Awst.

62. Ibid. cofnod 4 Awst.

63. Ibid., cofnod 2 Awst.

64. Ibid.

65. Ibid., cofnod 30 Medi.

66. Daeth Barbara Castle, a oedd bob amser yn un o wleidyddion y chwith, i amau Tony Benn yr adeg hon, 'I suddenly saw why I mistrust Wedgie (Benn)… he never spells out that responsibility involves choice and that the choices facing this country are by definition grim for everybody. He really cannot eat his seed corn and sow it. But his whole popularity rests on the belief that he is spreading around that he – and those that he seeks to lead – can do just that.' Barbara Castle, *The Castle Diaries 1974-1976* (Llundain, 1980), t. 393.

67. Y brif fuddugoliaeth oedd gorfodi Aelodau Seneddol Llafur i wynebu Cynhadledd Ailddewis ar gyfer pob etholiad cyffredinol. Geiriau Joe Ashton, a fu'n asiant Benn ar gyfer etholiad arweinydd y Blaid, oedd, 'For Benn, reselection offered the prospect of replacing MPs who voted against his leadership bid in 1976 with left-wingers who would vote for him next time: an attractive prospect.' Gw. Joe Ashton, *Red Rose Blues* (Llundain, 2000), t. 209.

68. LlGC. Dyddiadur CH, cofnod 30 Medi.

69, Ibid., cofnod 11 Hydref.

70. Ibid., cofnod 12 Hydref.

71. Ibid., cofnod 13 Hydref.

72. Ibid., cofnod 19 Hydref.

73. Ibid.

74. Ibid., cofnod 24 Hydref.

75. Ibid.

76. Ibid.

77. Ibid., cofnod 25 Hydref.

78. Ibid.

79. Ibid., cofnod 26 Hydref.

80. LlGC. Papurau'r Arglwydd Cledwyn o Benrhos, Ffeil B7. Anfonwyd llythyron i ddymuno yn dda iddo ar gyfer y Cinio i'w Anrhydeddu gan Faer Caergybi; Mervyn Ankers; Clwb Llafur Môn; Myfanwy Roberts a Gwladys Trivett; Mr a Mrs A. Wheway, Caergybi; H R Owen, John a Maggie, y Gaerwen; Bet a Cyril Parry; Evan, Betty Williams a'r hogiau, Tal-y-sarn; Emily Long, Brynsiencyn, 'gwaith ardderchog'; Mona Preston Thomas; John Drummond; William ('Amlwch'); Gwen a Morris, Aber, Llanfairfechan; AUEW (gogledd orllewin Gwynedd); Peredur Lloyd, Prif Weithredwr Cyngor Bwrdeistref Môn; Owen Morris, 'Y Guard', Caergybi; Alwyn Rowlands; Emrys Jones, Caerdydd (Ysgrifennydd y Blaid Lafur); Siôr Manceinion; Tom Lloyd a Nel, Llanfairpwll; Huw M Owen, Bangor; Cadeirydd Aelodau a Staff Cyngor Sir Gwynedd; Syr Harold Finch; Ellen O Roberts, Pencraig, Llangefni; Undeb Cenedlaethol y Gweithwyr Cyhoeddus; F F Tott, Cyfarwyddwr

Laird (Môn) Cyf.; Cyngor Bro Caergybi Wledig; NFU Môn; Gwyn Morgan, Swyddfa EEC, Caerdydd; Dafydd Elis-Thomas, AS; Plaid Lafur Etholaeth Conwy a Peter Thomas, AS. Anfonodd Denis Healey at W R Rowlands, Llanddona:

'Cledwyn has always been a statesman of outstanding value to the movement and we owe a great deal to your constituency party for selecting him in the first place.'

Yn ôl yr Arglwydd Elwyn Jones, 'as to Cledwyn's value as a Constituency member, I have met no M.P. in the course of my 31 years in Parliament more able or more conscientious in protecting and promoting his constituency's interests.' Gofynnodd George Thomas am i'w lythyr gael ei ddarllen a dywedodd:

'When the history of the past quarter of a century comes to be written, the name of Cledwyn Hughes will feature large. His life of dedicated service.'

Dywedodd John Morris, AS, ei fod wedi mwynhau ei gyfeillgarwch dros gyfnod hir, a Dafydd Elis-Thomas, AS, ynghyd â'r Prif Weinidog, yn tanlinellu fod yr Aelodau Seneddol wedi elwa ar 'ei ddoethineb a'i frawdgarwch.' Yn ôl Roy Jenkins, 'He is one of the wisest men and the best friends I have encountered in politics.' I Tudor Watkins, Aberhonddu, bu'r cyfle i fwynhau gwyliau gyda hwy yn brofiad ac, fel y lleill i gyd, pwysleisiodd gyfraniad ei briod, Jean. I Caerwyn Roderick, AS Brycheiniog a Maesyfed, 'Mae fel tad (fydd e ddim yn fodlon iawn ar yr enw!) i aelodau gwyllt newydd fel myfi, ac mae cael sgwrs gydag ef yn llawenydd mawr, bob amser – mae ganddo stori ar gyfer bob achlysur.' I Michael Foot, Cledwyn oedd yr athro Cymraeg: 'But Cledwyn is one of those who helped teach me about Wales and what Wales means for Socialists. I owe him a personal debt, just as the Party owes him a great debt.'

81. B8. Gweler llythyr Ieuan Williams Hughes, Coleg Harlech i Cledwyn Hughes dyddiedig 4 Ionawr 1977.

82. B7. lle ceir y llongyfarchiadau. Anfonodd Dr Thomas Parry lythyr dyddiedig 11 Hydref gan ddweud ei fod 'yn falch o galon' fod Cledwyn Hughes yn Llywydd i olynu Syr Ben Bowen Thomas. I Elwyn Jones, Bangor (cyn AS Conwy), 'Bydd eich profiad yn werth mawr iddynt' yn Aberystwyth. I Ben G Jones, Llundain, roedd y swydd o Lywydd y Coleg yn 'gofyn am ŵr o brofiad' i gydweithio â 'Phrifathro penigamp ym mherson Goronwy Daniel.' I Mary Ellis, Aberystwyth, 'Mi fyddai Tom (ei phriod) wedi bod wrth ei fodd! Roeddech chwi yn gyfaill cywir iddo.' Daeth llongyfarchiadau oddi wrth Mati Rees, Abertawe, Y Fonesig Margaret Rosser, Lôn Las; y Prifathro Robert Steel, ac Aneurin Davies, y ddau o Goleg y Brifysgol Abertawe, a chan Gofrestrydd Prifysgol Cymru, Gareth Thomas. Dywed y Parchedig Huw Wynne Griffith, 'Cefais y fraint o fod yn y Llys a gweld mor dderbyniol oedd y penodiad sy'n gydnabyddiaeth o'ch doniau ac o'ch llafur.' Gweler y llythyron hyn yn ffeil B7.

83. Ibid., cofnod 4 Tachwedd.

83. Ibid.

84. Ibid., cofnod 5 Tachwedd.

85. Ibid., cofnod 10 Tachwedd.

86. Ibid., cofnod 12 Tachwedd.
87. Ibid., cofnod 13 Tachwedd.
88. LlGC. Papurau'r Arglwydd Cledwyn o Benrhos, Ffeil B7. Llythyr yr Athro John A Andrew, Adran y Gyfraith, dyddiedig 15 Tachwedd, at CH. Diolchir am ei sylwadau yn y prynhawn a'r araith yn y cinio a gafodd dderbyniad da.
89. Ibid., Dyddiaduron CH, cofnod 15 Tachwedd.
90. Un o Aberdâr oedd Thomas Williams. Bu yn Weinidog gyda'r Bedyddwyr Saesneg ac yn fargyfreithiwr. Gwnaed ef yn Farnwr.
91. Gosododd Cemlyn o Awel Menai, Cae Gwyn, Caernarfon, mewn llythyr dyddiedig 12 Mai 1978, y rhwystredigaeth a deimlai cynifer am ystyfnigrwydd Harold Wilson tuag at Cledwyn Hughes, 'Fe gefaist yrfa ddisglair iawn – gyrfa a fuasai, i'm tyb i, wedi bod yn ddisgleiriach fyth ac o werth mawr i'r wlad pe bai Harold Wilson yn medru gweld ymhellach na blaen ei drwyn.' Gw. LlGC, Papurau'r Arglwydd Cledwyn o Benrhos, Ffeil B9.
92. LlGC. Dyddiaduron Cledwyn Hughes, cofnod 24 Tachwedd 1976.
93. Ibid.
94. Ibid., cofnod 25 Tachwedd 1976.
95. Ibid., cofnod 29 Tachwedd. Y ddau arall a siaradodd oedd Tom Bradley a George Strauss.
96. Ibid., cofnod 30 Tachwedd.
97. Ibid., cofnod 1 Rhagfyr.
98. Ibid., cofnod 7 Rhagfyr.
99. Ibid., cofnod 9 Rhagfyr.
100. Ibid., cofnod 10 ac 11 Rhagfyr 1976.
101. Ibid., cofnod 13 Rhagfyr.
102. Ibid., cofnod 15 Rhagfyr.
103. Ibid., cofnod 21 Rhagfyr.
104. Ibid.
105. Ffrydiodd y llongyfarchiadau am y *Companion of Honour* a dderbyniodd o law'r Prif Weinidog. Gw. LlGC, Papurau'r Arglwydd Cledwyn o Benrhos, Ffeiliau B7 a B8. Tanlinellodd David Jenkins (31/12/1976) mai ychydig o Gymry a dderbyniodd y Cymrodyr Anrhydeddus: Elfed, Lloyd George, O M Edwards, James Griffiths, Thomas Jones. Yn ôl Eirene White dyna'r unig anrhydedd i foddio ei thad, a wrthododd fod yn Syr dair gwaith. Anfonodd y prif wleidyddion ato i'w longyfarch: Roy Jenkins (31/12/1976), William Whitelaw (07/01/77), Robert Maxwell (31/12/1976), Denis Healey (06/01/1977), Joseph Godber (04/01/1977), Tam Dalyell (11/01/1977), a phobl amlwg Môn a'r Swyddfeydd. Yr Athronydd Hywel D Lewis, Guildford (31/12/1976), 'boddhau cannoedd o'ch cyfeillion', a llythyr oddi wrth hogiau Clwb Cinio Caergybi (03/01/1977) a Prys, Yr Ogof, yn dwyn dagrau i'w lygaid, 'Mi wn mor falch fyddai H.D. pe byddai yma o gwmpas y dre heddiw yn cydlawenhau am yr hogyn, Cled, 'ma.' Anfonodd Winifred Griffiths, Teddington (11/01/1977), gweddw Jim Griffiths, 'Jim is no longer here to send (congratulations) to you, but I feel he would be very pleased to know that you had joined the ranks of the Companion of Honour.' Yr hyn

a wnaeth Dafydd Elis-Thomas, AS, ar ddydd olaf 1976, oedd addasu darn o gywydd Lewys Môn a'i anfon i Gaergybi:

CH yn CH

Anrhydedd i'r Anrhydeddus – am oes
    O waith mawr sydd weddus;
  Cymrawd i'r brawd, gŵr di-frys
  Yw gŵr enwog yr ynys.

Anrhydedd – i'r anrhydeddus am oes
    O waith mawr sydd weddus,
  Clod i aelod mor ddilys
  Y pur rawn, heb sgrap o'r us.

106. LlGC. Dyddiaduron CH, cofnod 7 Ionawr 1977.
107. Ibid.
108. Ibid., cofnod 14 Chwefror 1977.
109. Ibid., cofnod 22 Chwefror.
110. Ibid., cofnod 23 Chwefror.
111. Ibid., cofnod 1 Mawrth.
112. Ibid., cofnod 3 Mawrth.
113. Ibid., cofnod 8 Mawrth.
114. J Desborough, 'Jim gives Liberals a Brush–off', *The Daily Mirror*, 17 Mawrth 1977.
115. Deallodd Steel ddadl Hughes. Gw. Michie & Hoggart, *The Pact: The Inside Story of the Lib–Lab Government, 1977-1978* (Llundain, 1978), t. 40.
116. Llyfrgell Bodleian, Rhydychen, Papurau James Callaghan, Ffeil MS Callaghan 113.
117. Gwerthfawr iawn yw traethawd Martin Elis Parry, *Cledwyn Hughes in the Thick of It: A Revision of his Final Years in the House of Commons (1976-1979)*, Ysgol Hanes Prifysgol Bangor 2012-2013 (Diolchgar ydwyf am dderbyn copi o'r traethawd oddi wrth yr awdur).
118. Buddiol yw darllen cyfrol David Steel, *A House Divided* (Llundain, 1980).
119. LlGC. Dyddiaduron CH, cofnod 22 Mawrth, 'A hectic day. David Steel asked me to call in his office and showed me the letter he had sent PM indicating the conditions on which Liberals would agree to support the Government. I said I thought the main headings were negotiable although one or two presented obvious difficulties. Later rang No. 10 and informed PM that I thought there was common ground for agreement.'
120. George Thomas, *Mr Speaker: The Memoirs of Viscount Tonypandy*, t. 159.
121. Ibid., cofnod 11 Mawrth.
122. Martin Elis Parry, *Cledwyn Hughes in the Thick of It*, ibid., tt. 22-3.
123. Ibid., t. 23.
124. Ibid.
125. Ibid., cofnod 15 Mawrth.

126. Simon Hoggart, 'After the gloom, the sunlit uplands beckon', *The Guardian*, 24 Mawrth 1977.

127. LlGC, Dyddiaduron CH, cofnod 18 Ebrill.

128. Ibid., cofnod 3 Mai.

129. Ibid.

130. Emyr Price, *Yr Aglwydd Cledwyn o Benrhos*, ibid., t. 92.

131. LlGC. Dyddiaduron Cledwyn Hughes, cofnod 4 Ebrill 1978.

132. LlGC. Papurau'r Arglwydd Cledwyn o Benrhos, Ffeil B8. Llythyr Neil Kinnock at CH, 'Can I say whilst writing that I had no intention of embarrasing you, and none of those who had spoken to me had anything but full confidence in you as their representative in every case. However, they have been fearful of taking normal steps to redress because of possible repurcussions on their children.'

133. Ibid. Llythyr Cledwyn Hughes at Neil Kinnock, 16 Mawrth, 'I fully realise that you would not wish to relate any awkwardness for me and will await to hear from you with the further information in due course.'

134. LlGC, Dyddiaduron CH, cofnod 10 Ebrill 1978.

135. 'A True Freedom Fighter and a Friend of the People', *Liverpool Daily Post*, 8 Mai 1978.

136. John Osmond, 'Labour Rule Threatened by MP's Retirement', *Western Mail*, 15 Mai 1978.

137. 'Cledwyn', *Holyhead and Anglesey Mail*, Mai 11eg, 1978. Gwilym Owen oedd y ffefryn, er nad oedd yn aelod o'r Blaid Lafur, ond byddai'n barod i dderbyn y cyfrifoldeb pe gwahoddid ef.

138. Dyfynnir gan Price, t. 94.

139. Ibid. Gw. *Daily Post*, 6 Mai 1978, 'Westminster friends who were aware of the decision were in no doubt last night that a major factor has been his disappointment at being offered no Cabinet or Government post since Labour's return to power. Since 1974 he has had the frustration of seeing men of obvious lesser experience and ability been given Government posts.'

140. Rhys Evans, *Gwynfor: Rhag Pob Brad* (Talybont, 2006), t. 383.

141. Peter Hennessy, 'Labour's Welsh Wizard', dyfynnir yn Price, t. 97.

142. Kenneth O. Morgan, *Michael Foot: A Life* (Llundain, 2007), t. 388.

143. LlGC, Papurau'r Arglwydd o Benrhos, Dyddiadur 22 Chwefror, 1978; Kenneth O. Morgan, Ibid., tt. 358-9.

144. Kenneth O. Morgan, ibid., t. 369.

145. Dywedodd Keith Best yn ei ail gartref ym Mrynsiencyn am CH ei fod ef yn esiampl i bwy bynnag oedd am ei ddilyn. Gwnaeth gyfraniadau seneddol a chyhoeddus a oedd yn haeddu gwrogaeth. I ymgeisydd Plaid Cymru, John Lasarus Williams, yr oedd yn meddu ar sgiliau fel gwleidydd ymarferol. Gw. 'Tributes Pour in for Cledwyn', *Liverpool Daily Post*, 8 Mai 1978.

146. '… but possibly the influx of about 3,000 mainly retired people influnced the result.' Gw. Arnold J.James a John E.Thomas, *Wales at Westminster* (Llandysul, 1981), t. 273.

147. Dylid darllen llythyr B Hughes, Llys Awel, Amlwch, lle y dywed nad oedd hi'n syndod yn y byd 'inni golli – difaterwch, trefniadau gwantan a llawer yn Amlwch heb bleidleisio am na chafodd un o blant y fro, Wil Edwards, ei ddewis yn Ymgeisydd.' Teimlai dros Elystan, ymgeisydd cymeradwy, gŵr bonheddig a'i briod hoff. Ofnai fod Keith Best i mewn am gyfnod, 'What an apology of a man', Gw. LlGC, Papurau'r Arglwydd Cledwyn o Benrhos, Ffeil B10. Llythyr B Hughes, heb ddyddiad, at CH.

148. Ibid. Ffeil B10. Llythyr Hywel D Roberts, Nantlle, at CH, 5 Mai 1979.

149. Ibid. Llythyr R H Evans, Dinbych, 13 Mehefin 1979.

150. Ibid. Llythyr Raymond Rochell at CH, 18 Mehefin 1979.

151. Ibid. Llythyr Jack Ashley, AS, at CH, 11 Mai 1979.

152. Ibid. Llythyr Edward Heath, AS, at CH, 12 Mai 1979.

153. Ibid. Llythyr Dr David Owen, AS, at CH, dim dyddiad.

154. Ibid. Llythyr Bernard Weatherall, AS, at CH, 13 Mehefin 1979.

155. Ibid. Llythyr Dick Crawshaw, AS, at CH, 13 Mehefin 1979.

156. Ibid. Llythyr Edward du Cann, AS, at CH, dim dyddiad.

157. Gwynn ap Gwilym, 'Trannoeth yr Etholiad', *Barn*, Mehefin 1979, Rhif 197, tt. 8-10. Daw'r dyfyniad ar t. 10. Dywedodd y bardd a'r offeiriad am Cledwyn Hughes: 'Roedd ef, yn sicr, yn un o'r gwleidyddion uchaf eu parch yn y deyrnas ac ni fradychodd erioed mo'i wreiddiau Cymraeg.'

158. Ibid. Llythyr Roy Jenkins at CH, 18 Mehefin 1979, 'I don't suppose that neither of us was greatly surprised by the result of the election altho' Anglesey went further than I would have expected. The personal vote must have been even bigger than I thought.' Bwriadai ddod i Blas Newydd, Môn, ym mis Awst. Cyfle i gymdeithasu â'i gilydd.

159. Ibid. Llythyr Eirlys Thomas, Trefriw, ger Llanrwst, 4 Awst 1979 at CH.

160. Ibid. Llythyr James Callaghan at CH, 1 Mehefin 1979.

161. Ibid. Llythyr Gwyneth Dunwoody, AS, at CH, 12 Mehefin 1979.

162. Ibid. Llythyr John Smith, AS, at CH, 13 Mehefin.

163. Ibid. Llythyr Tom (T W Jones), Ponciau, at CH, 13 Mehefin 1979. Am ei hanes, gweler Keith Gildart, 'Thomas (Tom) Jones (1908-1990)' yn Keith Gildart, David Howell a Neville Kirk (goln.), *Dictionary of Labour Biography*, Cyfrol XI (Basingstoke, 2003), tt. 159-166. Anfonodd brawd T W Jones, James Idwal Jones (a fu'n AS Llafur Wrecsam), lythyr at CH (dim dyddiad) yn pwysleisio ei fod yn llawn deilwng o'r dyrchafiad.

164. Ibid. Llythyr Kynric Lewis, QC, Llysfaen, Caerdydd, at CH, 30 Mehefin 1979.

165. Ibid. Llythyr Keith Best at CH, 18 Mehefin 1979.

166. Ibid. Llythyr Philip (Dug Caeredin) at CH, 19 Mehefin 1979.

167. Ibid. Llythyr Elystan Morgan, Caerdydd, at CH, 19 Mehefin 1979.

168. Ibid. Llythyr T L Jones, Banc Midland, Caernarfon, at CH, 17 Awst 1979.

169. Ibid. Llythyr Dafydd Jenkins, Llyfrgell Genedlaethol Cymru, at CH, 18 Mehefin 1979.

Pennod 12: Tŷ'r Arglwyddi (1979-90)

1. Emyr Price, *Yr Arglwydd Cledwyn o Benrhos* (Pen-y-groes, 1990), t. 104. Ei frawddeg gofiadwy oedd hon, 'This is nothing but a coat of varnish on timber, which is already riddled with rot.'

2. LlGC. Papurau'r Arglwydd Cledwyn o Benrhos, Ffeil B40. Llythyr yr Arglwydd Joseph Godber, Bedford, at Cledwyn Hughes, 26 Mehefin 1979. Y ddau wedi'u cyflwyno yr un diwrnod i Dŷ'r Arglwyddi.

3. Ibid., Papurau'r Arglwydd Cledwyn o Benrhos, Ffeil B10. Llythyr Syr Alun Talfan Davies, QC, at Cledwyn Hughes, 16 Awst 1979.

4. Ibid., Ffeil B11. Llythyr Rol Williams, Clwb Eryri, Waunfawr, at Cledwyn Hughes, 27 Awst 1980.

5. Ibid. Llythyr Kyffin Williams, Pwll Fanogl, Llanfairpwll, at Cledwyn Hughes, 16 Medi 1980.

6. Ibid. Llythyr Kyffin Williams at Cledwyn Hughes, 16 Mai 1981. Anfonodd Kyffin Williams lythyr ato 1 Hydref 1981 yn diolch am ei gwmni. Ni fu bywyd yn hawdd, a balch ydoedd fod Cledwyn yn barod i anrhydeddu Ivor Roberts-Jones, 'a most important living Welsh sculptor, the finest portrait sculptor living in Britain today.' Sonia Kyffin mewn cyfrol am Ivor Roberts-Jones iddo gael comisiwn i wneud cofgolofn i Winston Churchill yn Parliament Square. Ond roedd gan y Foneddiges C Churchill ei cherflunydd ei hun, Oscar Nemon. Trefnwyd cystadleuaeth rhwng Nemon ac Ivor ac Ivor a enillodd. Ond, roedd yn dal yn anhapus. Felly aeth Kyffin i weld Cledwyn Hughes. Dywed:

   'Cledwyn Hughes was sympathetic and took me to see Jim Callaghan, who said that a matter of such delicacy could only be handled by a Welshman and that there was nobody better equipped than Cledwyn.'

   Aeth misoedd heibio, ond un diwrnod, clywodd Ivor Roberts–Jones y medrai ddechrau ar ci dasg. Roedd Cledwyn wedi llwyddo unwaith yn rhagor. Gw. Kyffin Williams, *Across the Straits: An Autobiography* (Llundain, 1973), tt. 216-7.

7. LlGC. Papurau'r Arglwydd Cledwyn o Benrhos, Ffeil B11. Llythyr Jim Callaghan at Cledwyn Hughes, 20 Hydref 1980.

8. Yr unig un a anghytunai oedd Frank Field (Penbedw). Cefnogai ef OMOV, sef un bleidlais, un aelod.

9. Greg Rosen, *Old Labour to New: The Dreams that Inspired, the Battles that Divided* (Llundain, 2005), tt. 418-425.

10. LlGC. Papurau'r Arglwydd Cledwyn o Benrhos, Ffeil B11. Llythyr Shirley Williams at Cledwyn Hughes, 21 Ionawr 1981. Nid wyf yn gweld y llythyr hwn yn wahoddiad, datganiad y 'Gang o Bedwar' a draddodwyd yn Limehouse, ger cartref Dr David Owen ar 25 Ionawr ydyw.

11. Sgwrs bersonol â Tom Ellis yn 1981.

12. LlGC, ibid., Llythyr Elystan Morgan at Cledwyn Hughes, 16 Chwefror 1981.

13. Ibid.

14. Ibid.

15. Ibid.

16. Ibid.

17. Ibid. Llythyr Edward du Cann at Cledwyn Hughes, 6 Mai 1981.

18. Ibid. Llythyr yr Arglwydd Shawcross, QC, at Cledwyn Hughes, 6 Gorffennaf 1981.

19. Ibid. Llythyr Tiny Rowlands, Lonrho, at Cledwyn Hughes, 12 Gorffennaf 1981.

20. Ibid. Ffeil B10. Llythyr Willie Whitelaw at Cledwyn Hughes, 23 Mehefin 1979.

21. Ibid. Ffeil B11. Anfonodd Kenneth Morgan, Coleg y Frenhines, Rhydychen, ar 10 Ionawr 1981 air i ddiolch iddo am roddi help llaw iddo ar ei astudiaeth o Jim Griffiths, ac ni wyddai chwaith am fodolaeth cyfrol hunangofiannol y weddw, Winifred Griffiths. Academydd arall a fu ar ei ofyn oedd Dr John Pikoulis o Brifysgol Cymru Caerdydd, wrth holi'r Arglwydd Cledwyn am ei atgofion am Alun Lewis (1915-1944), a hefyd Wendon Mostyn, y bu ei dad yn rheithor Gwalchmai ac yn cyfrannu i'r cylchgrawn, *The Dragon*.

22. Ibid. Llythyr Evan Lewis o Undeb Amaethwyr Cymru at Cledwyn Hughes, 21 Mai 1981.

23. Ibid. Llythyr R J Williams, Llangefni, Môn, at Cledwyn Hughes, 27 Mai 1981.

24. Ibid. Llythyr yr Arglwydd Cledwyn at Joan Nathan, Haselmere, Surrey, 11 Awst 1981.

25. Ibid. Llythyr W Emrys Evans, Cyfarwyddwr Rhanbarthol Banc Midland, 18 Awst 1981.

26. Nid yr Arglwydd Cledwyn a draddododd y deyrnged, fel y disgwylid, i'r Arglwydd Goronwy Roberts yn y Gwasanaeth Coffa yn Eglwys St Margaret, Westminster, ond yn hytrach James Callaghan. Gofynnodd ef i Cledwyn Hughes am help ac anfonodd ddeunydd am ei wasanaeth i Gymru. Gw. ibid., Llythyr James Callaghan at Cledwyn Hughes, 29 Medi 1981.

27. Ibid. Ffeil B12. Llythyr yr Arglwydd Byers at y Farwnes Janet Young, 27 Mai 1982.

28. Ibid. Llythyr Cledwyn Hughes at y Farwnes Janet Young, 1 Mehefin 1982.

29. Emyr Price, *Yr Arglwydd Cledwyn o Benrhos*, ibid., tt. 105-6.

30. Ibid. t. 106.

31. Greg Rosen, *Old Labour to New,* ibid., t. 442.

32. Ibid.

33. Geoffrey Alderman, *Britain: A One Party State* (Llundain, 1989), t. 15.

34. Robert Harris, *The Making of Neil Kinnock* (Llundain, 1984), t. 208.

35. Greg Rosen, *Old Labour to New*, ibid., tt. 445-6.

36. Ibid. t. 447.

37. Edward Pearce, *The Senate of Lilliput* (Llundain, 1983), tt. 32-3.

38. LlGC. ibid., Ffeil B12. Llythyr Peter Henderson, Pelham Street, Llundain, at Cledwyn Hughes, 30 Gorffennaf 1983.

39. Ibid. Llythyr Bryan Davies at Cledwyn Hughes, 9 Mawrth 1983.

40. Ibid. Llythyr Cledwyn Hughes at John Silkin, 18 Mawrth 1983.

41. Ibid. Llythyr Michael Foot at Cledwyn Hughes, 30 Gorffennaf 1983.

42. Ibid.

43. J. E. Wynne Davies (gol.), *Gwanwyn Duw: Diwygwyr a Diwygiadau*, Cyfrol Deyrnged i Gomer Morgan Roberts (Caernarfon, 1982).

44. LlGC. Papurau'r Arglwydd Cledwyn o Benrhos, Ffeil B12. Llythyr Dr Derec Llwyd Morgan, Llanfairpwll, at Cledwyn Hughes, 14 Hydref 1982.

45. Ibid. Llythyr Emrys Wyn Jones, Cofrestrydd Prifysgol Cymru, at Cledwyn Hughes, 4 Mai 1983.

46. Ibid. Llythyr yr Arglwydd Shinwell at Cledwyn Hughes, 15 Mehefin 1984.

47. Ibid.

48. Ibid. Llythyr Emrys Evans at Cledwyn Hughes, 3 Awst 1984.

49. Ibid.

50. Ibid. Llythyr Emrys Wyn Jones at Cledwyn Hughes, 6 Awst 1984.

51. Ibid. Llythyr Gregor Mackenzie, AS, at Cledwyn Hughes, 23 Ionawr 1985.

52. Ibid. Llythyr Glyn, Morswyn, Bae Trearddur, at Cledwyn Hughes, 24 Ionawr 1985.

53. Ibid. Llythyr Mary E Elias, Sychnant Pass Road, Conwy, at Cledwyn Hughes, 21 Ionawr 1985.

54. Ibid. Llythyr Emrys Jones, Rhuthun, at Cledwyn Hughes, 24 Ionawr 1985.

55. Ibid. Llythyr Anne Murphy, Llanbedr, Gwynedd, at Cledwyn Hughes, dim dyddiad.

56. Ibid. Llythyr James Callaghan at Cledwyn Hughes, 16 Mai 1985, a llythyr Edward Heath ato.

57. Ibid. Llythyr Cledwyn Hughes at Emyr Price, 14 Mehefin 1985.

58. Ibid. Llythyr Ioan Bowen Rees, Prif Weithredwr Gwynedd, at Cledwyn Hughes, 26 Gorffennaf 1985.

59. Andy Misell, 'Gwynedd yn Ddieuog o Hiliaeth' yn *Llyfr y Ganrif* (goln. Gwyn Jenkins a Tegwyn Jones) (Talybont, 1999), t. 388, 'Ond yn yr Uchel Lys dywedodd y Barnwr Syr Ralph Kilner Brown nad iaith oedd yr unig ffactor a ddynodai hil ac na ellid dweud bod y Cymry Cymraeg a'r Cymry di-Gymraeg yn ddwy garfan ethnig wahanol.'

60. Ibid. Llythyr Dr J A Davies, Prifathro'r Coleg Normal, at Cledwyn Hughes, 1978.

61. Ibid. B12. Llythyr Ronald Williams, Prifathro'r Coleg Normal, at Cledwyn Hughes, 17 Rhagfyr 1985.

62. Ibid.

63. Emyr Price, *Yr Arglwydd Cledwyn o Benrhos*, ibid., t. 107, 'Yn sgil y gwelliant hwnnw, roedd rhaid i'r cwmni preifat newydd ddiogelu gwasanaethau ffôn amhroffidiol yn yr ardaloedd gwledig.'

64. LlGC. Papurau'r Arglwydd Cledwyn o Benrhos, Ffeil B12. Llythyr Glenys Kinnock, Llundain, W5, at Cledwyn Hughes, 12 Mawrth 1986.

65. Ibid. Ffeil B13. Llythyr Neil Kinnock at Cledwyn Hughes, 30 Ionawr 1986.

66. Ibid. '1986 Ymweld â Hong Kong' a 'Taith i Hong Kong', 15-21 Chwefror 1986.

67. Ibid. Gwybodaeth o Ffeil B13.

68. Ibid. Llythyr y Gwir Barchedig S Booth-Clibborn, Esgob Manceinion, 6 Mai 1986.

69. Ibid. Llythyr yr Arglwydd Wells-Pestell of Combs at Cledwyn Hughes, 21 Mai 1986.

70. Ibid. Llythyr yr Arglwydd Consford at Cledwyn Hughes, 4 Gorffennaf 1986.

71. Ibid. Llythyr yr Arglwydd Hunt at Cledwyn Hughes, 16 Gorffennaf 1986.

72. Ibid. Llythyr Neil Kinnock at Margaret Thatcher, 9 Medi 1986.
73. Ibid. Llythyr Mati Rees, Llangawsai, Aberystwyth, 6 Hydref 1981.
74. Ibid. Llythyr yr Arglwydd Boston o Faversham at Cledwyn Hughes, 21 Tachwedd 1986.
75. Ibid. Ffeil B14. Llythyr yr Arglwydd Roy Mason at Cledwyn Hughes, 4 Tachwedd 1987.
76. Ibid. Ffeil 13. Llythyr Gwyn Pritchard, Amlwch, at Cledwyn Hughes, 15 Tachwedd 1986.
77. Ibid. Llythyr Hywel D. Roberts, Cyncoed, Caerdydd, at Cledwyn Hughes, 18 Tachwedd 1986.
78. Ibid.
79. Ibid.
80. Ibid. Lloyd George Parliamentary Centenary Appeal.
81. Ibid. Ffeil B14. Clwb Busnes Caerdydd, 2 Mawrth 1982.
82. Ibid. Llythyr Yr Athro Bedwyr Lewis Jones at Cledwyn Hughes, 3 Mawrth 1987.
83. Ibid. Ffeil B13. Llythyr y Tywysog Charles at Cledwyn Hughes, 2 Awst 1986. Wedi mwynhau bod ym Mhalas Buckingham y noson cynt gyda'r Arglwydd Cledwyn, angen dod o hyd i ddyddiad er mwyn cael cinio gyda'i gilydd yn yr hydref ym Mhalas Kensington. Gw. ibid., gwahoddiad Marc Edwards, Ysgrifennydd Cymdeithas Dafydd ap Gwilym, Coleg yr Iesu, Rhydychen, dim dyddiad. Gw. ibid., Llythyr y Cynghorydd G Walters, Bromley, at Cledwyn Hughes, dyddiedig Tachwedd 5ed, 1986. Llythyr Cymraeg gan Gynghorydd Llafur yn Bromley yn pwysleisio radicaliaeth a Chymreictod fel elfennau pwysig i Lafurwyr. 'Credwn mai dyna oedd nerth y Blaid Lafur, nid yn unig yng Ngwynedd ond, hefyd, yn ardaloedd gwledig Cymru a De-orllewin Cymru. Mae'n hen bryd adfer yr egwyddorion yna.'
84. Ibid. Ffeil B14. Llythyr Kingsley Amis at Cledwyn Hughes, 21 Ebrill 1987.
85. Ibid. Llythyr y Prifathro Gareth Owen, Coleg y Brifysgol Aberystwyth, 12 Mai 1987.
86. Ibid. Llythyr Robyn Lewis, Nefyn, at Cledwyn Hughes, 26 Hydref 1987.
87. Roy Hattersley, *Who Goes Home* (Llundain, 1995), t. 293.
88. Greg Rosen, *Old Labour to New*, ibid., t. 474.
89. Andy Misell, 'Twyll yr Aelod Seneddol' yn *Llyfr y Ganrif*, ibid., t. 389.
90. LlGC. Papurau'r Arglwydd Cledwyn o Benrhos, Ffeil B13, Llythyr Elystan Morgan, Dolau, Bow Street, at Cledwyn Hughes, 14 Ebrill 1987.
91. Ibid.
92. Ibid. Ffeil B15. Llythyr Bryn Lloyd Jones, Coleg Prifysgol Cymru Gogledd Cymru, Bangor, at Cledwyn Hughes, 29 Chwefror 1988.
93. Ibid. Llythyr yr Arglwydd Cledwyn Hughes at Bryn Lloyd Jones, 4 Mawrth 1988.
94. Ibid. Llythyr Ioan Bowen Rees, Prif Weithredwr Gwynedd, at Cledwyn Hughes, 11 Mawrth 1988.
95. Ibid.
96. Gwilym Prys Davies, *Llafur y Blynyddoedd* (Dinbych, 1991), t. 172. 'Yn ystod haf 1982 carai Cledwyn wybod a fyddwn yn barod i weithio dros Lafur yn yr Ail Siambr, pe deuai'r gwahoddiad.'

97. Ibid., t. 174-5.

98. Ibid., t. 179.

99. LlGC. Papurau'r Arglwydd Cledwyn o Benrhos, Ffeil B15. Llythyr yr Arglwydd Gwilym Prys Davies at Cledwyn Hughes, 20 Ebrill 1988.

100. Ibid. Llythyr Wyn Roberts, AS, Y Swyddfa Gymreig, Gwydyr House, Llundain, at Gwilym Prys Davies, 15 Mehefin. Ymddengys ei fod yn ateb dau lythyr, 9 a'r 13 Mehefin.

101. Ibid. Llythyr y Cynghorydd D F Jones, Tregarth, at Cledwyn Hughes, 24 Ebrill 1988.

102. Ibid. Llythyr R H Jones, Llwyn Onn, Deiniolen, at Cledwyn Hughes, 14 Mai 1988.

103. Ibid.

104. Ibid. Llythyr Cledwyn Williams, Llanrug, at Cledwyn Hughes, 2 Medi 1988, yn cwyno am y parciau carafannau, pump yn y pentref yn denu gwehilion cymdeithas Glannau Merswy: 'Does dim byd yn ddiogel.'

105. Ibid. Llythyr Cledwyn Williams, Llanrug, at Cledwyn Hughes, 10 Ebrill 1988.

106. Ibid.

107. Ibid.

108. Ibid. Llythyr Hywel Jones, Porthaethwy, at Cledwyn Hughes, 12 Gorffennaf 1988.

109. Ibid. B19. Llythyr Cledwyn Hughes at A Hedden, QC, Bargyfreithiwr Keith Best, 28 Chwefror 1989; hefyd llythyr Keith Best at Cledwyn Hughes, 5 Mawrth 1989. Diolchodd am ei lythyr haelionus a ddarllenwyd ar Ddydd Gŵyl Dewi gerbron y tri Barnwr. Cafodd ddylanwad arnynt a dywedodd pob un na chlywsant o'r blaen lythyr cymeradwyaeth mor arbennig. Canlyniad hyn oedd, 'They reversed the earlier decision of disbarment and substituted a suspension until 1st April next year. I cannot thank you enough for what you have done.'

 Dathlodd y canlyniad trwy fynd i wrando ar Gôr Meibion y Traeth yn canu yng Nghanolfan Celfyddydau Horsham, 'Roeddynt yn fendigedig.' Hefyd, atebodd yr Arglwydd Cledwyn Keith Best, 7 Mawrth 1989. Y canlyniad yn wych. Teimlai ryddhad o'r mwyaf, 'ac os oes unrhyw beth y medraf ei gyflawni,' meddai yr Arglwydd Cledwyn, 'peidiwch ag ofni gofyn.' Teifl yr enghraifft oleuni ar fawrfrydigrwydd Cledwyn Hughes.

110. Ibid. B15. Llythyr Owen Edwards, Swyddfa S4C, Caerdydd, at Cledwyn Hughes, 25 Chwefror 1988.

111. Ibid. Llythyr John Howard Davies, Ffordd Hendy, Yr Wyddgrug, at Cledwyn Hughes, 25 Chwefror 1988.

112. Ibid. Llythyr Syr W Mars Jones, Royal Court of Justices, Llundain, 7 Ebrill 1988.

113. Ibid. Llythyr Robert Maxwell, Llundain, at Cledwyn Hughes, 29 Mawrth 1988.

114. Ibid. Llythyr y Tad Deiniol, Blaenau Ffestiniog, at Cledwyn Hughes, 3 Hydref 1988.

115. Ibid. Llythyr y Tad Deiniol, Blaenau Ffestiniog, at Cledwyn Hughes, 12 Hydref 1988.

116. Ibid. Llythyr Per Denez, Prifysgol Rennes, Llydaw, at Cledwyn Hughes, 6 Tachwedd 1988.

117. Ibid. B19. Llythyr H Margaret Crawford, Sherborne, Dorset, at Cledwyn Hughes, 10 Hydref 1989 yn diolch, hefyd, am ei lythyr ef, 1 Medi 1989.

118. Ibid. Llythyr yr Arglwydd Cledwyn Hughes ar y 'Zimbabwe Detainees' at H Margaret Crawford, 12 Medi 1989.

119. Ibid. B20. Llythyr Douglas McClelland, Australian High Commission, Llundain, at Cledwyn Hughes, 25 Mai 1990.

120. Ibid. Llythyron Mary J Le Messurier, Alberta House, Llundain, at Cledwyn Hughes 20 a 23 Mai 1991.

121. Ibid. Llythyr James D Horsman, QC, at Cledwyn Hughes, 6 Mehefin 1991.

122. Ibid. B19. Llythyr y Farwnes Cox at Cledwyn Hughes, 25 Tachwedd 1991.

123. Ibid. Llythyr Vaughan Hughes, Bryn Tirion, Talwrn, Môn, 2 Mehefin 1990.

124. Ibid. B19. Llythyr Sheila Cook, BBC Llundain, at Cledwyn Hughes, 13 Mehefin 1989.

125. Ibid. B16. Llythyr Beti George, Radyr, Caerdydd, at Cledwyn Hughes, 8 Mehefin 1990.

126. Ibid. Llythyr James Molyneaux, AS, at Cledwyn Hughes, 24 Ebrill 1991.

127. Ibid. Llythyr D Ben Rees, Allerton, Lerpwl, at Cledwyn Hughes, 14 Mehefin 1991. Y rhai a ddaeth oedd Alun Michael, John Morris, Geraint Howells, Dafydd Elis-Thomas, Ann Clwyd, Syr Wyn Roberts, Yr Arglwyddi Gwilym Prys Davies, Emlyn Hooson a Cledwyn Hughes.

128. Ibid. Llythyr Gwerfyl Pierce Jones, Cyfarwyddwr Cyngor Llyfrau Cymraeg, Aberystwyth, at Cledwyn Hughes, dim dyddiad ond nos Sul.

129. Ibid., Llythyr W Elfed Roberts, Banc Midland, Llandrillo-yn-Rhos, at Cledwyn Hughes, dyddiedig 1989.

130. Ibid. Llythyr Bharat K Simha, Llysgenhadaeth Nepal, Llundain, at Cledwyn Hughes.

131. Ibid. Ateb Cledwyn Hughes at Bharat K Simha, 1990.

132. Ibid. B18. Dogfen ym mhapurau yr Arglwydd Cledwyn o Benrhos.

133. Ibid. t. 8.

134. Ibid. B17. Llythyr Paul Foot at Cledwyn Hughes, 23 Ionawr 1989.

135. Ibid. B42. Llythyr yr Arglwydd Houghton o Sowerby, Llundain, at Cledwyn Hughes, 7 Awst 1992. Un arall a fynegodd ei deimladau oedd y Gwir Anrhydeddus Ronald Moyle, St Launcent des Eaux. Gw. B41. Llythyr at Cledwyn Hughes, 4 Medi 1992: 'You have had a long stint and an honourable one and no one will criticize you if you wish to take a back seat.'

136. Ibid. B40. Llythyr Neil Kinnock at Cledwyn Hughes, 23 Ebrill 1992.

137. Ibid.

138. Ibid. Llythyr Neil Kinnock at Cledwyn Hughes, 21 Tachwedd 1992.

139. Ibid. Llythyr Hywel Teifi Edwards at Cledwyn Hughes, dim dyddiad.

140. Gwilym Prys Davies, *Llafur y Blynyddoedd*, ibid., t. 183.

141. LlGC, Papurau'r Arglwydd Cledwyn Hughes, Ffeil B46, Llythyr yr Arglwydd Hunt o Lanfair Waterdine at Cledwyn Hughes, 16 Gorffennaf 1992. Gweler ei gyfrol, *The Ascent of Everest* (Llundain, 1953).

142. Cymeriad diddorol iawn oedd yr Arglwydd Richard Gerald Lyon-Dalberg-Acton (1941-2010), bancwr, bargyfreithiwr, awdur. Gw. Charles Glass, 'Lord Acton: Hereditary peer who

was instrumental in ending the inherited right to vote in the House of Lords', *Independent on Sunday*, 24 Hydref 2010. Digwyddodd y bleidlais ar 26 Hydref 1999. Ymunodd yr Arglwydd Acton â'r Blaid Lafur yn 1998.

143. LlGC. B46. Llythyr yr Arglwydd Acton at Cledwyn Hughes, 22 Awst 1992.

144. Yr Arglwydd Jocelyn Edwards Salis Simon (1911-2006), Aelod Seneddol Ceidwadol Gorllewin Middlesborough o 1951-1962. Barnwr yr Uchel Lys (1967), un o Arglwyddi'r Gyfraith (1974-1977), aelod o Dŷ'r Arglwyddi fel Croesfeinciwr.

145. LlGC, B46, Llythyr yr Arglwydd Simon o Glasdale at Cledwyn Hughes, 24 Awst 1992.

146. Ibid. Llythyr yr Athro Arglwydd Wedderburn, QC, at Cledwyn Hughes, 5 Tachwedd 1992, a llythyr yr Arglwydd Moreton o Gaeredin ato, 5 Tachwedd 1992.

147. Ibid. Llythyr Arglwydd Hameworth at Cledwyn Hughes, 9 Tachwedd 1992.

148. Ibid. Llythyr yr Arglwydd Richard at Cledwyn Hughes, dim dyddiad.

149. Ibid. Llythyr yr Archesgob George Carey, Archesgob Caergaint, at Cledwyn Hughes, 12 Tachwedd 1992.

150. Ibid. Llythyr Glyn ac Eira Thomas, Y Fali, Môn, at Cledwyn Hughes, 15 Tachwedd 1992.

151. Ibid., Llythyr yr Iarll Robert Ferrers at Cledwyn Hughes, 12 Tachwedd 1992.

152. Ibid.

153. Ibid. Ymysg y rhai a fynegodd eu gwerthfawrogiad ceir y rhain: llythyr Syr David Nicholas at Cledwyn Hughes, 2 Rhagfyr 1992; llythyr Howard Anderson (yr un neges â David Nicholas), 4 Rhagfyr 1992; llythyr Glyn Mathias o ITN, dim dyddiad, ond byddai'n cofio am byth ei grynodeb i'r cyfathrebwyr bob dydd Mercher. Anfonodd Karl Davies, Uned Seneddol BBC Cymru, lythyr at Cledwyn Hughes ar 13 Tachwedd 1992 yn diolch am 'y cydweithrediad dros y blynyddoedd.' Hawdd y gallai nodi hynny.

Pennod 13: Blynyddoedd y Meinciau Cefn (1993-2001)

1. LlGC. 3/2, Papurau'r Arglwydd Cledwyn o Benrhos, 'Hanes ei Fywyd' (Cledwyn Hughes).

2. 'Saunders Lewis mewn Darlith yng Nghaerdydd', Gw. *Y Gweriniaethwr*, Cyf. 4, Rhif 6, Mehefin – Gorffennaf 1954, t. 3.

3. LlGC. 3/2, ibid.

4. Ibid.

5. R T Jenkins, 'Richard Davies (1818-1896)' yn *Y Bywgraffiadur Cymreig hyd 1940* (Llundain, 1953), t. 137.

6. LlGC. 3/2, ibid.

7. Ibid. Dylid darllen ysgrif Rufus Adams 'The Unveiling of David Lloyd George's Statue in Parliament Square, London, 25 October 2007', *Trafodion Cymdeithas Hanes Sir Gaernarfon*, Cyfrol 69, 2008, tt. 105-6.

8. Dywedodd Dr Charles Webster, 'Hughes was even more committed to Devolution than Griffiths and in particular he was a supporter of an elected Council for Wales.' Gw. Charles Webster, *Devolution and the Health Service in Wales, 1919-1969* (Bangor, 2009). Hyd yn oed

yn 1994 gwrthodwyd Cynulliad Etholedig i Gymru yn Nhŷ'r Arglwyddi ar 17 Ionawr o 123 i 115. Siaradodd yr Arglwydd Cledwyn a'r Arglwydd James Callaghan yn gryf dros y Cynulliad arfaethedig. Gweler LLGC. Papurau'r Arglwydd Cledwyn o Benrhos, Ffeil C71.

9. LLGC. Papurau'r Arglwydd Cledwyn o Benrhos, Ffeil 62-5. Llythyr Dr Kenneth O Morgan at Cledwyn Hughes 5 Hydref 1991.

10. Ibid. Ffeil 66. Llythyr yr Athro John King, Coleg Prifysgol Cymru, Caerdydd at Cledwyn Hughes, 22 Mehefin 1992.

11. Cyhoeddwyd y Ddarlith mewn llyfryn dwyieithog. Gw. John Meurig Thomas, *The Fate of Our University*, Eisteddfod Genedlaethol Cymru, 1992. Mwynhaodd yr Arglwydd James Callaghan ddarllen y ddarlith. Gw. llythyr J Meurig Thomas i James Callaghan 17 Medi 1992 yn Ffeil 66 Papurau'r Arglwydd Cledwyn o Benrhos yn y Llyfrgell Genedlaethol. Paratôdd Syr John Meurig Thomas lyfryn arall, sef *Further Thoughts on the Changing Scene in the University of Wales*, Mai 1992.

12. Ibid. Ffeil 66. Llythyr yr Arglwydd Cledwyn at yr Arglwydd Callaghan, 27 Gorffennaf 1993.

13. Ibid. Llythyr yr Athro Emeritws J Gwynn Williams at Cledwyn Hughes, 13 Gorffennaf 1993.

14. Ibid.

15. Ibid. Llythyr Hugh Powell at yr Arglwydd Cledwyn, 4 Awst 1993.

16. Ibid. Llyfryn Graddau Anrhydedd Prifysgol Cymru yn Abertawe, 17 Gorffennaf 1993.

17. Ibid. Llythyr Dr Kenneth O Morgan at yr Arglwydd Cledwyn, 1 Medi 1993.

18. Ibid. Llythyr Yr Arglwydd Cledwyn at Syr Mel Rosser, 23 Hydref 1993.

19. Ibid. Llythyr Dr Peter Swinnerton-Dyer, Coleg y Drindod, Prifysgol Caergrawnt at yr Arglwydd Cledwyn, 26 Ionawr 1993.

20. Ibid., Ffeil C70. Llythyr Syr John Meurig Thomas at yr Arglwydd Cledwyn, 15 Chwefror 1994.

21. A. H. Halsey, *The Decline of the Donnish Dominion* (Llundain, 1992), t. 265.

22. Ibid.

23. LlGC. Papurau'r Arglwydd Cledwyn o Benrhos, Ffeil C73. Llythyr yr Arglwydd Cledwyn at R H Hearn, Cymdeithas Tai Aelwyd, Treorci, 22 Mawrth 1994.

24. Ibid. Ffeil C74-8. Rhestr o aelodau'r Pwyllgor a'r agenda ar gyfer 30 Ionawr 1996.

25. LlGC. Papurau Cledwyn Hughes, LRS 1964-96, 1/1. Llythyr yr Arglwydd Cledwyn o Benrhos at John Redwood, Y Swyddfa Gymreig, Llundain, 3 Gorffennaf 1993; Llythyr at y Prif Weinidog, John Major, 16 Medi 1993 oddi wrth Cledwyn Hughes, yr Arglwyddi Gibson-Watt ac Emlyn Hooson. Lluniodd Cledwyn Hughes lythyr at James Callaghan ar yr un trywydd, 6 a 12 Mai 1993.

26. LlGC. ibid., Llythyr D Hugh Thomas, CBE, Penybont-ar-Ogwr, at yr Arglwydd Cledwyn, 17 Ebrill 1996.

27. Ibid. Llythyr dyddiedig 28 Hydref 28, Alex Allan, Ysgrifennydd Preifat y Prif Weinidog,

10 Downing Street, yn diolch i Cledwyn Hughes am ei lythyr dyddiedig 24 Hydref, 1996, ar fater Arglwyddiaeth am Oes i John Elfed Jones. Alex Allan yn falch o dderbyn gwerthfawrogiad Cledwyn Hughes i John Elfed Jones.

28.   Ibid. Llythyr yr Arglwydd Cledwyn, dyddiedig 24 Hydref at Alex Allan

29.   Ibid. Llythyr yr Arglwydd Brian Morris o Gasmorys, at Cledwyn Hughes, 17 Hydref 1996.

30.   Ibid. Llythyr Cledwyn Hughes at John Major, 6 Chwefror 1995.

31.   Ibid. Llythyr 27 Tachwedd yr Arglwydd Cledwyn at William Hague, y Swyddfa Gymreig, ar fater anrhydeddu Kyffin Williams. Llythyr John Major at Cledwyn Hughes, 17 Hydref 1995.

32.   Ibid. Llythyr yr Arglwydd Cledwyn, dyddiedig Hydref 30ain, 1996, at yr Arglwydd Irvine o Lairg, QC. Cafodd Cledwyn Hughes fodd i fyw yng nghyfrol Kenneth O Morgan, *Wales in British Politics 1868-1822* (Caerdydd, 1962). Cafodd fwynhad yng nghwmni Janet a Lewis Jones, Bwlch, ger Aberhonddu, a fu yn y Gwasanaeth Sifil yn y Swyddfa Gartref a Swyddfa'r Cabinet.

33.   Canlyniadau 1997: Ieuan Wyn Jones (PC) 15,756 39.5%; Owen Edwards (Llafur) 13,275 33.2%; Gwilym Owen (C) 8,569 21.5%; Derick Burnham (Rhydd. Democrataidd) 1,537 3.8%; Hugh Gray–Morris (Refferendwm) 793 2.0%; Mwyafrif 2,481.

34.   Betty Williams, *O Ben Bryn i Dŷ'r Cyffredin* (Caernarfon, 2000), t. 52.

35.   Ibid. t. 53.

36.   Andy Missell, 'Senedd i Gymru – O Drwch Blewyn', *Llyfr y Ganrif* (goln.) Gwyn Jenkins a Tegwyn Jones (Talybont, 1999), t. 429.

37.   LlGC. Papurau'r Arglwydd Cledwyn o Benrhos, LRS 1997. Llythyr Gareth Winston Roberts ar ran Cyngor Sir Ynys Môn, 19 Medi 1997, at yr Arglwydd Cledwyn.

38.   Ibid. Llythyr Ann Garrard, Caerdydd, at Cledwyn Hughes, 24 Medi 1997.

39.   Ibid.

40.   Ibid. Llythyr John Heppel, AS, at Cledwyn Hughes, 28 Gorffennaf 1997.

41.   Ibid. Llythyr yr Arglwydd Cledwyn at John Heppell, 30 Gorffennaf 1997.

42.   Ibid. Llythyr D E Cwyfan Hughes at Cledwyn Hughes, 13 Awst 1997.

43.   Ibid. Llythyr A J Kelly, Dulyn, at Cledwyn Hughes, 19 Awst 1997.

44.   Ibid. Llythyr Cledwyn Hughes at Margaret Beckett, 28 Awst 1997.

45.   Ibid. Llythyr Joan Nathan, Llangynidr, Brycheiniog, at Cledwyn Hughes, 7 Tachwedd 1997.

46.   Ibid.

47.   Ibid.

48.   Ibid. Humphry Berkley (1926-1994). Trwythwyd ef mewn gwleidyddiaeth. Bu'n Aelod Seneddol Lancaster dros y Blaid Geidwadol (1959-1966). Ymunodd gyda'r Blaid Lafur o 1968 i 1981, cafodd dymor gyda'r SDP o 1981 i 1987 ac yna ailymuno â'r Blaid Lafur yn 1988. Roedd anturiaeth yn ei waed. Darllener ei ysgrif 'The Mission that Failed' yn *The Spectator*, 4 Awst 1979, am ei ryfyg a'i fenter ar gyfandir Affrig.

49. LlGC. Llythyr Joan Nathan, Llangynidr, Brycheiniog, at Cledwyn Hughes, 7 Tachwedd 1997.

50. Am David John Denzil Davies (1938–) gw. *Welsh Hustings 1885-2004* (paratowyd gan Ivor Thomas Rees) (Llandybïe, 2005), t. 61; ac am Jeffrey Thomas, QC, gw. *Welsh Hustings*, tt. 286-7.

51. Andy Missell, 'Ffarwél Ddi-chwaeth' yn *Llyfr y Ganrif*, ibid., t. 430.

52. LlGC. Llythyr Joan Nathan, ibid.

53. Ibid. Llythyr yr Arglwydd Cledwyn at Joan Nathan, 15 Tachwedd 1997.

54. Ibid. Llythyr Joan Nathan at Cledwyn Hughes, dim dyddiad.

55. Ibid.

56. Ibid., Llythyr yr Arglwydd Cledwyn at Joan Nathan, 11 Rhagfyr 1997. Roedd Mrs Joan Nathan yn Gyfarwyddwr Apêl i 'The Welsh Trust for Prevention of Abuse' ac yn byw yn Belmont, James Street, Llangynidr, Powys. Ymhlith is-noddwyr yr elusen ceid enwau'r Esgob Alwyn Rice Jones, yr Arglwydd Blyth a'r Arglwydd Geraint Howells.

57. Ibid. Llythyr Marlene Phillips, Tudor Way, Llanilltud Faerdre, Pontypridd, at Cledwyn Hughes, dyddiedig 16 Tachwedd 1997.

58. Ibid. Llythyr yr Arglwydd Cledwyn at Marlene Phillips, 27 Tachwedd 1997.

59. Ibid. Llythyr yr Arglwydd Jopling at Cledwyn Hughes, Rhagfyr 1997 a llythyr Glenn Calderwood at Cledwyn Hughes, 12 Rhagfyr 1997.

60. Ibid. Llythyr Brian Harding at Cledwyn Hughes, dim dyddiad.

61. Ibid. Papurau'r Arglwydd Cledwyn o Benrhos. Llythyr Colin Evans, o gwmni Aston Hughes, at Cledwyn Hughes, 12 Rhagfyr 1997.

62. Ibid. Llythyr Syr Patrick Cormack, AS, at Cledwyn Hughes, 19 Rhagfyr 1997 a'i ateb ar Ionawr 5ed, 1998: 'I am so glad you approve of the idea and, yes of course, wives are included. George would certainly have wanted that.'

63. Ibid. Llythyr Dr W Emrys Evans a Mrs Mair Evans at Cledwyn Hughes, 31 Mawrth 1998.

64. Ibid.

65. Ibid. Ffeil C73. Llythyr y Parchedig Tudor Davies, Aberystwyth at yr Arglwydd Cledwyn, 12 Mai 1995. Cofia wrando ar y Parchedig H D Hughes yng Ngwyddelwern a dywed: 'Roedd gan y Parchedig H. D. Hughes ddawn ryfeddol i wneud y neges yn ddiddorol a chofiadwy.'

66. Ibid. Llythyr Dr W Emrys Evans, 31 Mawrth 1998.

67. Ibid., Llythyr Dr Angela Gliddon, Pentraeth, Môn, at Cledwyn Hughes, 4 Tachwedd 1997.

68. Ibid. Llythyr Dr E Wyn Edwards, Castellfryn, Gaerwen, at Cledwyn Hughes, 30 Mai 1998. Daeth yr Arglwydd Cledwyn i'r adwy fel y dengys y llythyr 18 Awst 1998, sef diolch ar ran ffrindiau Meddygfa Castellfryn a'r cleifion i gyd, am ei holl gefnogaeth. Bu'n 'amser poenus dros ben i amryw ohonom'.

69. Ibid. Llythyr Colin Ford, Caerdydd, at Cledwyn Hughes, 10 Tachwedd 1997.

70. Ibid. Llythyr Dafydd Roberts, Llanberis, at Cledwyn Hughes, 29 Mehefin.

71. Ibid. Llythyron Dafydd Roberts at Cledwyn Hughes, 9 Gorffennaf 1998 a'r ail gyda'r ganmoliaeth, 18 Gorffennaf, at Cledwyn Hughes. Hefyd, llythyr Colin Ford, Caerdydd, 25 Awst.

72. Ibid. Menna Richards, HTV Cymru, Croes Cwrlwys, Caerdydd, 22 Gorffennaf 1998 at Cledwyn Hughes.

73. Ibid. Menna Richards at Cledwyn Hughes, 30 Gorffennaf 1998.

74. Ibid. Llythyr Menna Cynan, Pontrhyd-y-Bont, Môn, 16 Awst 1998.

75. Ibid. Anerchiad yr Arglwydd Cledwyn ar agor swyddfa newydd Cyngor Ynys Môn, 1998.

76. Ibid.

77. Ibid. Llythyr yr Arglwydd Pym at Cledwyn Hughes, 26 Hydref 1988.

78. Ibid. Y wybodaeth ym mhapurau yr Arglwydd Cledwyn o Benrhos.

79. Ibid. Llythyr John Fox-Russell, Shepshed, Loughborough, at Cledwyn Hughes, 3 Mehefin 1997.

80. Ibid. Llythyr yr Arglwydd Cledwyn at John Fox-Russell, 12 Mehefin 1997.

81. Ibid. Llythyr Martin George, Coleg Lincoln, Rhydychen, at Cledwyn Hughes, 12 Ebrill 1999.

82. Ibid. Llythyr Albert Owen, Pencadlys Plaid Lafur Môn, 5 Holborn Road, Caergybi, Môn at Cledwyn Hughes, 20 Ebrill 1999.

83. Ibid. Llythyr William E Beer, Bethesda, at Cledwyn Hughes, 2 Ionawr 1999.

84. Ibid. Llythyr William Beer at Cledwyn Hughes, 14 Ebrill 1999.

85. Ibid. Llythyr Cledwyn Hughes at William Beer, 27 Ebrill 1999.

86. Ibid. Llythyr Cledwyn Hughes at Michael Foot, AS, 18 Mai 1999, 'As you know, Aneurin and I were great friends.'

87. Ibid. Llythyron Cledwyn Hughes at Alun Michael, AS, 11 Mai 1999 a'r Arglwydd James Callaghan, 11 Mai.

88. Ibid. Llythyr Cledwyn Hughes at y Prif Weinidog, Tony Blair, 17 Mai 1999.

89. Ibid. Llythyr y Cynghorydd Andrew Thomas, Llanelwy, at Cledwyn Hughes, 16 Mai 1999.

90. Ibid. Llythyr Cledwyn Hughes at y Cynghorydd Andrew Thomas, 25 Mai 1999.

91. Yr Arglwydd Cledwyn, 'Time for an Inquiry to Scrutinise the Lords', *The House Magazine*, 7 Mawrth 1994, tt. 13-14.

92. Ibid. t. 14.

93. Ibid.

94. Christopher Wilson, *Understanding A/S Local Government and Politics* (Manceinion ac Efrog Newydd, 2003), t. 254.

95. O'r *Observer*, 19 Mai 1985, dyfynnir yn Christopher Wilson, t. 256.

96. Ibid. t. 254.

97. Ibid. C4, Llythyr Kyffin Williams at Cledwyn Hughes, 4 Ionawr 2000.

98. Ibid. Llythyr Rhodri Morgan, Cynulliad Cenedlaethol Cymru, at Cledwyn Hughes, 22 Chwefror 2000 yn ateb llythyr Cledwyn Hughes at Rhodri Morgan, 8 Ionawr 2000.

99. Ibid. Llythyr Kyffin Williams at Cledwyn Hughes, 7 Mawrth 2000.

100. Ibid. Llythyr Anne Langley, Llundain (fu'n gweithio dros Eirene White o 1975 i 1997) at Cledwyn Hughes, 16 Tachwedd 1997.

101. Ibid. Llythyr Howard Moore, Bailey Court, Y Fenni, at Cledwyn Hughes, 24 Mawrth 2000.

102. Ibid. Llythyr Howard Moore, Y Fenni, at Cledwyn Hughes, 20 Mai 2000.

103. Ibid. Llythyr Des Wilson at Cledwyn Hughes, 11 Gorffennaf 2000.

104. Ibid. Llythyr E M Joan Cooper, Caerdydd, at Cledwyn Hughes, 18 Gorffennaf 2000.

105. Ibid.

106. Ibid. Llythyr Maureen Marsh, Alvescot, Bampton, at Cledwyn Hughes, 30 Gorffennaf 2000.

107. Ibid. Llythyr David Griffiths at Cledwyn Hughes, 24 Awst 2000.

108. Ibid. Llythyr Arglwydd Faer Caerdydd at Cledwyn Hughes, 4 Hydref 2000.

109. Ibid. Llythyr yr Arglwydd Callaghan, Rigmer, East Sussex, at Cledwyn Hughes, 15 Tachwedd 2000.

110. Ibid. Llythyr Glyn Mathias, Caerdydd, at Cledwyn Hughes, 12 Mai, 2000.

111. Ibid. Llythyr Major George Richards, Trellech, Gwent, at Cledwyn Hughes, 15 Tachwedd 2000.

112. Ibid. Llythyr yr Iarll Longford at Cledwyn Hughes, 28 Ionawr 2001.

113. Ibid.

114. Ibid. Llythyr yr Arglwydd Ashley of Stoke at Cledwyn Hughes, 28 Ionawr 2001.

115. Ibid. Llythyr yr Arglwydd Shore of Stepney at Cledwyn Hughes, 29 Ionawr 2001.

116. Ibid. Llythyr yr Arglwydd David Lea at Cledwyn Hughes, 30 Ionawr 2001.

117. Ibid. Llythyr yr Arglwydd Kenneth O Morgan at Cledwyn Hughes, 30 Ionawr 2001.

118. Ibid. Llythyron yr Arglwyddi Dormand of Easington (31/01/2001), Doug Hoyle (01/02/2001), Y Fonesig Nora (31/01/2001).

119. Yr Arglwydd Donoughe of Ashton (30/01/2001) a ddywedodd, 'I always remember your help and friendship with great appreciation.'

120. Pennawd y papur Cymraeg cenedlaethol Y Cymro oedd 'Ffarwel i Cledwyn', 24 Chwefror 2001.

121. Daeth cynrychiolaeth dda o Aelodau Seneddol ynghyd i'r arwyl yng Nghaergybi.

122. LLGC. Papurau'r Arglwydd Cledwyn o Benrhos. Llythyr Dr John Griffiths, Llwyn Idris, Brynsiencyn, at Cledwyn Hughes, 6 Mehefin 1997.

123. E. Morgan Humphreys, 'Ellis Jones Ellis-Griffiths (1860-1926)' yn Y Bywgraffiadur Cymreig hyd 1940, t. 201.

124. Paul Starling, 'Lord Cledwyn Hughes: Farewell to Wise Old Man of Welsh Politics: Beloved Labour Stalwart dies at 84', www.thefreelibrary.com, 2001.

125. Gallai ddweud gyda'i ffrind Kyffin Williams, 'During the many years I spent in London, my mind was never far from the island and the shining water that surrounds it. In some strange way the strength of the island, as it stands resolute against the fury of the elements, has always given me a sense of security'.

Pennod 14: Perthynas Cledwyn a Gwynfor

1. Guto Prys ap Gwynfor, 'Sail Heddychiaeth Gwynfor' (1919-2005) yn *Dilyn Ffordd Tangnefedd: Canmlwyddiant Cymdeithas y Cymod 1914-2014* (gol. D. Ben Rees) (Lerpwl, 2015), t. 139.

2. Ibid.

3. LlGC. Papurau'r Arglwydd Cledwyn o Benrhos, B4/44. Llythyr R Redvers Jones, Llangefni i Cledwyn Hughes (dim dyddiad) yn ei atgoffa am ei gyhoeddiad yng Nghapel Coffa John Elias, Moreia (MC) Llangefni ar 2 Mehefin 1968 am 2 a 6 o'r gloch. Yr Ysgrifennydd Cyhoeddiadau yn falch ei fod yn dod.

4. Rhaid cofio bod Cledwyn yn llawer mwy rhugl yn yr iaith nag oedd Gwynfor yn ei ddyddiau fel myfyriwr yn Aberystwyth. Fel y dywedodd Pennar: 'Fel llawer eraill o ddysgwyr yng Nghymru cafodd ei rwystro gan amharodrwydd cyfeillion Cymraeg eu tafodau i siarad yr iaith ag ef. Ei gydletywr yn Aberystwyth oedd Gwyn Humphreys Jones o'r Bala, cyfaill hawddgar, ond er i Gwynfor ofyn iddo siarad Cymraeg ag ef o'r dechrau (bron yn union wedi disgyn o'r trên wrth wynebu ar ei dymor cyntaf yn y coleg) pallai hwnnw â goddef ei arafwch.' Gw. Pennar Davies, *Gwynfor Evans: Golwg ar ei waith a'i Feddwl* (Abertawe, 1976), t. 18.

5. Emyr Price, *Yr Arglwydd Cledwyn o Benrhos* (Pen-y-groes, 1990), t. 24. Yr hanes yn *Y Cymro*, 16 Mawrth 1951.

6. *Y Cymro*, 10 Hydref 1952.

7. Credai Gwynfor y gallai weld 'those members of the Labour Party in Wales who refuse to renounce their country's rights at its behest, leaving the fold and, perhaps forming an independent Welsh Labour Party'. Gw. *Liverpool Daily Post*, 16 Tachwedd 1953.

8. Rhys Evans, *Rhag Pob Brad*, ibid., t. 155.

9. Ceir beirniadaeth ddeifiol ar y ddau yn eu hymwneud â Thryweryn yn D. Ben Rees, *A Portrait of Battling Bessie: Life and Work of Bessie Braddock, a Liverpool MP* (Nottingham, 2011), tt. 41-3.

10. LlGC. Archif Plaid Cymru N33. Llythyr Dewi Watkin Powell at Gwynfor Evans, 10 Rhagfyr 1956.

11. Beti Jones, *Etholiadau Seneddol yng Nghymru, 1900-75* (Talybont, 1977), t. 122.

12. LlGC. Casgliad D J Williams. Gwynfor Evans at D J Williams, Abergwaun, 25 Rhagfyr 1956.

13. Ibid.

14. Rhys Evans, *Rhag Pob Brad*, t. 182.

15. *Y Cymro*, 17 Ionawr 1957, dyfynnir yn Evans, ibid., t. 183.

16. Dyfynnir yn Evans, ibid., t. 187. Roedd yr Aelod Seneddol lleol, Cledwyn Hughes, yn benwan, a chyhuddodd Gwynfor o ymddwyn mewn ffordd '*highly impertinent*'. Credai'n ogystal iddo ddod â'i '*political predelictions*' i mewn i'r Eisteddfod. Roedd hyn meddai yn '*unforgiveable*'. Gweler y llythyr gwreiddiol yn PRO BD 24/17, Cledwyn Hughes at William Jones, 24 Gorffennaf 1957.

17. Dyna oedd y cerdyn terfynol, bygwth peidio â mynd i seremoni Cymry ar Wasgar. Gw. Evans, ibid., t. 187.

18. Dyfynnir Evans, ibid., t. 264.

19. LlGC. APC B 1052, Gwynfor Evans at J E Jones, 27 Awst 1965.

20. *Western Mail*, 5 Awst 1966.

21. LlGC. Papurau'r Arglwydd Cledwyn o Benrhos, B3(i)8. Llythyr Emyr Currie Jones, Caerdydd, at Cledwyn Hughes, dyddiedig 9 Ebrill 1966.

22. Ibid. B3(i)5. Llythyr Dr Alun Roberts, Bangor i Cledwyn Hughes, dyddiedig 6 Ebrill 1966.

23. Rhys Evans, *Rhag Pob Brad*, t. 291.

24. LlGC. Papurau'r Arglwydd Cledwyn o Benrhos. B4/11. Llythyr yr Henadur T Griffiths, Deddau, ger Pontypridd, 25 Gorffennaf 1967.

25. Ibid.

26. PRO PRCM 13/2359. W K Reid, Ysgrifennydd y Cabinet at Syr Burke Trend, 22 Rhagfyr.

27. *Y Cymro*, 1 Mehefin 1967.

28. Rhys Evans, *Rhag Pob Brad*, ibid., t. 296.

29. Ibid.

30. Ibid.

31. Dywed K Elma Owen, Ysgrifennydd gweithgar Cangen Bangor o'r Blaid Lafur, wrth ddymuno'n dda i Cledwyn Hughes yn ei swydd newydd fel Gweinidog Amaethyddiaeth, fod digon o bobl heb werthfawrogi ei gyfraniad yn y Swyddfa Gymreig. Gw. LlGC. Papurau'r Arglwydd Cledwyn o Benrhos, B4/47. Llythyr K Elma Owen, Bryn Teg, 73 Caellepa, Bangor at Cledwyn Hughes.

32. Ibid. B4/1. Llythyr George Thomas dyddiedig 3 Ionawr 1967 at CH yn dweud iddo fwynhau pob munud. Ychwanegodd: 'The children are growing up too fast! I cannot tell you how much I enjoyed being with you on Monday! You are a lovely family.'

33. Richard Crossman, *The Diaries of a Cabinet Minister, Volume 2, 1966-68* (Llundain, 1976), t. 771.

34. Huw L. Williams (gol.), *Atgofion Oes Elystan* (Talybont, 2012), tt. 201-2.

35. LlGC. Papurau'r Arglwydd Cledwyn o Benrhos, A1. Dyddiadur Cledwyn 4 Tachwedd 1970.

36. Ibid.

37. Ibid. A1. Dyddiadur CH, 1 Mawrth 1978.

38. LlGC. Archif Plaid Cymru 1.26. Llythyr Gwynfor Evans at Cledwyn Hughes, 26 Ebrill 1978.

39. Andy Missell, 'Eliffant ar stepen y drws' (1979) yn *Llyfr y Ganrif* (gol. Gwyn Jenkins), ibid., t. 357.

40. Ibid., t. 358.

41. Ibid. 'Daeth y Prif Weinidog, James Callaghan, i Gymru i annog pobl i 'bleidleisio ie a meddiannu grym' ond prin iawn oedd yr awydd i wneud y naill beth na'r llall.'

42. Andy Missell, 'Ymyrryd dros deledu' (1980), ibid., t. 361.

43. Rhys Evans, *Rhag Pob Brad*, ibid., t. 439.

44. Yn 1979 diffoddodd y bardd Pennar Davies, yr athronydd Meredydd Evans a'r beirniad llenyddol Ned Thomas drosglwyddydd teledu Pencarreg yn Sir Gaerfyrddin fel act heriol a symbolaidd. Roedd Gwynfor yn barod i fynd yn llawer pellach na'r un o'r rhain. Bu trafod ar Adroddiad y Gweithgor ar y Pedwerydd Gwasanaeth Teledu yng Nghymru (Adroddiad Siberry,1975), Report of the Committee on the Future of Broadcasting (Adroddiad Annan, 1977) ac Adroddiad y Gweithgor ar Gynllun Pedwaredd Sianel i Gymru (1978). I Gwynfor fel ag i Cledwyn amser i weithredu oedd hi yn 1980, ond mewn ffyrdd gwahanol.

45. Guto ap Gwynfor, 'Sail Heddychiaeth Gwynfor', ibid., t. 140. Dyma'r astudiaeth rymusaf ar ei gredo gwaelodol fel gŵr cyhoeddus.

46. William Whitelaw, *The Whitelaw Memoirs* (Llundain, 1989), t. 221.

47. Ibid.

48. LlGC. Papurau'r Arglwydd Cledwyn o Benrhos. C9. Llythyr Cledwyn Hughes at Syr Goronwy Daniel, 28 Awst, 1980.

49. Rhys Evans, *Rhag Pob Brad*, ibid., t. 445.

50. Ibid. 'If Gwynfor Evans dies', meddai Cledwyn Hughes, 'the consequences would be incalculable… One cannot separate the linguistic/cultural side from the economic situation.'

51. Ibid.

52. Ibid., 445-6. 'I do not see this as final and irrevocable', meddai Cledwyn Hughes, 'but as an experimental period which will take the heat out of the situation.'

53. Ibid., t. 446.

54. William Whitelaw, ibid., t. 221.

55. John Davies, *Hanes Cymru* (Harmondsworth, 1990), t. 656.

56. LLGC. Papurau'r Arglwydd Cledwyn o Benrhos. Ffeil B11. Llythyr yr Arglwydd Goronwy Roberts, Plas Newydd, Llŷn at CH, 27 Hydref 1980.

Pennod 15: Y Pregethwr

1. Emlyn Richards, *Pregethwrs Môn*, ibid., t. 116.

2. LlGC. Papurau'r Arglwydd Cledwyn o Benrhos. Ffeil E2, 'Pregethu.'

3. Ibid.

4. Huw Llewelyn Williams (gol.), *Braslun o Hanes Methodistiaeth Calfinaidd Môn 1930-1970* (Dinbych, 1977), t. 170.

5. Ibid., t. 171.

6. LlGC. Papurau'r Arglwydd Cledwyn o Benrhos. Ffeil E2, 'Pregethu.'

7. Ibid.

8. Ibid.

9. Ibid. E8. Llythyr Mrs E W Jones, Tŷ'n y Banc, Llandecwyn, Talsarnau, Meirionnydd at

Cledwyn Hughes, 29 Ebrill 1974. Daeth llythyr hefyd ar yr un perwyl oddi wrth M M Williams, Rhyd, Port Dinorwig, 29 Ebrill 1974. 'Campus. Mawr fy mraint o gael eich gwrando'n trafod mor ardderchog,' ar Raglen *Dan Sylw*.

10. Ibid. E12. 'Areithiau Cledwyn Hughes.'

11. Ibid.

12. Ibid.

13. Ibid.

14. Gweler ymdriniaeth oleuedig y cymdeithasegydd David Jenkins, *Ar Lafar, Ar Goedd: Golwg ar gymdeithaseg wledig de Ceredigion drwy graffu ar gyfoeth iaith 'hen ŷd y wlad'* (Aberystwyth, 2007), t. 198, yn arbennig yr ail ysgrif, 'Yr Holl Werin Mawr a Mân', tt. 77-103.

15. Dywed Jean Hughes wrth Beti Wyn Thomas, yng nghylchgrawn *Pais*: ''Da ni'n mynd i Buckingham Palace a Windsor yn reit aml, wrth gwrs', fel petai'n ymweliad rheolaidd a hollol naturiol. Gw. Beti Wyn Thomas, 'Y Fonesig Cledwyn', *Pais*, Medi 1986, t. 9.

16. LlGC. Papurau'r Arglwydd Cledwyn o Benrhos.

17. Dechreuodd y ciniawa o ddifrif yn 1964 pan ddaeth yn Weinidog y Trefedigaethau.

18. Gweler LlGC Papurau'r Arglwydd Cledwyn o Benrhos. Ffeil E8 yn dechrau ar 27 Hydref 1964 gyda chinio i anrhydeddu Sardar Hukon Sing, Llefarydd y Lok Sapha yn Marlborough House, St James gyda CH yn Llywyddu. Gwahoddwyd y ddau gan Harold Wilson i 10 Downing Street ar 4 Rhagfyr 1964 i gyfarfod Shri Lal Bahadur Shastri, Prif Weinidog yr India. Y diwrnod canlynol cafodd wahoddiad Uchel Gomisiynydd India i ginio yn 9 Kensington Palace Gardens, i gyfarfod â'r Prif Weinidog am yr ail dro. Dyma ddechrau gwahoddiadau na fu mo'u tebyg yn hanes gwleidyddion Cymreig y cyfnod.

19. Ibid. E.

20. Ibid. E. 'Yr Eglwys a'r Wladwriaeth Les.'

21. Gweler David Jenkins, *Ar Lafar, Ar Goedd*, t. 73.

22. LlGC, Papurau'r Arglwydd Cledwyn o Benrhos. E1.

22. Ibid.

24. Ibid.

25. Ibid.

26. Ibid.

27. Ibid.

28. Rhif 839 yn *Caneuon Ffydd* (Llandysul, 2001).

29. Golygydd Huw L. Williams, *Atgofion Oes Elystan* (Talybont, 2012), t. 202.

30. Cyflwyniad: Y Gwir Anrhydeddus Cledwyn Hughes AS i gyfrol D. Ben Rees, *Mahatma Gandhi: Pensaer yr India* (Lerpwl a Pontypridd, 1969), x.

31. Ibid.

32. Ibid., xi

33. LlGC, Papurau'r Arglwydd Cledwyn o Benrhos. Ffeil E2.

34. Ibid.

35. LlGC. Papurau'r Arglwydd Cledwyn o Benrhos, Ffeil E2.

36. Ibid.

37. Rhif 433 yn *Caneuon Ffydd.*

38. LlGC. Papurau'r Arglwydd Cledwyn o Benrhos. Ffeil E2.

39. Ibid. E14.

40. Rhif 257 yn *Caneuon Ffydd.*

41. LlGC. Papurau'r Arglwydd Cledwyn o Benrhos. F1. 'Ednyfed Hudson Davies yn holi Cledwyn Hughes.'

42. Sgwrs gydag Emlyn Richards, 23 Mehefin 2015.

43. David Rose, 'Lord Cledwyn's Holy Alliance', *Western Mail*, Tachwedd 13 1987, t. 17. Cledwyn Hughes, 'Angen Byd Cyfoes', *Seren Gomer*, cyfrol LXXII, Haf 1980, Rhif 2, 36.

44. Bu Cledwyn Hughes a'i briod ar wahoddiad Michael Stewart mewn cinio yn Lancaster House ar 3 Mawrth 1970 i anrhydeddu Herr Willy Brandt.

45. Ibid.

46. Tudur Huws Jones, 'Paratoi eto am lywodraeth – ar ôl 40 mlynedd yn y Senedd', *Herald Môn*, Hydref 26, 1991, t. 6.

47. LLGC. Papurau yr Arglwydd Cledwyn o Benrhos. E11.

48. H D Hughes, 'Yr Eglwys a'r Byd', Cyfarfod Misol Llangristiolus, Tachwedd 14, 1944. Ym mhapurau ei fab. E11.

Pennod 16: Cloriannu Cledwyn

1. LlGC. DRM 833/01. 'Beti a'i Phobl', Beti George yn sgwrsio â'r Arglwydd Cledwyn o Benrhos, 1 Awst 1988.

2. LlGC. Papurau'r Arglwydd Cledwyn o Benrhos, 29 Hydref 1970.

3. LlGC. Papurau'r Arglwydd Cledwyn o Benrhos, Bocs 3/5, 2/1 – 2/2; Cofgolofn Lloyd George, 1989-1997. Llwyddodd i gael £5,000 gan Gyngor Môn, £20,000 o Wynedd, £500 o Gyngor Sir y Fflint, £1,000 o Gyngor Dinas Casnewydd. Gwrthododd Cynghorau Sir Ceredigion, Conwy, Mynwy a Bro Morgannwg gyfrannu. Roedd y rhai a wrthodod gyfrannu'n cynnwys hefyd Edward Heath, Charitable Trust, The Pilgrim Trust, Beaverbrook Foundation. Fel unigolyn, cyfrannodd Cledwyn Hughes gan punt a daeth deng mil o Gronfa Jane Hodge. Gweler Llythyr Dr J A Davies at Sir Sigmund Sternberg.

4. D. Lloyd Hughes (gol.), *Y Gŵr o Wyneb y Graig: H. D. Hughes a'i Gefndir* (Dinbych, 1993), t. 43.

5. Syr Robert John Thomas, Aelod Seneddol Rhyddfrydol Wrecsam (1918-1922), Aelod Rhyddfrydol Môn (1923-1929), un o berchnogion cwmni llongau yn Lerpwl. Gweler Beti Jones, *Etholiadau Seneddol yng Nghymru 1900-1979* (Talybont, 1977), t. 182.

6. 'Beti a'i Phobl', gw. nodyn 2.

7. Hugh Owen (gol.), *Braslun o Hanes M.C. Môn (1880-1935)* (Lerpwl, 1937), tt. 194.

8. D. Lloyd Hughes a Dorothy M. Williams, *Holyhead: The Story of a Port* (Caergybi, 1967), t. 171.

9. Hugh Owen (gol.), ibid., t. 184.

10. Lewis Edward Valentine, 'Hanner Canrif yn y Weinidogaeth', *Seren Cymru*; 8 Hydref 1971, t. 6.

11. Saunders Lewis, 'Cwrs y Byd', *Baner ac Amserau Cymru*, 16 Hydref 1946, t. 10.

12. D. Tecwyn Lloyd, *John Saunders Lewis: Y Gyfrol Gyntaf* (Dinbych, 1988), t. 392.

13. Alan Butt Philip; *The Welsh Question: Nationalism in Welsh Politics 1945-1970* (Caerdydd, 1975), t. 304.

14. LlGC. DRM 1115/08. Rhaglen Radio *Manylu*. Cyfweliad Vaughan Hughes â'r Arglwydd Cledwyn o Benrhos ar achlysur cyhoeddi cyfrol am ei fywyd, 1 Mehefin 1990.

15. Bu'r Parchedig G Tudor Owen (1930-1993) yn Weinidog ar Eglwys Bresbyteraidd Cymru yn Ysbyty Ifan; Douglas Road, Lerpwl; Salem, Laird Street, Penbedw; Rake Lane, Wallasey; Bethel, Birmingham; Coventry a Wolverhampton. Gwasanaethodd y Parchedig David Henry Owen eglwysi'r enwad yn Llansteffan a Bancyfelin, Caergybi (Ebeneser) a Threarddur cyn ei apwyntio'n gaplan ieuenctid y Cyfundeb Presbyteraidd yn y Ganolfan yn y Bala. Oddi yno derbyniodd wahoddiad i fod yn Ysgrifennydd Cyffredinol Bwrdd y Genhadaeth (1979-1984), yna'n Ysgrifennydd Cyffredinol yr enwad hyd haf 1999. Cymerodd ofal o Eglwysi Cymraeg y Presbyteriaid yn Llundain 2000 i 2003. Mae'n byw bellach yn Nghaerdydd. Roedd mam y ddau yn chwaer i'r Parchedig H D Hughes.

16. LlGC. Rhaglen Deledu *Cledwyn: Cyffro a Gobaith*, Emyr Price yn cyflwyno ac Owen Griffiths yn cynhyrchu.

17. D. Tecwyn Lloyd, *John Saunders Lewis*, ibid., t. 196.

18. Dywed Gwilym Prys Davies amdano: 'Gellir dal mai braidd yn gyfyng oedd ei ddealltwriaeth o deithi meddwl a thymer Sosialwyr Saesneg Cymoedd diwydiannol De Cymru a ddaeth i mewn i fywyd Cymru yn sgil y Chwyldro Diwydiannol. Ofnai Cledwyn yr anghymreigrwydd a welai yn ardaloedd diwydiannol y De – yr anghymreigrwydd a ddinistriodd fudiad Cymru Fydd yn 1896 – ac ymddengys i mi fod y methiant hwnnw yn 1896 yn aros yn rhybudd i Cledwyn yn 1996.' Gw. Gwilym Prys Davies, *Cynhaeaf Hanner Canrif: Gwleidyddiaeth Gymreig 1945-2005* (Llandysul, 2008), t. 71.

19. *Hansard*, 17 Hydref 1944; dyfynnir yn John Osmond, *Creative Conflict: The Politics of Welsh Devolution* (Llandysul, Llundain, Henley-on-Thames a Boston, 1978), t. 148.

20. Emyr Price, *Yr Arglwydd Cledwyn o Benrhos* (Pen-y-groes, 1990), t. 13.

21. Ibid., 'Mae'n debyg nad ef oedd y dewis cyntaf, oherwydd cyn ei wahodd ef i sefyll, dewiswyd rhestr fer o ddau – Gwilym Davies a Goronwy Roberts, y ffefryn. Ond, wedi ymrafael yn ystod y dewis, gohiriwyd penderfyniad.'

22. John Graham Jones, 'Lady Megan Lloyd George and Anglesey Politics, 1945-1951', *Trafodion Cymdeithas Hynafiaethwyr a Naturiaethwyr Môn*, 1994, t. 81.

23. Mervyn Jones; *Megan Lloyd George* (Llundain, 1980), t. 180.

24. *Holyhead and Anglesey Mail*, 8 Mehefin 1945.

25. Dyma'i ddatganiad: 'Have you heard of a fighter retiring from the ring when he is winning? I am of a Liberal stock, inheriting the old Welsh Radical tradition. Labour is the only

progressive party that will put the Beveridge Scheme into effect, and if I did not think that the Labour Party was out to defend and enhance the great principles of democracy, I should not be a member of the Labour Party.' *Holyhead and Anglesey Mail*, 22 Mehefin 1945.

26. Emyr Price, *Yr Arglwydd Cledwyn o Benrhos*, ibid., t. 13.
27. John Graham Jones, ibid., t. 87.
28. Ibid.
29. LlGC. Papurau Ben G Jones, Llythyr oddi wrth Cledwyn Hughes at Ben G Jones, 2 Awst 1945.
30. Ibid.
31. Ibid.
32. Ibid.
33. Roedd Cledwyn Hughes yn y ddirprwyaeth ar 23 Chwefror 1948 i gyfarfod â Syr Cyril Harcomb, Cadeirydd y Comisiwn Trafnidiaeth Brydeinig. Aelodau eraill oedd Megan Lloyd George, y Cynghorydd J M Hughes, yr Henadur Hughes Jones, y Cynghorydd J M Williams a'r Henadur Robert Roberts. Gw. D. Lloyd Hughes a Dorothy M. Williams, *Holyhead: The Story of a Port*, ibid., t. 173.
34. Go brin y sylweddolai Cledwyn Hughes pa mor boblogaidd oedd Megan Lloyd George ymhlith y merched a gafodd eu hethol yn enw'r Blaid Lafur yn 1945. Dywedodd un ohonynt, Jean Mann, amdani, 'Megan was a great favourite in the Labour women's Parliament of 1945; we looked on her as one of us.' Gw. Jean Mann, *Women in Parliament* (Llundain, 1962), t. 21.
35. John Graham Jones, *Lady Megan Lloyd George and Anglesey Politics 1945-1951*, ibid., t. 97.
36. *North Wales Chronicle*, 3 Mawrth 1950.
37. Tacteg Cledwyn Hughes oedd dilyn y trywydd hwnnw. Dyma'i eiriau yn y wasg: 'Lady Megan and Mr Emrys Roberts have shown in deed and thought that they are very close to the Labour Party. Lady Megan has described herself as a rugged mountain sheep, but she is unfortunately a lost sheep. It needs only very little effort on her part to come into the right fold.' Gw. *Liverpool Daily Post*, 13 Rhagfyr 1950. Dyfynnir yn Mervyn Jones, tt. 212-214.
38. John Graham Jones, ibid., t. 109.
39. Roedd adroddiad y *Daily Express*, 27 Hydref 1951, yn anhygoel: 'What will we do without her? Why did I vote Socialist, knowing this? Well, people said this and people said that. They got me muddled. But I thought it didn't matter because Megan was sure to get in.'

   Ymatebodd Ceidwadwyr yr un fath: 'I voted Tory, but Megan should have won. She knows the people and she knows how to talk. Nobody has done more for Anglesey than she has done, tomorrow we should all vote for her.'

   Dyfynnir gan J. Graham Jones, t. 110.
40. Swyddfa Archifau Tŷ'r Arglwyddi. Papurau'r Arglwydd Samuel A/155/XIII/161. Llythyr Megan Lloyd George at yr Arglwydd Samuel, 9 Tachwedd 1951. 'My fate would have been even worse had it not been for your wonderful speech in Holyhead. I cannot thank you enough for coming all that way and for putting me on your short list for the election.'

41. Andrew Roth, 'Obituary: Lord Cledwyn of Penrhos', *The Guardian*, dydd Gwener, 23 Chwefror 2001, t. 2. Roedd y Befaniaid yn fudiad a gynhwysai dair elfen. Roedd yr Aelodau Seneddol oedd o ddifrif ond amhosibl cael trefn arnynt fel Sydney Silverman, Fenner Brockway a'r Cymro alltud, Emrys Hughes. Yn ôl Kenneth O Morgan: 'In Foot's parlance they represented the 'dissidence of dissent' like the Fifth Monarchy men of the English Civil War.' Yna roedd canlynwyr di-ildio Aneurin Bevan fel Michael Foot a Barbara Castle. Yna ceid hefyd y rhai oedd ar yr ymylon, yn fflyrtian o fewn y Befaniaid, fel Woodrow Wyatt, Desmond Donnelly, George Thomas a Cledwyn Hughes. Ond, yng nghanol y pumdegau ildiodd y pedwar ohonynt i farn ganolig ac, yn wir, yn ddiweddarach i'r dde. Gadawodd Cledwyn Hughes 'griw Nye'. Gw. Kenneth O. Morgan, *Michael Foot: A Life* (Llundain, 2007), t. 161.

42. Dywedodd Miss Mona Maelor Jones, Artro, Llanfachraeth, Môn, wrthyf mewn llythyr 19 Hydref 2015: 'Roedd parch mawr i'r teulu ac roedd Arglwydd Cledwyn yn cynorthwyo pobl y dref a Môn bob amser. Mae coffa da hyd heddiw amdano a'i waith caled i gael gweithfeydd i Ynys Môn megis Alwminiwm Môn a Gorsaf Wylfa ym Mae Cemaes.'

43. Dyma enghraifft nodweddiadol o safbwynt cyson Gwynfor Evans tuag at 'genedlaetholwyr sosialaidd' y Blaid Lafur yng Nghymru. 'Pa beth a wnaeth y 'Cymry da' mewn gwleidyddiaeth Seisnig dros Gymru yn ystod yr hanner canrif diwethaf? Faint gwell ydym fod Goronwy Roberts, Cledwyn Hughes, Tudor Watkins, Lady Megan etc. yn y Senedd; h.y. pa faint mae Cymru ar ei hennill? Dim oll. Ni fedrant wneud dim, canys mewn gwleidyddiaeth bellach, plaid neu fudiad yn unig sy'n cario pwysau; 'does gan unigolion ddim pwysau. I'r Pleidiau, mae Cymru'n llai na dim; hyd yn oed i'r Blaid Ryddfrydol.' Gw. LlGC. Papurau Huw T Edwards A1/701, Llythyr Gwynfor Evans at Huw T Edwards.

44. D. Lloyd Hughes (gol.), *Y Gŵr o Wyneb y Graig: H.D. Hughes a'i Gefndir*, ibid., t. 12.

45. Alun Gwynedd Jones, 'R. H. Tawney a'r Traddodiad Radicalaidd, Gwleidyddiaeth ac Addysg', *Y Traethodydd*, Cyf. CXLVIII, 662 (1992), tt. 32-3.

46. Beti Jones, *Etholiadau Seneddol yng Nghymru 1900-1975* (Talybont, 1977), t.130.

47. Emyr Price, *Yr Arglwydd Cledwyn o Benrhos*, ibid., t. 37.

48. Ibid.

49. Ibid.

50. Gwilym Prys Davies, *Llafur y Blynyddoedd* (Dinbych, 1991), t. 90.

51. Ibid. 'Bu'n siom boenus i Cledwyn ei hun hefyd. Roedd ef wedi pledio'n gyson rhyw ffurf ar gorff etholedig i Gymru o fewn fframwaith y Deyrnas Gyfunol … Byddai ennill y frwydr wedi rhoddi boddhad iddo.'

52. Ibid., t. 92.

53. Ibid.

54. LlGC. Papurau'r Arglwydd Gwilym Prys Davies, 1/3. Llythyr Gwilym Prys Davies at y Parchedig Haines Davies, Hen Golwyn, 25 Ebrill 1989.

55. LlGC. Papurau'r Arglwydd Cledwyn o Benrhos, B40/30. Llythyr Dafydd Orwig, Bethesda, at Cledwyn Hughes. Dim dyddiad.

56. Ibid. Dyma enwau'r deisebwyr, Gerald Morgan, y Prifathro Elfed ap Nefydd Roberts, Yr Athro J E Caerwyn Williams, Dr Noel G Lloyd, Yr Athro Hywel Teifi Edwards, Yr Athro D Simon Evans, Yr Athro Hywel D Lewis, E G Millward, Dr Eirwen Gwynn, Alun Creunant Davies, Dr Meredydd Evans, Mary Ellis, Yr Athro D Rees Davies, Trefor M Owen, Dyfnallt Morgan, Y Barnwr Dewi Watkin Powell, O M Roberts, W R P George, John L Williams, Edward Rees, Dr Glyn O Phillips, Dr Iolo W Williams, Y Parchedig John Rice Rowlands, Yr Athro E Stanley John, Yr Athro Sioned Davies a'r Prifathro Raymond Edwards.

57. Ibid. Llythyr Dafydd Orwig at Gwilym Prys Davies, 31 Hydref 1989.

58. Ibid.

59. Ibid. D6. Mewn cyfarfod o'r Uwch-Bwyllgor Cymreig ar yr Iaith Gymraeg brynhawn Mercher, 25 Chwefror 1970 cafwyd yr un hen sefyllfa. Siaradodd Gwynfor Evans yn helaeth yn y Gymraeg ond penderfynodd y Cadeirydd, Arthur Probert, Aelod Seneddol Aberdâr, ei gystwyo am ei fod allan o drefn. O'r 27 oedd yn bresennol, naw yn unig a siaradai'r Gymraeg.

60. Ibid. E2. Cynhadledd Ffermwyr Ifainc Cymru.

61. Cynhwyswyd Cyngor Etholedig i Gymru ym Maniffesto'r Blaid Lafur yng Nghymru ar gyfer etholiad Mawrth 1974. Bu Gwilym Prys Davies â rhan yn ysgrifennu'r maniffesto hwn. Gw. LLGC. Papurau'r Arglwydd Prys Davies. Llythyr Gwilym Prys Davies at Cledwyn Hughes, dyddiedig 27 Mehefin 1990.

62. D. Ben Rees, *Cymry Adnabyddus 1952-1972* (Lerpwl a Phontypridd, 1978), t. 186.

63. Ibid.

64. Daeth Dafydd Iwan yn drydydd ym Môn. Gw. Beti Jones, ibid., tt. 160 a 167.

65. LlGC. Papurau'r Arglwydd Gwilym Prys Davies. Llythyr Cledwyn Hughes at Gwilym Prys Davies, 6 Rhagfyr 1989.

66. Emyr Price, *Cymru a'r Byd Modern ers 1918* (Caerdydd, 1979), t. 161.

67. 'Roedd pleidlais drychinebus Refferendwm 1979 yn chwerw drist i'r gwladgarwyr a'r datganolwyr fel ei gilydd. Yn chwerw am fod y bleidlais yn drychinebus ym mhob rhan o Gymru – ac yn chwerwach am nad oedd llygedyn o oleuni hyd yn oed yng Ngwynedd lle roedd y Gymraeg yn gadarn a dylanwad Plaid Cymru ar ei gryfaf.' Gw. Gwilym Prys Davies, *Cynhaeaf Hanner Canrif*, ibid., t. 114.

68. Andrew Edwards, *Labour's Crisis: Plaid Cymru, The Conservatives and the Decline of the Labour Party in North West Wales, 1960-1974* (Caerdydd, 2011), t. 242.

69. LlGC. Papurau'r Arglwydd Cledwyn o Benrhos, Ffeil D12, am ei agwedd at ddiweithdra, 10 Hydref 1975.

70. Ibid. Llythyr Cledwyn Hughes at Eric Varley, 3 Ionawr 1978, dyfynnir gan Andrew Edwards, ibid., t. 243.

71. Andrew Edwards, ibid., t. 243.

72. *Liverpool Daily Post*, 3 Mai 1979.

73. *Holyhead and Anglesey Mail*, 10 Mai 1979.

74. Andrew Edwards, ibid., t. 244.

75. Gwilym Prys Davies, *Llafur y Blynyddoedd*, ibid., t. 173.

76. Ibid., tt. 173-4.

77. LlGC. Papurau'r Arglwydd Gwilym Prys Davies. Llythyr Barry Jones, AS, at yr Arglwydd Gwilym Prys Davies, 12 Awst 1986.

78. Ibid.

79. LlGC. Papurau'r Arglwydd Cledwyn o Benrhos, Ffeil F17. Cinio Awstralia yn Grosvenor House, Park Lane, 29 Ionawr 1986. Ef a'i briod ar Fwrdd A. Anrhydeddu y Brenin Olav V 13 Ebrill 1988 yn 10 Downing Street. Derbyniad i Israel yng Ngwesty Grosvenor House, 21 Ebrill 1988. Ef oedd tu ôl i Ginio Gŵyl Dewi yn Nhŷ'r Arglwyddi yn 1989 (29 Chwefror), a gofynnodd i'r digrifwr, Wyn Calvin, roddi'r gras ac ar 27 Chwefror 1991 Nerys Hughes oedd yn dweud gras cyn y bwyd. Gwahoddwyd yr Archesgob George Noakes a Geraint Talfan Davies. Yn 1992 (26 Chwefror) gwahoddwyd y Presbyteriad o'r Alban, yr Arglwydd Mackay o Glasgow, i lefaru'r gras a gwahoddwyd Max Boyce ac Emyr Daniel. Dyna flasu'i arddull a'r bobl a haeddai'r gymeradwyaeth yn ei olwg.

80. Gwir y dywedodd James Callaghan, 'As Labour leader in the Lords, despite depleted numbers, he organised a most effective opposition and won the respect of all parties in the House.' Gw. Yr Arglwydd Callaghan, 'Obituary, Lord Cledwyn of Penrhos', *The Guardian*, 23 Chwefror 2001.

81. LlGC. Papurau'r Arglwydd Cledwyn o Benrhos, Ffeil F17. Napcyn o Ginio Grey's Inn, 18 Tachwedd, 1993; Gw. F20. Michael Boon, 'Peer whose friends span the Upper House Decide', *Western Mail*, 2 Tachwedd 1991: 'To watch Lord Cledwyn at work is to witness one of the acknowledged masters of Westminster.' Erbyn iddo ymddeol fel Arweinydd yr Wrthblaid, roedd wedi gorchfygu'r Llywodraeth 150 o weithiau.

82. Ibid. Ffeil B46-48. Llythyr Dr Alan Thompson, Caeredin, at Cledwyn Hughes, 15 Gorffennaf 1992: 'You will be badly missed' fel arweinydd yn Nhŷ'r Arglwyddi.

83. Ibid. Llythyr Geraint R Jones, Cyngor Gwynedd, at Cledwyn Hughes.

84. Ibid. Llythyr Wyn Roberts at Cledwyn Hughes, Ionawr 1993.

85. Ibid. Llythyr Alan J McGowan, Hope, 1993.

86. Ibid. Yr Athro Beverley Smith at yr Arglwydd Cledwyn, 1993

87. Michael Boon, ibid.

88. Ibid. 3/1. Darn yn ei ysgrifau ei hun o'r digwyddiad.

89. Ibid. B46-8. Llythyr Jean a John Rowlands, Caergybi, 12 Tachwedd 1992.

90. 'His greatest test was his decade as Labour Leader in the Lords, which began by ousting a disintegrating Peart. He had 120-130 ageing peers, only two thirds well enough to vote regularly. It was an arduous task to put up a creditable show against at least three times as many Tories, both declared and undeclared, backed by the civil service. It was a disappointment that his time was not capped by a Labour victory in 1992, which would have allowed him to reform the institution.' Gw. Andrew Roth, 'Obituary: Lord Cledwyn of Penrhos', *The Guardian*, 23 Chwefror 2001.

Meddylier am deyrnged yr Arglwydd Denning iddo yn colli ei ymweliadau â Thŷ'r Arglwyddi, 'and especially your wise and eloquent words on matter of constitutional importance – your guidance is excellent and much appreciated by all'. Gw. LlGC. Papurau'r Arglwydd Cledwyn o Benrhys, B40/57. Arglwydd Denning at Cledwyn Hughes, 27 Ionawr 1992.

91. Iorwerth Roberts, 'So Proud to Serve His Native Island', *Daily Post*, 23 Chwefror 2001; Eryl Crump, 'Parties Unite to Praise Devolution's Champion', *Daily Post*, 23 Chwefror 2001.

92. 'Ffarwel i Cledwyn', *Y Cymro*, 24 Chwefror 2001. Dywed Iona Jones, Pennaeth Datblygu S4C am Cledwyn Hughes, 'Mae eich meddwl gwleidyddol craff wedi bod yn ysbrydoliaeth i mi, rwyf wedi dysgu llawer.' LlGC. Papurau'r Arglwydd Cledwyn o Benrhos, B45. 21 Mawrth 1996.

93. Emlyn Richards, 'Yr Arglwydd Cledwyn o Benrhos', *Y Goleuad*, 27 Gorffennaf 2001.

94. 'Ffarwel i Cledwyn', *Y Cymro*, 24 Chwefror 2001.

95. LlGC. Papurau'r Arglwydd Cledwyn o Benrhos, Ffeil F15. Cyflwynwyd yr englynion ar achlysur Cinio Cyngor Sir Gwynedd, Mai 1979.

Mynegai